D1922237

Der lebendige Gott

Elizabeth A. Johnson

Der lebendige Gott

Eine Neuentdeckung

Aus dem Amerikanischen übersetzt
von Claudia D. Bergmann

HERDER

FREIBURG · BASEL · WIEN

MIX
Papier aus verantwortungsvollen Quellen
FSC® C083411
www.fsc.org

Titel der Originalausgabe:
Quest for the living God. Mapping Frontiers in the Theology of God
ISBN 978-0-8264-1770-1

© 2007 by Elizabeth A. Johnson
First published by The Continuum International Publishing Group,
by arrangement with Bloomsbury Publishing Inc
Für die deutschsprachige Ausgabe:
© Verlag Herder GmbH, Freiburg im Breisgau 2016
Alle Rechte vorbehalten
www.herder.de
Umschlaggestaltung: Finken und Bumiller, Stuttgart
Satz: Barbara Herrmann, Freiburg
Herstellung: CPI books GmbH, Leck
Printed in Germany
ISBN 978-3-451-31284-7

Inhalt

Danksagung

Ich entbiete meinen tiefsten Dank an die folgenden Personen und Institutionen, deren Unterstützung dieses Buch ermöglicht und bereichert hat:

~ meinen Studierenden an der Fordham University, deren suchende Fragen und Einsichten dieses Thema am Leben erhalten und es in meinem Kopf über viele Jahre zum Erblühen gebracht haben.

~ der Fordham University für das Geschenk eines Forschungsfreisemesters und für die dauerhaften Ermutigungen, die die Leitung den Fakultätsmitarbeitern und ihrer Forschung gibt.

~ den Forschergemeinschaften, die mich eingeladen haben, zu diesem Thema in öffentlichen Vorlesungen zu sprechen, und deren darauffolgende Diskussionen neue Blickwinkel für mich eröffnet haben: die University of San Diego, die University of Manitoba, die University of Pennsylvania, die Drew University, das Canisius College, das King's College, das St. Joseph's College, das Princeton Theological Seminary, die St. Bernhard's School of Theology in Rochester, New York, und besonders die School of Theology at the University of the South, Sewanee, Tennessee, die meine DuBose Lectures aus dem Jahre 2004 im *Sewanee Theological Review* veröffentlicht hat.

~ den Kollegen, die mich mit Material versorgten, das nicht frei zugänglich war: Mary Callaway, Christophe Chalamet, Ann Michaud, Carmen Nanko-Fernández, Patrick Ryan und Gloria Schaab.

~ den Kollegen, die verschiedene Teile des Manuskripts gelesen und ihre kritischen Anmerkungen angeboten haben: María Pilar Aquino, M. Shawn Copeland, Charles E. Curran, Miguel Díaz,

Nancy Hawkins, Michael Lee und besonders Mary Catherine Hilkert, deren Adleraugen mich zu größerer Klarheit angehalten und einige unlogische Schlussfolgerungen (darunter sehr amüsante) bemerkt haben.

~ meiner religiösen Gemeinschaft, den Schwestern von St. Josef of Brentwood, New York – der 150. Jahrestag ihres Ankommens in Brooklyn hat den Anstoß für eine feierliche Betrachtung der Ideen dieses Buches geboten – und der National Federation of the Sisters of St. Joseph für die Einladung, dieses Buch in seinen frühen Phasen vor einem nationalen Publikum von Ordensschwestern zur Diskussion zu stellen.

~ meiner Familie und meinen Freunden, die sich mehr über Gott anhören mussten, als sie jemals hören wollten, und deren Unterstützung die Welt für mich bedeutet.

Dieses Buch ist Frank Oveis gewidmet und ehrt seine vielen Jahrzehnte der unermüdlichen Arbeit, in denen er Autoren unterstützte und viele Manuskripte in den Druck brachte. Früh in seiner Laufbahn trug er dazu bei, die Übersetzungen von europäischen Theologen und Bibelwissenschaftlern in die englische Sprache voranzutreiben. Er arbeitete unter anderem an Büchern von Hans Urs von Balthasar, Bernhard Häring, Hubert Jedin, Othmar Keel, Johann Baptist Metz, Karl Rahner und Edward Schillebeeckx. In der Mitte seines Berufslebens widmete er sich den Werken bedeutender nordamerikanischer Denker wie Carol Christ, Lawrence Cunningham, Christine Downing, Josepf Fitzmyer, Langdon Gilkey, Bernard McGinn, Leo O'Donovan, Rosemary Radford Ruether, Elisabeth Schüssler Fiorenza, Francis Schüssler Fiorenza und David Tracy. In den letzten Jahren hat er das Heranwachsen neuer theologischer Stimmen in den USA gefördert, indem er neue Bücher unter anderem von Katie Geneva Cannon, Martin Connell, Margaret Farley, Roger Haight, Jeannine Hill Fletcher, Bradford Hinze, James Keenan, Judith Kubicki, Paul Lakeland, Vincent Miller, Kevin Seasoltz und Terrence Tilley herausgegeben hat. Vielleicht ist Frank

Oveis der einzige Lektor, der mit zwei Büchern den bedeutenden Grawemeyer Award im Bereich Religion gewonnen hat. Ein bedeutender Schritt war die posthume Veröffentlichung der englischen Übersetzung des Klassikers von Abraham Heschel, *Heavenly Torah: As Refracted through the Generations,* die von den Wissenschaftlern und der jüdischen Gemeinschaft mit Enthusiasmus aufgenommen wird.

Ich hatte das Glück, dass ich mit Frank Oveis an den meisten meiner Bücher arbeiten durfte. Er, wie auch die meisten anderen Lektoren theologischer Werke, wird nicht oft gepriesen, leistet aber einen unverzichtbaren Beitrag für das gesamte Wissensgebiet. Mit dieser Widmung entbiete ich ihm ein einfaches „Dankeschön", das von Herzen kommt.

Dankend erwähne ich auch die Herausgeber für die Erlaubnis, früher veröffentlichtes Material dieser Zeitschriften wieder zu benutzen:

Theology Today 54 (October 1997): „Trinity: To Let the Symbol Sing Again", 299–311.

Sewanee Theological Review 48 no.3 (Pentecost 2005):
„Frontiers of the Quest for the Living God", 273–286.
„The Living God in Women's Voices", 287–300.
„The Living God in Cosmic Perspective", 301–315.

Anmerkung der Übersetzerin

Aufgrund fehlender Einzelnachweise von Zitaten in der englischsprachigen Originalausgabe war es leider nicht möglich, bei der Übersetzung des Textes auf vorhandene deutschsprachige (Original-)Ausgaben zurückzugreifen. Auf diese wird lediglich unter der Rubrik „Für weitere Informationen" allgemein verwiesen. Bei mit Stellenangabe belegten Zitaten antiker und mittelalterlicher Theologen wurde, wenn möglich, auf vorhandene deutschsprachige Übersetzungen zurückgegriffen. Die Bibelzitate erfolgen nach der Einheitsübersetzung, die Koranzitate nach der Übersetzung von Ahmad Milad Karimi. Kirchenamtliche Texte werden nach der offiziellen deutschen Übersetzung zitiert, die auf www.vatican.va einsehbar ist.

Ich danke Prof. Elizabeth Johnson für ihre freundliche Hilfe bei der Klärung einiger Einzelbegriffe.

Erfurt, 1. März 2016 Claudia D. Bergmann

Einführung

Seit der Mitte des 20. Jahrhunderts keimt eine neue Art von Gotteserkenntnis auf. Weltweit gewinnen christliche Gruppen, die sich mit ihren speziellen historischen Gegebenheiten auseinandersetzen, frische und unerwartete neue Eindrücke vom lebendigen Gott. Diese neuen Einsichten sind von solcher bezwingender Logik, dass sie von den betreffenden christlichen Gemeinschaften nicht gehortet und versteckt, sondern der weltweiten Kirche als ein Geschenk gemacht und als eine Herausforderung präsentiert werden. Wir leben im goldenen Zeitalter der Entdeckungen, sodass die Theologen regelmäßig davon sprechen, dass wir im Moment Zeugen einer „Revolution" hinsichtlich der Theologie von Gott werden.

Es ist nicht so, dass ein gänzlich anderer Gott entdeckt wird, der sich grundlegend von dem Einen unterscheidet, an den vergangene Generationen geglaubt haben. Der moderne christliche Glaube hängt keinem neuartigen Gott an, sondern sucht die aktive Gegenwart des göttlichen Geistes inmitten der ungewöhnlichen Kontexte, in denen sich die Glaubenden heute selbst befinden. Lange vergessene Aspekte des Göttlichen werden mit aktuellen Erfahrungen neu in Verbindung gebracht, wodurch sich die Tiefen des göttlichen Mitleids in bisher unvergleichlicher Weise neu erschließen. „Spät habe ich dich geliebt, o Schönheit, so alt und doch immer neu", rief der nordafrikanische Bischof Augustinus im fünften Jahrhundert aus (*Confessiones* X 27). Seit der Mitte des 20. Jahrhunderts suchen und finden Menschen des Glaubens diese Schönheit erneut und sprechen von ihr in immer wieder neuer Begrifflichkeit. Die aufkeimenden Ideen davon, wer Gott ist, wie Gott in der Welt handelt und was es bedeutet zu bekennen „Wir glauben an den einen Gott …", haben ein neues, noch unentdecktes Gebiet aufgezeigt, wo Glaube und Tat gefragt sind.

In diesem Buch geht es um die Früchte einiger dieser Entdeckungen. Es ist für eine breite Öffentlichkeit geschrieben und versucht, die Geister derer zu erhellen, die nach einem Verständnis spiritueller Themen suchen. Es will die ermutigen, die angesichts ihrer Fragen am Glauben (ver-)zweifeln. Und es will denen Energie geben, die sich für das Gute und für andere einsetzen, und denen Denkanstöße, die innerhalb der Kirche lehren und predigen, sodass sie andere nähren können. Im Moment erleben wir einen solchen Hunger nach einem reifen Glauben. Frauen und Männer suchen nach einer Beziehung mit dem lebendigen Gott, die ihren Sehnsüchten, Kompetenzen und ihren Kämpfen in diesen gefahrenreichen Zeiten entspricht. Schale, naive und abgenutzte Konzepte von Gott stellen diese Menschen nicht mehr zufrieden. Die neuen Einsichten aber, die weltweit über Gott gewonnen werden und sich in der Theologie artikulieren, bieten reichhaltige neue Kost zum Nachdenken.

Es ist mir wichtig zu betonen, dass die Theologie, die dieses Buch untersucht, nicht als akademische oder intellektuelle Übung verstanden werden soll, sondern dass sie aus praktischem Engagement entstanden ist. Auf den verschiedenen Kontinenten sind viele Gruppen von Christen dabei, sich aktiv in die Themen hineinzudenken, die das Wohlbefinden der Menschen und der natürlichen Welt beeinflussen. Oft denken sie nicht unbedingt direkt über Gott nach, aber inmitten ihres weltlichen Engagements, oder, um es anders zu sagen, im Augenwinkel, schauen sie etwas von der Wahrheit des lebendigen Gottes, das sie überrascht und stärkt. Später reflektieren sie dann ihre Erlebnisse und artikulieren, was sie neu verstanden haben. Die zu diesen Gemeinschaften gehörenden Theologen nutzen diese Einsichten schließlich in neuen Gedankengebäuden, die dazu da sind, einen Teil des göttlichen Mysteriums in diesem speziellen Kontext zu verstehen. Jede dieser Glaubensinterpretationen eröffnet wiederum einen konkreten Pfad der Nachfolge, der nicht nur die Gruppe einlädt, die die Glaubenseinsicht ursprünglich empfing, sondern die ganze Kirche herausfordert, diesen Pfad zu betreten.

Der beschriebene Prozess entfaltet sich also aus der religiösen Erfahrung einer bestimmten aktiven Glaubensgemeinschaft und ihrem Kontext heraus, führt dann zu theologischer Reflexion, sowohl durch die Menschen selbst als auch durch ausgebildete Theologen, und mündet im praktischen Handeln, das sich aus spiritueller und moralischer Selbstverpflichtung speist. Kurz gesagt: Einsicht entwickelt sich aus dem Herzen heraus und in den Kopf und die Hände hinein.

Liest man zwischen den Zeilen dieses Buches, stellt man fest, dass das Aufzeigen neuer Einsichten in den Charakter Gottes auch zu theologischer Arbeit führt. Theologen verfolgen energiegeladen ihr Handwerk, das darin besteht, über Gott zu sprechen (Theologie kommt von den griechischen Begriffen *theos*, „Gott“ und *logos*, „Wort / begründete Rede“): durch Dick und Dünn, durch Segen und Skandale hindurch, inmitten der Politik in und außerhalb der Kirche, auch wenn sie zum Schweigen gebracht werden sollen, wenn sie verfolgt werden und leiden, selbst wenn ihre Kollegen ermordet werden. Sie üben ihr Handwerk aus, indem sie Argumente ordnen, indem sie Dispute entwickeln, indem sie, vergleichbar mit Rechtsanwälten, konkrete Fälle bedenken, um ihrem Publikum letztendlich verständliche und überzeugende Szenarien zu präsentieren. Theologen bemühen sich, Informationen für die moderne Welt zu erschaffen, indem sie die konkreten Lebensumstände der Menschen erfragen, indem sie die Heilige Schrift lesen, die christliche Tradition konsultieren und die Geisteswissenschaften, die Naturwissenschaften und die Sozialwissenschaften zu Rate ziehen. Das heißt aber nicht, dass es ihr einziges Ziel ist, Schritt mit den sich verändernden Zeiten zu halten. Sowohl die Welt, die zwischen Sünde und Gnade oszilliert, als auch die Gesellschaft und die Kirche selbst bedürfen der Kritik und der Transformation. In der Geschichte gab es Zeiten, in denen sich die Theologie von den dringlichen Fragen ihrer Zeit abschottete, in denen sie nicht darauf vertraute, dass die Substanz christlichen Glaubens in der Lage ist, sich mit neuen Ideen auseinanderzusetzen. Die moderne Theologie leidet nicht mehr unter dieser Angst. Stattdessen versucht sie, ein Gottesverständnis zu entwickeln, das zum einen mit der sich entwickelnden Kultur voranschreitet, zum anderen aber auch den Fehlern innerhalb dieser Kultur widersteht.

Dieses Buch möchte die Früchte solcher theologischer Arbeit, die an unterschiedlichen Orten, teilweise auch unter widrigen Umständen, inmitten von Brutalität und Verwirrung, aber auch gesegneter Errungenschaften, in den letzten Jahrzehnten gemacht wurden, bekannt machen und verbreiten. Das erste Kapitel gibt kurze Hintergrundinformationen und beschreibt die Voraussetzungen für diese literarische Reise. Jedes folgende Kapitel präsentiert dann eine bestimmte Idee von Gott. Um die Bedeutung einer jeden Erkenntnis zu zeigen, beschreibt jedes Kapitel den Kontext, in dem diese Gotteserkenntnis entstand, die Gründe für ihre Entstehung und die Herausforderungen für das spirituelle und das tägliche Leben, die sich daraus ergeben. Besprochen werden die Transzendentaltheologie, die Politische Theologie, die Befreiungstheologie, die Feministische Theologie, die Schwarze Theologie, die Hispanische Theologie, sowie interreligiöse und ökologische Theologien. Das Buch mündet in dem christlichen Glauben an den einen Gott als dreifaltigen Gott. Manchmal wird die Betonung auf den Werken bestimmter Theologen liegen, manchmal werden ganze Denkrichtungen im Vordergrund stehen. Am Ende jedes Kapitels werden Lesevorschläge den interessierten Leser auf weitere und speziellere Quellen hinweisen.

Diese Arbeit ist nicht umfassend. Zu jedem Thema, das in diesem Buch angesprochen wird, gibt es unzählige weitere Bücher. Dazu gehören grundlegende Methodenanalysen, Verbindungslinien zu den anderen Lehren Jesu, zu Sünde, Gnade und Kirche, sowie kritische Auseinandersetzungen mit dem jeweiligen Thema von innerhalb und außerhalb der theologischen Schulen, die den

Hauptgedankengang noch weiter ausarbeiten. Hier wurde entschieden, eine Art Laserstrahl auf die Gottesidee zu richten und dabei die Diskussionen zu beleuchten, die diese Idee umgeben, sodass die sich fortsetzenden Entwicklungslinien und die lebendigen modernen Traditionen, in denen diese Idee entstand, aufgezeigt werden können.

Hier sind noch einige Worte zum Begriff „lebendiger Gott" vonnöten, der im Titel benutzt wird. Diese Redeweise ist zutiefst biblisch. Sie identifiziert die Quelle des Lebens als dynamisch, großzügig und voller Überraschungen. Als das Volk Israel einen Bund mit Gott einging, *„hörten sie die Stimme des lebendigen Gottes"*, der am Sinai aus dem Feuer sprach (Dtn 5,26), und sie wussten, dass *„der lebendige Gott unter dir ist"*, als sie in das verheißene Land kamen (Jos 3,10). Als Daniel aus der Löwengrube gerettet wurde, verstand ein fremder König, dass der Gott Israels *„ein lebendiger ewiger Gott"* ist (Dan 6,26). Dank des Juden Jesus Christus, *„Sohn des lebendigen Gottes"* (Mt 16,16), verstehen nun auch die Christen, für die das alte göttliche Versprechen ebenso gilt, dass sie *„Kinder des lebendigen Gottes"* sind (Röm 9,26).

Zu leben ist das Gegenteil von tot sein. Eine lebendige Quelle trocknet nicht aus und hat immer fließendes frisches Wasser. Lebendiges Wasser ist frisch, rege, frei fließend. *„Meine Seele dürstet nach Gott, dem lebendigen Gott"* (Ps 42,2) betet der Psalmist, der diese Verbindung verstanden hat. Dieser Ausruf, der auch in diesem Buch benutzt wird, bezieht sich auf ein Gottesverständnis, das voller Energie und Geist ist, lebendig und voller Pläne für Befreiung und Heilung, von der Zukunft her kommend, um etwas Neues zu bewirken. Der Begriff „lebendiger Gott" beinhaltet auch die Einsicht, dass das göttliche Geheimnis stets mehr ist als das, was Menschen von ihm verstehen können. Er bereitet uns darauf vor, Erstaunen zu erfahren.

Eines Tages, als die Apostel Paulus und Barnabas in Lystra predigten, sahen sie einen Mann, der von Geburt an verkrüppelt war, und heilten ihn. Die Menge, die ja wusste, dass der Mann nie zuvor hatte laufen können, dachte, dass diese beiden Fremden Götter seien, die aus dem Himmel zu ihnen gekommen sind. Voller Begeisterung brachten sie und ihre Priester Ochsen und Zierrat, um ihnen zu opfern. Verwirrt traten die Apostel in die Menge und riefen:

> *Männer, was tut ihr? Auch wir sind nur Menschen, von gleicher Art wie ihr; wir bringen euch das Evangelium, damit ihr euch von diesen nichtigen Götzen zu dem lebendigen Gott bekehrt,* der *den Himmel, die Erde und das Meer geschaffen hat und alles, was dazugehört.* (Apg 14,15)

Der Begriff „lebendiger Gott" zeigt auf den Schöpfer, den Retter, den Liebenden, der die ganze Welt umarmt, den Kosmos wie auch alle menschlichen Wesen. Er ruft ein Gefühl für das unbeschreibliche göttliche, sich durch die Geschichte bewegende Mysterium hervor und ruft uns auf, gemeinsam mit dem göttlichen Mysterium zu handeln und in uns selbst die liebevolle Partnerschaft mit ihm zu pflegen: *„mein Herz und mein Fleisch singen vor Freude dem lebendigen Gott"* (Ps 84,2).

Wenn mittelalterliche Kartenzeichner an die Grenzen der bekannten Welt kamen, schrieben sie oft das Folgende auf die leere Fläche: „Hier könnten Drachen sein." Wenn wir uns in das Unbekannte hineinbegeben, das uns verletzen oder verschlingen kann, fürchten wir uns. Meine Leser/innen sind eingeladen herauszufinden, wo die Grenzen ihres eigenen Gottesverständnisses sind. Sie sind ebenfalls eingeladen, sich durch die verschiedenen hier besprochenen Theologien auf eine Reise mitnehmen zu lassen, die durch das Drachengebiet hindurchführt und sie zu neuen Orten bringt, die von anderen Menschen innerhalb der Kirche bereits als lebensfördernd und wahr erfahren wurden. Daraus kann ein Reichtum im Glauben resultieren, der selbst in der Dunkelheit dem lebendigen Gott anhängt und sich als leidenschaftlich und verantwortlich erweist, wenn es darum geht, für diese gute, doch schrecklich zerrissene Welt zu sorgen.

1
Alte Geschichte, neues Kapitel

Am Anfang

Das Neuaufleben des Wissens über Gott in unseren Tagen stellt ein neues Kapitel innerhalb einer langen Geschichte dar, deren Anfänge in den Nebeln der Historie verloren sind. Vom Anbeginn der menschlichen Existenz an, als das Bewusstsein vom Selbst zum ersten Mal auf diesem Planeten aufflackerte, haben die Mitglieder der Art *homo* mit dem Gefühl gelebt, dass sie von einer göttlichen Kraft umgeben sind. Sie ahnten, dass ihre Lebensmuster von unsichtbaren Mächten geformt werden, die die Welt durchweben und Ziele haben, die von den Menschen nicht beeinflusst werden, auf die sie sich jedoch einstellen können. Das taten sie mithilfe von Geschichten, Symbolen und Ritualen, die später mit dem Überbegriff „Religion“ bezeichnet wurden. Betrachtet man die Art und Weise, auf die einige prähistorische Gesellschaften ihre Toten begruben, findet man Hinweise auf diese Lebenseinstellung. So versahen diese frühen Menschen die toten Körper mit rotem Ocker, um sie Blut gleichzumachen, dem Puls des Lebens. Um die Toten auf die neue Geburt vorzubereiten, legten sie die Körper in eine Embryonalhaltung und fügten Grabbeigaben hinzu, die in der Zukunft nützlich sein konnten. Solche Hinweise auf einen Glauben an Mächte, die den Tod zu einem Portal für ein weiteres Leben machen können, bewegten die Forscher dazu vorzuschlagen, dass ein gewisses Bewusstsein für das Sakrale ein integraler Teil früher menschlicher Gesellschaften war. John Esposito, der sich zu den Glaubensweisen und Ritualen geäußert hat, die es den menschlichen Gesellschaften ermöglichten, das Leben im Licht einer göttlichen Gegenwart mit Sinn zu füllen, wies auf Folgendes hin:

> „Die Überreste menschlichen Lebens jeder Gesellschaft innerhalb der Zeitspanne der letzten 100.000 Jahre zeigen, dass die zunehmende Komplexität der Werkzeuge, mit denen die Menschen arbeiteten, einherging mit der Entwicklung der linguistischen Fähigkeiten und der unverkennbaren Gegenwart von Religion."

Um es noch einmal anders zu sagen: Die Religion entstand zusammen mit Werkzeugen und Feuer.

Als die Menschen vom Leben am Existenzminimum dazu übergingen, um 3000 v. u. Z. als Jäger und Sammler Dörfer und später größere Stadtstaaten zu besiedeln, wurde das generelle Bewusstsein von der Anwesenheit des Heiligen zur strukturierten religiösen Aktivität umorganisiert. Besondere Erzähl- und Liedstrukturen, Symbole und Rituale legten heilige Zeiten und heilige Orte fest und bestimmten ethische Verhaltensweisen. Priesterliche Hierarchien und charismatische Seher lenkten in den unterschiedlichen kulturellen Milieus die menschlichen Beziehungen zur göttlichen Gegenwart. Heutzutage zeichnen die Religionswissenschaften die Entwicklung dieser bunten und komplexen Religionsgeschichte nach, die sich über viele Jahrtausende erstreckt, sowohl kleine als auch große Religionen umfasst, hoch organisierte und indigene Religionen beinhaltet und sowohl nach den heute praktizierten als auch nach den ausgestorbenen Religionen fragt.

Selbst ein nur oberflächlicher Blick auf diese Geschichte zeigt, dass es um ein sehr dynamisches Phänomen geht, das mit emotionalen, intellektuellen und institutionellen Elementen verwoben ist. Um das Phänomen Religion zu verstehen und um es von anderen menschlichen Aktivitäten zu unterscheiden, heben Forscher hervor, dass der Gott oder die Götter – egal, wie sie heißen oder dargestellt werden – immer auf eine übergeordnete Realität hinweisen: größer als die Fragmente des Alltagslebens, größer als die Menschen, eine Ganzheit, die die Vorstellungskraft übersteigt, ein Horizont, der alles umfasst. Die Gegenwart dieser großen und mächtigen Ganzheit hat göttlichen Charakter, das heißt, sie ist nicht greifbar, aber doch real, so wie das Licht, das aus einer Wolke hervorscheint. Die

Menschen haben diese göttliche Präsenz, die sich ganz verschieden bemerkbar macht, in Vielfalt erlebt: in der Natur, in der Geschichte, in Kunst, Musik und Tanz, im Gefühl inneren Friedens und äußerer Heilung, im ganzen Spektrum guter und schlechter menschlicher Erfahrungen, im Besonderen in Liebe und Verlust. Sie haben diese Präsenz gespürt, wenn sie an Grenzen gestoßen sind, wenn sie sich im Angesicht des Unheimlichen oder des Überraschenden befanden, wenn sie die ungewöhnliche Fülle oder auch Leere des Lebens erlebt haben, und wenn sie durch eine Vielzahl von verschiedenen Praktiken die Gemeinschaft mit dieser Präsenz gesucht haben.

Im frühen 20. Jahrhundert veröffentlichte Rudolf Otto eine klassische Studie über die Art und Weise, wie Menschen die göttliche Gegenwart im Zentrum der Religion erfahren. Er nannte diese Gegenwart „das Heilige“ und entwickelte drei sich teilweise überschneidende Elemente, die die menschliche Begegnung mit dem Heiligen charakterisieren. Wir erfahren das Heilige, schreibt er, als ein *mysterium tremendum et fascinans*, das heißt, als ein Mysterium, das sowohl *ehrfurchtgebietend* als auch *anziehend* ist.

~ *Mysterium* bezieht sich auf den verborgenen Charakter des Heiligen, welches sich jenseits der Vorstellungskraft befindet, und das nicht nur wegen unserer eigenen intellektuellen Begrenztheit, sondern aufgrund seiner ihm ganz eigenen Natur. Das Heilige als ein Mysterium zu erfahren ist jedoch kein negatives Erlebnis, sondern etwas, was mit einem Versprechen von Fülle verbunden ist. Diese Fülle ist größer, als wir je verstehen können.

~ *Tremendum* beschreibt den ehrfurchtgebietenden Charakter dieses Mysteriums, das sich unserer Kontrolle entzieht. Wir können die Kraft des Heiligen nicht domestizieren. Diese Einsicht ruft ein Gefühl hervor, das sich wie Furcht anfühlt, wie eine welterschütternde Angst, sind wir doch so klein angesichts dieser majestätischen Größe.

~ *Fascinans* ist ein Ausdruck für den attraktiven Charakter dieses Mysteriums, das von überwältigender Gnade geprägt ist. Da wir es als Liebe, Barmherzigkeit und Trost erleben, macht uns das

Heilige zutiefst froh. Die Menschen hungern mit tiefster Sehnsucht nach dieser Güte, die dem Heiligen die Macht gibt, unsere Herzen zu bezaubern, zu verlocken, ja zu ködern.

Menschen, die einer Religion angehören, werden normalerweise in eine bestimmte lebendige Tradition der Gottesbegegnung initiiert. Zahllose Vorfahren im Glauben, die dieses ehrfurchtgebietende und anziehende Mysterium in ihrem eigenen Leben erfahren haben, übersetzten ihre Erlebnisse in spezielle Texte, Rituale und Praktiken, die festhalten, was diese Menschen gefühlt und für wahr empfunden haben. Glaubende entdecken das Heilige im Kontext dessen, was ihre Vorfahren an sie weitergegeben haben, weil sie sich im Leben einer Gemeinschaft engagieren. Gleichzeitig wird der Prozess des Weitergebens für zukünftige Generationen weitergeführt, weil nun diese Menschen das welterschütternde und faszinierende Mysterium selbst suchen, finden und ausüben wollen.

Insgesamt betrachtet hat das sich immer verändernde Phänomen der Weltreligionen den Charakter einer großen Suche, einer sich fortsetzenden Fahndung nach dem, was ultimativ und ganzheitlich (wahr) ist. Die Kritik, die von modernen Atheisten seit dem 19. Jahrhundert gegen die Religion vorgebracht wurde und bis heute vorgebracht wird, führte zu der Annahme, dass diese Suche nach dem lebendigen Gott abgeschlossen sei, dass der Vormarsch des technischen Fortschritts die Religion verdorren lassen und zu den von Naivität geprägten Außenposten verdammen würde, wo sie weiter dem Leben anhaften würde. Die weiterführende Geschichte zeigt jedoch, dass dem nicht so ist und dass die Idee vom Tod Gottes lediglich aufgebauscht wurde.

Religion ist kein unvermischtes Gut. Allzu oft haben Gemeinschaften der Versuchung nachgegeben, ihre Gottheit zu ihrem Stammesgott zu machen, der Fremden gegenüber feindlich eingestellt ist. Das hat zu schrecklichen Gewaltausbrüchen geführt. Der Religionsphilosoph Martin Buber schrieb einmal mit beißenden Worten, dass das Wort „Gott“ blutüberströmt sei und aus unserem Vokabular gestrichen werden solle, zumindest so lange, bis es sich von diesem Missbrauch erholt habe. Dieses doppelbödige Erbe muss als kritisches Korrektiv immer dann erinnert werden, wenn die Fanfare der Religion auf allzu selbstgefällige und triumphale Art und Weise geblasen werden soll. Gleichzeitig zeigen sowohl die unerwartete Vitalität der Religion im 21. Jahrhundert als auch die Entstehung neuer Formen von Spiritualität außerhalb organisierter Religion, dass die Verbindung mit dem Heiligen weiterhin ein integraler Bestandteil des Lebens vieler Menschen ist. Die Suche nach dem lebendigen Gott war und ist eine beständige Aktivität des menschlichen Geistes.

Völker des Buches

Man könnte annehmen, dass diese fortgesetzte Suche bei den Religionen enden würde, die ihren Ursprung explizit mit der göttlichen Offenbarung verbinden, so wie das bei Judentum, Christentum und Islam der Fall ist. Diese Glaubenstraditionen basieren darauf, dass Gottes Selbstoffenbarung in historischen Ereignissen und durch Worte geschah und dass diese in ihren heiligen Büchern festgehalten sind, nämlich in der Hebräischen Bibel, dem Neuen Testament und dem Koran. Doch auch innerhalb dieser monotheistischen Glaubensrichtungen, die sich doch mit der Sicherheit begnügen könnten, dass sie definitives Wissen über das Heilige besitzen, gibt es immer wieder eine aktive Suche nach einem tieferen Verständnis des Heiligen, einer engeren Verbindung zu Gott und einer noch größeren Fruchtbarkeit des Verhältnisses von Mensch und Gott. Diese Suche spiegelt sich in den nun folgenden wichtigen Texten wider.

In der Hebräischen Bibel durchzieht das Thema unserer Suche nach Gott alle heiligen Bücher, angefangen bei Mose, durch die Propheten und die Werke des Psalmisten hindurch, bis hinein in das Buch Ijob und die weisheitliche Literatur. Trotz oder besser wegen des Gottesbundes mit den Menschen wird diese Suche fortgesetzt:

> *Gott, du mein Gott, dich suche ich, meine Seele dürstet nach dir. Nach dir schmachtet mein Leib wie dürres, lechzendes Land ohne Wasser.* (Ps 63,2)

Der göttliche Ruf, Gott zu suchen, spiegelt sich in der tatsächlichen Suche nach Gott durch die Menschen:

> *Mein Herz denkt an dein Wort: ‚Sucht mein Angesicht!' Dein Angesicht, Herr, will ich suchen. Verbirg nicht dein Gesicht vor mir.* (Ps 27,8–9a)

Der Auftrag, Gott zu suchen, ist glücklicherweise mit dem Versprechen verbunden, dass man Gott in Freude finden wird. Da Mose schon ahnt, dass es nicht leicht sein wird, sagt er den Menschen, dass sie vom Weg abkommen werden:

> *Dort werdet ihr den Herrn, deinen Gott, wieder suchen. Du wirst ihn auch finden, wenn du dich mit ganzem Herzen und mit ganzer Seele um ihn bemühst.* (Dtn 4,29)

Später, als das Unglück des babylonischen Exils seine Schatten warf, verkündigte der Prophet Jeremia in Gottes Namen Hoffnung:

> *Wenn ihr mich ruft, wenn ihr kommt und zu mir betet, so erhöre ich euch. Sucht ihr mich, so findet ihr mich. Wenn ihr von ganzem Herzen nach mir fragt.* (Jer 29,12–13)

Es ist typisch für die jüdische Beziehung mit dem Göttlichen, dass die beschriebene Suche einen starken Aspekt der Gegenseitigkeit aufweist. Beide Seiten suchen einander. Die Weisheit, die weibliche Personifikation des Gottes Israels, verspricht einerseits, „die mich suchen, werden mich finden" (Spr 8,17), und wandelt andererseits selbst über die Märkte, um die zu suchen, die auf ihre lauten Rufe der Unterweisung hören. Sie sendet zudem ihre Dienerinnen aus, um alle zum Festmahl an ihren Tisch einzuladen, und um sie auf den Weg der Weisheit zu führen (Spr 9,3–6). Die, die nicht hören und verloren gehen, werden vom Gott Israels wie von einem Schäfer gesucht, der verlorenen Schafen nachgeht (Ez 34,11–16). Dieses Muster religiösen Glaubens bietet das Geschenk des Abenteuerlichen an und ist weit davon entfernt, den menschlichen Geist zu langweilen. Die Bundesbeziehung mit Gott eröffnet den Glaubenden immer neue Entdeckungen, die mit den sich verändernden Umständen des Lebens einhergehen.

Eine ähnliche Dynamik wie die, die im jüdischen Glauben zu finden ist, fließt auch in die christlichen Schriften ein, wo die Themen des Suchens und Findens – oder auch des schrecklichen Nichtfindens – einen großen Raum innerhalb der Evangelien einnehmen. Jesus lehrt seine Nachfolger, Gott zu suchen, und formuliert das in dem Ausdruck „trachtet vielmehr zuerst nach seinem Reich" (Mt 6,33), selbst wenn die Sorge um Speise und Kleidung überhand nehmen will. Mit diesem Rat geht aber auch ein Versprechen einher:

> *Bittet, dann wird euch gegeben; sucht, dann werdet ihr finden; klopft an, dann wird euch geöffnet. Denn wer bittet, der empfängt; wer sucht, der findet; und wer anklopft, dem wird geöffnet.* (Mt 7,7–8)

Dieser menschlichen Suche nach Gott entspricht die göttliche Jagd nach denen, die verloren gegangen sind. Jesu Gleichnisse zeigen Gott als Erlöser auf, der wie eine Frau nach ihrer wertvollen Münze sucht oder wie ein Schäfer dem verlorenen Schaf nachgeht (Lk 15,3–10). Einer der großen zusammenfassenden Texte, die dieses Thema behandeln, findet sich am Ende der Geschichte von Jesu Zusammentreffen mit dem kleinen, reichen, unehrlichen Zachäus. Das Herz dieses Steuereintreibers ist am Ende dieser Begegnung so verwandelt, dass er die Hälfte seines Vermögens den Armen gibt und dass er die, die er betrogen hatte, vierfach entschädigt. Jesus, der sich darüber freute, dass die Erlösung zu diesem Haus gekommen war, erklärte daraufhin: *Denn der Menschensohn ist gekommen zu suchen und zu retten, was verloren ist.* (Lk 19,10)

Das Thema des Suchens und Findens erscheint auch im Koran, wo es meist mit dem Wunsch verbunden ist, das Antlitz Allahs zu sehen, wobei das Gesicht das Symbol für Gottes Präsenz und Selbstoffenbarung ist. „Wo ihr euch hinwendet, ist das Antlitz Gottes." (Sure 2,115) Gläubige Muslime können einen flüchtigen Blick auf dieses Antlitz in jedem menschlichen Gesicht, aber auch in den Abläufen der natürlichen Welt finden. Jeder ernsthafte Anhänger des Islams versucht außerdem, die göttliche Gegenwart durch das tägliche Gebet zu erfahren, was in einer Geschichte über Gottes

Rüge für Mohammed erzählt wird. Dort scheint es so, dass der Prophet eine Anweisung an seine Nachfolger – meist gläubige Sklaven und Arme – ausgegeben hatte, dass sie immer dann, wenn Reiche und Mächtige auftauchen, verschwinden sollten. Der Zweck dieser Anweisung war, dass die Personen, die sich selbst zur Elite zählten, sich ihm leicht und auf angenehme Weise nähern konnten. Würden sie sich bekehren, könnten sie ja viele andere beeinflussen. Das jedoch fand nicht die Zustimmung Allahs, der Mohammed rügte und das religiöse Suchen der Armen für legitim erklärte: „Und gedulde dich mit denen, die anrufen ihren Herrn am Morgen und am Abend, und suchen Sein Antlitz!" (Sure 18,28) Das Bestreben, den Ort der göttlichen Präsenz zu erreichen, charakterisiert auf besondere Weise den Sufismus, die mystischen Strömungen im Islam. Jedoch verbringen alle wahren Muslime ihr Leben damit, wie Mohammed Gott zu suchen, „allein aus dem Streben nach dem Antlitz seines Herrn, des Höchsten" (Sure 92,20).

Die monotheistischen Religionen lassen die Suche des menschlichen Geistes nach dem lebendigen Gott also nicht erlöschen. Sie ermutigen vielmehr diese Suche, wie es Augustinus beschrieb: „Denn es [ein so hohes Gut = Gott] wird gesucht, auf dass es süßer gefunden wird, und gefunden, auf dass es inbrünstiger gesucht wird." (*De Trinitate* XV 2)

Warum dieses Suchen?

Die die Jahrtausende überdauernde Suche nach dem lebendigen Gott, die nie aufhören wird, wurzelt in den folgenden drei Faktoren:

- Erstens ist die Natur dessen, was gesucht wird, unbegreiflich, unvorstellbar, grenzenlos, unbeschreiblich, jenseits jeder möglichen Definition. Der lebendige Gott kann mit nichts anderem in der Welt verglichen werden. Es doch zu versuchen hieße, die göttliche Realität in einen Götzen zu verwandeln. Dass Gott so unendlich groß ist, bedeutet für uns, dass wir, egal wie viel wir wirklich wissen, doch nie die Ganzheit des lebendigen Gottes erfassen können. Nie können wir den lebendigen Gott in einem Netz aus Konzepten, Bildern oder Definitionen einfangen, nie können wir die Realität Gottes in Glaubenslehren zähmen. Ein von Augustinus gepredigtes Rätsel, das an die Lehre des Zen erinnert, drückt diese Erkenntnis aus: „*Wenn du es verstanden hast, ist es nicht Gott.*" (*Sermo* 117,5) Solltest du in der Lage gewesen sein, ganz zu verstehen, wer Gott ist, handelt es sich um etwas anderes, eine geringere Realität als die Gottes. Die Lebendigkeit Gottes ist nicht einfach größer und besser als alles andere in der Welt, sie ist das Andere, was nicht zu beschreiben ist.

~ Zweitens wird die Suche nach dem lebendigen Gott fortgesetzt, weil das menschliche Herz unersättlich ist. Die gesamte Menschheit ist von einer unermesslichen Sehnsucht geprägt, die sie auf allen Gebieten vorantreibt. Die Menschen, die Gott suchen, legen Zeugnis dafür ab, dass der menschliche Geist nicht ruhen kann, wenn er nur eine Begegnung mit Gott hatte. Nein, ein flüchtiger Blick erweckt die Neugierde und den Hunger nach mehr. Die Menschen begeben sich auf eine Reise durch Schönheit und Freude, durch Pflichten und Verbindlichkeiten, durch quälende Stille und Schmerzen, und suchen einen tieferen Sinn und eine engere Gemeinschaft mit dem unbeschreiblichen Gott. Diese Reise hat einen Anfang, aber sie endet erst mit dem letzten Atemzug eines Menschen.

~ Der dritte Faktor, der die anhaltende Suche nach dem lebendigen Gott beeinflusst, ist die sich verändernde Geschichte der menschlichen Kultur. Gotteserfahrungen sind immer vermittelte Erfahrungen, das heißt, sie werden über bestimmte historische Kanäle greifbar gemacht. Wenn sich die Umstände ändern, verlagert sich auch die Art und Weise, wie das Göttliche erfahren wird. Bilder, intellektuelle Konstrukte und Rituale, die in einem Zeitalter eine Wahrnehmung Gottes vermittelt haben, sind im nächsten Zeitalter oft nicht mehr vermittelbar, besonders wenn sich die Einstellungen der Menschen, ihre Werte und ihre Lebensführung verändert haben. Wollen die religiösen Traditionen dynamisch und lebendig bleiben, muss die Suche immer wieder neu begonnen werden.

Nimmt man alle drei Faktoren zusammen, wird eines klar: Die tiefe Unbegreiflichkeit Gottes verbunden mit dem Hunger des menschlichen Herzens in den sich verändernden Kulturen *führt zwingend* dazu, dass die Suche nach dem lebendigen Gott weitergeführt wird und niemals beendet werden kann. Es ist zu erwarten und es ist nötig, dass sich diese Suche immer wieder neu artikuliert. Sollte es ein Zeitalter geben, in dem diese Suche nicht zu neuen Grenzen aufbricht, wird es ein trockenes Zeitalter sein, staubig und statisch.

Die These dieses Buches lautet, dass das moderne Christentum gerade ein dynamisches neues Kapitel dieser Suche erlebt. Die Menschen entdecken Gott neu, nicht durch abstrakte Ideen, sondern durch die Empfindung, dass sich die göttliche Gegenwart und die göttliche Abwesenheit in ihrem Alltagsleben, ihren Kämpfen und ihren Hoffnungen, im Normalen und im Außergewöhnlichen manifestieren. Dabei kommen neue Ideen von Gott ans Tageslicht. Dazu gehören die Bemühungen, mit der Dunkelheit des Holocaust umzugehen, oder die Anstrengungen der Armen und Verfolgten, soziale Gerechtigkeit zu erkämpfen, aber auch das Streben der Frauen nach gleichberechtigter Menschenwürde, die christliche Erkenntnis, dass auch andere religiöse Traditionen Güte und Wahrheit in sich tragen, und schließlich die Bemühungen der Menschen, die die Liebe zum Leben in sich tragen, das ökologische Leben auf unserem Heimatplaneten zu schützen und zu nähren. Kein Zeitalter existiert ohne göttliche Präsenz. Es ist eine Gunst, die unserem Zeitalter gewährt wird, dass diese Erkenntnis aufblüht.

Der Ausgangspunkt: Moderner Theismus

Der Ort, von dem die Suche nach dem lebendigen Gott heutzutage ausgeht, ist wohlbekannt. Wie es in den vergangenen Jahrhunderten üblich war, stellt man sich Gott in dieser Denkrichtung als Monarchen vor, der die Spitze der Pyramide des Seins einnimmt. Ohne Christus oder den Heiligen Geist in Betracht zu ziehen, konzentriert man sich auf den, den die trinitarische Theologie die „erste Person" (der Trinität) nennt, ein einzelnes mächtiges Individuum, das in der Höhe lebt, den Kosmos regiert und das menschliche Verhalten richtend beurteilt. Selbst wenn dieses höchste Wesen mit wohlwollenden Attributen ausgestattet wird, ist es doch immer ein männliches Wesen, ein „Er", der regiert, jedoch unerreichbar abseits existiert. Hin und wieder greift er ein, um die Naturgesetze zu beeinflussen oder um Wunder zu wirken, aber das ist nicht verlässlich der Fall. Obwohl er die Welt liebt, ist er von der Unordnung der Welt nicht tangiert. Und immer steht dieser edle Gesetzgeber an der Spitze der hierarchisch aufgebauten Machtpyramide. Er bekräftigt die Autoritätsstrukturen in Gesellschaft, Kirche und Familie.

Auch ohne übermäßige Stereotypen anzuwenden, kann gesagt werden, dass es genau dieses Gottesbild ist, das im öffentlichen Diskurs und in den Medien der westlichen Welt immer noch vorherrscht. Es bietet den Hintergrund für den modernen Atheismus, der die Existenz eines solchen höchsten Wesens ablehnt. In einer Rezension zu Richard Dawkins Buch *The God Delusion* (dt.: *Der Gotteswahn*) aus dem Jahr 2006, das diese Art von Atheismus auf der Basis eines wissenschaftlichen Materialismus beschreibt, erläuterte der Kritiker Terry Eagleton die grundlegenden Probleme der These Dawkins. Er stelle sich Gott „wenn nicht ganz als einen Mann mit weißem Bart, zumindest aber als eine Art Kumpel vor, übergroß natürlich". Dawkins hat seine Einsichten natürlich nicht aus der Luft gegriffen. Solche oberflächlichen Ideen halten viele Gläubige, die Gott als ein Individuum innerhalb des Ganzen der Realität sehen – wenn auch als das höchste und mächtigste –, für normal. Dass dieser unsichtbare, unglaublich mächtige große alte Mann im Himmel vielleicht nicht wirklich Gott ist, haben die meisten nicht ernsthaft in Betracht gezogen.

In der Theologiegeschichte weiß man heute, dass dieses konstruierte Gottesbild in einer Bewegung des 17. und 18. Jahrhunderts entstand, genauer gesagt, während der Periode der Aufklärung. Diese Bewegung lehnte die dogmatische Autorität von Religion und Tradition ab und bevorzugte die „aufgeklärte" Forschungskraft menschlicher Vernunft, um die Funktionsweise der Welt zu erklären. Als Reaktion darauf benutzten auch die christlichen Theologen dieser Zeit rationale Argumente, um die Existenz Gottes zu verteidigen. Vor diesem Zeitalter hatten sich die Theologen auf die Heiligen Schriften, den sakramentalen Gottesdienst und die theologische Tradition bezogen. Sie hatten die Philosophie benutzt, um bestimmte Punkte zu interpretieren und zu erklären. Aufgrund dieser Vorgehensweise bündelten sie ihre Aufmerksamkeit auf die göttliche Inkarnation in Jesus Christus sowie auf die vom Heiligen Geist gegebene innewohnende Gnade. Es waren diese beiden Ideen, die ihre Vorstellungen vom dreieinigen Gott charakterisierten. Nachdem sie aber die Kritik der Aufklärung erlebt hatten, begaben sich die Theologen auf das argumentative Niveau ihrer Gegner. Sie bezogen sich nicht mehr auf christliche Quellen und adoptierten philosophische Methoden des Denkens, die nach objektivem Wissen strebten und das Universum auf einer rationalen Basis erkennen wollten. Sie versuchten, klare und eindeutige Vorstellungen über das Göttliche zu entwickeln. Die Theologen begannen ihren Denkprozess bei der natürlichen Welt und argumentierten mit einem Prozess der Deduktion, dass Gott existiere. Dadurch konstruierten sie eine Theologie, in der Gott als höchstes Einzelteil in einem intellektuellen System erscheint. Während Gott ein mächtiges Individuum bleibt, mächtiger als alle anderen Kräfte in der Welt, bleibt er doch Teil einer größeren Realität. Seine Attribute werden durch logisches Denken hergeleitet, welches das, was unendlich ist, mit den Begrenzungen des Endlichen kontrastiert. Deshalb wird Gott als unveränderlich dargestellt (nur Kreatürliches verändert sich), als nicht-körperlich (nur Körper verändern sich), als nicht-leidensfähig (nur Kreaturen leiden), allmächtig, allwissend und allgegenwärtig im Kontrast zu allen Kreaturen, die nur über begrenzte Macht, begrenztes Wissen und begrenzte Präsenz verfügen.

Das Konstrukt, das aus dieser Denkweise resultiert, wird heute als „moderner Theismus" bezeichnet. Auf faszinierende Art und Weise kompromittiert dieser sowohl die Transzendenz als auch die Immanenz Gottes, die von der klassischen christlichen Theologie vertreten wird. Die Transzendenz bzw. die Andersartigkeit Gottes, die jenseits aller Vorstellungskraft liegt, wird dadurch minimiert, dass das Göttliche in das allen bekannte Koordinatensystem der Welt hineingezwängt wird. Indem alle Aussagen über Gott rationalen Argumenten unterworfen werden, wird gesichert, dass Gott keine dauerhafte Überraschung und kein Mysterium mehr ist. Die Immanenz bzw. die Nähe Gottes, die jenseits aller Vorstellungskraft liegt, geht verloren, weil nur noch eine Betonung auf die göttliche Verschiedenheit gelegt wird. Indem die hohe Position des Göttlichen in der Hierarchie der Welt hervorgehoben wird, gibt es nun keinen Raum mehr für den Gott, der sich als im Menschen wohnend offenbart. Das Ziel der Aufklärung, eine klare und distinkte Gottesvorstellung zu gewinnen, wurde mit guter apologetischer Absicht begonnen. Aber es führte zu einer Theologie, die das Ziel verfehlte.

Als sich diese gedanklichen Konstrukte in die Predigten und die persönliche Frömmigkeit hinein ausbreiteten, wurden sie noch simplifizierender und führten zu dem trivialen Gottesbild, das für die westliche Gesellschaft charakteristisch ist. In dem kleinen ökumenischen Buch *Your God Is Too Small* (dt.: *Dein Gott ist zu klein*) werden einige der weit verbreiteten Gottesbilder, die der moderne Theismus in die Kirchen und die Herzen getragen hatte, diskutiert. So stellen sich viele Gott als großen alten Mann vor, als ortsansässigen Polizisten, als ein Tonband festgefahrener elterlicher Meinungen, als Mann der Kirche, als Manager, als Diktator, als enttäuschenden Beschützer oder als Spaßverderber. Der Autor John B. Phillips räumt mit diesen unwürdigen Vorstellungen auf und schreibt: Wenn die Menschen doch nur „über ihren eigenen kleinen unbedeutenden Gott hinausblicken könnten und nur einen Eindruck der göttlichen Realität erhalten könnten, dann würden sie wahrscheinlich lachen oder noch wahrscheinlicher ein wenig weinen." Das Resultat dieses Umdenkens wäre eine Befreiung von der Anbetung eines Gottes, der eher wie ein Götze daherkommt, eines Gottes, der viel weniger als der lebendige Gott ist, jedoch so tut, als sei er die höchste Autorität. Wenn die Menschen die Türen ihrer Köpfe und ihrer Herzen weit öffnen könnten, dann würden sie einen Gott entdecken, der ihrem Leben tatsächlich angemessen ist.

Die Theologien, die in diesem Buch nachverfolgt werden, sind – im Gegensatz zum modernen Theismus – stark an Gottes Beziehung mit der Welt interessiert: ob und inwieweit Gott in Beziehung mit der Welt tritt, wie und mit welchen Folgen, und welche Bedeutung das alles für das Leben und Handeln der Menschen hat. Diese Theologien gehen davon aus, dass die göttliche Transzendenz jenseits von allem ist, dass sie anders als die Welt ist, nicht nur auf einer anderen Stufe steht. Gott kann eben nicht als ein Ding inmitten vieler Dinge klassifiziert werden, oder als ein Handelnder inmitten vieler. Gott kann nicht lokalisiert werden, weder in der Nähe noch in der Ferne, ist Gott doch aufgrund seiner Transzendenz in der Lage, sofort und überall immanent und präsent zu sein. Gott ist in der Welt, aber nicht in ihr enthalten oder durch sie begrenzt. Gott ist uns näher, als wir uns selbst nahe sind. Moderne Theologien betonen wieder die radikale Transzendenz und Immanenz Gottes, anstatt sie in einem Nullsummenspiel zu verneinen. Sie sehen den letztlich unerkennbaren Gott als den einzigen Grund für die Existenz der Welt sowie für ihr bruchstückhaftes Erblühen und ihre Hoffnung inmitten von Gebrochenheit. Sie wenden ihre Aufmerksamkeit den Rändern der Welt zu, wo Gott inmitten der herrschenden Mächte in Gestalt von Mitgefühl und befreiender Liebe erscheint, wo Gott näher an der Geschichte und der Unordnung der Welt ist. Sie sehen das göttliche Gnadenhandeln als etwas, was die Grenzen des Christentums sprengt und alle Menschen einbezieht, ja sogar über die Menschen hinaus die ganze natürliche Welt. Wäre es möglich, die Summe ihrer wiedergewonnenen Erkenntnisse in einer einzigen Metapher auszudrücken, dann wäre diese der klassische christliche Glaubenssatz *„Gott ist die Liebe“* (1 Joh 4,16).

Die Grundregeln für den Weg

Um den Leser/die Leserin auf die Reise vorzubereiten, die vor ihm bzw. ihr liegt, ist es wichtig, über die drei Grundregeln für das Reden über Gott zu sprechen. Diese Regeln kommen aus dem frühen Christentum und der mittelalterlichen Theologie und werden von den modernen theologischen Richtungen neu betont, um die Überrationalisierungen des Denkens zu vermeiden, die den Theismus der Aufklärung vom richtigen Weg abgebracht haben.

1. Die erste und grundlegendste Vorschrift ist folgende: Die Realität des lebendigen Gottes ist ein unbeschreibliches Mysterium jenseits allen Redens. Der Heilige Eine, der erschafft, erlöst und allem innewohnt, ist so jenseitig dieser Welt und doch so tief in der Welt verwoben, dass er eigentlich jenseits allen Begreifens ist. Die Geschichte der Theologie ist von dieser Wahrheit durchtränkt. Wenn die Theologie dieser Erkenntnis gerecht wird, dann vertritt sie die Auffassung, dass der menschliche Geist das Göttliche nie in Wort oder Bild klassifizieren kann, seien diese auch noch so wahr, noch so schön oder noch so erhaben. Die Christen glauben, dass Gott den Menschen in Jesus Christus nahegekommen ist. Aber selbst in diesem Fall bleibt der lebendige Gott ein unaussprechliches Geheimnis und kann nicht erfasst werden. Paulus drückte das auf passende Weise aus, als er sagte, dass wir alles nur als Stückwerk erkennen, so als ob wir in einen dunklen und zerbrochenen Spiegel schauen (1 Kor 13,12).

Die alte wunderbare Geschichte über Augustinus am Strand bietet uns dazu eine anschauliche Illustration. Eines Tages lief der Bischof am Strand des Mittelmeeres entlang und dachte über die Trinität nach, die er in einer seiner Schriften beschreiben wollte. In Gedanken versunken, sah er aus dem Augenwinkel ein kleines Kind, das immer wieder zum Wasser ging, einen kleinen Eimer mit Wasser füllte und dieses in ein Loch schüttete, das in den Sand gegraben war. Neugierig fragte Augustinus das Kind, was es da tue. „Ich versuche das Meer in mein Loch zu schütten“, antwortete es. „Du wirst es nicht schaffen, es wird nicht passen“, war die Antwort des Erwachsenen. Das Kind aber, welches, wie sich herausstellte, ein verkleideter Engel war, antwortete: „Und auf die gleiche Weise kannst du das Mysterium der Trinität nicht in deinen Verstand zwingen. Es wird nicht passen.“ Auf diese Weise wurde die Weisheit der Generationen an einen der größten Denker der christlichen Tradition weitergegeben. Wie das Meer, das nicht leer getrunken werden kann, ist Gott mehr als das, was wir verstehen und in unsere menschlichen Kategorien einordnen können. Auch Karl Rahner hat eine Wasser-Metapher benutzt und ausgemalt, dass wir wie eine kleine Insel sind, die von einem großen Ozean umgeben ist. Wir machen sehr wohl Streifzüge auf das Meer hinaus, aber die wahre Tiefe des Ozeans wird für immer jenseits unserer Vorstellungskraft bleiben. Sie ist Teil der Lebendigkeit Gottes.

2. Daraus folgt eine zweite Regel: Keine Bezeichnung für Gott darf wörtlich genommen werden. Keine einzige. Unsere Sprache ähnelt einem Finger, der zum Mond zeigt, sie ist nicht der Mond selbst. Den Finger mit dem Mond gleichzusetzen oder nur den Finger anzuschauen und den Mond zu übersehen, ist ein Fehler. Unsere menschlichen Worte über Gott, die nie wörtlich genommen werden dürfen, nähern sich auf Umwegen dem göttlichen Phänomen. Sie brechen an den seltenen Orten auf, wo diese Welt ursprünglich und seltsam perfekt erscheint, und führen unser Antlitz zur wahren Quelle und zur Zukunft des Ganzen, ohne jedoch das Wesen des Mysteriums zu ergründen.

Die katholische Theologie erklärte dieses Sprechen von Gott auf Umwegen durch die Theorie der Analogie. Basierend auf dem Glauben, dass die erschaffene Welt grundlegend gut ist, geht man im Umkehrschluss davon aus, dass auch alle Geschöpfe auf eine besondere Art und Weise an der überschäumenden Güte, Wahrheit und Schönheit dessen teilhaben, der sie geschaffen hat. Auf diesem Weg erlauben uns die guten Fähigkeiten des Geschöpfes, Rückschlüsse auf den Schöpfergott zu ziehen. Wie uns das Vierte Laterankonzil (1215) lehrte, ist jedoch keine Ähnlichkeit von Geschöpf und Gott vorhanden, ohne dass die Unähnlichkeit „immer noch größer" wäre. Die Methode der Analogie geht von dieser Erkenntnis aus und testet die menschlichen Aussagen über Gott in dreifacher Weise: sie bestätigt, verneint und verneint dann die Verneinung. Dieser dritte Schritt bringt den Verstand zu einer neuen Bestätigung hinsichtlich der Natur Gottes, die sowohl die Affirmation als auch die Negation „in der überhellen Finsternis der in das Geheimnis einführenden Stille" (Pseudo-Dionysius, *Über die mystische Theologie* I 1) transzendiert.

Betrachten wir zum Beispiel einmal den Begriff „gut". Ohne Zweifel kommt unser Verständnis von dem, was „gut" bedeutet, von unseren Erlebnissen mit dem, was in der Welt gut ist. Wir erleben gute Menschen, gute Zufriedenheit, gutes Wetter usw. Hiervon abstrahieren wir ein Konzept des Guten, das wir dann im Hinblick auf Gott *affirmieren,* der alle diese guten Dinge geschaffen hat. Gott aber ist unbegrenzt, sodass wir alles entfernen müssen, was Gott einschränken würde. Dadurch *negieren* wir die endliche Art und Weise, in der das Gute (in aller Begrenztheit) in der Welt existiert. Trotzdem denken wir, dass Gott gut ist, und *negieren so die Negation* und urteilen, dass Gott auf äußerst hervorragende Weise gut ist, auf eine Weise, die unser Verstehen überragt. Wenn wir also mithilfe der Analogie das Gute Gott zuschreiben, ist die theologische Bedeutung folgende: Gott ist gut; Gott ist aber nicht auf die Art und Weise gut, wie die Geschöpfe gut sind; Gott ist von überragender Güte als Quelle von allem, was gut ist.

An diesem Punkt wird unser Konzept von dem, was gut ist, brüchig. Wir verstehen nicht mehr, was wir sagen. Das menschliche Verständnis von dem, was „gut“ bedeutet, ist verloren gegangen, haben wir doch keine direkte weltliche Erfahrung von dem, was die Quelle von allem Guten ist. Wenn wir es jedoch aussprechen, wird unser Geist zur Gegenwart Gottes hingetragen, zu Gott, der gut ist, eine Realität, die so hell ist, dass sie in unserem Verstand wie Dunkelheit erscheint. Nutzen wir die Methode der Analogie, fallen wir am Ende in Anbetung auf die Knie.

Wenn wir verstehen, dass das Wort „Person“ auf ganz ähnliche Weise in seiner Bedeutung überprüft werden muss, finden wir ein äußerst hilfreiches Gegengewicht zu dem individualisierten „Kumpel“ des modernen Theismus. Wir entwickeln eine Vorstellung davon, was es bedeutet, eine Person zu sein, wenn wir unser eigenes Selbst und unsere Beziehungen zu anderen Menschen erleben. Dann legen wir diese hervorragenden Eigenschaften Gott bei. Wieder ist es die Methode der Analogie, die diesen dreifachen Gedankenschritt begleitet. Wir bekräftigen: Ja, Gott ist eine Person. Wir negieren: Nein, Gott ist keine Person in dem endlichen Sinne, in dem wir uns selbst als Personen erfahren. Wir negieren die Negation und bekräftigen: Trotzdem ist Gott eine Person, und zwar in der hervorstechenden Art einer Quelle von allen, die Personen sind. Anders gesagt ist Gott nicht weniger persönlich, sondern überpersönlich, persönlich auf eine Art und Weise, die die menschliche Art, eine Person zu sein, bei weitem und wunderbar übersteigt. Und hier haben wir dann die wörtliche Übertragungsmöglichkeit verloren. Wir verstehen nämlich nicht wirklich, was es heißt, Gott die Eigenschaften einer Person beizulegen. Aber indem wir genau dieses sagen, werden unsere Gemüter in eine Beziehung der persönlichen Verbundenheit mit dem Heiligen hineingeführt.

Wenn die Theologie mit der dialektischen Vorstellungskraft des Protestantismus arbeitet, erfolgt das Sprechen über Gott eher mithilfe von Metaphern. Metaphern sind uns aus Gedichten bekannt, aber sie durchziehen tatsächlich auch unsere Alltagssprache. Eine

Metapher ist ein Wort, ein Bild oder eine Aussage, die zwei ganz unterschiedliche Realitäten in eine ungewöhnliche Denkgemeinschaft bringt, wie zum Beispiel in „der Löwe ist der König der Tiere". Indem man eine gut bekannte Realität benutzt und sie auf eine weniger gut bekannte Realität überträgt, wird ein neues Verständnis hervorgebracht. Die aktive Spannung zwischen Gleichheit und Ungleichheit (zwischen dem „ist" und dem „ist nicht" der beiden Realitäten) ist dabei für die Anwendung einer Metapher von größter Wichtigkeit. „Eine feste Burg ist unser Gott" ist hierfür ein Beispiel. Das Spiel der Metaphern beginnt hier mit der wörtlichen Basis, überträgt diese dann auf den neuen Kontext, unterminiert die wörtliche Bedeutung und weitet sie aus, sodass sie am Ende ziemlich absurd erscheint. Trotzdem entsteht letztlich eine neue Art von Verständnis. Die Aussage „Eine feste Burg ist unser Gott" ist wahr, obwohl sie nicht wahr ist, wenn man sie wörtlich nimmt. Durch die Metapher wird der Hörer zu einer überraschenden neuen und paradoxen Erkenntnis geführt.

Alle gut funktionierenden Metaphern haben ausreichend komplexe Bedeutungszusammenhänge auf dem Niveau des Wörtlichen, sodass sie es möglich machen, die Gedankenwelt, die sich mit ihnen befasst, über das zuerst Offensichtliche hinaus auszuweiten. Deshalb kann Gott als König gesehen werden, als Fels, als Mutter, als Retter, als Gärtner, als Liebhaber, als Vater, als Befreier, als Hebamme, als Richter, als Helfer, als Freund, als Mutterbärin, als Wasser, Feuer, Donner und so weiter. In jedem einzelnen Fall, bei jeder einzelnen Bezeichnung, muss jedoch die aktive Spannung zwischen dem „ist" und dem „ist nicht" der Metapher aufrechterhalten werden, sodass ihre intellektuellen und gefühlsbezogenen Kräfte zum Tragen kommen können. Leider ist die religiöse Tradition mit ihrer habituellen Wiederholung von Ritualen und Lehrmeinungen verantwortlich dafür, dass dieser wichtige Punkt oft vergessen wird. Ohne die Spannung zwischen dem „ist" und dem „ist nicht" werden Metaphern wörtlich genommen und entwickeln sich zu Banalitäten, sie verlieren ihre Macht zu schockieren und zu überraschen. In solchen

Fällen zerfällt der Abstand zwischen der bekannten und der unbekannten Realität, dem letztlich unbekannten Gott. Wie uns die Geschichte zeigt, verwandeln sich tote Metaphern gerne in Götzen. Neben den Methoden der Analogie und der Metaphorik verwenden viele moderne Theologen die Symboltheorie, wenn sie über Gott sprechen. Wie Paul Tillich erklärte, sind Symbole Bilder, Gesten, Konzepte, Dinge oder Personen, die über sich hinaus auf etwas anderes weisen. Anders als Zeichen – und das ist sehr wichtig – haben sie Anteil an der Realität, auf die sie hindeuten, und werden zu einer Weise, in der sich diese Realität in der Welt ausdrückt. Symbole eröffnen uns Ebenen der Realität, die uns andernfalls verschlossen wären. Sie öffnen auch die Tiefen unseres eigenen Selbst, die sonst unerreichbar blieben. Wir können Symbole nicht willentlich erschaffen, sie steigen aus einer tiefen Ebene des Bewusstseins nach oben. Letztlich können Symbole auch altern und sterben, indem sie ihre gefühlsmäßige Macht verlieren, die es ihnen erlaubte, Kulturen und Situationen zu verändern. Für Tillich war „Gott" das Symbol für unser tiefstes und wichtigstes Anliegen, und er bemühte sich ausdauernd, die Bedeutung dieses Symbols für unsere Zeit der Entfremdung wieder neu hervorzuheben.

Egal, welche Theorie benutzt wird, die der Analogie, die der Metapher, die der Symbole oder auch eine Kombination derselben, die Weisheit der zweiten Grundregel besteht darin, dass alles Namengeben auf Gott *hin* verweist. Jedes Mal werden gute, wahre und schöne Fragmente dessen, was in der Welt erlebt werden kann, verwandt, um auf das unendliche Mysterium zu verweisen, das in der Welt wohnt und sie umarmt, sich aber doch unserem Griff entzieht. „So wie die zwei Teile eines einzigen Musikstückes zusammengehören, so gehören die Bekräftigung der Namen Gottes und die Gegenaussage, das Gott nicht benannt werden kann, zusammen", schreibt Jeannine Hill Fletcher. Diese Erkenntnis bewahrt uns davor, Gott kontrollieren zu wollen, und öffnet unseren Verstand für den göttlichen Reichtum, der unsere Menschlichkeit bis in die Tiefe hinein füllt und dann noch überläuft: „Das Wesen Gottes, die Fülle Gottes und das Mysterium Gottes haben kein Ende." Sallie McFague, die sich eingehend mit metaphorischer Theologie beschäftigt hat, weist darauf hin, dass nur die Praxis der religiösen Kontemplation oder das Gebet dazu in der Lage sind, das Gift des Buchstabenglaubens von uns abzuhalten. Nur wenn das Gespräch über Gott auf dem Gespräch *mit* Gott aufbaut, nur wenn die Gegenwart Gottes uns am tiefsten Punkt trifft, sind wir von dem Wunsch befreit, erfassen und definieren zu wollen. Das können die Mystiker aller Traditionen bezeugen.

3. Thomas Aquin umriss mit dem folgenden Satz die dritte Grundregel: „Daraus wird nun die Notwendigkeit ersichtlich, Gott viele Namen zu geben." (*Summa contra Gentiles* I 31) Wenn die Menschen in der Lage wären, die Fülle Gottes mit einem einzigen Namen auszudrücken, wäre die rasche Zunahme der Namen, Bilder und Begriffe, die man Gott in der Geschichte der Religionen beilegte, nicht zu erklären. Aber es gibt eben nicht den einen einzigen Namen für Gott. Stattdessen benennen die Menschen Gott mit einer Symphonie von Namen, je nachdem, ob sie jubeln und preisen, klagen und trauern, danken oder bitten, aufschreien oder verstummen.

Die Bibel selbst bezeugt eine Vielfalt der Namen für Gott. Im Zentrum steht dabei der Name, der Mose im brennenden Dornbusch offenbart wurde, JHWH, das nicht auszusprechende Tetragramm, das von den Hebräischkundigen folgendermaßen gelesen wird: „Ich werde da sein; als der, der ich bin, werde ich bei dir sein" (Ex 3,14). Der christliche Glaube sieht diesen Namen Fleisch werden und mitten unter uns wohnen, indem er „da ist", bei uns, im Leben und im Tod der Person Jesus Christus. In beiden Testamenten gibt es aber einen Reichtum von Bildern, die erklären, wie der Eine ist, der da ist. Neben Begriffen aus dem Familienleben (Vater, Mutter, Ehemann, Geliebte, Begleiter, Freund) gibt es sowohl Bezeichnungen, die dem politischen Leben angehören (Fürsprecher, Befreier, König, Krieger und Richter), als auch Bilder, die Gott mit einer Vielzahl von menschlichen Berufen und Handwerken vergleichen (Schäfer, Hebamme, Bauer, Wäscherin, Bauarbeiter, Töpfer, Künstler, Händler, Arzt, Bäckerin, Weinbauer, Lehrer, Metallarbeiter, Hausfrau etc.). Obwohl die Bilder, die aus der männlichen Lebenswelt genommen sind, dominant sind, enthält die Bibel auch bewegende Gottesbilder, die aus dem Erfahrungsbereich von Frauen kommen. Dazu gehören die weibliche Figur der kosmischen Kraft und Macht, die als Weisheit/Sophia bekannt ist, wie auch die dem Haushalt entnommenen Bilder von Gott als einer gebärenden Frau, einer stillenden Frau und einer Frau, die sich um ihre kleinen Kinder sorgt. Aber auch der Lebensbereich der Tiere kann in der Bibel auf das Göttliche hinweisen. So kann Gott als brüllender Löwe bezeichnet werden, als in der Luft schwebender Muttervogel, als wütende Mutterbärin oder als schützende Glucke. Selbst die kosmische Realität kann zu einem Namensgeber werden, wenn Gott als Licht, Wolke, Fels, Wind, Feuer, erfrischendes Wasser und das Leben selbst bezeichnet wird. Weil kein einzelner Begriff absolut und adäquat ist, dürfen die Symbole und Bezeichnungen für das göttliche Sein reichlich fließen.

Inmitten dieses sprachlichen Reichtums setzt sich aber das fort, was der Aquinate „die Armut unseres Vokabulars" (*Summa Theologiae* Ia q. 37 a. 1) nennt. Selbst wenn man tausend Namen, Bilder, den Idealzustand nähme und sie zusammen betrachten würde, bekäme man trotzdem kein ausreichend adäquates Verständnis davon, wer Gott ist: „Wenn du es verstanden hast, ist es nicht Gott."

Diese Regeln, die das korrekte Sprechen über das Göttliche beschreiben und hier mit Geschichten und Beispielen illustriert wurden, sind nicht willkürlich aus der Luft gegriffen, sondern tief in der Wahrheit des lebendigen Gottes verwurzelt. Man kann hier bei den Warnungen der hebräischen Propheten gegen Götzen beginnen:

Mit wem wollt ihr mich vergleichen, neben wen mich stellen? An wem wollt ihr mich messen, um zu sehen, ob wir uns gleichen?
...
Ich bin Gott und sonst niemand, ich bin Gott und niemand ist wie ich. (Jes 46,5.9b)

Ähnlich klingt der Ruf des Autors einer christlichen Epistel: „*der im unzugänglichen Licht wohnt, den kein Mensch je gesehen hat noch zu sehen vermag*" (1 Tim 6,16). Von der Weisheit der Heiligen und Mystiker bis zu den Überlegungen der Kirchenkonzile und der wichtigen Theologen ist das Thema der Unbegreiflichkeit Gottes ähnlich einem tiefen Fluss, der jede Art von bejahendem Denken reißend durchfließt. Gleichzeitig bekräftigen die monotheistischen Glaubensrichtungen aber in ihren zentralen Lehren, dass Gott nicht unnahbar ist, sondern sich in die Welt durch gnadenvolle Liebe einbringt und uns das unaussprechliche Mysterium dadurch nahebringt.

Würde man sagen, dass diese Grundregeln von der modernen Welt ignoriert werden, wäre das noch eine Untertreibung. Die Kirche und die Gesellschaft erleben Flutwellen von Wörtern für Gott, ohne dass jedoch die geringste Sensibilität dafür da ist, dass sich das Subjekt all dieses Redens eigentlich unserem Zugriff entzieht. Diese Grundregeln sollen unsere Vorstellungskraft von dem befreien, was unsere Kultur als normales Reden über Gott empfindet, nämlich das armselige Erbe des modernen Theismus. Sie sollen auch zu einer gewissen Bescheidenheit anregen, wenn es darum geht, über die neuen Grenzerfahrungen mit dem Göttlichen zu sprechen. Absolutes Wissen ist nicht möglich, doch würde man mit kraftvoller Sprache davon sprechen, wo der lebendige Gott zu finden sein kann, könnte man den Verstand und das suchende Herz vieler mit Klarheit und Demut überzeugen.

Was auf dem Spiel steht

So wie viele Millionen Pflanzen und Tiere sind auch viele Religionen über die Jahrtausende ausgestorben. Der deutsche Theologe Wolfhart Pannenberg, der dieses Phänomen des Alterns von Religionen untersucht hat, machte folgende treffende Bemerkung: „Religionen sterben, wenn ihr Licht ausfällt," das heißt, wenn ihre Lehren nicht mehr das Leben derer erleuchten, die der Religion anhängen. In solchen Fällen wird die Erlebbarkeit des Heiligen blockiert und hält nicht mit den sich ständig verändernden menschlichen Erfahrungen Schritt. Die Dynamik der Geschichte ist unaufhaltsam. Einige Menschen werden immer dem Alten anhängen, aber die meisten werden sich irgendwann weiterentwickeln und den letztendlichen Sinn an einem Ort suchen, der ihren gegenwärtigen Lebensumständen entspricht. Dann verdunkeln sich die Lichter der alten Religion, der Gott dieser Religion wird irrelevant. Dieses Phänomen hat nicht mit dem Menschen zu tun, der der Gottheit vorschreibt, was er braucht, wie es manche behaupten und fürchten. Stattdessen ist es, wie Pannenberg zeigt, ein Test für den wahren Gott. Nur der lebendige Gott, der die Zeiten überdauert, kann zu den neuen historischen Umständen in Beziehung treten, denn die Zukunft kommt gerade jetzt und immer wieder neu an. Eine Tradition dagegen, die sich nicht verändern kann, kann nicht überleben. Wo die Menschen Gott als den erleben, der immer noch etwas zu sagen hat, verdunkelt sich das Licht nicht.

Dieses Buch möchte zeigen, dass dieser Weg der Suche nach dem lebendigen Gott eine lebenswichtige und praktikable Möglichkeit bleibt, haben doch bis heute viele christliche Theologien den lebendigen Gott gesucht und gefunden, der sich in unseren sich verändernden Zeiten wieder und wieder offenbart. Wahr ist, dass keine dieser Theologien das letzte Wort haben kann. Sie sind nicht mehr als das neueste Kapitel in einer immerwährenden Suche, die, solange es Menschen gibt, kein absehbares Ende hat. Trotzdem sind es gerade diese Arten, Theologie zu betreiben, die neue Einsichten für neue Beziehungen mit dem lebendigen Gott aufzeigen. Sie weisen auf den lebendigen Gott, der im Gebet und im Handeln erlebt werden kann, der eine Antwort auf die Frage gibt, wie man als Einzelperson und als Gemeinschaft der Nachfolgenden – also als Kirche – in unseren Tagen ein sinnerfülltes Leben führen kann.

Für weitere Informationen

Der Ursprung der Religion unter den frühen Menschen wird nachverfolgt in D. Bruce Dickson, *The Dawn of Belief: Religion in the Upper Paleolithic of Southwestern Europe* (Tucson: University of Arizona Press, 1990); Timothy Insoll, *Archaeology, Ritual, Religion* (London: Routledge, 2004); und John Esposito, Darrell Fasching, Todd Lewis, *World Religions Today* (New York: Oxford University Press, 2006), von dem auch der hier zitierte Satz stammt.

Einige Arbeiten, die die Religion aus existenzialistischer Perspektive analysieren, sind Klassiker geworden. Dazu gehören Rudolf Ottos Text über das rationale/irrationale Erleben von Gott als dem Numinosen aus *The Idea of the Holy* (London: Oxford University Press, 1926, dt. Originalausgabe: Das Heilige. Über das Irrationale in der Idee des Göttlichen und sein Verhältnis zum Rationalen, München: Beck, erw. Neuausgabe 2014, [1]1917); Paul Tillichs Diskussion über Gott als Symbol des tiefsten menschlichen Anliegens in *The Dynamics of Faith* (New York: Harper & Row, 1957, dt. Ausgabe: Wesen und Wandel des Glaubens, Frankfurt a. M., Berlin: Ullstein, 1961); und die sehr gut lesbare Arbeit von John Haught *What is God? How to Think about the Divine* (New York: Paulist, 1986), die dic menschlichen Erlebnisse von Tiefe, Zukunft, Freiheit, Schönheit und Wahrheit untersucht und herauszufiltern versucht, was wir mit dem Wort *Gott* eigentlich meinen.

Das Thema Aufklärung und wie die Theologen der Aufklärung einen Gottesbegriff konstruierten, welcher das meiste von dem, was Christen für wert erachtet hatten, negierte, wird von Michael Buckley gründlich untersucht: *At the Origins of Modern Atheism* (New Haven: Yale University Press, 1987). Buckleys Buch *Denying and Disclosing God: The Ambiguous Process of Modern Atheism* (Yale University Press,

2004) untersucht die inneren Widersprüche des modernen Theismus, die zu den verschiedenen Formen des Atheismus geführt haben. William Placher, *The Domestication of Transcendence: How Modern Thinking About God Went Wrong* (Louisville: Westminster John Knox, 1996), bietet eine kritische, aber verständnisvolle und leicht lesbare Diskussion des modernen Theismus und seiner Tendenz, das Mysterium zu vergessen. Für die populären Ergebnisse dessen siehe John B. Phillips, *Your God Is Too Small* (New York: Macmillan, 1961; dt. Ausgabe: Dein Gott ist zu klein, Hannover: Kühne 1968).

Sallie McFague bietet eine ausgezeichnete Darstellung der Metapherntheorie in *Metaphorical Theology: Models of God in Religious Language* (Philadelphia: Fortress, 1985). Für Diskussionen zum Thema Analogie und Symbol siehe Battista Mondin, *The Principle of Analogy in Protestant and Catholic Theology* (The Hague: M. Nijhoff, 1963). Das Zitat von Gott als „Kumpel“ stammt aus Terry Eagletons Artikel „Lunging, Flailing, Mispunching“ im *London Review of Books*, Bd. 28.20 (19.10.2006). Wolfhart Pannenbergs These kann in seinem Werk *Basic Questions in Theology* Bd. 2, 65–118 (Philadelphia: Fortress, 1971; dt. Originalausgabe: Grundfragen systematischer Theologie, Bd. 1, Göttingen: Vandenhoeck & Ruprecht, 1967) gefunden werden.

Für fast jedes der folgenden Kapitel bietet Gregory Baum (Hg.), *The Twentieth Century: A Theological Overview* (Maryknoll, N.Y.: Orbis Books, 1999) einen guten historischen Hintergrund. Robert Schreiters Werk *Constructing Local Theologies* (Orbis Books, 1985; dt. Ausgabe: Abschied vom Gott der Europäer. Zur Entwicklung regionaler Theorien, Salzburg: Pustet 1992) zeigt die theoretischen Grundlagen dafür, dass sich die Weisheit auch ausgehend von lokalen kirchlichen Gemeinschaften ausbreiten kann.

2
Gnädiges Geheimnis – immer größer, immer näher

Der Kontext: Die säkularisierte Welt

Gehen wir nun von den Erkenntnissen über Gott aus, die in der Mitte des 20. Jahrhunderts in Westeuropa auftauchten. Damals war die Gesellschaft noch vom Wiederaufbau nach den Zerstörungen von zwei Weltkriegen geprägt. Sie musste sich aber auch mit grundlegenden Veränderungen auseinandersetzen, deren Wurzeln lange vor den Kriegen in der Reformation, der Renaissance und der Aufklärung lagen. Die Samen, die in diesen Bewegungen gelegt wurden, hatten starke Triebe entwickelt und ließen eine Kultur erblühen, die sowohl modern als auch säkularisiert war. Die folgenden drei hervorstechenden Komponenten dieser Kultur hatten einen besonderen Einfluss auf das geistige Klima:

- Die schnellen Fortschritte in den *Naturwissenschaften* boten empirische Erklärungen für alle Ereignisse. Das führte zu einer pragmatisch geprägten Mentalität, die sich nicht mehr an übernatürlichen Erklärungsversuchen orientierte. Das neu gewonnene Wissen öffnete die Tür für technologische Neuerungen, die den Menschen zu einem gewissen Maße in die Lage versetzten, die Natur kontrollieren zu können. Auf der einen Seite war ein immer höherer Lebensstandard zu verzeichnen: neue Freizeitbeschäftigungen, Bequemlichkeit des Reisens, Komfort im Alltag. Auf der anderen Seite drohte aber das Gespenst der Massenvernichtung durch Nuklearwaffen.
- Nach den Gewaltausbrüchen des Faschismus und Kommunismus setzte sich in der *Politik* die Demokratie als bevorzugte Form der Regierung durch. Dadurch erhielt der durchschnittliche Mensch ein größeres Maß an Freiheit und die Autorität,

sein/ihr Leben selbst zu gestalten. Zusammen mit diesen Fortschritten, die den Erfolg der Demokratie bedingten, wurde nun Bildung einer größeren Masse an Menschen – sowohl Männern als auch Frauen – zugänglich. Diese erhöhten Bildungsstandards führten dazu, dass mehr Menschen zu kritischen Fragen und zu selbstständigen Urteilen fähig waren. Die damals neuen Medien wie das Radio und das Fernsehen machten große Mengen an Informationen für durchschnittliche Menschen zugänglich.

In den *Geisteswissenschaften* hatten scharfsinnige Denker aus den Bereichen der Philosophie, der Literatur und der Psychologie die Angemessenheit der Gottesideen bedacht und befunden, dass sie nicht den Bedürfnissen der Menschen entsprachen. Im 19. Jahrhundert hatte Ludwig Feuerbach Gott als Projektion bezeichnet, die von Menschen ausgehend von ihren eigenen Stärken fortgeschrieben und auf ein höchstes Wesen angewandt wird. Nach Feuerbach erschaffen sich die Menschen Gott also nach ihrem eigenen Bilde, und nicht anders herum. Karl Marx hatte die Religion vernichtend kritisiert und in einem berühmten Satz als „Opium des Volkes“ bezeichnet. Das bedeutete für ihn, dass die Religion ein Betäubungsmittel darstellt, das zum einen das ungerechte Leiden im Leben nicht mehr spüren lässt und zum anderen einen göttlichen Lohn im Himmel verspricht, anstatt eine Basis für den Gerechtigkeitskampf hier auf Erden zu bilden. Fjodor Dostojewskis Romane fragten die Existenz Gottes im Angesicht unschuldigen Leidens, besonders des Leidens von Kindern, an. Die von ihm entworfene Gestalt Ivan gibt seine Eintrittskarte in das religiöse Universum zurück und lehnt voller Leidenschaft all das ab, was zu solchen Freveltaten führt. Sigmund Freud verkündete, dass Gott eine Illusion ist, die aus dem menschlichen Wunsch nach einer starken, schützenden Vaterfigur entsprungen ist, die den Menschen vor den Turbulenzen des Lebens schützt. Eine reife Persönlichkeit, vertrat Freud, würde erwachsen werden und Verantwortung übernehmen, ohne diese Fiktion Gottes noch zu benötigen. Die gewaltige Herausforderung des Atheismus, die aus verschiedenen Richtungen kam, verzeichnete innerhalb der modernen Kulturen Europas großen Zulauf.

An der Schwelle zum 20. Jahrhundert entwarf Friedrich Nietzsche eine Parabel, die schon auf die Stürme des Unglaubens vorauswies, die die modernen Gesellschaften überziehen sollten. Ein Wahnsinniger, schrieb Nietzsche, zündet am Mittag eine Laterne an und geht auf einen Markt, um Gott zu suchen. Er fragt: „Wo ist Gott?" Nachdem er von den Städtern wieder und wieder verspottet wird, wirft er schließlich seine Laterne auf den Boden. Sie zerbricht und ihr Licht verlischt. „Gott ist tot," schreit der Wahnsinnige, „und wir haben ihn getötet." Lasst die Kirchen mit dem Begräbnis beginnen. Als alle lachen, prophezeit er, dass diese Generation diese Neuigkeiten noch nicht annehmen könnte, sie würden jedoch die Ohren zukünftiger Generationen erreichen. Dann würde der Horizont verschwinden, es gäbe kein Oben und Unten mehr und die Menschen würden schwindelnd in die Freiheit hineinfallen.

In der Mitte des 20. Jahrhunderts hatte die Neuigkeit des Wahnsinnigen Europa erreicht. Die damals wichtigen naturwissenschaftlichen, politischen und geisteswissenschaftlichen Kräfte der modernen Kultur vereinten sich, um den Glauben neu herauszufordern. Vielleicht kann diese Herausforderung am besten verstanden werden, wenn man sie vor dem Hintergrund der Vormoderne betrachtet. Küng hatte von dieser treffend gesagt, dass das Christentum eine große Kirche in einer kleinen Welt war. Vor der Moderne hatte in Europa eine eher einheitliche Weltanschauung vorgeherrscht, in der die Individuen und die Gesellschaft als Ganze das Christentum als gegeben annahmen. Natürlich gab es andere Religionen in der Welt. Diese waren jedoch peripher für das Alltagsleben, entweder Feinde oder etwas, das durch theologische Theorien stillschweigend erklärt werden konnte. Die Mehrheit der Menschen und ihre Familien und Nachbarn waren Christen, sowohl durch die Taufe als auch in ihrer Sozialisation. Glaubensüberzeugungen wurden nicht auf die Probe gestellt.

In der modernen Gesellschaft wurde das Christentum allerdings zu einer kleinen Kirche in einer viel größeren Welt. Überzeugte Christen fanden sich nun in der Minderheit und waren in einer größeren Kultur verstreut, die von anderen säkularen und religiösen Einflüssen geprägt war. Daraus folgte, dass sich der Durchschnittsperson eine Vielzahl von Standpunkten sowie eine große Bandbreite von Werten aufdrängten, nach denen man das eigene Leben gestalten konnte. Die Fähigkeit der Naturwissenschaften, alle Phänomene innerweltlich und empirisch zu erklären, ließ die Welt noch stärker in einem gottlosen Licht erscheinen. Dazu kam die menschliche Fähigkeit, die Natur zu planen und rational zu beherrschen, sodass die tägliche Erfahrungswelt immer profaner wurde. Eine durchschnittliche Person nahm am gesellschaftlichen politischen Prozess teil und war gut gebildet, sodass sie dem direkten Einfluss der kirchlichen Autoritäten mehr und mehr entzogen war. Sowohl der stürmische Wind des Atheismus, der die Existenz Gottes einfach ablehnte, als auch sein Bruder, der Agnostizismus, der sich dieser Frage mit aufgeklärter Neutralität nähert, zerstörte allen wohlgefälligen religiösen Glauben. Die moderne Atmosphäre der Skepsis schaffte es zumindest, alle Ansprüche auf die Wahrheit relativ klingen zu lassen.

Infolgedessen befand sich der christliche Glaube in einer Krise. Nachdenkliche Menschen fragten sich, was das alles bedeutete, diese alte, eher knarrende Tradition üppiger Dogmen und Rituale, Hierarchien und frommer Bräuche. Sie fragten sich, was davon eigentlich wahr sei. Große Mengen von Menschen ließen sich einfach unter dem Druck moderner gesellschaftlicher Umstände von der Kirche wegtreiben. Es entstand das Phänomen bürgerlicher Indifferenz in Sachen Religion. Die Realitäten des Lebens und des christlichen Glaubens drifteten auseinander, und es schien so, als würden sie nie wieder zueinander kommen.

In dieser Situation arbeiteten Philosophen und Theologen, die offene Ohren für die Fragen der Menschen und offene Augen für ihre Bedürfnisse hatten, daran, den christlichen Glauben so zu interpretieren, dass er erneut eine Bedeutung haben würde. Man muss ehrlich sein – die europäische Situation in der Mitte des 20. Jahrhunderts wird weltweit dort wiederholt, wo die moderne Kultur neue Wurzeln schlägt. Jedoch waren es zuerst die europäischen Theologen, die, bedrängt von atheistischer Kritik und agnostischem Desinteresse, um die Aufmerksamkeit moderner Menschen in einer säkularisierten Gesellschaft rangen. Viele gute Bemühungen könnten hier genannt werden, so zum Beispiel die katholische *nouvelle théologie* mit Henri de Lubac und Jean Daniélou als ihren Begründern, oder die protestantische Neubetonung des Gottes der Offenbarung, die von Karl Barth angestoßen wurde. Von ihnen geht dieses Kapitel aus, das sich hauptsächlich mit den Erkenntnissen des deutschen Theologen Karl Rahner befasst, dessen Wirken in den 1930er Jahren begann und bis zu seinem Tod im Jahre 1984 andauerte. Sein Projekt, das dem kritischen Dialog mit der Aufklärung und ihrem Erbe verpflichtet war, erneuerte das Denken über den lebendigen Gott angesichts der Herausforderung durch den Atheismus auf besondere Weise. Betrachtet werden Rahners Argumentationslinien, die zeigen werden, welche zündenden Ideen Rahner über Gott hatte und wie sich diese Ideen in spiritueller und praktischer Hinsicht auswirkten.

Winter

Eine winterliche Jahreszeit: das ist die Metapher, die Rahner für die Situation des Glaubens in der modernen Welt anwendet. Er betrachtet die Mittelklasse, die gebildeten europäischen Schichten, die versuchen, ein christliches Leben zu führen, und schlussfolgert, dass diese Welt und der Glaube nicht länger problemlos miteinander kommunizieren. Erstens kann man nicht mehr ein Christ sein, nur weil man so sozialisiert worden ist oder weil man eine Tradition ererbt hat. Christ zu sein bedeutet heute, dass man eine persönliche Entscheidung fällt, eine Art von Entscheidung, die einen Sinneswandel bedingt und eine Verpflichtung auf lange Zeit beinhaltet. Dieser freie Akt des Glaubens findet nicht in einer Kultur des Christentums statt, sondern in einer Kirche der Diaspora, die sich inmitten von Ungläubigen und Andersgläubigen verstreut findet. Zweitens ist es so, dass eine Person, die sich dem Glauben persönlich anhänglich fühlt, von der Gesellschaft Steine in den Weg gelegt bekommt. Die moderne Gesellschaft ist nicht nur vom Atheismus und Agnostizismus geprägt, sondern auch von den folgenden Phänomenen:

~ vom Positivismus, der unser Wissen auf die Dinge einschränkt, die man mit den Naturwissenschaften erkennen kann,
~ vom Säkularismus, der sich immer nur mit dem Aktuellen befasst und die letzten Fragen nur mit Ungeduld behandelt,
~ von einer Vielzahl humanistischer Werte, die es dem Menschen erlauben, ein Leben in ethischer Integrität zu führen, auch wenn man keinem Glauben anhängt,
~ und vom religiösen Pluralismus, der aufzeigt, dass es mehr als einen Weg zu einem heiligen und ethischen Leben gibt.

Alle diese Phänomene fragen den Wert des christlichen Glaubens an.

Wenn sich jemand trotzdem für den Glauben entscheidet, werden sich die charakteristischen Faktoren der modernen Welt unmissverständlich seinem/ihrem spirituellen Erleben aufprägen. Das überrascht nicht, windet sich der Pfad zu Gott doch immer durch die historischen Umstände dessen, der ihn geht. Moderne Christen haben die konkreten Muster der Moderne in ihre Seelen aufgenommen, leben sie doch in säkularisierten, pluralistischen Kulturen, atmen sie doch ihre Atmosphäre ein und führen sie ihr Leben doch nach ihren pragmatischen Grundsätzen. Die Moderne durchdringt ihre Herzen und formt ihr Denken und ihre Psychologie. Rahner bemerkte dazu: „Der Agnostizismus, der weiß, dass er nichts weiß, ... ist die Art und Weise, wie Gott heutzutage erlebt wird." Das trifft natürlich nicht auf alle Gläubigen zu. Aus psychologischen und historischen Gründen wird es immer Menschen geben, die noch unbeirrt mit einem von Gott gefüllten Herzen und im Rahmen der vergangenen Zeiten leben. Jedoch sind nicht alle, die im selben Zeitalter leben, unbedingt Zeitgenossen – wie es Rahner einmal formuliert hat. Ihm geht es um die Christen, die Menschen ihrer eigenen modernen Zeiten sind, die von spiritueller Unsicherheit umgeben sind. Wenn solche Menschen „zur Kirche kommen", lassen sie ihre komplexen inneren und äußeren Welten nicht an der Kirchentür zurück, sondern bringen die Ungewissheiten, mit denen sie leben, direkt nach vorn zum Altar. Weil reife Spiritualität es erforderlich macht, das eigene Erleben in die Ganzheit vor Gott zu integrieren, ist die Moderne also ein wichtiges Element im Akt des Glaubens.

Soweit zur Metapher des Winters. Das üppige Wachsen von Andachtsformen und zusätzlichen Ausprägungen des Glaubens, alle Blätter und Früchte, die zum Blühen gekommen waren, als das Christentum noch die Kulturen dominierte, sind abgefallen. Die Bäume sind kahl, der kalte Wind bläst. In einer solchen Jahreszeit muss der Glaube wieder zu seinen Grundlagen zurückkehren. Man kann nicht mehr – wie im Hochsommer – Energie an das verschwenden, was peripher und nicht grundlegend ist. Menschen des Glaubens müssen, wollen sie überleben, zum Zentrum zurückkehren, zum innersten Kern dessen, was allein nähren und das Herz im Winter wärmen kann. In dieser Situation gibt es nur ein großes Thema, und das ist die Frage nach Gott.

Rahner sorgte sich immer wieder darum, dass viel von dem, was die Menschen in den Predigten und den Lehrsätzen der Kirchen hören, auf den primitivsten Gottesideen beruht, die es eigentlich nicht würdig sind, dass man an sie glaubt. Leider geht es in Predigt und Lehre nur selten um die Realität, die Schönheit, das Wunder und die seltsame Freigiebigkeit des Mysteriums Gott. Die durchschnittliche Predigt wie auch die volkstümliche Frömmigkeit haben eine etwas zurückgebliebene Vorstellung von Gott, vertrat Rahner, da sie weder die absolute Verschiedenheit Gottes von der Welt anerkennen, noch die unglaubliche Wahrheit, dass Gott selbst uns nahegekommen ist. Ja, dass Gott selbst die innerste dynamische Kraft der Welt ist, wie auch das Ziel von allem, das der Welt angeboten wird. Zu oft benutzen Predigten die ermüdeten Ideen des modernen Theismus. Zu oft spiegeln sie eine vorkritische Einstellung wider, die Gott als ein spezielles, vielleicht auch das höchste, Element des Ganzen sieht. Sie sprechen von Gott als einem, den wir in unsere Vorstellung von den Dingen hineinaddieren können, und ersetzen so den unbegreiflichen Gott durch einen Götzen. Sie erschaffen das Heilige nach dem Bild, das unseren Bedürfnissen entspricht, unseren neurotischen Ängsten, unseren kümmerlichen Herzen. Dabei ziehen sie nicht in Betracht, dass Gott die göttliche Liebe auf unvorstellbare Weise ausgießt, um die Welt zu erschaffen, und dass Gott sich zwar deutlich von der Welt unterscheidet, aber das göttliche Selbst zum Nutzen dieser Welt hingegeben hat. Diese Predigten und Lehren halten die gewaltige Wahrheit von uns fern, dass das Mysterium Gottes uns in liebevolle Unmittelbarkeit hineinruft, dass das Mysterium Gottes mit uns kommuniziert, und zwar in unaussprechlicher Nähe. Wenn wir solche schrecklichen Predigten gehört haben – können wir dann wirklich sagen, dass das Wort „Gott“ unser Leben erhellt? Leider, schrieb Rahner, ist es oft der Fall, dass die Worte des Predigers kraftlos von der Kanzel fallen, „so wie Vögel, die erfroren vom Himmel taumeln“.

In dieser winterlichen Jahreszeit sind die Erklärungen der Kirche über Gott oft so naiv und von derart künstlicher Natur, dass sie den Gläubigen nicht helfen können und Nicht-Gläubige schon gar nicht überzeugen. Vielleicht tut uns der Atheismus sogar einen Gefallen, indem er den Glauben anstachelt, seine Gottesvorstellungen zu reinigen, die Vorstellungen nämlich, die möglicherweise den Traditionen entsprechen, aber doch so fehlerhaft sind, dass sie schon fast götzendienerisch anmuten. Ist Gott tot? Wenn wir über den Gott sprechen, den man sich als Teil des Kosmos vorstellt, als eines unter anderen, aber doch sehr viel größer, als das große Individuum, dass sich selbst als größer als alles versteht und mit dem Menschen wetteifert, dann ja, der Gott des modernen Theismus ist tot. Aber, was auch Rahner begrüßte, der Atheismus schafft Bedingungen für den Glauben, die denselben viel tiefer nach der eigenen Wahrheit suchen lassen: „Der Kampf gegen den Atheismus ist zuallererst und unbedingt ein Kampf gegen die Unangemessenheit unseres eigenen Theismus."

Rahner setzte sein ganzes Leben, sein Schreiben, Lehren und Predigen dafür ein, die Wahrheit über den lebendigen Gott zu enthüllen, die den Menschen Wärme und Nahrung in dieser Art von Winter geben würde. Mit Blick auf die einfachen Glaubenden zog er sich immer wieder selbst zur Rechenschaft und konzentrierte sich vor allem auf die, die angesichts der prekären Situation des christlichen Glaubens in der säkularisierten und wissenschaftlich-industriellen Gesellschaft Mitteleuropas ins Zweifeln geraten waren. Er machte sich ihre Zweifel zu eigen und beantwortete sie mit der vollen Kraft seines tiefen Verständnisses von den Schätzen, die in der christlichen Tradition enthalten sind. Seine Methode beteiligt die Menschen nicht, indem sie von oben fertige Lösungen in die verwirrten Seelen kippt, sondern indem die Menschen eingeladen werden, etwas im unentdeckten Territorium ihres eigenen Lebens zu entdecken. Johann Baptist Metz, den wir im nächsten Kapitel untersuchen werden, argumentiert, dass dies die tiefste Quelle von Rahners Größe als Theologe war: Er lädt die einfachen, durchschnittlichen Menschen zu einer persönlichen Reise ein, die eine Reise des Verstandes und des Herzens zu Gott hin wird. Am Ende hatten Rahners Methode und seine daraus resultierenden Erkenntnisse das Denken über die christliche Gotteslehre grundlegend erneuert. Indem wir die Logik seines Projektes hier nachverfolgen, werden wir erkennen, welche spirituellen Früchte es hervorbrachte und wie viel von dem, was folgte, es beeinflusste.

Mysterium, immer größer

Mit dem Menschen beginnen

Wenn man eine Vorstellung von Gott bekommen wollte, war es in den vergangenen Jahrhunderten normal, mit der natürlichen Welt zu beginnen und dann, nachdem man über ihre Existenz und Organisation ausreichend nachgedacht hatte, auf ihren Schöpfer zu schließen. Thomas von Aquin gibt uns dafür ein ausgezeichnetes Beispiel. Da sich die Welt nicht selbst bedingt, sondern zufällig existiert, das heißt, eigentlich nicht notwendig ist, schließt der Aquinate darauf, dass die Welt von einem Grund geschaffen sein muss, der von nichts anderem bedingt ist, einem Geschöpf, das unbedingt existiert und alles andere bedingt. „Dieses Sein aber nennen alle Gott." (*Summa Theologiae* Ia q. 2 a. 3) In der Moderne hat die Philosophie den Ausgangspunkt der Reflexion vom Kosmos auf den Menschen verlegt, also von dem, was außerhalb unseres Lebens zu sein scheint, auf das innerste menschliche Erleben, von der Natur auf die menschliche Natur. Fasziniert davon, was es heißt, Mensch zu sein, haben Denker die tiefsten Fragen mit Blick auf den Kampf des Menschen, das menschliche Bewusstsein und die menschliche Freiheit gestellt. Rahner begann seine Annäherung an die Vorstellung von Gott mit dem Menschen als Subjekt, mit seinem Innenleben, seinem denkenden Verstand, seiner Wahlfreiheit. Er war überzeugt davon, dass sein philosophischer Ansatz einen fruchtbaren Boden für die Erklärung des christlichen Glaubens schaffen kann.

Das menschliche Leben zeigt oft, dass wir subjektiv denken und handeln. Der frühe Rahner griff einen Aspekt unserer Subjektivität heraus und entschied sich dafür, seine Aufmerksamkeit auf unsere Neugierde zu richten. Seine Dissertation beginnt mit den Worten „*Man fragt*". Dieses Fragen ist typisch menschlich und kann zu allen Zeiten und in allen Kulturen gefunden werden. Jeder fragt: das Kind „Warum ist der Himmel blau?", der junge Erwachsene „Was soll ich mit meinem Leben anfangen?", der Erwachsene in der Mitte des Lebens „Liebst du mich noch?“, der Sterbende „Gibt es Hoffnung?“. Man fragt, wenn man die Richtung verloren hat, wenn man ein neues Geschäft eröffnet, wenn man den Regenwald entdeckt, wenn eine Pressekonferenz abgehalten wird, wenn man die neuesten Nachrichten ansieht, wenn man sich mit einer Krankheit wie zum Beispiel Krebs auseinandersetzen muss, wenn man über den Sinn des Lebens nachdenkt. Solche Fragen, seien sie existentieller oder praktischer Natur, strömen in einem unendlichen Strom aus uns heraus. Man fragt.

Wir wollen nun darüber nachdenken, was dieses alltägliche Handeln über die menschliche Natur aussagt. Stellt man eine Frage, kann davon ausgegangen werden, dass man etwas nicht weiß. Interessanterweise heißt es aber auch, dass wir schon etwas wissen, denn andernfalls wäre es ja unmöglich, eine Frage dazu zu stellen. Wichtig ist vor allem, dass wir eine Frage stellen und damit zeigen, dass wir den Wunsch haben, überhaupt etwas zu wissen. Es bringt eine gewisse Dynamik des menschlichen Geistes ans Licht, die uns vorantreibt, etwas genauer wissen zu wollen. Dadurch verbreitern wir unsere Verbindung mit unserer eigenen Tiefe und mit der Welt. Wenn wir fragen, gehen wir davon aus, dass eine uns noch unbekannte Realität gefunden werden kann. Kristallisiert sich dann eine Antwort heraus, hält unser Verstand daran fest und entscheidet, ob sie passt oder ob sie die Frage, die gestellt wurde, nicht befriedigt. Selbst eine perfekte Antwort gibt unserem Verstand keine dauerhafte Ruhe, denn sie lehnt sich oft an einen Hintergrund verwandter Dinge an und weckt unsere Neugier auf diese erneut. Und so wird aus einer Antwort die Basis für eine neue Frage.

Wie lange kann dies fortgesetzt werden? Gibt es eine Grenze dafür, wie viele Fragen man im Höchstfall stellen kann? Die Vorstellung von einer Obergrenze für erlaubte Fragen bringt uns Menschen zum Lachen. Natürlich gibt es keine Obergrenze, die uns, wenn wir sie erreicht hätten, vom Fragen abhalten könnte. Wie das unseren Geist einengen würde! Es wäre vergleichbar mit einem Unfall, der uns an eine Steinwand schleudert und gehirntot macht.

Erlaubte Fragen sind nicht rationiert, und die Menschen sind in der Lage, neue Fragen zu stellen, solange sie leben. Wenn wir konkrete Objekte der Welt analysieren, bewerten und definieren, geht unser Verstand oft über die Standarddefinitionen hinaus und sucht neue Horizonte. Die Anzahl an Fragen, die wir stellen, ist daher grenzenlos.

Was macht dieses grundlegende menschliche Phänomen möglich? Rahner, der den Frageprozess dahingehend analysiert hat, teilt mit, dass er eine Denkmethode namens Transzendentalphilosophie anwendet. Diese Art der Philosophie, deren Wegbereiter Immanuel Kant war, untersucht das menschliche Subjekt und unsere typischen Verhaltensweisen und fragt: Was sind die Bedingungen dafür, dass das menschliche Wesen so und nicht anders handelt? Ist ein Transzendentalphilosoph zum Beispiel in ein wissenschaftliches Labor eingeladen, wo eine weiß gekleidete Wissenschaftlerin aufmerksam in ein Mikroskop schaut, würde er nicht um einen eigenen Blick in das Mikroskop bitten, um anzuschauen, welche Entdeckung gemacht wird. Stattdessen würde er die Wissenschaftlerin betrachten und sich fragen, welcher menschliche Seins-Zustand es ihr möglich macht, Beweise nachzuverfolgen und diese Entdeckung überhaupt zu machen.

Wir haben Rahners Gedankengang mitverfolgt, indem wir beim Subjekt begonnen haben, das eine Frage stellt. Was ist nun die Voraussetzung für dieses lebenslange, weltweit verbreitete Verhalten? Es kann nur darin begründet sein, dass der menschliche Geist durch einen unbegrenzten Drang zur Wahrheit charakterisiert ist, welche letzten Endes selbst unbegrenzt ist. Mit jeder Frage, die wir stellen, überschreiten wir den augenblicklichen Punkt und greifen auf dynamische Art und Weise nach etwas anderem. Selbst im einfachsten Frageprozess gehen wir über das hinaus, was gerade anliegt, und bewegen uns auf etwas anderes zu, und wieder auf etwas anderes, und am Ende auf etwas … was unendlich ist. Auf eine unthematische und stets gegenwärtige Weise orientieren sich die Menschen hin zur grenzenlosen Wahrheit. Wenn das nicht der

Fall wäre, würde nicht einmal die erste Frage einer Person gestellt werden, und schon gar nicht die Fragen, die die gesamte Menschheit betreffen. Müssten wir an einer Grenze der Fragemöglichkeiten anhalten, würde sich die Natur unseres Verstandes verändern. Aber unsere Fragen, die von unserem Wunsch nach Wissen vorangetrieben werden, sind aufgrund der Struktur unserer menschlichen Natur möglich, die dynamisch auf die ganze Realität, die zu wissen da ist, hin orientiert ist. Wie diese Analyse zeigt, geht es den Menschen nicht einfach darum, Fragen zu stellen. Wir fragen stattdessen, weil wir uns auf der Suche nach der Fülle der Wahrheit befinden.

Dasselbe Muster kann entdeckt werden, wenn wir nicht mit dem menschlichen Verstand und seinem Wunsch nach Wissen beginnen, sondern mit dem Willen des Menschen und seiner Erfahrung der Freiheit. Anne Carr erklärt, dass in der Transzendentalphilosophie Freiheit nicht als etwas verstanden wird, was man besitzt, wie einen Motor im Auto. Stattdessen geht es darum, eine Person zu sein, die für sich selbst präsent ist, „die sich selbst gegeben ist und am Ende für sich selbst verantwortlich ist", eine Person, die bis zu einem gewissen Maße Kräfte und Dinge überwinden kann, die uns prädeterminieren könnten. Die Freiheit wird Schritt für Schritt verwirklicht, in alltäglichen Entscheidungen und Beziehungen. „Dazu gehört, welche Rolle ein Mensch in den Welten der Familie, der Gemeinschaft, des wirtschaftlichen Lebens, der Politik oder der Arbeit einnimmt, und wer man ist, wenn man den unendlichen und geheimnisvollen Horizont der eigenen Existenz annimmt oder ablehnt." Auch hier erleben wir die unendliche Dynamik des Wunsches, das zu suchen und zu erhalten, was den Geist vorantreibt. So erweitert jeder Akt der Liebe zu einem anderen Menschen die Fähigkeit, mehr Liebe zu geben und zu erhalten, und das in einem immer größer werdenden Kreis von Beziehungen, die das definieren, was wir sind. In jeglichem Aspekt ist die menschliche Freiheit, wie auch der menschliche Verstand, die Dynamik, die über all das hinausgehen will, was sie er- und begreifen kann. Was ist die Bedingung dafür, sich selbst frei zu offenbaren und zu deklarieren „Ich liebe dich"? Es ist die offene Struktur der menschlichen Natur, die sich hin zu einer grenzenlosen Fülle der Liebe orientiert.

Wenn wir einmal das Muster menschlicher Selbsttranszendenz verstanden haben, sehen wir, dass es diese menschliche Grunderfahrung in tausendfacher Form gibt. Nicht nur fragen wir neugierig und lieben wir freigiebig, wir wünschen uns auch Glück, wir kennen Einsamkeit, wir zweifeln, wir treten gegen Ungerechtigkeit ein, wir planen Projekte, die anderen nützen, wir handeln verantwortlich, wir bleiben unserem Gewissen auch unter Druck treu, wir staunen über Schönheit, wir fühlen uns schuldig, wir jubeln, wir trauern über den Tod, wir hoffen auf die Zukunft. Diese persönlichen existentiellen Momente zu erleben, erfüllt uns mit immenser und uns antreibender Sehnsucht. Ganz tief im Inneren erleben wir, dass wir für etwas anderes bestimmt sind. Verschweigen wir noch einen Moment, was dieses Andere ist. Es kann mit einem Horizont verglichen werden, der uns eine Landschaft eröffnet und uns anzieht, der unser Leben umgibt, obwohl wir ihn nie erreichen können.

Diese Ausrichtung auf einen Horizont hin ist Teil des Lebens eines jeden Menschen, ob man es nun merkt oder nicht. Sie ist nicht ein einzelnes Erlebnis unter vielen, sondern die letzte Tiefe eines jeden persönlichen Erlebnisses, die wirkliche Bedingung, die alle anderen möglich macht. Wo wären wir denn, wenn es nur eine begrenzte Zahl von Fragen gäbe, die wir stellen dürften? Oder nur eine begrenzte Anzahl freier Entscheidungen, die wir treffen dürften? Oder nur eine begrenzte Menge von Schönheit, die wir genießen könnten, oder etwa nur eine begrenzte Anzahl von Tränen, die uns zustünden? Wir wären nicht mehr als Menschen erkennbar. Es ist aber so, dass wir uns selbst als Wesen erleben, die immer und immer wieder über sich selbst hinausreichen zu einem Etwas, das unbeschreiblich ist. Diese Ausrichtung konstituiert uns als geistige Subjekte, als *Personen*, die sich so nennen dürfen. Es ist ein paradoxer Gedanke, dass in dem Moment, wo wir unsere radikale Begrenztheit erkennen, wir diese Grenze schon überstiegen haben.

In der Mitte des letzten Jahrhunderts brach in Europa eine interessante Debatte darüber aus, was das bedeuten könnte. Existentialistische Philosophen, die dem Atheismus anhingen, wie zum Beispiel Jean-Paul Sartre, kamen zu der Erkenntnis, dass das Leben ein Absurdum ist. Das Universum mit seinem leeren Himmel frustriert die Menschen und ihre Suche. Weil es keine ultimative Erfüllung unserer Selbsttranszendenz gibt, werden all unsere Wünsche zu einem Nichts. Für einige Momente über der Leere gehalten, sind wir Menschen mit all unserem Streben Zielscheibe eines großen kosmischen Witzes. Im Gegensatz dazu betonen religiöse Denker, dass das Leben wegen des unendlich heiligen Gottes Bedeutung hat, der den Horizont jedes menschlichen Suchens bildet und unsere Erfüllung sein will. Ob das, was kommt, nun nichts ist oder alles – beide Seiten stimmen darin überein, dass das menschliche Erleben von einer dynamischen Struktur geprägt ist, die sich dem „Mehr" zuneigt.

Das Woraufhin unserer Selbsttranszendenz

Nachdem er sich so über die menschliche Selbsttranszendenz geäußert hat, wird Rahners Argumentation explizit theologisch. Beachtenswert ist, dass er nie „zu beweisen" versucht, dass Gott in einer objektiven Art und Weise existiert. Eine solche Art des Gottesbeweises ist nicht möglich. Stattdessen arbeitet er innerhalb des Kontextes moderner Kultur und versucht die Frage nach Gott neu zu lokalisieren. Für ihn ist sie nicht mehr eine Frage nach dem Höchsten Wesen „irgendwo dort draußen", sondern eine Frage nach dem, was die dynamische Orientierung der menschlichen Natur unterstützt. Wenn Gott existiert, legt er dar, ist es doch kein Zufall, dass wir selbst so offen und so auf der Suche sind. Der Schöpfer hätte uns doch selbst so gemacht, damit er, als unendliche Wahrheit und heilige Liebe, die Erfüllung unseres Fragens, unseres Liebens und unseres Nach-Leben-Dürstens sei. Um das zu verstehen, müssen wir uns von den konventionellen Bildern, die das Wort „Gott“ in uns heraufbeschwört, wegbewegen, führen diese doch allzu oft zu nicht adäquaten Missverständnissen. Was wäre aber eine passende Art und Weise, über diese grenzenlose Fülle zu sprechen, die sich vis-à-vis des menschlichen Geistes befindet? Es mag seltsam klingen, aber es wäre in diesem Fall hilfreich, eine Zeitlang den Begriff „Woraufhin“ zu verwenden. Dieser Begriff bezeichnet einen Ankunftspunkt, ein Ziel, so wie in der Frage „Wohin gehst du?“. Das Woraufhin unserer Selbsttranszendenz ist das, zu dem hin wir reisen, das Ziel, das unsere selbsttranszendierenden Sinne und Herzen auf ewig zu erreichen versuchen.

Wie muss dieses Woraufhin beschaffen sein? Hier erreichen wir das Zentrum der Argumentation, weil wir etwas von dem ahnen, was für das Heilige charakteristisch ist, vor allem, wenn man die transzendierende Dynamik des menschlichen Geistes in Betracht zieht. Das einzige vis-à-vis für einen solchen dynamischen Geist würde etwas sein, was selbst auf ewig unbegrenzt ist, sodass ein Erreichen des Zieles den Menschen nicht außer Betrieb setzen würde. Der Begriff, den wir unserem selbsttranszendierenden Geist geben, muss selbst unendlich sein, undefinierbar, für immer jenseits unserer Reichweite und nie zu unserer Verfügung. Rahner gibt dieser unaussprechlichen Fülle den Namen „heiliges Geheimnis“. Jede Epoche, sagt er, habe andere Schlagworte für Gott, spezifische Begriffe, die das Ganze heraufbeschwören. In dieser winterlichen Jahreszeit ist der Name „heiliges Geheimnis“ der Begriff, der uns genügt.

Geheimnis/Mysterium bezieht sich hier nicht auf etwas Seltsames oder Geisterhaftes. Noch hat es die alltägliche Bedeutung eines Rätsels, das gelöst werden muss, wie es zum Beispiel in einem Kriminalroman der Fall ist. Mysterium bezeichnet hier stattdessen die Vorstellung, dass das Heilige der Welt so ungleich ist, so gänzlich anders, dass die Menschen nie eine passende Vorstellung davon formen und es nie ganz und gar besitzen können.

Das Woraufhin der menschlichen Selbsttranszendenz ist und muss weiterhin in seiner Tiefe und Breite unbegreiflich bleiben. Wir kommen nie zum Ende der Suche, wir haben nie alles erklärt. Das kann vielleicht mit parallel laufenden Bahngleisen verglichen werden. Es mag einem so vorkommen, dass diese sich irgendwo in der Ferne treffen, aber wenn man zu dieser Stelle kommt, sind die Gleise wieder getrennt voneinander und scheinen sich wieder an einem entfernten Punkt zu treffen. Vielleicht kann man es auch mit dem Horizont vergleichen, den man sieht, wenn man in einem Flugzeug sitzt: Egal wie schnell man fliegt, man erreicht den Horizont nie, der immer und immer wieder weit vom Fenster entfernt ist. Oder es ist vergleichbar mit dem Verliebtsein, wenn man den Geliebten unendlich interessant und schön findet. Es gibt immer mehr. Rahner beschreibt die Vorstellung von Gott als einem heiligen Mysterium mit poetischen, geografischen Begriffen:

> „Der Horizont kann nicht im Horizont selber gegeben sein ...; der letzte Maßstab kann nicht gemessen werden; die Grenze, die alles abgrenzt, lässt sich nicht wiederum durch eine noch weiter entfernt liegende Grenze bestimmen. Die unendliche Weite, die alles einfängt ... – eine solche umfassende Weite lässt sich selbst nicht einfangen."

Deshalb ist es ein Fehler zu denken, dass wir die Existenz Gottes wie die Existenz eines neuen Planeten oder irgendeines anderen Objektes in unserer Erfahrungswelt beweisen könnten. Wir können Gott nicht entdecken, weder direkt noch indirekt, so wie wir einen Partikel, der kleiner ist als ein Atom, in den Spuren einer Nebelkammer entdecken können. Gott ist kein Wesen wie viele andere, selbst dann nicht, wenn wir uns Gott als das großartigste Wesen vorstellen, als das allererste oder das allerletzte. Zu denken, dass Gott ein Element innerhalb einer größeren Welt ist, ein Teil der Gesamtheit der Realität, ist ein Fehler. Das Heilige Geheimnis kann nicht in unserem Koordinatensystem gefunden wurden, sondern entzieht sich aller Kategorisierung. Über Gott nachzudenken, bedeutet, unser Streben nach intellektueller Beherrschung aufzugeben und uns dem Woraufhin unseres hungrigen Geistes zu öffnen. „Der Begriff ‚Gott' meint nicht ein Begreifen Gottes, durch das eine Person das Geheimnis beherrscht, sondern er ist das Mittel, durch das sich jemand vom Geheimnis ergreifen lässt, welches gegenwärtig und doch immer fern ist."

Die Unerklärlichkeit des Heiligen Mysteriums zu betonen, so wie Rahner es tut, ist kein neues Phänomen, sondern durchzieht die jüdische und christliche Tradition wie ein breiter Strom, angefangen bei der Schrift bis zur Weisheit der Heiligen, der Mystiker und der Theologen. Thomas von Aquin, dem Rahner verpflichtet ist, betont diesen Punkt mit einem bekannten offenherzigen Satz:

> „Weil unser Verstand der göttlichen Substanz nicht angemessen ist, bleibt Gott jenseits unseres Intellektes und ist uns deshalb unbekannt. Das höchste Wissen über Gott, das wir deswegen haben, ist zu wissen, dass wir Gott nicht wissen, dass wir wissen, dass Gott jenseits unseres Verstehens ist." (*De Potentia* q. 7, a. 5)

Rahners Beitrag besteht darin, über die Dynamik menschlicher Erfahrung zu dieser Einsicht zu gelangen. Bei ihm wird Gottes unbegreifliches Heiliges Mysterium die Bedingung für das Funktionieren unseres menschlichen Geistes. Die Erfahrung der Transzendenz trägt jeden Akt des Wissens und der Liebe über sich hinaus in die Gegenwart des Geheimnisses. Ob wir es bewusst erleben oder nicht, ob wir für diese Wahrheit offen sind oder sie unterdrücken – unsere ganze geistige, intellektuelle und liebevolle Existenz ist auf das heilige Geheimnis hin ausgerichtet, welches die Basis für unser Sein darstellt:

> „Dieses Geheimnis ist der implizite und unausdrückliche Horizont, der immer die kleinen Orte unseres Alltagserlebens und -handelns, unserer Kenntnis der Realität und unseres freies Handelns umgibt und aufrechterhält. Es ist unsere fundamentalste und natürlichste Verfassung, aber auch gerade deshalb die versteckteste und am wenigsten beachtete Realität. Es spricht durch seine Stille zu uns. Und selbst wenn es den Anschein hat, dass es abwesend ist, lässt es uns seine Präsenz erfahren, indem es uns unsere eigene Begrenztheit aufzeigt."

Und das ist es, was die Menschen Gott nennen.

Versteht man das Woraufhin unserer Selbsttranszendenz auf diese Weise, hat das starke Auswirkungen auf unser menschliches Wohlbefinden, hält doch eine solche unaussprechliche Unbegreiflichkeit unseren menschlichen Geist aufrecht und lässt ihn weiter funktionieren. Selbst wenn wir irgendwann jede gesegnete Wahrheit im gesamten Universum wissen könnten, selbst wenn wir irgendwann genügend geliebt wurden und lieben, selbst wenn wir alle Dimensionen des Lebens in Fülle ausgekostet hätten, gäbe es doch noch mehr. Das Woraufhin lockt uns weiter und erhält unseren Geist. Wenn wir das bemerken und uns selbst in diesem Wissen erlauben, von Gott umfasst zu werden, ist unser Zustand des Nicht-Wissens von Gott, dem grenzenlosen Mysterium, „nicht reine Negation, nicht einfache Abwesenheit, sondern ein positiver Charakterzug einer Beziehung zwischen einem Subjekt und einem anderen." Ein solches unbegreifliches Mysterium schafft die Grundlage für die Möglichkeit einer religiösen Beziehung, die zum einen eine wahre Heimat ist, zum anderen aber ein unendliches Abenteuer für sehnsuchtsvolle, suchende, weinende, lachende, wissende, liebende und hoffende Menschen.

Das Heilige Mysterium währt in Ewigkeit. Zu Rahners Zeiten war die Neuscholastik die Hauptrichtung römisch-katholischer Theologie, eine stark rationalistische Form des Denkens, die sich auf eine Gottesvorstellung konzentrierte, die wir heute als Theismus bezeichnen würden. Die neuscholastische Theologie hatte angenommen, dass, wenn die Seligen im Himmel Gott von Angesicht zu Angesicht schauen, alles offenbar würde. Rahner lehnt nicht ab, dass die Seligen vollkommeneres Wissen über Gott besitzen, aber er charakterisiert es als Wissen über die göttliche Fülle gerade als Mysterium. Diese auch im Himmel andauernde göttliche Unbegreiflichkeit schränke unser Glück nicht auf bedauerliche Weise ein, vertritt Rahner:

> „(Sie) muss vielmehr als die wahre Substanz unserer Schau verstanden werden und als das wahre Objekt unserer glückerfüllten Liebe. Die Schau bedeutet, das Geheimnis zu ergreifen und von ihm ergriffen zu

> werden. Der höchste Akt des Wissens ist nicht die Verneinung oder die Schmälerung des Geheimnisses, sondern seine letztendliche Durchsetzung, seine ewige und vollkommene Unmittelbarkeit … Sagt man ‚Geheimnis', geht es nicht nur darum zu sagen, dass der Verstand noch keinen kompletten Sieg errungen hat. Stattdessen ist es das Ziel, an dem der Verstand ankommt, wenn er seine Vollkommenheit erreicht, indem er Liebe wird."

Letztlich gehört die Unbegreiflichkeit des Heiligen Mysteriums nicht zufällig zu Gott, so wie eine Fähigkeit, die zu einem anderen Ding oder einem anderen Wesen gehören könnte. Stattdessen charakterisiert sie das Woraufhin unserer Transzendenz grundlegend, ausschließlich, von Anfang an und bis in Ewigkeit. Ohne diese Unbegreiflichkeit wäre Gott nicht Gott. Mit ihr aber begegnet uns die Erfüllung unseres Lebens.

Für manche Menschen, die in unserer modernen Kultur mit Fragen des Glaubens ringen, ist diese Idee von Gott als unbegreiflichem Mysterium eine enorme Erleichterung. Sie befreit sie von den einengenden und begrenzten Vorstellungen des Theismus und erhebt sie in eine Beziehung, in der ihr Geist frei fliegen kann. Jeannine Hill Fletcher erklärt: „Unbegreiflichkeit ist nicht so sehr eine traurige Widerspiegelung unserer menschlichen Begrenztheit, sondern eine überschwängliche Feier von Gottes Unbegrenztheit … (Sie) bedeutet, dass der Mensch das Mysterium Gottes nicht als Abwesenheit erfährt, sondern als übergroße Fülle." Dieser Blick auf Gott verursacht bei anderen Menschen Schwindelgefühle und Desorientierung. Sie erleben solche Grenzenlosigkeit als einen Verlust der Verbundenheit mit dem domestizierten (aber auch autoritären) Gott des Theismus, an den sie sich gewöhnt hatten. Andere beginnen sich zu fürchten, denn das namenlose und unaussprechliche Woraufhin erscheint so entfernt und so abgehoben von allem. Alle müssen jedoch erkennen, dass hier die Argumentation zu der Vorstellung von Gott als dem Heiligen Mysterium noch nicht beendet ist.

Mysterium, immer näher

Im Herzen des christlichen Glaubens lebt die fast unglaubliche Vorstellung davon, dass das letztendlich unbegreifliche Heilige Mysterium Gottes nicht auf ewig fern ist, sondern sich in radikaler Nähe der Welt zuneigt. Das wird durch einen einzelnen Akt des Sichselbst-Schenkens getan, der sich in zwei Elementen zeigt, die einander bedingen. In lehrmäßigen Begriffen würde man diese die Inkarnation und die Gnade nennen, in persönlicher Sprache heißen sie Jesus Christus und Heiliger Geist. Zusammen bilden sie das sich selbst mitteilende Geschenk, das aus der Tiefe des Göttlichen nach außen pulsiert und durch welches das Heilige Mysterium der Welt in unaussprechlicher Nähe nahekommt.

Rahner stellt die Weichen dafür, diese Wahrheit wertzuschätzen, in einem persönlich gestalteten Gebet an den unbegreiflichen Gott. Während er versucht, die unaussprechliche Größe Gottes zu umschreiben, erlebt er ein Gefühl von größtem Unbehagen. Das Gebet beginnt mit den folgenden Worten: „Wenn ich deine Unendlichkeit bedenke, erfasst mich Unruhe und die Frage, ob du mir wohlwollend zugeneigt bist.“ Das Gebet bittet Gott dann um ein Wort des Trostes:

> „Du musst dein Wort an meine Kleinheit anpassen, sodass es in diesen kleinen Ort meiner Endlichkeit eindringen kann – den einzigen Ort, an dem ich leben kann – und ihn nicht zerstört. Solltest du solch ein ‚abgekürztes‘ Wort sprechen können, das sicher nicht alles sagt, sondern nur etwas Einfaches, das ich auch verstehen kann, dann könnte ich wieder frei atmen. Du musst für deine Menschen ein menschliches Wort schaffen, denn das ist das einzige Wort, das ich verstehen kann. Sage mir nicht alles, was du bist, sprich nicht von deiner Unendlichkeit – sage mir nur, dass du mich liebst, spricht nur von deiner Güte, die mir zugute kommt.“

Nur wenn das geschieht, wird dieser Theologe sein Leben mit einem Fünkchen Frieden weiterführen können.

Inkarnation

Der christliche Glaube vertritt die Ansicht, dass der unbegreifliche Gott in der Person Jesu Christi ein solches verkürztes und vereinfachtes Wort in der Sprache unserer einfachen Menschlichkeit spricht: „Und das Wort ist Fleisch geworden und hat unter uns gewohnt." (Joh 1,14) Jesus lebte ein echtes historisches jüdisches Leben im Galiläa des ersten Jahrhunderts, das bedingt war durch die körperlichen und psychologischen Grenzen, die unserer Spezies eigen sind. Er predigte das Reich Gottes, heilte leidende Menschen, suchte die Verlorenen und bat allen, die kamen, seine Gastfreundschaft an. Dadurch drückte er aus, was Gott ist und immer sein wird: verschwenderische Liebe. Er trank den bitteren Kelch eines gewaltsamen Todes an einem Kreuz außerhalb Jerusalems bis zur Neige und verband damit das unendliche Mysterium Gottes mit allen verletzlichen Kreaturen, die im Staub enden. Die Präsenz der Quelle des Lebens inmitten der Tiefen des Todes erweckt die Hoffnung, die zuerst in der Auferstehung Jesu aufscheint, dass es eine Zukunft für alle Geschlagenen und alle Toten geben wird. Die Selbstmitteilung Gottes an die Welt in der Person Jesu Christi als Kind der Welt ist hier der Dreh- und Angelpunkt, der das gesamte Abenteuer des christlichen Glaubens zusammenhält.

Rahner verstand diese Interpretation der Inkarnation als das Rahmenwerk für das Verständnis Gottes als Liebe und bekannte damit in einer alten Debatte Farbe. Seit dem Mittelalter hatte die Theologie nämlich darüber diskutiert, was die Motive für die Inkarnation gewesen sein könnten. Die Dominikaner, die von Thomas von Aquin angeführt wurden, bezogen sich auf den Beginn des Genesisbuches, wo Adam und Eva die verbotene Frucht essen und Gott verspricht, der Erlöser zu sein, der den Kopf der Schlange zertritt. Das Kommen des Messias sei die Erfüllung dieses Versprechens. Deshalb sei das Motiv für die Inkarnation die Erlösung: Das Wort sei Fleisch geworden, um die Menschen von der Sünde zu erlösen. Die Franziskaner unter Duns Scotus dachten anders. Sie begründeten ihre Vorstellung, das Motiv für die Inkarnation sei die Liebe, mit dem Prinzip, dass die Liebe die Gemeinschaft mit dem Geliebten sucht. Ihnen zufolge wurde das Wort Fleisch, sodass Gott, der die Liebe ist, eine tiefe persönliche Beziehung mit der Welt, der Geliebten, eingehen konnte. Das wäre auch geschehen, wenn die Menschen nicht gesündigt hätten. Jedoch sei die sündigende Welt der Grund dafür, dass das Leiden und der Tod am Kreuz ein Teil der Geschichte Jesu wurden. Der wichtigste Zweck sei jedoch die Vereinigung in Liebe gewesen.

Die Stärke Rahners in dieser Diskussion liegt darin, dass er die Position von Duns Scotus, die nicht mehr im Blick der katholischen Theologie lag, wieder aufgriff. „Die Inkarnation ist zuerst in der göttlichen Intention“, schrieb er und meinte damit, dass Gott, der Liebe ist, sich von Ewigkeit her danach sehnt, das göttliche Selbst dem „Anderen“, der nicht göttlich ist, mitzuteilen. Deshalb erschaffe er eine Welt, in der das möglich sei. Nach Rahner ist die Geschichte von Sünde und Erlösung von einer ursprünglichen Liebe umfasst, die Gemeinschaft sucht und schafft, egal unter welchen Umständen. Das Woraufhin unserer Selbsttranszendenz hat von Anfang an und ohne Unterlass versucht, unsere Erfüllung zu werden.

Gnade

Das Heilige Mysterium Gottes ist durch Jesus Christus in der Geschichte verankert. Es ergreift die Initiative und umgibt das Leben aller Menschen von Anfang bis zum Ende mit erlösender Liebe. In der Sprache der Christen wird das so ausgedrückt, dass man sich den Geist Gottes im Zentrum eines jeden Lebens vorstellt. Rahners Erklärung steht hier in großer Nähe zu seiner transzendentalen Analyse der menschlichen Natur. Normalerweise ignorieren wir die konkreten Handlungsweisen, in denen wir uns selbst transzendieren, in der Geschäftigkeit des Alltags. Sie zeigen indes, dass menschliche Wesen dynamisch auf das Unendliche hingeordnet sind. Der Glaube interpretiert, dass Personen immer über das eigene Selbst hinaus auf ein unaussprechliches Woraufhin bezogen sind. Die Gute Nachricht, die vom christlichen Glauben als Schatz aufbewahrt wird, verkündet, dass dieser unaussprechliche Horizont sich uns gnadenvoll nähert und uns mit radikaler und ultimativer Liebe umgibt. Diese Liebe, die sich im Grund unseres Wesens zeigt, ist nichts anderes als das Geschenk von Gottes eigenem Selbst. Es ist ein Angebot, freiwillig gegeben an alle ohne Ausnahme, als Licht und Versprechen von Leben. Und es wird dort in der Geschichte sichtbar, wo Nächstenliebe geschieht, wo man dem Gewissen treu bleibt, wo man dem Bösen mutig entgegentritt, wo Menschen auf irgendeine Weise zeigen, dass es ein „Mehr" gibt.

Es ist wohl wahr, dass die dynamische Präsenz dieser Liebe in der Geschichte der Menschheit oft durch die Sünde verunstaltet wurde und dass sich die Menschen ihr oft mit einer Verweigerungshaltung entgegenstellten. Doch trotz dieser erbärmlichen Verkrümmung in sich selbst und ihrer tragischen Folgen ist das göttliche Angebot der Liebe immer und überall präsent. Es ist stärker als das Mysterium menschlicher Schuld.

Eine solche liebevolle Präsenz ist das, was die Theologie Gnade nennt. Die neuscholastische Theologie verstand den Begriff der Gnade zuallererst als *geschaffene* Gnade und betrachtete sie als ein endliches Geschenk, das die Sünde abwäscht und unsere Beziehung zu Gott erneuert. Diese Art, von geschaffener Gnade zu reden, führte zu dem Missverständnis, dass die Gnade eine Art objektives „drittes Ding" ist, dass zwischen Gott und den Menschen steht, etwas, das man quantifizieren kann, das durch die Sünde verloren gehen und durch Buße wiedererlangt werden kann, also etwas, das durch individuelle menschliche Handlungsweisen gesteuert wird. Rahner jedoch, der sich auf biblische, patristische und mittelalterliche Theologie stützte, veränderte die Blickrichtung. Er betonte die ursprüngliche und subjektive Form der Gnade, die er *ungeschaffene* Gnade nannte. Diese bezeichnet Gottes eigenen Geist, der frei und unmittelbar allen Menschen verliehen wird. Sie ist Gottes eigene Selbstmitteilung, die die Welt an ihren innersten Wurzeln durchdringt. Sie ist nichts Separates, kein besonderes Geschenk, das hin und wieder auftaucht, sondern die belebende Kraft der gesamten Menschheitsgeschichte, die selbst vor Jesus Christus schon präsent war. Diese Gnade ist koexistent mit der Menschheit, aber nicht identisch mit ihr. Sie kommt immer dort zum Tragen, wo Menschen ihrer Liebe durch die Sorge für andere Ausdruck geben, in der Kunst, der Literatur, der Technologie, in allen guten und kritischen Dimensionen von Verantwortung, im Vertrauen, selbst in der Dunkelheit.

Ungeschaffene Gnade ist der Geist Gottes, der im Herzen unserer Existenz wohnt. Rahner argumentiert, dass dieses Geschenk das transzendierende Ausgreifen der menschlichen Person in Wissen und Lieben auf die Unmittelbarkeit Gottes hinordnet. Man kann dieses Angebot der Nähe annehmen oder ablehnen, doch es wird nie zurückgenommen. Die Sprache der Gnade weist deshalb nicht auf ein liebenswertes Geschenk hin, das von Gott unterschieden wäre. Stattdessen ist „der Geber selbst das Geschenk", was Rahner als die ungeheuerlichste Aussage charakterisiert, die über Gott gemacht werden kann.

Durch Inkarnation und Gnade bietet Gott, das Heilige Mysterium, das schweigende, undefinierbare und unantastbare Woraufhin der menschlichen Selbsttranszendenz, jedem Menschen das Geschenk der persönlichen und rettenden Präsenz an:

> „Wir können daher mit Sicherheit bestätigen, dass die zwei Mysterien der Inkarnation und der Gnade nur die radikale Form des Geheimnisses sind, das wir als das ursprüngliche eine aufgezeigt haben: Gott als das Heilige und bleibende Geheimnis für die Kreatur, und dies nicht in ferner Distanziertheit, sondern in radikaler Nähe."

Jesus und der Heilige Geist artikulieren also ein einziges Mysterium, das sich der Welt in liebender Selbstmitteilung nähert. Darin liegt der spezifische Charakter der christlichen Gottesvorstellung. Das transzendente Heilige Mysterium ist nicht das entfernteste Wesen, sondern in alle Realitäten der Welt um uns herum verwickelt und den Verzweifelten und Verdammten besonders zugewandt.

Heiliges Mysterium

In der neuscholastischen Theologie, die in der Mitte des 20. Jahrhunderts dominant war, wurde der Begriff „Mysterium" für all das verwendet, was der normale Verstand für unverständlich hielt. In Predigten und in der Lehre legte man ihm drei charakteristische Merkmale bei. Es existiert im Plural, denn es gibt viele Mysterien. Es hat satzhaften Charakter, denn diese Mysterien wohnen in wörtlichen Aussagen, im Dogma oder im Credo, wie zum Beispiel in der Lehre, dass der eine Gott drei Personen ist. Und es hat vorläufigen Charakter und ist nur in diesem Leben gültig. Nach dem Tod wird alles aufgedeckt werden, so wie sich ein Theatervorhang hebt, um die Szene und die Schauspieler auf der Bühne freizugeben. Ist eine christliche Lehre unverständlich? Dann muss es wohl daran liegen, dass sie ein Mysterium ist. Aber alles wird in der kommenden Welt offenbar werden.

Für Rahner ist das eine Vorstellung von Mysterium, die erstaunlich limitiert ist. Die transzendentale Analyse des menschlichen Subjekts hilft, den Begriff zu rehabilitieren, sodass er in dieser winterlichen Jahreszeit der Moderne wieder zur zentralen Gottesvorstellung wird. Es gibt keine Pluralität von Mysterien, sondern nur ein Mysterium im christlichen Glauben. Es hat nicht einfach Aussagecharakter, denn es wohnt nicht in der Doktrin, sondern in der Realität Gottes als der Liebe, die sich selbst schenkt. Es ist nicht vorläufig, es ist nicht vorübergehend, sondern bleibt für alle Ewigkeit. Dieses eine Heilige Mysterium ist der unaussprechliche Gott, der ewig in Fülle bleibt – unendlich, unbegreiflich, unaussprechbar – und es doch wünscht, sich der Welt mitzuteilen, und dies in der historisch greifbaren Person Jesus Christus und in der Gnade des Heiligen Geistes auch tut und damit zum Segen für jede Person und für das gesamte Universum wird.

Beachtenswert sind die beiden Bestandteile dieser Gottesvorstellung, die uns, laut Rahner, im Winter nähren und wärmen können. Da ist zum einen die Idee der Transzendenz, von Gottes unvorstellbarem Anderssein, das hier ernst genommen und als Mysterium artikuliert wird, als Mysterium, das immer größer (als alle Vorstellungskraft) ist. Und da ist zum anderen, aber nicht als geringer zu erachten, die Idee der Immanenz, von Gottes intimer und treuer Nähe, die ebenfalls ernst genommen und als Mysterium artikuliert wird, als Mysterium, das (den Menschen) immer näher ist. Auf einen Schlag bewegt sich diese Erkenntnis jenseits des konventionellen Denkens des modernen Theismus, der trotz aller guten Vorsätze weder dem göttlichen Anderssein noch der göttlichen Nähe gerecht wird. Im selben Zug bewegt sich dieser Begriff des Heiligen Geheimnisses nun jenseits des engen Begriffs von Gott als der Gottheit einzig des christlichen Klans, indem er die Universalität von Gottes gnadenvoller Nähe für jedes menschliche Wesen bekräftigt. Der christliche Glaube hatte ja immer die Auffassung vertreten, dass das, was Gott in Jesus getan hat, zum Nutzen aller Menschen geschah, und dass der Geist Gottes unter allen Menschen wohnt. Diese Einsichten waren jedoch durch die lange Geschichte der Polemik gegen Ungläubige und ihre soziale Marginalisierung verborgen gewesen. Die moderne Welt hat inzwischen Kontakt mit vielerlei Kulturen und ist selbst eine pluralistische Welt geworden, sodass dieser exklusivistische Blick auf Gottes erlösendes Handeln, das nur für bestimmte recht denkende und observante Menschen gelte, immer unhaltbarer wird. Die göttliche Nähe ist nicht wie ein Schachbrett, auf dem sich manche Menschen nahe bei Gott befinden, andere entfernter stehen. Das Heilige Mysterium bietet das Geschenk des göttlichen Lebens gnadenvoll und freigiebig allen an, überall und zu allen Zeiten. Ein Mensch kann dieses Angebot ablehnen, da der Schöpfer der Freiheit die menschliche Freiheit respektiert. Trotzdem sind alle in Gottes universellen rettenden Willen und Gottes Angebot erlösender Gnade einbezogen.

Lasst Gott Gott sein! – das heißt, lasst Gott das unbegreifliche Heilige Mysterium voll überraschender Liebe sein.

Rahner verbrachte seine Lebenszeit damit – seine Bibliographie umfasst über 3.000 Einträge –, die Herausforderung der Moderne anzunehmen und dieses Zentrum des Glaubens in der winterlichen Jahreszeit neu zu interpretieren. Am Ende, betonte er, sage die christliche Doktrin wirklich nur eine Sache aus, etwas Einfaches, aber auch Radikales: das lebendige Mysterium der absoluten Fülle, namenlos und jenseits unserer Vorstellungskraft, ist uns in unserem Alltag nahegekommen durch Jesus und das Geschenk der Gnade. Auch wenn wir es nicht bemerken: Es will unsere Erlösung, unser Glanz und unsere Hilfe angesichts des Abgrunds sein. Daraus folgt, dass wir vor einem großen Abenteuer stehen, das sicher in Gottes Hand gehalten wird, auch wenn das Ende unseres Lebens und der Welt noch nicht offenbar ist. Der Glaube wird dann zu einem Akt des Mutes. Wir können es wagen zu hoffen.

Die Liebe zu Gott und zu den Nächsten

Dieser flüchtige Blick auf das Mysterium Gottes, das immer größer, immer näher ist, führt zu einem Weg der Nachfolge, der sowohl die Liebe zu Gott als auch die Liebe zu den Nächsten beinhaltet, oder in Rahners Begrifflichkeit, Mystik und Verantwortung, die nicht voneinander getrennt werden können. Die hier ins Auge gefasste Mystik ist keine esoterische Spiritualität, sondern der grundlegende Weg zu Gott in der heutigen Zeit, in der der Glaube auf seine Grundlagen entblößt dasteht. Weil der Glaube nicht mehr durch offenkundige religiöse Traditionen und ein generelles Engagement in der Gesellschaft unterstützt wird, betont Rahner: „Der Fromme (Christ) von morgen wird ein Mystiker sein, einer, der etwas erfahren hat, oder er wird nicht mehr sein."

Was gibt es zu erfahren? Nichts weniger als Gott, nämlich in der speziellen Art und Weise, wie Christen Gott verstehen, als unendliches Heiliges Mysterium, das sich den Menschen durch die Inkarnation und die Gnade selbst schenkt. Das Christentum hat folgende eigentliche Botschaft: Wir sind in die Unmittelbarkeit von Gottes eigenem Selbst hineingerufen. Wenn wir die schweigende Unermesslichkeit, die uns umgibt, als etwas unendlich Entferntes und unaussprechbar Nahes annehmen, wenn wir sie als beschützende Nähe und zärtliche Liebe ohne Vorbehalt annehmen, wenn wir es zudem wagen, diese Umarmung und unser eigenes Leben in all seiner Konkretheit und seiner Sehnsucht anzunehmen (was nur durch Gnade möglich ist), dann besitzen wir die mystische Erfahrung des Glaubens. Unser Leben anzunehmen, bedeutet, uns in einem Akt liebevoller Selbstaufgabe fallen zu lassen, hinein in dieses unvorstellbare Mysterium im Herzen unserer Existenz. Solch ein Akt verschafft uns allerdings keine Klarheit über alles. Gott erspart uns nicht das Gefühl der Verwirrung. Zudem ist unsere Bewegung zu Gott hin immer durch die Sünde bedroht. Jedoch ist Gott präsent, wo das Leben voller Mut gelebt wird, begierig, verantwortlich, selbst dann, wenn dies ohne explizite Bezugnahme auf die Religion geschieht.

Genau das ist der Punkt: Menschen, die sich mutig selbst annehmen, die ihr eigenes Leben mit all seinen Eigenarten, seiner Schönheit, seinem Leiden annehmen, nehmen tatsächlich das Heilige Mysterium an, das in ihnen liegt und sich ihnen als sich selbst verschenkende Liebe offenbart. Dieser Akt bedeutet keinen Verlust von Identität, sondern ein Wachsen der Persönlichkeit, die dadurch befreit und gestärkt wird. Das Heilige Mysterium ist weit davon entfernt, ein Rivale der menschlichen Authentizität zu sein. Stattdessen will es die Welt und uns in unserer endlichen Weltlichkeit. Rahner fängt diese nicht auf Konkurrenz beruhende Natur der Gottesbeziehung in folgendem berühmt gewordenen Satz ein: „Nähe zu Gott und echte menschliche Autonomie verhalten sich direkt und nicht indirekt proportional zueinander".

Jesus Christus ist das Zentrum dieser Form des mystischen Lebens. Im gekreuzigten und auferstandenen Jesus hat das Versprechen Gottes an die Welt den Sieg errungen. Als definitives Ereignis mit Wurzeln in der Geschichte kann dieser Sieg nicht mehr verschwinden. Er ist eschatologisch, unumkehrbar und versichert uns, dass das unbegreifliche Mysterium auch uns zu einem gesegneten Ende in Gottes Gegenwart bringen und dort für immer leben lassen wird. Diejenigen, die dieses Wort hören und von dieser Wahrheit in der Geschichte Zeugnis geben, formen die Gemeinschaft der Glaubenden. In dieser Art von Theologie ist die Kirche nicht zuerst eine Institution, die individuelle Frömmigkeit und moralische Lebensweise vorantreibt. Am Anfang und am Ende ist die Kirche stattdessen die sakramentale Präsenz des Versprechens Gottes an die Welt und zudem eine Gemeinschaft, die trotz ihrer Sündhaftigkeit der Welt signalisiert, dass Gottes Selbst-Gabe ununterbrochen allen angeboten wird.

Die damit verbundene Pflicht, für die Welt Verantwortung zu übernehmen, ist ein integraler Bestandteil der Praxis dieser Mystik. Die Grundbeziehung zum lebendigen Gott kann in unserem Leben eigentlich nur dadurch ausgedrückt und glaubhaft gemacht werden, dass wir den Nächsten bedingungslos lieben. Doch da wir auf uns selbst bezogen sind, kann die Liebe zum Nächsten durch versteckten Egoismus korrumpiert werden. Übergibt man sich aber dem unbegreiflichen Mysterium im Zentrum unseres Lebens, gibt man der befreienden Gnade Gottes Raum. Das geschieht auch, wenn wir es nicht explizit bemerken, wie es uns das Gleichnis von den Schafen und den Böcken zeigt: *„Denn ich war hungrig, und ihr habt mir zu essen gegeben … Was ihr einem dieser meiner geringsten Brüder getan habt, das habt ihr mir getan.“* (Mt 25,35.40)

Rahner bemerkte, dass es heute moderner ist, über den Nächsten zu sprechen als über Gott, bzw. über die Liebe zum Nächsten zu predigen und dabei den Begriff „Gott“ durch „Welt“ oder „Verantwortung für die Welt“ zu ersetzen. Diese Tendenz hat ein solides Fundament. Natürlich würde es den Glauben verfälschen, wenn wir die Rede von Gott ganz und gar verbannen würden. Da aber sowohl die Transzendentalanthropologie als auch die christliche

Offenbarung zeigen, dass das heilige Mysterium in der Welt und in jeder Person präsent ist und sich zu beiden bekennt, bedeutet es doch, Gott zu lieben, wenn man die Welt liebt. In dieser Theologie ist eine akosmische und nicht-weltliche Beziehung zu Gott unmöglich. Wir sind vom unbegreiflichen Heiligen Mysterium umfasst und erlauben es unseren Herzen, sich Gottes eigenem Herzen anzupassen, das mit unumkehrbarer Treue liebevolle Güte in der Welt ausgießt.

In unseren Tagen, vertrat der ältere Rahner, muss die Liebe zum Nächsten eine Form annehmen, die über den Bereich des Privaten und über individuelle Beziehungen hinausgeht. Wir wissen, wie Systeme das Individuum beeinflussen, sodass sich heutzutage die Liebe auch in der christlichen Verantwortung für die soziale Sphäre ausdrücken muss. Allerdings bedeutet das mehr als humanitäres Handeln, so nobel es auch wäre. In einer Zeit, in der die Solidarität in der Weltgemeinschaft zunimmt, ist das Streben nach Gerechtigkeit vom Geist Jesu stimuliert, für den das Wohlergehen der Nächsten von unvergleichlichem Wert war, entsprechend der Liebe Gottes, die sich auf sie ergießt.

Es mag Winter sein, wenn die bunten Blätter nicht mehr die Bäume der Frömmigkeit bekleiden. Doch erlauben es uns die leeren Äste, weiter in den Wald hineinzublicken. Dort erhaschen wir einen Blick auf das Mysterium Gottes, das wir nicht durch Begriffe oder durch unser Handeln manipulieren können, und das als das ewige Woraufhin in unserem suchenden Sein wohnt. Rahner betont, dass wir Menschen vor folgender Frage stehen: Wen lieben wir mehr – die kleine Insel unserer eigenen Selbstgewissheit oder den Ozean des unbegreiflichen Mysteriums? Unsere Herausforderung ist es zu entscheiden, ob wir in der kleinen Hütte unserer eigenen vermeintlichen Schläue ersticken wollen, oder ob wir durch die Tür unseres Wissens und Handelns hindurchtreten und das unentdeckte und unendlich weite Land der neuen Gotteserfahrung betreten wollen. Gottes schweigender Unendlichkeit können wir vertrauen und sie durch unsere Sorge für diese Welt lieben.

Wie die Theologie, die in diesem Kapitel besprochen wurde, gezeigt hat, erschöpft das menschliche Verständnis von Gott doch nie den Reichtum des unbegreiflichen Heiligen Mysteriums. Folglich, sagte Rahner, „bedingt dies eine Geschichte unserer eigenen Gottesvorstellung, die nie beendet werden kann." Neue Versuche, sich dieses Mysterium vorzustellen und es zu artikulieren, sollte man erwarten und sie begrüßen. Die folgenden Kapitel werden weitere wichtige Versuche, über Gott zu sprechen, diskutieren. Diese sind die Resultate der suchenden und findenden Dynamik der lebendigen christlichen Tradition unserer Tage. Auf allen Kontinenten gelten die Regeln der religiösen Sprache, wenn neue Stimmen zum christlichen Verständnis des Heiligen Mysteriums im Herzen unseres Glaubens beitragen.

Für weitere Informationen

Die lesbarste Erklärung des Atheismus aus christlicher Perspektive mit detaillierten Gegenargumenten findet sich bei Hans Küng, *Does God Exist? An Answer for Today* (Garden City, N.Y.: Doubleday, 1980; dt. Originalausgabe: Existiert Gott? Antwort auf die Gottesfrage der Neuzeit, München: Piper, 1978). Walter Kasper schlägt in seinem Aufsatz „The Denial of God in Modern Atheism" vor, dass die Trinität das Gegenmittel für den Atheismus darstellen könnte, siehe sein Werk *The God of Jesus Christ* (New York: Crossroad, 1984; dt. Originalausgabe: Der Gott Jesu Christi [Walter Kasper Gesammelte Schriften 4], Freiburg i. Br.: Herder, 2008, ^{1}1982), 16–46. Eine Auswahl bedeutender atheistischer Denker wird in Julia Mitchell Corbett (Hg.), *Through a Glass Darkly: Readings on the Concept of God* (Nashville: Abingdon, 1989) präsentiert. Zu den Problemen, die der Atheismus aufwirft, siehe J. J. C. Smart, *Atheism and Theism* (Malden, Mass.: Blackwell, 2003). Das Werk von Julian Baggini, *Atheism: A Very Short Introduction* (New York: Oxford University Press, 2003) bietet eine positive Lesart des Atheismus und zeigt, warum er für viele umsichtige Menschen attraktiv ist.

Die 23 Bände von Rahners *Theological Investigations* (dt. Originalausgabe: Schriften zur Theologie) beinhalten eine Vielzahl seiner Artikel. Besonders einschlägig für das, was in diesem Kapitel besprochen wird, sind: „The Concept of Mystery in Catholic Theology (Über den Begriff des Geheimnisses in der katholischen Theologie)“ (Bd. 4, 36–73; dt.: Bd. 4, 51–99), das zeigt, dass alle katholischen Dogmen Aspekte des unbegreiflichen Mysteriums Gottes beinhalten; „Thoughts on the Possibility of Belief Today (Über die Möglichkeit des Glaubens heute)“ (Bd. 5, 3–22; dt.: Bd. 5, 11–32), eine reichhaltige Einführung zur winterlichen Jahreszeit des Glaubens; „Being Open to God as Always Ever Greater (Vom Offensein für den je größeren Gott)“ (Bd. 7, 25–46; dt.: Bd. 7, 32–53), eine andachtsartige Reflexion zur menschlichen Bewegung auf Gott, den Horizont aller unserer Aktivitäten, zu; „Theology and Anthropology (Theologie und Anthropologie)“ (Bd. 9, 28–45; dt.: Bd. 8, 43–65), ein wichtiger Artikel, der die transzendentale Methode erklärt; und „The Church and Atheism (Kirche und Atheismus)“ (Bd. 21, 137–150; dt.: Bd. 15, 139–151).

Für eine transzendentale Analyse des Menschen in einer von Sünde und Gnade erfüllten Welt siehe Rahners *Foundations of Christian Faith,* übersetzt von William Dyche (New York: Seabury, 1978; dt. Originalausgabe: Grundkurs des Glaubens. Einführung in den Begriff des Christentums, Freiburg i. Br.: Herder, 2009, ^{1}1976), Kapitel 1–4. Dieses Buch bringt die Vorstellung von der Unbegreiflichkeit Gottes mit den Ideen von Inkarnation und Gnade hilfreich zusammen.

Eine Sammlung von Rahners Gebeten, die seine Theologie von Gott ausdrücken, erschien in *Prayers for a Lifetime,* herausgegeben von Albert Raffelt (New York: Crossroad, 1984; dt. Originalausgabe: Gebete des Lebens, Freiburg i. Br.: Herder, 2012, ^{1}1984). Das zitierte Gebet kommt aus „God of My Lord Jesus Christ (Gott unseres Herrn Jesus Christus)“, 38–39. Wertvolle und leicht lesbare Einsichten in das Thema Spiritualität finden sich in Rahners *Encounters with Silence* (South Bend, Ind.: St. Augustine's Press, 1999; dt. Originalausgabe: Worte ins Schweigen, Freiburg i. Br.: Herder, ^{4}1977, ^{1}1938) und in *The Great Church Year: The Best of Karl Rahner's Homilies, Sermons, and Meditations,* ebenfalls herausgegeben von Albert Raffelt und Harvey Egan (New York: Crossroad, 2001; dt. Orginalausgabe: Das große Kirchenjahr. Geistliche Texte, Freiburg i. Br., ^{4}1992, ^{1}1987).

Zu informativen Diskussionen über Rahners Methode und Erkenntnisse siehe Mary Hines und Declan Marmion (Hg.), *The Cambridge Companion to Karl Rahner* (Cambridge: Cambridge University Press, 2005) sowie Leo O'Donovan (Hg.), *A World of Grace* (New York: Seabury, 1980), besonders Anne Carrs Beitrag „Starting with the Human", 17–30.

3
Der gekreuzigte Gott des Mitgefühls

Der Kontext: Unaussprechliches Leiden

Auf dem europäischen Kontinent, der durch den Zweiten Weltkrieg in Stücke gerissen worden war, sah man Gott mit anderen Augen. Millionen Tote, zerstörte Städte, die Landwirtschaft und die Versorgung mit Lebensmitteln am Boden, die Wirtschaft zerstört ... das Leiden kam nicht mit dem bewaffneten Konflikt zu einem Ende, sondern breitete sich in die kommenden Jahre hinein wie Schockwellen aus. Im Zentrum des Horrors, herausgeschrien in lauten Schreien und mit Flüstertönen, zeichnete sich der Holocaust der Juden durch die Nazis ab. Während es viele bedeutende Beispiele von christlichem Widerstand und christlichen Rettern gab, waren doch auch die, die die Todeslager leiteten, getaufte Christen. Inmitten der Ruinen mussten sich die Theologen nicht nur mit dem Versagen des Christentums auseinandersetzen, das es nicht geschafft hatte, die Glaubenden zu motivieren, dem Bösen Widerstand zu leisten. Wegen des Ausmaßes der Geschehnisse mussten sie auch die traditionellen Glaubenssätze hinterfragen, die verwendet wurden, um Gottes Handeln angesichts des Leidens zu erklären. Sechs Millionen Menschen, Männer, Frauen, Kinder, herausgerissen aus ihren Häusern und ihrer Umgebung. Transportiert wie Schlachtvieh in genau getakteten Zügen. Aufgeteilt in die Gruppe derer, die für die sofortige Tötung vorgesehen waren, und die Gruppe der gesunden Arbeitssklaven, die aber am Ende doch vorgesehen waren für den Tod durch Vergasen oder Erschießen, durch Krankheit oder Hunger. Ihre Körper entsorgt in brennenden Krematorien. Es war das Ziel Hitlers, das Volk der Juden und ihr Erbe von der Erde zu vertilgen. Die Vorstellungskraft reicht nicht aus, um sich das unverdiente und unmenschliche Leiden vorzustellen.

Die Denker waren fassungslos, als sie das Ausmaß der Verbrechen betrachteten. Sie begannen, vom Holocaust als „Unterbrechung“ zu sprechen, die in die Sichtweise der christlichen Theologie von einer rational geordneten Welt eindrang. Es handelte sich um ein „Erdbeben“, das den Boden des gläubigen Vertrauens in Gott aufriss; um einen unüberbrückbaren „Abgrund“, der die Geschichte und ihren theoretischen Fortschritt in ein Vorher und ein nicht vergleichbares Nachher teilte; um ein „tremendum“, das den Glauben nicht nur an Gott, sondern auch an die Menschheit und ihre weltlichen Projekte erschütterte. Zieht man die Shoah in Betracht, kann man nicht weitermachen, als ob nichts geschehen sei, oder einfach nach Interpretationen suchen, die dieses Ausmaß an Leiden in irgendeiner Weise innerhalb von Gottes Plan für die Welt erklären könnten.

Ich erinnere mich an den Tag, an dem ich den Zug von München zum Konzentrationslager Dachau nahm. Die Stadt Dachau ist mittelalterlich geprägt und nur wenige Haltestellen von der großen Stadt entfernt. Nachdem ich in der Vergangenheit ausführlich zum Thema Holocaust gelesen hatte, hatte ich nun das Gefühl, auf das vorbereitet zu sein, was ich sehen würde. Trotzdem war es für mich körperlich fast nicht zu ertragen, in der Nähe der Bunker und der Verbrennungsöfen zu sein. Auch gab es einen gänzlich unerwarteten Moment, der mein Denken völlig zum Stillstand brachte. Im Museum, inmitten der Foltergeräte und anderer Dinge, hing die gestreifte Kleidung eines Gefangenen namens Albert Mainslinger. Daneben waren zwei Papierstücke ausgestellt, Dokumente, die ausgefüllt worden waren, als er das Lager betrat und verließ. Im Jahre 1939 wurde sein Gewicht als 114 kg vermerkt, seine Religion als römisch-katholisch. Auf seinem Entlassungsschein aus dem Jahre 1945, der vom amerikanischen Administrator des Lagers unterzeichnet war, waren andere Informationen vermerkt. Er wog 41 kg. Und auf der Zeile, auf der die Religion zu notieren war, stand

„Das Nichts“. Ich starrte auf das Papier und war zum Schweigen verdammt. Wer kann sich dieses Leiden vorstellen? Ungerechtfertigte Gefangennahme; Jahre des langsamen Verhungerns; Morgen, Mittag, Nacht, die damit verbracht werden, dem Terror der Wächter zu entkommen; unaufhörliche harte Arbeit bei Hitze und Kälte; leidende Menschen um einen herum; ohne eine Vorstellung, wann das enden würde oder ob die nächste Minute den Tod bringen könnte. Als Mainslingers Körper allmählich verschwand, verschwand auch seine Seele und damit jegliches Vertrauen in einen guten und gnädigen Gott.

Herr Mainslinger war einer der Glücklichen, er überlebte. Doch man muss seine Erlebnisse zu denen der drei Millionen anderen Nicht-Juden hinzurechnen, die in solchen Lagern starben. Und dann noch einmal eigens zu den sechs Millionen Juden, die systematisch zusammengetrieben und in den Lagern auf barbarische Weise abgeschlachtet wurden, einfach nur deshalb, weil sie Juden waren. Erst dann wird die Wucht dieser Ereignisse deutlich, die das Sprechen über Gott im Kontext der Religion unterbrachen. Die Theologen sagten, dass solches Böse irrational sei, eine irrationale Kraft, die nicht in den göttlichen Plan für die Welt eingeordnet werden kann. Wenn man dies auch nur versuchen wollte, würde man das Böse zähmen, seinen Schrecken verwässern, nur um ihm das Recht auf Existenz zu geben. Solche Versuche des Rationalisierens lassen die Stimmen der Opfer verstummen. Zudem würde das Zugeständnis, dass dieses Ereignis Teil eines göttlichen Gesamtplanes ist, Gott zu einem Monster machen, egal wie oft und wie lange man zusätzlich darüber sprechen würde, dass Gott gut und mächtig ist. Der Riss im klassischen Denkmuster war so groß, dass einige Theologen damit begannen, auf ihrer Suche nach dem lebendigen Gott die Frage des Leidens selbst umzuformulieren. So ist die richtige Frage nicht, *warum* Gott erlaubte, dass dies geschah, oder *wie* diese Ereignisse mit der göttlichen Herrschaft über die Welt vereinbart werden können. Vielmehr stellt sich, bedenkt man die andere Seite des durch dieses

Ereignis herbeigeführten Risses, als eigentliche die ängstliche Frage: *Wo* ist Gott, wo ist Gott jetzt?

Aus guten Gründen waren es die jüdischen theologischen Denker, die diese Suche nach einer Antwort angeführt und sich damit der zerbrochenen Glaubensgewissheit gestellt haben. Verschiedene jüdische Forscher fanden unterschiedliche Antworten und zeigten unterschiedliche Denkwege auf, um Antwortmöglichkeiten zu finden. Wir wissen nicht, wo Gott war. Gott war versteckt oder stumm oder abwesend oder tot. Gottes Gesicht war abgekehrt vom Leiden. Gott war da, hat mit den Opfern gelitten und aufgrund ihrer Schmerzen geweint. Die radikalste Antwort ist jedoch, dass man, denkt man rational, nach Auschwitz nur noch annehmen kann, dass Gott nicht existiert. Welche Art von Antworten die Theologie auch finden mag – sie alle führen zu einem ethischen Mandat: Nie wieder.

Das Versagen der Theodizee

Jüdische und christliche Denker, die sich mit dieser Frage auseinandersetzten, taten dies vor dem Hintergrund einer langen Tradition, die bis zur Bibel selbst zurückreicht. Warum gibt es so viel moralisch Böses und so viel Leid in der Welt, wenn Gott allmächtig und gut ist? Hätte Gott es nicht beenden können? Wenn nicht, dann kann Gott nicht allmächtig sein. Will Gott es nicht beenden? Dann kann Gott nicht die Liebe sein. Wenn Gott das Leiden aber beenden kann und es beenden möchte, warum gibt es dann immer wieder Leiden?

Die traditionelle Theologie sagt einmütig, dass das Leiden nicht Gottes direkter Wille ist. Stattdessen lässt Gott höchstens zu, dass Katastrophen geschehen, nachdem Gott die Welt mit ihren eigenen Naturgesetzen geschaffen und ausgestattet hat, eine Welt, in der die Menschen zudem noch einen freien Willen besitzen. Die verschiedenen Denkrichtungen arbeiten mit einer Anzahl von Gründen, warum das so ist. Gott lässt das Leiden zu, um Sünden zu bestrafen; oder um die Charaktereigenschaften eines Menschen zu prüfen; oder um Personen zu reifen Tugenden zu erziehen; oder um die Seelen für den Himmel zu bereiten und zu reinigen. Selbst wenn das Leiden den Unschuldigen ungerechtfertigt auferlegt wird, so eine weitere These, lasse Gott es aus Respekt vor der menschlichen Freiheit zu. Aber egal was passiert, am Ende wird Gott aus dem Bösen Gutes machen. Alle diese Argumente zielen darauf ab, das menschliche Leiden mit der göttlichen Liebe und der göttlichen Macht zu versöhnen, indem sie annehmen, dass die Mühsal in irgendeiner Weise dem göttlichen Plan entspricht.

Während der Aufklärung bekamen diese Versuche, Gottes Plan in einer von Schmerzen bestimmten Welt zu rechtfertigen, den Namen „Theodizee". Es war der Philosoph Gottfried Wilhelm Leibniz, der im Jahre 1710 den Begriff Theodizee als Titel eines Buches wählte. Er versuchte dort, dem Leiden einen Sinn abzugewinnen, als Teil seiner Behauptung, dass diese Welt die beste aller möglichen Welten sei. Damals war der Gott des modernen Theismus im Kommen, und es war die theistische Konstruktion eines allmächtigen, allwissenden Höchsten Wesens, die angesichts der schrecklichen Dinge verteidigt werden musste, die „es" geschaffen hatte. Gemessen am Holocaust jedoch, darin waren sich die Theologen nach dem Zweiten Weltkrieg einig, hatten sowohl die Erklärungen der traditionellen Theologie als auch das aufklärerische Projekt der Theodizee versagt. Wer sagt, dass die Juden diese Leiden als Bestrafung für ihre Sünden verdient hätten, beachtet nicht, dass die meisten Ermordeten, sieht man einmal von der Sündhaftigkeit ab, die allen Menschen eigen ist, nichts ungeheuer Böses getan haben: Eine Million der Ermordeten waren Kinder. Wer sagt, dass solches Leiden die Seele in Tugend formt, beachtet nicht, dass das Leiden Menschen zerstörte und die Überlebenden an einem Leben voller physischer, psychischer und geistiger Kämpfe litten. Wer den freien Willen vorbringt, stellt mehr Fragen, als er beantwortet, indem er die Frage den Menschen neu auferlegt und nach einer „Anthropodizee" sucht. Ja, der Holocaust an den Juden ist ein mit nichts zu vergleichender Skandal, der sich allen rationalen Rechtfertigungen entzieht. Wer versucht, ihn mit einem liebenden und mächtigen Gott in Verbindung zu bringen, trivialisiert ihn.

Seither hat es andere Völkermorde gegeben. Das Regime der Roten Khmer unter Pol Pot tötete fast ein Drittel der kambodschanischen Bevölkerung. In Ruanda töteten die Hutu mit Feuer und Machete 800.000 ihrer Tutsi Nachbarn, und das in nur wenigen Wochen, bevor die internationalen Interventionen dem Töten ein Ende setzten. Während ich diese Zeilen schreibe, geht das Leiden in Darfur unbegreiflicherweise weiter. Es war jedoch in der Mitte des 20. Jahrhunderts in Europa, wo dieses Thema im modernen christlichen Denken zum ersten Mal deutlich hervortrat. Es waren die europäischen Theologen, die mit der Frage nach Gott in der Dunkelheit der Shoah umzugehen hatten, die jedes rationale Argument hinsichtlich der Beteiligung Gottes in Stücke zerrissen hatte. Es war die Arbeit dieser Theologen, die das Nachdenken über das Leiden in großem Ausmaß beeinflusst hat.

Drei junge Deutsche

Es ist kein Zufall, dass unter den Theologen, die begannen, sich mit dieser Frage auseinanderzusetzen, drei junge Deutsche waren. Alle wuchsen im dunklen Schatten des Nationalsozialismus auf und erlebten die Zerstörungen des Krieges während ihrer jungen Jahre persönlich. Alle studierten Theologie an den Universitäten, die im zerstörten Nachkriegsdeutschland gerade wieder neu eröffnet wurden. Jetzt war es nicht mehr der Atheismus der säkularen Welt, der den Glauben herausforderte, sondern das Thema des furchtbaren Leidens. Als diese jungen Menschen Theologen wurden, entschieden sie sich, den Holocaust nicht zu übergehen, sondern ihn mit größtem Ernst als eine Herausforderung und einen Leitfaden für das Nachdenken über Gott anzusehen.

Jürgen Moltmann spricht darüber, wie er Zeuge der alliierten Brandbomben auf Hamburg wurde, die einen breiten Streifen der Stadt in Schutt und Asche legten. Als Kriegsgefangener der Engländer sah er durch den Stacheldrahtzaun des Lagers und fragte sich, wie man inmitten eines solchen Zerfalls überhaupt über Gott nachdenken könne, schienen doch die reformierten Traditionen, die er gelehrt bekam, der Situation so wenig zu genügen. Schon früh in seinen Studien hatte er das Kreuz Christi entdeckt, das später zum festen Boden unter den Füßen seiner Theologie wurde. „Zerrüttet und gebrochen kamen die Überlebenden meiner Generation aus den Lagern und Krankenhäusern zurück in den Vorlesungssaal. Eine Theologie, die nicht von Gott im Licht des einen spricht, der verlassen und gekreuzigt worden war, hätte uns nichts zu sagen gehabt." Die Theologie des Kreuzes nahm noch an Bedeutung zu, als er damit begann, über die Bedeutung des Völkermordes an den Juden nachzudenken. Für Moltmann wurde es zu einer Notwendigkeit, das Kreuz mit Auschwitz zu verbinden, wollte er weiter die Integrität der Theologie aufrechterhalten.

Dorothee Sölle spricht von ihren jungen Jahren als „gezeichnet vom Hunger, von Bombardierungen, Kälte und Bedürftigkeit. Auch spirituell handelte es sich um eine Landschaft in Ruinen." Während des Krieges hatte ihre Familie die jüdische Mutter eines ihrer Klassenkameraden auf dem Dachboden ihres Hauses versteckt. Einer ihrer älteren Brüder war an der Ostfront getötet worden. Als junge Theologin besuchte sie das Todeslager Auschwitz in Polen, was ein ungewöhnliches Unterfangen für die damalige Zeit war. Dort, wo so viele Menschen brutal ermordet worden waren, erlebte sie, dass sich der theologische Boden unter ihren Füßen leise verschob. Ihre klassische lutherische Ausbildung und Frömmigkeit basierten auf dem Gott des klassischen Theismus, der mit allen „all"-Attributen versehen war: Allwissenheit, Allmacht, Allgegenwart. Nach ihrer Reise konnte Sölle nicht mehr verstehen, wie die Theologie so sprechen konnte. „Im Licht von Auschwitz erscheint die Annahme der Allmacht Gottes als eine Häresie", ethisch beleidigend und nicht mehr glaubhaft. Oft zitierte sie die Poesie, die Abschiedsbriefe und die Erinnerungen der Juden aus den Lagern, oder auch die der deutschen Widerstandskämpfer in den Gefängnissen der Nazis, und befand, dass dieses Verbrechen gegen die Menschlichkeit das wichtigste Ereignis war, mit dem ihre Generation umgehen musste.

Johann Baptist Metz spricht davon, wie er als religiöser Jugendlicher im Alter von 16 Jahren aus der Schule genommen und in die deutsche Armee gezwungen wurde, um an die Front geschickt zu werden. In seiner Kompanie waren über 100 Jugendliche, alle so jung wie er selbst. Eines Abends wurde er weggeschickt, um eine Nachricht zur Stabsleitung zu bringen. Während seiner Abwesenheit wurde seine Kompanie durch alliierte Panzer- und Bomberangriffe vernichtet. Nach seiner Rückkehr fand er Folgendes vor: „Ich habe nur die Toten gefunden … Ich konnte ihnen allen, mit denen ich noch tags zuvor Kinderängste und Jungenlachen geteilt hatte, nur noch ins erloschene tote Antlitz sehen. Ich erinnere nichts als einen lautlosen Schrei. So sehe ich mich heute noch, und hinter dieser Erinnerung sind meine Kindheitsträume zerfallen." Ein Riss hatte sich in seiner katholischen Vorstellungskraft aufgetan, die auf der unzerstörbaren Gewissheit basierte, dass Gott gut ist und die Welt nach geordneten Regeln funktioniert. Diese Kluft wurde unüberbrückbar, als er sich als Student Rahners und dann als junger Professor mehr und mehr mit dem grenzenlosen Horror des Holocaust beschäftigte. Metz wollte die Schreie der Opfer nicht mehr ignorieren und fragte sich, was passieren würde, wenn man sich an die Opfer erinnerte und versuchte, mit ihnen zusammen über Gott zu sprechen. Und so kam die Frage nach Gott wie von selbst zu ihm „in ihrer seltsamsten, älteste und kontroversesten Form", nämlich aus der Tiefe des Leidens heraus. Er folgerte, dass die Theologie nicht mehr funktionieren kann und nicht länger über Gott reden soll, wenn sie dies mit dem Rücken zu Auschwitz tut.

Als sich diese drei Theologen auf verschiedenen Lebenswegen entwickelten und internationale Prominenz erlangten, wurden sie freundschaftliche Bekannte und unterstützten einander in kollegialer und persönlicher Weise. Der ursprüngliche Anstoß, auf neue Art und Weise über den lebendigen Gott nachzudenken, nahm einen immer größer werdenden Platz in ihrem Denken ein und beinhaltete nun nicht mehr nur den Holocaust, sondern auch die barbarische Fülle des Bösen in der gesamten menschlichen Geschichte. Es ging ihnen nicht in erster Linie um das Leiden von Individuen, das diesen im normalen Lebenslauf, wenn der Körper altert, krank wird und stirbt, begegnet. Sie beschäftigten sich nicht mit dem Leiden, das davon kommt, wenn man Rückschläge oder Verluste in Beziehungen oder bei der Arbeit erduldet. Während diese Dinge sicherlich religiöse Fragen aufwerfen, sind sie doch Teil des Gewebes, das das menschliche Leben auf dieser Erde ausmacht, eines Lebens, das nicht im Paradies stattfindet. Aber über das persönliche, existentielle und relativ private Leiden hinaus gibt es das beklagenswerte Übermaß der Bedrängnis, das von den Verletzungen kommt, die sich Menschen auf ungerechte Weise gegenseitig zufügen: zermalmende Armut und Hunger, Sklaverei, häuslicher Missbrauch, Vergewaltigung, Mord, Krieg, Völkermord. Diese Art von Gewalt zerstört Menschen und ihre Fähigkeit zu lieben. Sie greift ihre Identität an und löscht ihr Leben gewaltsam aus. Betrachtet man die Geschichte der Menschheit, ist dieses Leiden der rote Faden, der sich durch das gesamte blutige Gewebe zieht.

Jeder dieser Theologen vertrat die Auffassung, dass die Lösung nicht darin liegt, das Leiden im Denken bewusst zu ignorieren oder es in praktischen Fragen zu vermeiden. Letztere Tendenz, die für die materialistische Kultur in den Ländern der Ersten Welt charakteristisch ist, begann sich in die deutsche Gesellschaft einzuschleichen, nachdem der Aufbau der Nachkriegsjahre Erfolge zeitigte. Das Leben der Mittelschicht baute auf der Erwartung auf, dass das Leben angenehm sein muss. Während man sich in einer Konsumgesellschaft jeden materiellen Wunsch erfüllt, denkt man, dass jede Art von Schmerz verbannt werden sollte. Wenn das Leiden dennoch an die Tür klopft, ist ihnen nicht länger klar, was das

Leben wohl für eine Bedeutung haben könnte. Um Schmerz und Panik zuvorzukommen, schirmen sie sich mit banalen Aktivitäten von allem ab, anstatt ein Leben voll Engagement inklusive Trauer und Getröstetwerden zu riskieren. Was das Leiden derer angeht, die sich außerhalb ihres unmittelbaren Kreises befinden, so tendieren die Menschen dazu, sich in ihrer eigenen Welt einzuigeln und durch das Leiden anderer hindurchzuschauen, am Leiden vorbeizusehen, es einfach zu übersehen. Dadurch zeigen sie ihre Unfähigkeit zu leiden, selbst wenn es darum geht, anderen zu helfen, die bedrängt sind. Das Resultat dieses vermeidenden Handelns wird besonders bei jungen Leuten deutlich: Es führt zu Langeweile, Stagnation, zur Unfähigkeit, intensive Freude zu empfinden, in einem Wort, zu Apathie.

Als die genannten drei jungen Theologen damit begannen, eine neue Art von Theologie zu entwickeln, die sich mit dem großen Leiden und den Versuchen der Mittelschicht, es zu ignorieren, auseinandersetzt, benutzten sie den Begriff „Politische Theologie", abgeleitet vom griechischen Wort *polis* „Stadt". Diese Art von Theologie wurde nicht in Verbindung mit politischen Parteien oder Bewegungen betrieben, mit Interessengruppen oder Regierungen, wie es der Name suggerieren könnte. Es ging ihnen vielmehr darum, das Sprechen über Gott mit der *polis*, der Stadt, zu verbinden, mit einer großen Anzahl von Menschen, den Lebenden und den Toten. Die Politische Theologie, die sie entwickelten, hütet sich vor als privat verstandener Religion, die sich nur mit dem individuellen religiösen Erlebnis und der Individualmoral befasst. Solch eine enge Sichtweise hatte zum Versagen der Kirchen geführt, als es darum ging, Hitler zu widerstehen. Sie hatte zu einer Selbstgefälligkeit geführt, die den Glauben mit einer ungerechten sozialen Ordnung verbandelte. Politischer Theologie geht es um mehr. Sie will der Religion ein öffentliches Gesicht verleihen und versuchen, den Glauben an Gott auch im öffentlichen Bereich rechenschaftspflichtig zu halten. Während die Politische Theologie eine tiefe spirituelle Wurzel hat, handelt sie auch praktisch, indem sie das Mitleid und die Solidarität mit den Opfern von Gewalt zu einem wichtigen Teil des Glaubens werden lässt. Metz schreibt, dass diese Theologie Folgendes betont: „das mystisch-politische Element, das die Privatisierung der bürgerlichen Religion herausfordert und das Erlebnis Gottes nicht in friedlicher Stille, sondern im Protest vor Gott gegen das Böse in der Welt lokalisiert, ein Verhör Gottes und ein Werfen des Leidens auf Gott.“

Der Gott des leidenschaftlichen Bewegtseins

Die Politische Theologie nach dem Holocaust hat den Gott wiederentdeckt, der vom Leid in der Welt tief betroffen ist. Moltmann, Sölle, Eberhard Jüngel und andere schlossen sich der weithin bekannten Einsicht Dietrich Bonhoeffers an, eines christlichen Theologen, der von den Nazis gehängt worden war. Er schrieb aus seiner Gefängniszelle, dass inmitten dieses Unglücks nur der leidende Gott helfen könne. Die genannten Theologen entwickelten das machtvolle Bild vom leidenden Gott, der Leiden erträgt und mit denen, die leiden, eine Niederlage ertragen muss. Dieses Bild führt zu der Idee, dass Gott die Schmerzen der Welt in sein göttliches Sein hineinnimmt, um sie dort zu tilgen. Einen anderen Kurs schlugen Metz, Edward Schillebeeckx und andere ein, die sich einen Gott voller tiefen Mitleids vorstellten, der sich mit denen, die leiden, solidarisiert, obwohl das Leiden an sich nicht in das göttliche Wesen übergeht. Egal, welches Bild diese politischen Theologen wählten – sie sahen einen Gott mit überwältigender Leidenschaft, dessen Gegenwart Hoffnung ermöglicht, selbst inmitten von brutalem Tod.

Die politischen Theologen, die diese Idee verfolgten, stützten sich auf das Werk des jüdischen Religionswissenschaftlers Abraham Heschel. Heschel, der sein Buch *The Prophets* den Märtyrern von 1940–45 widmete, hatte verstanden, dass biblische Propheten wie zum Beispiel Jesaja, Jeremia und Amos von einem Blick in das von

Fürsorge brennende Herz Gottes gefesselt waren. Diese Einsicht gab ihnen die Kraft, in Gottes Namen an sozialer Ungerechtigkeit Kritik zu üben und die Betrübten mit Hoffnung zu trösten. Heschel charakterisierte diese göttliche Fürsorge für die Welt als „Pathos". Das Wort „Pathos" bezeichnet eine Art Leidensgefühl. Es ist außerdem die Wurzel des Wortes „a-pathisch", was „gefühllos" bedeutet, und seines Gegenteils „sym-pathisch", was wörtlich das Mitleid mit anderen in ihren schwierigen Umständen bezeichnet. In den prophetischen Texten der Bibel ist Gott ein Gott des leidenschaftlichen Bewegtseins (pathos), der intensive Gefühle aufweist: Liebe, Fürsorge, Freude, Wut über Ungerechtigkeit, Ungeduld. Gott spornt an, vergibt, ist enttäuscht, frustriert, empfindet gerechte Empörung, weint, trauert, gibt Versprechen, schüttet Gnade aus, jubiliert, tröstet, wischt Tränen ab, und liebt die Menschen noch ein bisschen mehr. Pathos, leidenschaftliches Bewegtsein, ist daher das zentrale Bild für die Art und Weise, in der die Propheten Gott verstehen. Es ist die theologische Kategorie, mit der Gottes lebendige Fürsorge in Gottes dynamischer Beziehung zu Israel verstanden wird, ein Code für die vom Bund geleitete Teilnahme Gottes an der Lebensgeschichte der Welt.

Im Wissen darum, dass dieses Gottesbild im Gegensatz zum modernen Theismus steht, wendet Heschel eine traditionelle wissenschaftliche Schablone an, um die Unterschiede zwischen dem einen und dem anderen Bild zu untersuchen. Nach dieser Schablone folgt das christliche Denken über Gott einem von zwei Wegen, dem griechischen oder dem hebräischen. Der griechische Weg ist von Verstand und Philosophie durchdrungen, während der hebräische Weg die historische Offenbarung als Zentrum der biblischen Religion versteht. Diese strikte Trennung wird durch viele Nuancen unscharf gemacht, sodass sie am Ende weniger klar gezogen werden kann, als es auf den ersten Blick erscheint. So ist zum Beispiel der griechische Hellenismus in die jüdische Gedankenwelt eingeflossen und kann in den späten Schriften der Hebräischen Bibel wiedergefunden werden. Trotzdem dient diese Schablone als ein Mittel, um zwei grundverschiedene Methoden zu verstehen, die mit unterschiedlichen Resultaten aufwarten. Einer der wichtigsten Unterschiede liegt darin, wie diese Methoden Gefühle bewerten, besonders die Emotion, die darin begründet ist, dass man von einem anderen beeinflusst wird.

Die griechische Philosophie tendiert stark zum Dualismus und unterscheidet zwischen Geist und Materie. Das, was in den Bereich des Geistes gehört, wird als wertvoller und als näher an Gott bewertet, während das, was der Materie zuzuordnen ist, den Geist zur weltlichen Unordnung hinabzieht. Wendet man diese Denkweise auf den Menschen an, so wird die unsterbliche Seele und ihre Fähigkeit, logisch zu denken, hervorgehoben, während der Körper und seine Gefühle als weniger wertvoll erachtet werden, weil sie dem Bereich des Wandels und letztlich des Todes näherstehen. In dieser Sichtweise ist Gott als reiner Geist über allem Chaotischen, jenseits aller Emotion. Die göttliche Natur in ihrer für den menschlichen Geist unvorstellbaren Perfektion ist nicht in der Lage, sich zu verändern, kann nicht von der Welt beeinflusst werden und kann folgerichtig nicht leiden. Die göttliche Würde hängt genau davon ab. Das menschliche Ideal ist dementsprechend eine Art Selbstbezwingung, die Menschen in die Lage versetzt, ihre Leidenschaften zu kontrollieren und im ungestörten Bereich des Geistes zu wohnen.

Die hebräische Denkweise beinhaltet demgegenüber einen nichtdualistischen Blick auf die Schöpfung. Demnach sind Gefühle – auch wenn dies für das stoische Temperament beschämend erscheinen könnte – dem Denken gleichwertig und geistig wertvoll. In dieser Sichtweise wird der überaus transzendente Gott in der Geschichte aktiv. Gott schließt einen Bund mit den Menschen und wird in Wort und Tat als der Eine erlebt, der sich voller Emotionen für das interessiert, was (dem Menschen) geschieht. Dadurch wird offenbart, dass es im Wesen Gottes liegt, fürsorglich zu sein, liebevoll und tätig. Das Ideal für die Menschen, die sich als nach dem Abbild Gottes geschaffen verstehen, ist, sich Gottes Herz anzunähern, indem sie an den Freuden und Leiden innerhalb der Geschichte mitleidvoll Anteil nehmen. Gott unähnlich zu sein, heißt innerhalb dieses Modells, nicht leidenschaftlich zu sein, sondern Gleichgültigkeit zu empfinden. Sich vom Leiden bewegen zu lassen und mit denen in Beziehung zu treten, die bedürftig sind, heißt, gottförmig zu sein, als Abbild Gottes zu leben.

Der Gott der Bibel ist weit davon entfernt, einem philosophischen Modell voll und ganz zu entsprechen. Gott ist ein Gott des leidenschaftlichen Bewegtseins. Um die Freiheit Gottes zu wahren, sagt Heschel, dass diese Eigenschaft Gottes keine notwendige göttliche Eigenschaft ist, eine, die dem ewigen Gott unendlich zuzuschreiben ist. Betrachte man aber die Geschichte Israels, zeige sich, dass Gott sich aus freiem Willen entscheidet, sich den menschlichen Zwangslagen zuzuwenden, und zwar in mitfühlendem Engagement. Dieses leidenschaftliche Bewegtsein ist eine Art ethische Kategorie, eine Haltung lebendiger Fürsorge. Wenn jemand sagt, dass Gott Leidenschaft empfindet, dass Gott mitfühlt und sich um konkrete Umstände sorgt, sagt er auch, dass sich Gott leidenschaftlich um das menschliche Wohlergehen aller sorgt, was besonders die einschließt, die Opfer menschlicher Ungerechtigkeit geworden sind. Diese Charakterisierung Gottes ist nicht nur eine die Psychologie betreffende Behauptung, sondern eine theologische Aussage. Wie alle theologische Sprache ist sie zwar nicht adäquat, jedoch auch keine falsche Aussage, um die Leidenschaft Gottes zu beschreiben.

Diese jüdische Theologie des leidenschaftlichen Bewegtseins Gottes lädt die christliche Theologie dazu ein, sich der Idee anzunähern, dass Gott in Beziehung zum Leiden steht. Im Herzen des christlichen Glaubens findet sich die Überzeugung, dass mit dem Kommen Jesu Christi Gottes Mitgefühl inniger wurde, indem Gott an den Schmerzen der Welt im Fleisch teilnahm. Es ist die Politische Theologie, die diese Interpretation wagt, indem sie sich am Kreuz und an der Auferstehung Christi orientiert und dort die Offenbarung vom Ausgießen des göttlichen Mitgefühls findet.

Die zentrale Vision

Die Christen erinnern daran, dass Jesus unter Pontius Pilatus litt, dass er gekreuzigt wurde, starb und begraben wurde. Inmitten der körperlichen Peinigung bei dieser römischen Form der Hinrichtung erlitt Jesus auch geistige Todesqualen, die uns in dem unvergesslichen und schmerzgeplagten Schrei vom Kreuz herab vermittelt werden: „Mein Gott, mein Gott, warum hast du mich verlassen?" (Mk 15,34) Wo war Gott im Angesicht dieser Hölle? Die christliche Tradition hat schon immer betont, dass das Mysterium Gottes in tiefster Weise mit diesen Ereignissen verbunden ist. Das Kreuz beweist, dass der Gott, der Liebe ist, dessen Wille das Gegenteil solchen Leidens ist, sich dennoch freiwillig in die Mitte dieses Leidens begibt und seine Bitterkeit bis zum bitteren Ende schmeckt, um die Menschen zu erlösen.

Der Dreh- und Angelpunkt des Glaubens ist die Überzeugung, dass Jesus durch die Macht des Heiligen Geistes nicht in das Nichts hinein starb, nicht in die Vernichtung hinein, sondern in die Umarmung des lebendigen Gottes. In Solidarität mit diesem Opfer umfing ihn Gott mit liebender Macht, die Jesus letztendlich in das neue Leben hineinbrachte. Vorstellen können wir uns das nicht, und doch bricht das Herz des Glaubens in den Ruf aus „Christus ist auferstanden. Hallelujah!" Das ist jedoch kein neues Kapitel, das alles Vorherige zunichte macht, wie Metz erklärt: „Wer die Nachricht von der Auferstehung Christi so hört, dass der Schrei des Gekreuzigten in ihr unhörbar geworden ist, hört nicht das Evangelium, sondern einen Mythos." Die Auferstehung eröffnet dem Auferstandenen eine Zukunft. Weit davon entfernt, nur eine gute Nachricht für sein persönliches Schicksal zu sein, verspricht dieses Ereignis zukünftiges Leben für alle, die hinuntergehen in die Dunkelheit des Todes.

Die Politische Theologie interpretiert dieses Ereignis im Rahmen der Hoffnung für die gesamte Welt am Ende der Zeiten, welches in der Theologie als „Eschaton" bezeichnet und im Traktat der „Eschatologie" reflektiert wird. Die Theologie bezieht sich dabei auf die Weisheit des alten Israel und seine Geschichte mit Gott, die als lebendige Quelle der Weisheit für den christlichen Glauben und die Theologie nicht unterschätzt werden sollte. Als die Nazis versuchten, das jüdische Volk zu vernichten, versuchten sie auch, ihre Religion zu vernichten, was christlichen Gläubigen den unentbehrlichen Boden unter den Füßen weggezogen hätte. Das jüdische Volk war nicht nur dem Gott des leidenschaftlichen Bewegtseins inmitten seiner turbulenten Geschichte begegnet, als es wieder und wieder bedrohliche Situationen erlebte. Es verstand Gott auch als den Einen, der die Geschichte aufrollt, der Gerechtigkeit aufrichtet und alles am Ende der Zeiten zur Erfüllung bringt.

Diese Siegesvision fließt aus den hebräischen Schriften durch das Neue Testament, welches mit dem hoffnungsvollen Ruf „Maranatha" („Komm, Herr") endet, der erfüllt ist von der Hoffnung auf den Moment, wenn das erneute Wohnen Gottes unter den Völkern alle Tränen hinwegwischen wird, wenn Tod und Trauer enden werden und wenn alle Dinge neu gemacht werden (Offb 22,20 und 21,1–5). Angesichts des Geheimnisses vom Leiden bestätigt die Politische Theologie, dass die Zeit enden wird. Gott, dem die Zeit gehört, hat ihr eine Grenze gesetzt. Sowohl die Zukunft als auch das gesamte Universum sind in Gottes Hand, und diese Hände sind fürsorglich, lebenserhaltend, tröstend, sie wischen die Tränen ab. Deshalb können wir es wagen, auf die Erlösung zu hoffen, nicht nur für uns selbst, sondern auch auf die Erlösung für alle Geschlagenen und für alle Toten, die durch unaussprechliches Leiden hindurchgegangen sind.

Israels Geschichte mit Gott hat diese große Verheißung geboren. Aber noch ist nicht alle Evidenz gegeben. Die göttliche Antwort auf das Leiden ist noch nicht vollständig offenbar. Die Auferstehung Jesu war lediglich eine Vorausschau auf die Erfüllung, die in der Zukunft, im Ende liegt. Deshalb muss ein eschatologischer Vorbehalt all unsere bejahenden Aussagen kennzeichnen. Das Gefühl, schon gewonnen zu haben, würde ansonsten dazu führen, dass man das Kreuz schnell vergisst. Selbst im Licht biblischer Offenbarung wandern wir im Glauben und nicht mit sehenden Augen. Dieser Glaube riskiert die Hoffnung, dass JHWH ein Gott der Lebenden und der Toten ist, der niemanden aufgibt, der verloren ist. Ohne diese Hoffnung wäre der gesamte christliche Glaube nichts. „Denn die Gottesrede ist entweder die Rede von der Vision und der Verheißung einer großen Gerechtigkeit, die auch an vergangene Leiden rührt", schreibt Metz, „oder sie ist leer und verheißungslos – auch für die gegenwärtig Lebenden."

Die Gegenwart des lebendigen Gottes im Kreuz und in der Auferstehung Jesu, die in dieser globalen und historischen Perspektive interpretiert werden, erweckt eine Art von Hoffnung, die wagemutig ist. Dies wiederum bekommt eine gänzlich soziale Bedeutung, die Solidarität mit denen hervorruft, die heutzutage in der Welt leiden. Gleichzeitig wird dadurch zur Teilnahme am göttlichen Werk inspiriert, welches das Leben dorthin bringt, wo Erniedrigung und Leiden Menschen kleinmachen. Die, die Jesus nachfolgen, wenden sich gegen Mattigkeit, Ernüchterung und den Wunsch, vergessen zu können. Sie werden stattdessen ermutigt, immer und immer wieder verantwortungsvoll praktisch und kritisch zu handeln. Sie treten dem entgegen, was Menschen schadet, und arbeiten ohne Gewalt und Hass für eine Welt, in der Güte und Gnade herrschen, selbst dann, wenn sie in den Fängen ihrer Feinde sind.

Jeder der drei erwähnten deutschen Theologen förderte diese Art theologischen Denkens und trug einen spezifischen Gedankengang zu den Überlegungen der Politischen Theologie nach dem Holocaust bei, aus denen sich das Bild vom Gott des leidenschaftlichen Bewegtseins entwickelte.

Der gekreuzigte Gott

Das christliche Denken hat immer die Ansicht vertreten, dass das Kreuz wahrlich den gekreuzigten Gott offenbart. Weil der gekreuzigte Jesus das Fleisch gewordene Wort ist, bedeutet sein Leiden, dass Gott mit uns mitleidet. Dieselbe Theologie vertritt aber auch die Auffassung, dass das Wort Gottes nur in seiner menschlichen Natur litt, während die göttliche Natur über solchem Leiden stand. Moltmann überschreitet diese gedankliche Grenze und findet das Leiden im innersten Sein Gottes. Er greift Luthers kühne These erneut auf und entwickelt die Idee des „gekreuzigten Gottes", die Idee vom Gott, der wirklich mit denen leidet, die in dieser Welt leiden. Um das zu erklären, entwickelt er einen Midrasch, eine einfallsreiche Glosse, die das Ereignis der Kreuzigung zum Inhalt hat.

Zu Beginn, schlägt Moltmann vor, müssen wir verstehen, dass es in der Natur Gottes liegt, dass Gott sich selbst in Liebe schenkt. Das Ereignis, in dem sich diese Liebe am tiefsten gezeigt hat, ist der Tod und die Auferstehung Jesu Christi. Der Kern der theologischen Bedeutung dieses Ereignisses liegt in dem fesselnden, erschreckenden, unvergesslichen Schrei Jesu am Kreuz: „Mein Gott, mein Gott, warum hast du mich verlassen?" (Mt 27,46) Wie können wir über Gott nachdenken, wenn wir von der Gottverlassenheit am Kreuz ausgehen? Anstatt die Gottverlassenheit wegzuinterpretieren, sollten wir diesen Schrei beim Wort nehmen und ihn wahrhaftig hören. Dieser schreckliche Schrei zeigt, dass am Kreuz etwas zwischen Gott und Gott geschieht. Der Sohn wird von Gott zurückgewiesen und wirklich verlassen, als er von seinem Vater zugunsten der Sünder ausgeliefert wird. Er erleidet Gewalt und stirbt einen gottverlassenen Tod.

Moltmann wagt es sogar, noch einen Schritt weiterzugehen. Während sein Sohn am Kreuz stirbt, sagt Moltmann, leidet auch Gott, der Vater, wenn auch nicht in derselben Art und Weise. Der Vater erleidet den Verlust seines Sohnes und erfährt unendliche Trauer. Es gibt eine absolute Trennung zwischen den beiden, sie sind einander verloren. Gleichzeitig waren sie sich aber noch nie so nahe. Sie sind vereint in einer tiefen Gemeinschaft des Wollens, indem jeder von ihnen einwilligt, es für die Liebe der Welt geschehen zu lassen. Deshalb fließt der Heilige Geist der Liebe, der Geist ihrer gegenseitigen Liebe, in die gebrochene und sündige Welt hinein. Ihr Geist ist es, der die Gottlosen rechtfertigt, die Verlorenen rettet, die Einsamen freundlich annimmt, die Verlassenen mit Liebe erfüllt, die Toten lebendig macht. Es ist der Geist, der die Garantie dafür bietet, dass nie wieder jemand gottverlassen sterben wird, weil Christus selbst schon in den Tiefen der Verlassenheit gewesen ist.

Das Kreuz öffnet einen großen Riss in Gottes Selbst: der Vater gibt preis, der Sohn ist preisgegeben. Dadurch wirft das Kreuz Gott selbst tief in das Leiden der Welt hinein. Es eröffnet aber auch einen neuen Weg, der in der Gegenrichtung das Leiden zu Gott zurückkommen lässt, wo es getilgt werden kann. „Nur dann, wenn alles Unglück, alles Vergessensein vor Gott, der absolute Tod, der unendliche Fluch der Verdammnis und das Hineinsinken in das Nichts in Gottes eigenem Selbst geschehen ist, ist die Gemeinschaft mit diesem Gott ewige Erlösung," schreibt Moltmann. Auf dem Weg des Kreuzes kommt der ganze Aufruhr der Geschichte mit all ihren Dilemmata und ihrer Verzweiflung wieder und wieder zum göttlichen Wesen zurück, um dort in die Zukunft voll Freude hinein erlöst zu werden, die allein Gott eröffnen kann.

Einige warnende Hinweise, was Moltmanns Midrasch betrifft, sind nötig: Während Gott wahrhaftig leidet, ist es doch nicht dieselbe Art von Leiden, wie sie ein Mensch erlebt. In unserem Fall kommt das Leiden über uns, weil wir endlich und fehlerbehaftet sind. Das Leiden überfällt uns wie eine fremde Macht: Es kommt ungefragt und wir ertragen es mit Mühe. Das Leiden Gottes ist dagegen kein Muss und kein Zufall. Der gekreuzigte Gott leidet freiwillig mit uns, weil Gott es so will und damit die Fülle seiner Liebe ausdrückt. Diese leidende Liebe, die sich in der Mitte der Geschichte wiederfindet, ist es, die die Welt zur ganzen Fülle des auferstandenen Lebens hinüberträgt. Das Kreuz offenbart Gottes innere Natur als das trinitarische Ereignis der Liebe, die sich selbst hingibt, die sich bereiterklärt zu leiden und dadurch den Geist freisetzt, der die gesamte Schöpfung mit Leben erfüllt. Wir bekennen diese Wahrheit, wenn wir das Kreuzzeichen machen und die Namen der drei Personen der Trinität nennen.

Sicherlich hat der Holocaust Moltmanns Denken beeinflusst, als er diese These entwickelte, erhält die Theologie des Leidens Gottes hier doch ihre tiefste Bedeutung: „es gibt keine andere christliche Antwort zur Frage dieses Leidens. Spräche man hier von einem leidensunfähigen Gott, würde man Gott zu einem Dämon machen.“ Auf keinen Fall heißt das jedoch, dass die Todeslager gerechtfertigt werden können. Im Gegenteil. Wenn wir mit dem Gott des leidenschaftlichen Bewegtseins in Beziehung treten, werden wir selbst mitfühlende Menschen und treten allem entgegen, was Menschen missachtet oder verletzt. Politische Passivität ist nicht möglich, aber am Ende ist es nur das Kreuz selbst, das in der Lage zu sein scheint, unsere aktive Hoffnung zu tragen, die immer wieder in Sorge ertränkt wird. Gott wird diese Sorgen in ewige Freude verwandeln, wenn die Vergasten, die Ermordeten und die Toten auferstehen. Indem uns diese Hoffnung nährt, erwacht auch in uns der Wunsch, etwas für eine bessere Welt zu tun. „Gott in Auschwitz und Auschwitz im gekreuzigten Gott – das ist die Basis für reelle Hoffnung, die die Welt sowohl umarmt als sie auch überwindet, und eine Basis für eine Liebe, die stärker ist als der Tod und dem Tod standhalten kann.“

Der stille Schrei

In Sölles Denken nimmt die Beziehung Gottes mit dem Mysterium des Leidens eine gänzlich andere Rolle ein. Während sie das Symbol des leidenden Gottes mitträgt, kritisiert sie zugleich Moltmanns narrativen Midrasch. Es sei richtig zu betonen, dass Gott am Kreuz aufgrund von Gottes Liebe arm, leidend und hilflos wurde, anders als es die Traditionen des nicht leidensfähigen Gottes und das damit einhergehende Ideal eines menschlichen Lebens ohne Tränen beschreiben. Jedoch sei der Gedanke nicht zu tolerieren, dass Jesus bewusst von seinem Vater ausgeliefert und verlassen wurde, um eines schlimmen Todes zu sterben. Wenn man darüber nachdächte, was für einen Vater hätte man dann vor Augen? Einen Sadisten. Selbst Abraham schreckte davor zurück, seinen eigenen Sohn zu töten. Moltmanns Verständnis des Kreuzes gebe dem Vater die Schuld für das, was Jesus durch die Geschichte menschlicher Ungerechtigkeiten erleiden musste. Es lehre die Menschen Gedanken, die sadistisches Verhalten legitimieren. Übersetze man dies in den Bereich der Spiritualität, dann ermutige es die Menschen dazu, den Henker anzubeten.

Sölle argumentiert dagegen, dass das Leiden am Kreuz kein sadomasochistisches Symbol der Beziehung zwischen Vater und Sohn ist. Die antagonistische Natur der Realität bedeutet jedoch, dass das Leiden in dieser Welt eine Realität ist. Entgegen unserer kulturell geprägten Tendenz zur Teilnahmslosigkeit müssen wir dieses Faktum anerkennen, es aussprechen, daraus lernen und es anklagen. In diesem Kontext zeigt das Kreuz dann, dass Gott immer mit dem Opfer leidet. Wir werden aufgerufen, mit Gott mitzuleiden, Traurigkeit und Hoffnungslosigkeit hinter uns zu lassen, um dem Leben zu dienen. Die Frage der Theodizee wird dann überflüssig und durch das mystische und widerstehende Muster unseres Lebens in der Liebe ersetzt.

Auch in ihrem Werk über die göttliche Macht trägt Sölle Grundlegendes zur Frage des Leidens bei. Ihre eigene Reise durch drei theologische Positionen hindurch bietet einen einzigartigen Blick auf die vorhandenen Möglichkeiten: Von ihrem Glauben an den allmächtigen Vater des klassischen Theismus, der nichts als Gehorsam verlangt, entwickelte sie sich zur an den machtlosen Gott des Kreuzes Glaubenden, der die Machtlosigkeit der Liebe darstellt, und schließlich zur Anhängerin des gekreuzigten und auferstandenen Christus, in dem der göttliche Sieg über den Tod unsere eigene Teilnahme an Gottes Lebenskraft erweckt.

Im Hinblick auf die traditionelle Sichtweise des allmächtigen Gottes fragt Sölle, warum die Kirche die Menschen dazu auffordere, einen Gott zu lieben und zu ehren, dessen wichtigste Eigenschaft Macht ist, dessen Hauptaktivität es ist zu unterjochen und dessen größte Furcht die Unabhängigkeit ist. Diese übergroße Vaterfigur sei wirklich nichts anderes als eine Projektion männlicher Dominanzfantasien. Sie sei Imperialismus in Reinkultur. Ihre Kriegserfahrungen fließen in folgende Gedanken ein: „An was denke ich, wenn ich an männliche Macht denke? Schreien, befehlen, schießen ..." Ordnet man sich einem solchen Gott gehorsam unter, wird unser menschliches Potential zum Wachsen, zur Kreativität, zum initiativen Handeln zerstört. Als Deutsche, die nach dem Nationalsozialismus lebt, betont Sölle, dass Gehorsam auf keinen Fall eine Tugend ist, sondern ein großes Problem.

Folgerichtig schränkte sie die Allmacht in ihrem Gottesbild ein und betonte stattdessen die Idee der selbstlosen Liebe. Das Kreuz steht im Zentrum dieses Denkens. Die christliche Annahme, dass wir Gott am deutlichsten in der Gestalt dessen sehen, der am Kreuz gequält wird, steht unserem Tunnelblick auf Macht und Dominanz entgegen. Die Evangelien zeigen Jesus als den Menschen, der für andere da ist, Jesus hat nur seine Liebe. Das führt ihn hin zur Ohnmacht am Kreuz, wo ihn keine Armeen und keine Zaubertricks retten können. Seine Liebe ist gewaltlose, unbewaffnete Macht. Und wir werden erlöst, wenn auch wir auf diese machtlose Art lieben. Dieses Verständnis des Kreuzes in der Sprache der machtlosen Liebe ist jedoch nicht ohne Probleme. Zum einen kann es dazu führen, dass man dem Leiden der Welt passiv gegenübersteht. Zum anderen erzählt es uns nur einen Teil der Gesamtgeschichte, glauben Christen doch auch an die Auferstehung, die ja wohl vor allem Gottes Macht zeigt.

Deshalb hat Sölle schließlich erkannt, dass die göttliche Macht weder eine machtversessene Kraft noch eine wirkungslose Form der Liebe ist, sondern ein schöpferisches, nicht zwingendes, Leben schenkendes Gut. Sie ist die Kraft, die sich in Beziehungen findet, die das Leben zu anderen bringt, sie ist Macht als Liebe. Vielleicht könnte man sie schlicht mit der Kraft des Grases vergleichen, das sich durch die Ritzen im Asphalt hindurchzwängt, eine Welle des Lebens. Indem Gott Jesus von den Toten auferweckte, hat Gott schöpferisch und auf typische Weise in dieser Macht gehandelt. Auch war die Auferstehung Jesu kein einmaliges Ereignis, das Jesus mit einem persönlichen Privileg ausstattete, das nur ihm gehörte. Stattdessen enthielt sie Hoffnung für alle, für alles, selbst für die Toten. „In diesem Sinne ist die Auferstehung Christi eine unglaubliche Vergabe von Macht: Die Frauen, die sie als erste erlebt haben, bekamen einen Anteil an der Macht des Lebens. Eine unglaubliche Sicherheit Gottes trat nun in ihr Leben ein," und ihr Zeugnis hat dieses Bewusstsein bei anderen hervorgerufen. Die göttliche Macht ist deshalb der stille Schrei des Lebens inmitten des Leidens.

Kein Satz dieses christlichen Theologisierens soll den Schrecken des Holocaust an den Juden kleinreden: „Kein Himmel kann Auschwitz rechtfertigen." Der Gott, der am Leiden und am Tod des Kreuzes teilhatte und die Kraft des Lebens durch die Auferstehung Jesu Christi wiederbrachte, war genau dort, als Leidender in den Todeslagern. Das Sprechen über den leidenden Gott, der die Toten zum Leben erweckt, ist Sprechen über die Macht Gottes, die Gerechtigkeit für die sucht, die ihres Lebens beraubt wurden. Wer diesen Gott liebt und an der göttlichen, Leben schaffenden Macht teilhat, erhält die Möglichkeit eines sinnvollen Lebens, das es sich zum Ziel setzt, anderen Menschen Gerechtigkeit zu verschaffen. Und das ist für Sölle der Dreh- und Angelpunkt des Ganzen: Wir können Gottes Liebe nur dann erkennen, wenn wir selbst ein Teil von ihr werden. Wir können den mitleidenden Gott nur erkennen, wenn wir uns jeder Form ungerechten Leidens anderer entgegenstellen.

Leidenschaftliches Bewegtsein für Gott

Hinsichtlich des Symbols des leidenden Gottes trennen sich die Wege von Moltmann und Sölle auf der einen Seite und Metz auf der anderen Seite. Dieses Symbol, sagt Metz, biete eine zu leichte Antwort auf entscheidende Fragen. Indem es das Leiden in Gott selbst lokalisiert, verewige es dieses, gäbe ihm einen gewissen Glanz, mache es auf geheimnisvolle Weise schön. Außerdem vernachlässige es den radikalen Gegensatz zwischen Gott und dem Leiden und verbinde die beiden scheinbar mühelos. Es spiele unsere Fragen herunter und entschärfe die Spannung, die durch die Schreie der Opfer entsteht. Es gebe kein wirklich passendes Symbol, so Metz, keine klare Antwort. Stattdessen solle die Theologie die radikale Frage nach dem Leiden schützen, ihr Raum geben, sie behüten, sodass sie weiterhin in die Geschichte hinausgeschrien werden und unser Denken irritieren kann. Um das zu erreichen, schlägt Metz zwei miteinander verbundene Schritte vor: sich erinnern und vor Gott klagen.

Sich erinnern

„Tut dies zu meinem Gedächtnis." Im Herzen des christlichen Lebens steht die Erinnerung an das Leben, das Leiden, den Tod und die Auferstehung Jesu Christi. Das wird deutlich, wann immer wir die eucharistische Liturgie feiern, deren zentrale Handlung an Jesu Selbsthingabe in der Nacht, bevor er starb, erinnert. Es ist ein Erinnern, das die Gabe Jesu im sakramentalen Brot und Wein gegenwärtig macht. Die Zentralität des Erinnerns an die Leidensgeschichte in der Christologie und der Liturgie zeigt, dass die Theologie das Problem des Leidens nicht durch transzendentales Denken angehen sollte – das Metz von seinem Lehrer Rahner lernte –, sondern durch ein Denken, das von narrativem Erinnern und von Solidarität geleitet ist. Metz führt die Kategorie der „Gefahr" ein, um das dynamische Verhältnis, das hier existiert, zu beschreiben. Nimmt man an, dass Jesus Christus in Solidarität mit der gesamten Menschheit lebte, dann beinhaltet der entscheidende Akt des Erinnerns seines Todes und seiner Auferstehung auch das Erinnern an alle, die in der Geschichte der Menschheit ohne eigenes Zutun gelitten haben. In der Welt werden immer wieder Kreuze aufgerichtet, der Schrei der Verlassenen erklingt in jedem Jahrhundert neu. Ist Theologie glaubenstreu, erinnert sie das Kreuz Jesu in Solidarität mit allen Toten und mit denen, die jetzt in unserer Welt leiden. Glaubt man, dass der Gekreuzigte auferstanden ist, bedeutet Erinnern auch eine brennende Hoffnung für diese Menschen in der Zukunft.

Warum ist das gefährlich? Sich an die Opfer zu erinnern, durchbricht unsere Vergesslichkeit und hat einen zweifachen Effekt. Erstens hält es die Geschichten der Opfer am Leben, und das gegen die Wünsche der Tyrannen, die diese gern begraben wüssten. Es beraubt die Mächtigen ihres Sieges. Geschichte wird von den Siegern geschrieben, die sich so verhalten, als ob die Toten, über die sie schreiten, in keiner Weise zählen. Aber das Erinnern hält die Realität ihres Lebens wach, protestiert gegen ihren Untergang und stellt sich hinter das, was sie nicht vollenden konnten. Zweitens verbindet das Erinnern die Geschichten der Opfer mit der Geschichte von Jesus und weckt in uns die Erkenntnis, dass jeder vergessene Mensch wertvoll ist und nach dem Willen Gottes zu einer von Gott gewollten Zeit erlöst werden wird. Das, was im Moment präsent ist, nämlich der Sieg der Mörder und Folterer, wird nicht das letzte Wort behalten. Und so erwächst eine soziale Gegenkraft, die sich der Gleichgültigkeit entgegenstellt: Wir handeln nicht so, als ob wir vom Bösen besiegt wären.

Es ist kein Zufall, dass die Praxis der gefährlichen Erinnerung in der Metzschen Theologie den Marxismus übertrifft. Die marxistische Philosophie, die sich in europäischen akademischen Kreisen seiner Zeit wieder im Aufschwung befand, hatte kein Problem damit, die Toten zu vergessen und ihr Leiden ungesühnt zu lassen, ging es ihr doch darum, auf dem Weg des Fortschritts das Glück für andere zu suchen. Jedoch „kann kein Wohlergehen der Nachkommen das Leiden der Vorfahren wettmachen, und kein Maß an sozialem Fortschritt kann die Ungerechtigkeit rechtfertigen, die den Toten widerfahren ist.“ Nur die universale Gerechtigkeit, die das letztendliche Geschenk Gottes ist, kann heilen und erlösen. Es geht hier offensichtlich nicht um eine nostalgische Art des Erinnerns, sondern um ein Erinnern, das den Samen der Zukunft schon in sich trägt. Das gefährliche Erinnern an die Leiden der Vergangenheit erweckt die Hoffnung auf eine Zukunft für alle Geschlagenen und für die Toten. Christen können in der Tat einen Blick in den Abgrund der Schmerzen riskieren, gerade weil sie an Gottes eschatologische Verheißung glauben. Basierend auf die Kraft dieser Verheißung fordert das gefährliche Erinnern die moderne Gesellschaft heraus, die die Menschen durch Konsum, aufgesetzten Optimismus und atemraubende Banalitäten, die jegliches Mitleid ausbügeln, gegen das Leiden anderer abstumpfen will. Anstelle dieser banalen Lebensform bringt das Erinnern die Menschen des Glaubens zu einem sinnerfüllten Leben, indem es ein Handeln fördert, das der Ungerechtigkeit entgegensteht und die besiegt, die neue Generationen von Opfern schaffen wollen.

Klagen

Auf gefährliche Art und Weise an die Toten zu erinnern, und das in Solidarität mit ihrem Leiden und ihrem Hoffen auf einen zukünftigen Segen, muss von einem mystischen Klagen in Gottes Richtung begleitet werden. Es gibt nichts Positives an ungerechtem schlimmen Leiden, das Menschen zerstört. Wir müssen es in all seiner Negativität sehen, wir dürfen es nicht ignorieren, spiritualisieren oder glorifizieren. Dann wird diese Bedrängnis eine dringende Frage, die an Gott gestellt werden muss. Im Gebet schreien wir, protestieren wir, klagen wir, drücken wir unsere Entrüstung aus, sagen wir, dass es so nicht sein soll. Diese Art von Gebet ist selbst ein „Leiden an Gott", ein aktives In-Beziehung-Treten mit Gott, gestammelt in der dringlichen Hoffnung, dass es eine Antwort geben wird. Diese Art von Klage gibt sich nicht mit schönen theoretischen Antworten zufrieden. Stattdessen wird die Frage offengehalten, und man lebt mit dem „noch nicht" der Geschichte, während man auf der Verheißung Gottes beharrt.

Leider wurde diese Art von Gebet aus zeitgenössischen liturgischen Texten verbannt. Man klagt nicht und man schreit seine Pein nicht heraus, wenn man an einer normalen Eucharistiefeier teilnimmt. Die Bibel ist jedoch voll solcher Klage, in den Psalmen, in den prophetischen Texten, in weisheitlichen Texten und in den Evangelien. Metz hält die Geschichte Ijobs für eine der besten Anweisungen zur Klage. Nachdem er eine Lawine von Schicksalsschlägen erdulden musste, seine Kinder gestorben sind, sein Geschäft bankrott war, sein Körper krank wurde, bekommt Ijob Besuch von drei Freunden. Sie reißen das Maul auf und geben die banale Erklärung ab, dass sein Leiden eine Strafe für Sünde sei. Dann drängen sie ihn, genau das zuzugeben, auf dass Gott nachgibt. Ijob aber weigert sich, dies zu tun. Stattdessen hebt er seine Unschuld vor Gott hervor. Wieder und wieder fragt er nach dem Warum, drängt Gott zu einer Antwort und hängt der Hoffnung an, dass er erlöst werden wird. Metz betont den überraschenden Befund, dass Gott am Ende Ijob Recht gibt, und sagt, dass er es sei, nicht seine Freunde, die Gott auf die richtige Art und Weise angesprochen haben (Ijob 42,7). Es ist kein Zufall, dass Jesu Gottesmystik, wie sie in seinem letzten Schrei „Warum ...?" widerhallt, in dieser Tradition steht. Folgerichtig muss das vergangene und gegenwärtige Leiden auch uns dazu ermutigen, vor Gott zu protestieren, Dinge zu beanstanden, uns zu beklagen, zu trauern, aus den tiefsten Tiefen heraus zu schreien und immer und immer wieder zu fragen „Wie lange noch, o Herr?" Eher als das Sich-mit-rationalen-Erklärungen-Zufriedengeben ist es das Klagen in Gottes Richtung, hin zu *Gott* trotz allem, das die Hoffnung am Leben erhält. Diese Art von Gebet hat die Macht, den Widerstand gegen die Gewalt in Vergangenheit und Gegenwart zu nähren.

Auf mystische und praktische Weise wird das christliche Leben dadurch ein leidenschaftliches Bewegtsein für Gott. Es umfasst alles Leiden und verpflichtet die Menschen dazu, für die Lebenden gegen alle Ungerechtigkeit Widerstand zu leisten, während es auf universale Gerechtigkeit, sogar für die Toten, hofft. Das Geheimnis des Bösen ist dabei aber noch nicht gelüftet. Theologische Erklärungsversuche können die Irrationalität des Bösen nicht wegwischen. Sie urteilen immer wieder: So sollte es nicht sein. Gott aber ist die Liebe und hat versprochen, dies unter Beweis zu stellen. Die gefährliche Erinnerung an den gekreuzigten und auferstandenen Jesus, gemeinsam mit der Solidarität mit allen Toten, hält die Frage offen und bereitet gleichzeitig einen Pfad der Hoffnung und des Mitleids für eine mündige Nachfolge Jesu. Folgerichtig schlug Metz vor, dass wir von Gott sprechen, indem wir uns den schrecklichen Ereignissen von Auschwitz zuwenden statt ihnen den Rücken zuzukehren.

Mystisch-politische Jüngerschaft

Die Welt ist brüchig, fragmentarisch, undurchsichtig, uneins und undurchschaubar, mit anderen Worten: voller Sünde. Der Holocaust und alle anderen vergangenen und gegenwärtigen Taten, die dem Bösen erlaubt haben, sich auszuleben, verdunkeln die Gegenwart Gottes. Das menschliche Leben wird zur Hölle. Es gibt keine logische oder theologische Antwort auf das Geheimnis dieses Leidens, jedoch einen mystisch-politischen Weg des Lebens, der einen Pfad durch die Geschichte des Leidens hindurch eröffnet. Die Menschen können sich dazu entscheiden, sich diesem Übel in der Gesellschaft entgegenzustellen, Gerechtigkeit und Freundlichkeit zu üben, die Schönheit zu suchen und einen vollen Tisch der Lebensgüter für alle zu decken. Nur das bringt in den gepeinigten Kontext des Menschseins eine Art von Sinn.

Die Politische Theologie Europas nach dem Holocaust hat einen Weg dazu bereitet. Das schlimme ungerechtfertigte Leiden während der Shoah hat die üblichen Denkweisen des Christentums erschüttert, hat seine Traditionen zerschlagen und eine religiöse Krise hervorgerufen. Das Trio der hier erwähnten Theologen (wie auch andere Theologen) verstand, dass diese Katastrophe in das Innenleben des christlichen Redens von Gott hineingehört. Sie begannen mit Auschwitz als einem speziellen Fall und weiteten dann ihr Denken auf die gesamte Geschichte des Leidens aus. Dabei formulierten sie die Frage nach Gott in ihrer strittigsten Form, nämlich aus der Perspektive derer heraus, die durch ungerechtes Leiden vernichtet wurden. Sie stimmten darin überein, dass die Religion diese Frage nur ungenügend beantworten kann, und bahnten einem Denk- und Handlungsmuster den Weg, das das Mysterium Gottes im Erinnern und in der Hoffnung ehrt. Ihre Arbeiten bringen die göttliche Präsenz unauslöschlich in die Dunkelheit des Leidens, das zum Himmel schreit, egal ob man nun das Symbol des gekreuzigten Gottes als das eigene annimmt, oder das des stillen Schreis des Lebens, oder aber das Bild vom mitleidenden Gott der Verheißung, an den wir uns klagend wenden.

Für weitere Informationen

Es gibt keine bessere Einführung in das Leiden des Holocaust als die Aussagen eines jungen Überlebenden, des späteren Nobelpreisträgers Elie Wiesel, in *Night* (New York: Bantam Books, 1986, erste Ausgabe 1960; dt. Ausgabe: Die Nacht. Erinnerung und Zeugnis, Freiburg i. Br., [5]2013, [1]1980). Die jüdischen Antworten auf den Holocaust werden von Dan Cohn Sherbok in *Holocaust Theology* (London: Lamp Press, 1989) zusammengefasst. Die christlichen Auseinandersetzungen mit diesem Thema sind in Elisabeth Schüssler Fiorenza und David Tracy (Hg.), *Holocaust as Interruption* (*Concilium* Bd. 175, Edinburgh: T&T Clark, 1984) und in Steven Jacobs (Hg.), *Contemporary Christian Religious Responses to the Shoah* (Lanham, Md.: University Press of America, 1993) enthalten.

Abraham Heschels einflussreiche Diskussion des biblischen Gottes des leidenschaftlichen Bewegtseins findet sich in *The Prophets* (New York: Harper & Row, 1962).

Die drei deutschen Theologen, die in diesem Kapitel zu Wort kamen, haben jeweils viele Bücher verfasst. Um sich mit ihrer Theologie vertraut zu machen, beginnt man am besten mit den hier aufgelisteten Werken, aus denen auch die Zitate in diesem Kapitel stammen: Jürgen Moltmann, *The Crucified God: The Cross of Christ as the Foundation and Criticism of Christian Theology* (Harper & Row, 1974; dt. Originalausgabe: Der gekreuzigte Gott. Das Kreuz Christi als Grund und Kritik christlicher Theologie, München: Kaiser, 1972, [5]1987), besonders Kapitel 6; Dorothee Sölle, *Suffering* (Philadelphia: Fortress, 1975; dt. Originalausgabe: Leiden, Stuttgart; Berlin: Kreuz-Verlag, 1973, [7]1987); Johann Baptist Metz, *A Passion for God: The Mystical-Political Dimension of Christianity* (New York: Paulist, 1998; Aufsatzband ohne dt. Äquivalent); die Einleitung von Matthew Ashley, „Reading Metz“ (7–21) ist besonders aufschlussreich.

Zur Geschichte der christlichen Lehre von Gott und dem Leiden siehe John Hick, *Evil and the God of Love* (New York: Harper & Row, 1978). Eine starke Kritik des Theodizeeprojekts der Aufklärung und eine Theologie aus der Perspektive der Opfer wurde von Terrence Tilley geschrieben: *The Evils of Theodicy* (Washington, D.C.: Georgetown University Press, 1991). Neuere Versuche, sich mit diesem Thema auseinanderzusetzen, kommen von John Thiel, *Good, Evil, and Innocent Suffering: A Theological Reflection* (New York: Crossroad, 2002) und Jon Sobrino, *Where is God? Earthquake, Terrorism, Barbary, and Hope* (Maryknoll, N.Y.: Orbis Books, 2004).

4
Der befreiende Gott des Lebens

Der Kontext: Bitterste Armut

Denken wir nun über die Entdeckung nach, die sich dank der Begegnung Gottes mit der Kirche der Armen explosionsartig in der Welt verbreitete. Dieses Gottesverständnis wurde in Lateinamerika zum ersten Mal unter dem Namen Befreiungstheologie artikuliert, wird aber nun auch in Afrika und Asien sowie von vielen Minderheiten in ökonomisch gut entwickelten Ländern wie zum Beispiel den afrikanisch-amerikanischen Christen in den USA zur Erklärung Gottes benutzt. Der ursprüngliche Kontext besteht aus zwei Sachverhalten: dem tiefen Leiden unter Armut und dem Kampf für Erlösung davon, der Suche nach Gerechtigkeit. Mit diesem Hintergrund wird verständlich, dass es ein Charakterzug des lebendigen Gottes ist, in besonderer Weise auf die Armen zu achten, auf die Menschen, die aufgrund von Unterdrückung einen frühen und ungerechtfertigten Tod erleiden. Gottes Herz wendet sich denen, die von einem System machtvoll unterdrückt werden, mit Gnade zu.

Armut, die im materiellen Sinne aus einem Mangel an für den Körper notwendigen Dingen besteht, ist eine brutale Gegebenheit, die Millionen und Abermillionen Menschen auf diesem Planeten betrifft. Sozialanalytiker wissen, dass diese Verarmung nicht mit der Trägheit oder der Lasterhaftigkeit derer begründet werden kann, die davon betroffen sind. Armut ist auch keine Situation, die zufällig oder grundlos entsteht. In Lateinamerika ist sie stattdessen das Resultat geschichtlicher Entscheidungen, die von den europäischen Eroberungsmächten des 16. Jahrhunderts getroffen wurden und von ihren Nachkommen fortgesetzt werden. Diese Entscheidungen waren eine Art von Stoff, in den Ausbeutung schon hineingewoben war. Die Eroberer etablierten politische, ökonomische und kulturelle Institutionen, die die indigenen Völker entmenschlichten. Erzbischof Oscar Romero aus San Salvador erklärte einmal, dass sich der individuelle Egoismus, der die Politik der Machthaber ausführte, in dauerhaften sozialen Strukturen kristallisierte und die großen Mehrheiten mit Macht zu unterdrücken begann. Einige wenige Menschen hatten Vorteile von diesen Systemen, aber eine große Anzahl von Menschen musste den Preis dafür bezahlen und durchlitt Lebenszeiten voller unmenschlicher Bedrängnis.

Jahrhundertelang hat sich die katholische Kirche, die zusammen mit den Europäern kam, in dieser ungerechten Situation als Komplizin der Machthaber verhalten. Ihre offizielle Lehre und ihre Predigten bevorzugten die, die die Macht hatten, auch wenn sich hin und wieder herausragende Einzelpersonen durch Wohltätigkeit gegenüber den Armen auszeichneten. Im Jahre 1968 aber, während der kontinentalen Synode im kolumbischen Medellín, stellten die lateinamerikanischen Bischöfe die Frage der Armut und ihrer Gründe sowie die armen Menschen selbst zum ersten Mal in den Fokus ihrer Lehre. Sie verwiesen auf die vielen Studien, die die Misere, die große Menschenmassen in ihren Ländern betraf, untersuchten, und erklärten mit prophetischen Worten: „Dieses Elend (als kollektive Tatsache) ist zum Himmel schreiende Ungerechtigkeit." Der erlösende Auftrag, den Christus seiner Kirche anvertraut hat, verlangt ein Bekenntnis dazu, dieser schlimmen Armut Abhilfe zu schaffen, und zwar aufgrund der Liebe zu unseren leidenden Brüdern und Schwestern.

Nach einem Jahrzehnt, in dem diese Einsicht reifte und dieses Bekenntnis auf die Ebene des Volkes, der Pastoral und der Amtsträger getragen wurde, erklärten die Bischöfe auf einer zweiten Synode in Puebla, Mexiko, im Jahre 1979 deutlich: „Wir erklären die Situation der unmenschlichen Armut, unter der Millionen von Lateinamerikanern zu leiden haben, als die verheerendste und am meisten erniedrigende Art einer Geißel." Sie erklärten, dass die Armut ein großer Skandal ist und das Gegenteil christlichen Lebens, und unterstrichen die systemische Natur dieser Armut und ihre ungerechten, sündenbehafteten Wurzeln. Warum? Weil diese Armut Instrument des Todes ist. Das Nichtvorhandensein von Lebensmitteln und trinkbarem Wasser, von Wohnraum, Bildung, Gesundheitsfürsorge sowie ungerechte Löhne und das Nichtvorhandensein von Arbeitsstellen tragen alle dazu bei, dass das Leben in diesen Regionen kurz und elend ist und menschliche Würde gering geschätzt wird. Hinzu kommt, dass die Armut die Menschen auch von den Korridoren der Macht ausschließt, wo Entscheidungen getroffen werden, die die Lebensbedingungen Einzelner betreffen. Soziale Machtlosigkeit, das Nichtvorhandensein politischer Rechte und die Beschneidung der Freiheit zur Meinungsäußerung verbinden sich, um den Status quo zu erhalten. Diese Armut, die sich sedimentartig in todbringenden ökonomischen und politischen Strukturen ablagert, ist eine Art von „institutioneller Gewalt", die den Wert des Menschen verachtet. Der Tod sucht viele Kleinkinder heim, und das viel zu früh. Der Tod nähert sich langsam und unaufhaltsam den jungen Menschen und den Erwachsenen, weil die grundlegendsten Bedürfnisse des Lebens negiert werden. Und der Tod kommt schnell zu allen Altersgruppen durch offene Gewalt, die aus der militärischen Unterdrückung, die diese systemische Ungerechtigkeit aufrechterhält, hervorgeht.

Das Puebla-Dokument malte mit Worten die Gesichter der Armen, um die Krise bildhaft und konkret darzustellen. Die Gesichter der Armut gehören den Kindern, die im Mutterleib unterernährt waren und nun mit körperlichen und geistigen Einschränkungen zu kämpfen haben. Sie gehören den Stadtkindern, die oft sexuell ausgebeutet und manchmal ermordet werden. Sie gehören den jungen Menschen, die frustriert damit leben müssen, dass sie keine Möglichkeit haben, ihre Zukunft aufzubauen und der Hoffnung auf ein eigenes Leben beraubt sind. Sie gehören den indigenen Einwohnern dieser Länder (den Indios), die nicht wertgeschätzt und in Situationen abgedrängt werden, in denen sie kaum am Leben bleiben können. Sie gehören den Bauern, die ihres Landes beraubt wurden, den schlecht bezahlten Arbeitern und den Arbeitslosen, die keine Wahl mehr haben. Sie gehören den Frauen, die vor der Zeit altern, weil sie einen täglichen Kampf um das Überleben ihrer Familien führen müssen und die wegen ihres Geschlechts diskriminiert werden, die vielleicht sogar gefangen genommen und verkauft werden oder sich prostituieren müssen. Sie gehören den afrikanischen Amerikanern, Nachkommen der Sklaven, die wegen ihrer Herkunft verachtet werden. Sie gehören den Bewohnern der Slums in den Städten, deren Armut einen Kontrast zum pompösen Reichtum der anderen Stadtbewohner darstellt. Sie gehören den alten Menschen, die an die Ränder der Gesellschaft gedrängt werden, weil sie nicht mehr produktiv sein können. Diese Gesichter – multipliziert um das Millionenfache: ein Skandal, der zum Himmel schreit.

Die Welt der Armen ist jedoch vielfältiger und komplexer, als es diese Aufzählung zeigt. Wo die Gemeinschaften zusammenhalten, beinhaltet diese umfassende Welt auch Möglichkeiten, Mensch zu sein, zu denken und zu lieben, zu teilen und gastfreundlich zu sein, zu beten und an Gott zu glauben. Der tägliche Kampf um das Überleben bringt kraftvolle und belastbare menschliche Stärke hervor. Die typische gemeinschaftliche Art zu feiern manifestiert eine tiefe Hoffnung in das Leben, das als gutes Geschenk verstanden wird. Wenn jedoch die Weltbank Statistiken veröffentlicht, die zeigen, dass weltweit täglich 25.000 Kinder verhungern und dass mehr als eine Milliarde Menschen mit weniger als einem Dollar pro Tag auskommen müssen, kann man nicht anders, als die Situation kritisch zu verurteilen. Das Schiff der Armut wurde von Systemen gebaut, die viele ausbeuten, um den Reichtum der Wenigen zu nähren. Es wird dadurch über Wasser gehalten, dass man den Armen die wesentlichen Grundrechte vorenthält. Es ist beladen mit der Last zermalmender Armut und eines grausamen Todes. Die armen Menschen sind, so betrachtet, die „Unterseite" der Geschichte. Sie sind „Nicht-Personen", die wenig zählen oder gar nichts. Nicht nur in Lateinamerika, sondern auch unter den sechs und mehr Milliarden Menschen auf diesem Planeten ist ihr Name Legion.

Gottes Gegenwart und Handeln spüren

Die traditionelle christliche Lehre bot einen Gott als höchstes Wesen an, der alle Dinge geschaffen hatte und die Welt regierte, und das auf eine Art und Weise, wie es ein mächtiger König in seinem Reich tun würde, mit Autorität. Obwohl sie nicht direkt die Frage der Armut ansprach, ging diese Lehre doch von der Situation aus, dass alles Leiden irgendwie durch Gottes Willen erlaubt wurde. Während die Reichen ermutigt wurden, den Armen gegenüber wohltätig zu sein, wurden die Armen dazu angehalten, ihr Leiden mit Geduld zu ertragen, so wie sich Christus am Kreuz geopfert hatte. Nur das würde zu einer ewigen Belohnung im Jenseits führen. Der populäre Brauch in der Osterwoche, eine Statue des toten Christus und seiner trauernden Mutter in einer Prozession durch die Straßen zu tragen, zeigt diese Art von Theologie auf bildliche Weise: Gott ist in seinem Himmel. – Er schickte seinen Sohn, um für uns zu leiden. – Das Leben ist ein Tal der Tränen. – Unser Leiden bringt uns auf die Straße, die zum Himmel führt. Für die Armen gibt es eine tiefe religiöse Verbindung zum leidenden Christus: Er versteht, er weiß, was Menschen erleiden. Aus dieser Beziehung, diesem Wissen bekommen die Menschen Trost und Stärke, um weiter zu kämpfen. Diese Theologie schärft den Leidenden jedoch oft auch eine Form der Resignation ein, was die Dinge betrifft, die sie umgeben. Deshalb entsteht aus ihr nur geringe Motivation, die Gesellschaftsordnung zu verändern.

In der Mitte des 20. Jahrhunderts entwickelte sich von Brasilien aus eine pastorale Bewegung, die bald ganz Lateinamerika erfasste. Sie hatte das Ziel, den Glauben unter den Armen wieder aufleben zu lassen, und begann, die Menschen in kleinen Gruppen zu sammeln. In diesen Kleingruppen lasen sie die Schrift, reflektierten betend die Bedeutung der Bibel vor dem Hintergrund ihrer eigenen Situation und begannen, gemeinsam für positive Veränderungen einzutreten. Diese *comunidades eclesiales de base* oder Basisgemeinden innerhalb der Kirche wurden zu Orten, an denen die Armen eine wunderbare Entdeckung machen: Sie sind Geliebte Gottes. In der Konsequenz sahen sie nun das immense Leiden als Gegensatz zu dem, was Gott eigentlich will und für seine geliebten Menschen vorgesehen hat. Die Menschen begannen nun, ihre eigene Identität als die aktiver Subjekte zu verstehen, die selbst Situationen verändern können und ihre eigene Geschichte gestalten dürfen. In diesem Denkprozess erhielten sie das Geschenk eines sich neu entfaltenden Gefühls für eine alte Wahrheit: *Gott verhält sich dem Leiden gegenüber nicht neutral.* Als Schöpfer und letztendlicher Herr der Welt will der Gott des Lebens, dass alle Kreaturen gedeihen. Wenn Menschen zu Boden gedrückt werden, verletzt das die Art und Weise, wie Gott seine Welt will. Dann trifft Gott eine dramatische Entscheidung: Gott stellt sich auf die Seite der Unterdrückten, die für ihr Leben kämpfen. Kurz gesagt in theologischer Sprache ist das Gottes Option für die Armen. Der einzige Grund für diese Bevorzugung ist die göttliche Liebe, die sich auf die Seite der Armen schlägt, nicht weil sie heiliger sind oder weniger sündenbehaftet als andere Menschen, sondern weil sie sich eben in der Situation der Armut befinden. Der Zweck dieser göttlichen Bevorzugung ist es zu heilen, zu erlösen und zu befreien, sodass das entmenschlichende Leiden zu einem Ende kommt. Genau in dieser Bevorzugung wird die Güte der göttlichen Liebe als wirklich universal offenbar, bezieht sie doch die „Nicht-Personen" mit ein, von denen die Mächtigen und Reichen glaubten, dass sie nicht zählen.

„Befreiung" wird somit zur Sprache für die Erforschung dieser wertvollen und überraschenden Einsicht. Gott ist ein befreiender Gott, dessen charakteristische Taten Menschen zur Freiheit bringen. Die Schrift gibt dafür ein beeindruckendes Zeugnis.

Die Hebräische Bibel

Die Theologie der Befreiung basiert auf dem wegweisenden Ereignis des Exodus aus Ägypten, in dem die vorher in der Fremde versklavten Israeliten in die Freiheit erlöst wurden. Auf überraschende Weise verbündet sich der Gott der Hebräer hier nicht mit Mächtigen, wie es in den Allianzen der Götter mit den Königen üblich war. In der antiken Welt stützten die Götter normalerweise den Herrschenden, rechtfertigten seinen Status und wurden manchmal auch mit dem König gleichgesetzt. Der Gott Abrahams und Saras war jedoch nicht auf der Seite des ägyptischen Pharao, sondern setzte seine göttlichen Kräfte zum Nutzen der leidenden Sklaven ein, indem er zugunsten ihrer Befreiung handelte. Der Heilige, der aus einem brennenden Busch in der Wüste sprach, rief Mose dazu auf, den Kampf anzuführen. Die vier Verben im folgenden Satz offenbaren den Charakter des Herzens Gottes in tiefster Weise:

> *Der Herr sprach: Ich habe das Elend meines Volkes in Ägypten gesehen und ihre laute Klage über ihre Antreiber habe ich gehört. Ich kenne ihr Leid. Ich bin herabgestiegen, um sie der Hand der Ägypter zu entreißen.* (Ex 3,7–8a)

Das Verb „kennen", das in dieser Litanei des göttlichen Mitleids vorkommt, bezieht sich auf Erfahrung, nicht auf den intellektuellen Akt des Wissens und ist dasselbe Verb, was vorher für den Sexualverkehr benutzt wurde: *„Adam erkannte Eva, seine Frau; sie wurde schwanger."* (Gen 4,1a) Diese Begegnung zeigt, dass der Gott Israels die Leiden dieser versklavten Menschen sieht, hört und „fühlt" und sie aus diesem Grunde in die Freiheit bringt. Kein Wunder, dass der Busch in Flammen stand.

Innerhalb des Alten Testaments bezeugen unzählige Texte diese Wahrheit, dass nämlich Gottes Herz auf Gerechtigkeit für die Unterdrückten aus ist. Dies ist von solch tiefer Wahrheit, dass die „Gerechtigkeit" die Liebessprache der Bibel genannt werden kann. Die Propheten, die Psalmen und die Sprüche kritisieren soziales Übel harsch und versichern tröstend, dass Gott erlöst. Sie rufen die Gläubigen auf, bei Gott zu stehen, der selbst auf der Seite der Armen ist. Vergesst die Opfer im Tempel, sagt der Herr im Buch Jesaja, ich habe sie satt; vielmehr: „*Lasst ab von eurem üblen Treiben! Hört auf, vor meinen Augen Böses zu tun! Lernt, Gutes zu tun! Sorgt für das Recht! Helft den Unterdrückten! Verschafft den Waisen Recht, tretet ein für die Witwen!*" (Jes 1,16b-17) Noch deutlicher wird bei Amos gesagt, dass der Herr die Brandopfer und die festliche Musik *hasst*. Was aber würde dem Herrn gefallen? „*Das Recht ströme wie Wasser, die Gerechtigkeit wie ein nie versiegender Bach.*" (Am 5,24) Es ist nicht nur der öffentliche Gottesdienst, sondern es sind auch die privaten Opfer, wie zum Beispiel das disziplinierte Fasten, die abgelehnt werden:

> *Nein, das ist ein Fasten, wie ich es liebe:*
> *die Fesseln des Unrechts zu lösen,*
> *die Stricke des Jochs zu entfernen,*
> *die Versklavten freizulassen,*
> *jedes Joch zu zerbrechen,*
> *an die Hungrigen dein Brot auszuteilen,*
> *die obdachlosen Armen ins Haus aufzunehmen,*
> *wenn du einen Nackten siehst, ihn zu bekleiden*
> *und dich deinen Verwandten nicht zu entziehen.*
> *Dann wird dein Licht hervorbrechen wie die Morgenröte*
> *und deine Wunden werden schnell vernarben.* (Jes 58,6–8a)

Diese Erkenntnis von Gottes Liebe für die Armen ist mit dem Verstehen dessen verbunden, was es bedeutet, dass Gott der Schöpfer ist. Wenn Gott die Welt aus freiem Willen und aus Liebe geschaffen hat, dann stehen die göttliche Herrlichkeit und Ehre auf dem Spiel, je nachdem, ob die Welt aufblüht oder in Elend verkrümmt ist. Das menschliche Erleben, aus der Liebe heraus zu schaffen – ein Kind, ein Kunstwerk, eine neue Schule, eine Quelle mit sauberem Wasser, eine hilfreiche Theorie – untermauert diese Idee, wollen doch die, die etwas aus Liebe schaffen, dass ihre Arbeit Früchte trägt. In diesem Licht gesehen durchkreuzen Armut und Unterdrückung die göttliche Absicht für diese Welt. Die organische Verbindung zwischen der Schöpfung und dem Tun des Guten wird besonders deutlich, wenn Israel mit einer Stimme Gott preist:

Der Herr hat Himmel und Erde gemacht,
das Meer und alle Geschöpfe;
er hält ewig die Treue.
Recht verschafft er den Unterdrückten,
den Hungernden gibt er Brot. (Ps 146,6–7a)

Jeder, der etwas anderes behauptet, weiß nicht das Geringste über Gott. Den wahren Gott als Schöpfer zu erkennen, bedeutet, die göttliche Leidenschaft für die Gerechtigkeit zu verstehen:

> *So spricht der Herr: Der Weise rühme sich nicht seiner Weisheit, der Starke rühme sich nicht seiner Stärke, der Reiche rühme sich nicht seines Reichtums. Nein, wer sich rühmen will, rühme sich dessen, dass er Einsicht hat und mich erkennt, dass er weiß: Ich, der Herr, bin es, der auf der Erde Gnade, Recht und Gerechtigkeit schafft. Denn an solchen Menschen habe ich Gefallen – Spruch des Herrn.* (Jer 9,22–23)

Ein einfaches Gedankenexperiment kann vielleicht die Tiefe dieser biblischen Offenbarung über die Natur Gottes noch deutlicher machen. Gibt es einen einzigen Text, in dem Menschen in der energischen „so spricht der Herr"-Art und Weise dazu angehalten werden, die Armen zu unterdrücken, die Witwen zu berauben, eine große Opfershow abzuziehen, ohne jedoch Gerechtigkeit zu tun? Gibt es einen Text, in dem es Gott gefällt, wenn Menschen oder irgendeine andere Kreatur, Höllenqualen erleiden? Das Leiden geschieht. Ja, manche Texte interpretieren Krieg und Exil als göttliche Strafe für die Sünden der Menschen als Gemeinschaft, Sünden, die übrigens die Unterdrückung der Armen mit einschließen. Aber selbst in solchen Fällen dauert der Ärger Gottes nur einen Moment lang, die göttliche Barmherzigkeit aber hält zehntausend Jahre an. Liest man die Bibel von Anfang bis Ende, offenbart sie Gott als einen leidenschaftlichen Liebhaber der Gerechtigkeit, der sich auf die Seite der Unterdrückten stellt, und zwar bis zu dem Punkt, an dem gesagt werden kann, *„wer den Geringen bedrückt, schmäht dessen Schöpfer."* (Spr 14,31a)

Das Neue Testament

Die Befreiungstheologie basiert zweitens auf den Evangelien von Jesus, dessen ganzes Leben, Tod und Auferstehung zeigen, dass der Gott des brennenden Dornbusches treu bleibt und auf der Seite derer ist, die an den Rand gedrängt werden. Im christlichen Glauben erhält diese Geschichte ihre Macht von der Glaubensgewissheit, dass uns die transzendente Realität Gottes hier radikal nahekommt, nämlich durch die Inkarnation in das menschliche Fleisch hinein. Die Details des historischen Lebens Jesu Christi haben deshalb Bedeutung, offenbart Jesus doch die Gnade Gottes in seiner Person. Diese Details sind aufschlussreich. Er wurde in eine arme Familie hineingeboren, wurde in eine Futterkrippe von Tieren gelegt und bald zum Flüchtling gemacht, der vor der tödlichen Gewaltausübung der Oberen fliehen musste. Gustavo Gutiérrez hat einmal in einprägsamen Worten gesagt, dass das Kommen Gottes in Jesus Christus ein „unterbrechendes" Kommen „war, dem der Stallgeruch anhaftete". Am Beginn des Wirkens Jesu malt das Lukasevangelium das Bild des aus der Jesaja-Rolle vorlesenden Jesus:

Der Geist des Herrn ruht auf mir;
denn der Herr hat mich gesalbt.
Er hat mich gesandt, damit ich den Armen eine gute Nachricht bringe;
damit ich den Gefangenen die Entlassung verkünde
und den Blinden das Augenlicht;
damit ich die Zerschlagenen in Freiheit setze
und ein Gnadenjahr des Herrn ausrufe. (Lk 4,18–19)

Darauf folgt die Gute Nachricht im Konkreten, wenn die Leiden des Körpers und des Geistes, die Übel des Hungers und der Krankheit, die Hoffnungslosigkeit der verachteten religiösen Außenstehenden angesprochen und transformiert werden. Der Messias heilt die Kranken, treibt Dämonen aus, vergibt den Sündern und begründet eine Mahlgemeinschaft, die so viele Menschen einschließt, dass ein Skandal daraus erwächst. Trifft man Jesus, wird die göttliche Liebe für alle erlebbar, die hören wollen, besonders aber für die Armen, die Gehassten, die Schwachen, für die, die das Leben als eine schwere Last empfinden. Diese gnadenvollen Handlungsweisen, wie sie in den zum Nachdenken anregenden Gleichnissen vom Reich Gottes ausgeleuchtet werden, destabilisieren das, was normal ist, wer zuerst kommt und wer zuletzt. Und sie zeigen ohne den Schatten eines Zweifels, dass sich Gott mit denen identifiziert, die die Grundlagen zum Leben nicht haben: *„Denn ich war hungrig und ihr habt mir zu essen gegeben ... Denn ich war hungrig und ihr habt mir nichts zu essen gegeben."* (Mt 25,31–46) Diese „kleinsten Dinge" zu verachten bedeutet, Gott seinen Rücken zuzuwenden.

Diese Gnadengaben sind nicht nur Männern vorbehalten. In der lateinamerikanischen Kultur, die stark vom *machismo* geprägt ist, haben arme Frauen in den Basisgemeinden das Wort gehört, dass auch sie eingeschlossen sind, ganz entgegen den Überzeugungen und dem Handeln, das sie in die Bedeutungslosigkeit reduziert hatte. Die Theologin Elsa Tamez verdeutlicht das, indem sie die Meinung vertritt, dass die Freudenbotschaft Jesu nicht im Nachhinein zu den Frauen kam, zusätzlich dazu, dass Jesus mit armen und unterdrückten Männern interagierte, sondern zu beiden Geschlechtern in gleicher Weise, und auch besonders auf die Bedürfnisse der Frauen zugeschnitten: zu der Witwe, die ihren toten Sohn betrauerte (*„Weine nicht."* Lk 7,13), zu der blutflüssigen Frau (*„Meine Tochter, dein Glaube hat dir geholfen."* Mk 5,34), zur Fremden, die Heilung für ihre Tochter suchte (*„Frau, dein Glaube ist groß."* Mt 15,28), zur Ehebrecherin vor der Steinigung (*„Auch ich verurteile dich nicht."* Joh 8,11) und zur treuen Glaubenden, die an seinem Grab weinte (*„Frau, warum weinst du?"* Joh 20,13). Frauen sind die Ausgeschlossenen unter den Ausgeschlossenen. Sie sind tief betroffen: nicht nur von der Armut, sondern auch durch die Sünden des Sexismus in den Strukturen der Kirche und der Gesellschaft. Sie kamen aber zu der Erkenntnis, dass Gottes Option für die Armen eine Option für die armen Frauen ist. In einem Kontext, wo Frauen zur Bedeutungslosigkeit verurteilt werden, kämpfen sie doch weiter, wie Ivone Gebara es beschreibt. Sie verlieren nicht die

Hoffnung, dass es nicht der Pharao und seine Streitwagen sind, die das letzte Wort über ihr Leben haben werden, sondern der befreiende Gott des Lebens.

Wie in der Geschichte vom Exodus, so offenbaren auch Jesu eigenes bitteres Leiden und sein eigener gewaltsamer Tod die Option des Gottes Israels für die Ausgestoßenen. Gott bestätigt den verurteilenden Richterspruch der Mächtigen über Jesus nicht, sondern steht an der Seite dieses gekreuzigten Opfers, das ungerecht verurteilt und von den Mächten des Staates getötet wurde. Genau dort, wo man keine Göttlichkeit erwartet, inmitten von Folter, Schwäche und Tod, lokalisiert das Evangelium die mitleidsvolle göttliche Präsenz. Der Heilige sieht, hört, und weiß, was am Kreuz erlitten wird. Der Heilige kommt zur Erlösung. Selbst der Tod ist in Gottes Hand.

Die Auferstehung Jesu zum neuen Leben im Geist signalisiert die Solidarität des befreienden Gottes mit dem Gekreuzigten, und nicht nur mit ihm. Das *Halleluja* von Ostern klingt laut hinaus, weil diese göttliche Handlung des Gottes des Lebens im Voraus anzeigt, wie die Zukunft für die gesamte Menschheit und für den Kosmos aussehen wird. Wenn die Auferstehung mit den Augen der Armen betrachtet wird, erhält dieses Ereignis eine besondere Bedeutung. Nicht irgendwer wurde auferweckt, sondern Jesus, der in Solidarität mit den Armen lebte und als Konsequenz ungerechtfertigterweise gekreuzigt wurde. In ihrem historischen Kontext signalisiert die Auferstehung nicht nur einen Sieg der göttlichen Macht über den Tod, sondern auch der göttlichen Liebe über die Ungerechtigkeit. *Ecce homo:* siehe, der Ausgemergelte, der Tränen-Verschmierte, der Verängstigte, das Gesicht Christi, entweiht in den Massen der Armen der Welt, der gekreuzigten Völker. Genau aus diesem Grund, weil Gott diesen gekreuzigten Jesus von den Toten auferweckt hat, können die gekreuzigten Völker in der Geschichte Hoffnung haben. Die Auferstehung verspricht, ohne dass dies je zurückgenommen werden könnte, dass es eine gesegnete Zukunft für alle geben wird, denen Gewalt angetan wurde, die getötet wurden, die weggeschmissen wurden, als ob ihr Leben keine Bedeutung gehabt hätte.

Der Gott des Lebens

Im Licht dieser Geschichte der Offenbarung artikuliert die Befreiungstheologie eine radikale Erkenntnis: Befreiung ist die typischste Tat der rettenden Macht des Gottes der Geschichte. Zu befreien heißt, Leben zu geben, Leben in all seiner Ganzheit. Dadurch wird klar, dass es nicht Gottes Willen ist, dass die Menschheit Erniedrigungen erleidet. Die Leiden der Armen, der Unterdrückten und der Ausgestoßenen sind nicht von Gott gewollt, sie widersprechen sogar dem Willen Gottes. Entmenschlichende und Tod bringende Strukturen, die solche Erniedrigungen schaffen und aufrechterhalten, sind Beispiele von sozialer Sünde. Sie verstoßen gegen den Willen des Gottes des Lebens, der die Welt aus Liebe geschaffen hat und es genießt, wenn die geliebte Schöpfung aufblüht und nicht gewaltsam beschnitten wird.

Diese Wiederentdeckung des Gottes des Lebens überflutet die Kirche der Armen und ihr Erleben, dass es Gott ist, der die schützt und verteidigt, die am wenigsten Leben haben, dass Gott mit ihnen durch die Geschichte reist, in ihrem Leiden an ihrer Seite ist, ihren Kampf unterstützt und ihren Mut und ihre Hoffnung erweckt. „Wir entdeckten, dass Gott anders ist, als es uns gelehrt worden war", schreibt Luz Beatriz Arellano. „Wir entdeckten Gott als den Gott des Lebens, als näher bei uns, als denjenigen, der mit uns durch die Geschichte geht … als einen, der sich um die Armen sorgt und um die Geringsten, um die, die keine Hilfe bekommen. Und das gab uns eine tiefe Hoffnung und einen tiefen Sinn davon, dass wir etwas Neues gefunden hatten." Das ist die Achse, die die biblische Offenbarung trägt, haben die Armen entdeckt, der Faden, der das Ganze durchzieht.

In diesem Grenzland hat die Befreiungstheologie das Verständnis vom Gott des Lebens untersucht und dabei kreative Interpretationen zweier traditioneller Motive benutzt: Götzendienst und Mysterium.

Der wahre Gott stellt sich gegen die Götzen

Seit Jahrzehnten geht es den europäischen Kirchenleitungen und den Theologen darum, sich mit den Menschen zu beschäftigen, deren Glaube vom Gift der säkularen und atheistischen Kultur bedroht ist. Dagegen stehen in Lateinamerika nicht die Nichtgläubigen im Mittelpunkt, die um den Glauben ringen, sondern die Nicht-Personen, die um das Leben kämpfen. Hier geht es nicht um die Frage, ob Gott existiert, sondern darum, wie man inmitten solchen unmenschlichen Leidens an Gott glauben kann. Wie predigt die Kirche denen, die zerstört werden, vom Gott der Liebe? Die Suche nach einer Antwort bewegt die Theologie, den wahren Gott des Lebens zu verkünden, und das gegen alle falschen Götzen.

„Ich bin Jahwe, dein Gott … Du sollst neben mir keine anderen Götter haben.“ (Ex 20,2a–3) Götzendienst bedeutet, die fremden Götter dem wahren Gott der Bibel voranzustellen, etwas anzubeten, was nicht göttlich ist. In der Situation Lateinamerikas sind diese Götter das Geld und die Annehmlichkeiten, die es mit sich bringt, und die Macht, die man braucht, um es zu erhalten und zu behalten. Alles fing mit den *conquistadores* an und setzte sich für fünf Jahrhunderte fort, überdauerte die Regierenden und ihre Regierungssysteme und geht heute bei den multinationalen Unternehmen weiter. Geiz hat das Geld und alles, was damit zusammenhängt, zu einem Gott gemacht, zu etwas Absolutem. Grundlegende Verletzungen des ersten Gebotes haben ein Glaubenssystem entstehen lassen, dass so überzeugend wirkt, dass man es sogar „Money-Theismus“ nennen könnte, im Gegensatz zum Monotheismus.

Wie alle falschen Götter verlangt auch das Geld und alles, was damit zusammenhängt, Opfer und Geopferte. Geopfert wird das Leben der Armen, entweder indirekt durch die ökonomischen Bedingungen, die nötig sind, um Profit zu generieren, oder direkt durch die Gewalt, die erforderlich ist, um diese Bedingungen aufrechtzuerhalten. Besonders heimtückisch ist dabei die Art und Weise, wie die traditionelle Predigt und die traditionelle Theologie eine künstliche Fassade des christlichen Glaubens über das Gesicht dieser Götzen gelegt haben, indem sie Gott als den König und Herren benannt haben, der die Welt objektiv regiert. Das rassistische, sexistische und Menschen wegen ihrer Zugehörigkeit zu einer bestimmten sozialen Schicht diskriminierende Bild von Gott verhält sich neutral, wenn es Ungerechtigkeit antrifft. Es pervertiert die wirklichen Umrisse des lebendigen Gottes der Bibel, um den monetären Interessen zu dienen. Dieses götzendienerische Gottesbild manipuliert den Gott des Exodus, den Gott Jesu Christi, in eine Ersatzgottheit der Unterdrücker, die dann den Namen Gottes ungerechtfertigterweise in den Mund nehmen, um ihr Handeln zu rechtfertigen. „Wir deformieren Gott, um unseren eigenen Egoismus zu schützen", formulierte einmal Juan Luis Segundo mit erschreckender Klarheit. „Wir gehen mit unsern Brüdern und Schwestern falsch und nicht authentisch um, was sich in unseren Verfälschungen der Gottesidee widerspiegelt. Unsere ungerechte Gesellschaft und unsere pervertierte Gottesvorstellung sind eine enge und schreckliche Allianz eingegangen." Die Wahrheit über Gott ist verdreht worden, um die Unterdrückung von Menschen zu rechtfertigen. Mit-Kreaturen werden erniedrigt im Namen eines deformierten Blickes auf den göttlichen Willen.

Der Gott des Lebens offenbart sich bevorzugt in der Welt der Unterprivilegierten. Dieser Gott befreit mit ausgestrecktem Arm, tut Gerechtigkeit, verteidigt treu die Armen und deckt auf, wo konstruierte Götter, die den Tod verbreiten, wie Götzen angebetet werden. Der befreiende Gott der Armen steht im Konflikt mit dem „Gott der Herren" und mit der strukturellen Sünde, deren Bestandteil die selbstvergessenen religiösen Diskurse und Taten der dominanten Gruppen sind. Wenn Gott tatsächlich Liebe ist, und wenn diese Liebe aktiv in der Geschichte handelt, um von Sünde und Tod zu erlösen, dann wird die göttliche Option zu sehen, zu hören, zu wissen und zu erlösen aktiviert, dann ist Gott beständig, mit-leidend, aktiv und mächtig in Solidarität mit dem Kampf um das Leben – und das besonders in den Situationen, wo Menschen auf den Tod treffen, wo sie verarmen und entmenschlicht werden. Diese Wiederentdeckung des Gottes der Befreiung und der Gerechtigkeit für die Unterdrückten ist ein freudenbehafteter Schatz, der dauerhaft in der Kirche der Armen entdeckt wurde und nun gehoben wird. Er steht im Gegensatz zu dem Götzen, der Strafe einschärft und passive Resignation fördert, dem Götzen, der von den dominanten Gruppen in Gesellschaft und Kirche den Menschen übergestülpt wird. Von diesem Weg geht eine grundlegende Herausforderung an die gesamte Kirche aus: hört auf, die skandalösen Aussagen der Bibel über Gott zu trivialisieren.

Der Gott des Heiligen Mysteriums

Gott kann nicht auf unser Verstandesvermögen reduziert werden, sondern geht weit über die menschliche Vorstellungskraft und unsere Fähigkeit zu erfassen und zu beeinflussen hinaus. Die traditionelle Theologie erklärte diese „je größer“-Qualität des Göttlichen mit dem limitierten Charakter des menschlichen Intellekts und Willens, die, weil sie naturgemäß begrenzt sind, das Unbegrenzte einfach nicht umfassen können. Die moderne europäische Theologie von Rahner und anderen verband die göttliche Unbegreiflichkeit mit dem dynamischen Verlangen des menschlichen Geistes, sich dem Unbegrenzten zuzuwenden. Nun eröffnet das Feld der Befreiungstheologie noch eine neue Sichtweise. Sie sieht das Mysterium Gottes nicht einfach am Ende eines intellektuellen Prozesses, sondern im praktischen Skandal der göttlichen Liebe. Die göttliche Transzendenz als unaussprechliches und nicht zu manipulierendes Mysterium ist nicht nur eine Wahrheit der Vernunft, sondern auch eine Wahrheit, die sich in Gottes Selbstmanifestation als Gott der Armen zeigt. María Pilar Aquino drückt das mit den folgenden

Worten dramatisch aus: Das unaussprechliche Mysterium „bricht als Liebe hervor, als befreiende Kraft und als Hoffnung unter den Armen und Unterdrückten der Welt, unter den von der Gesellschaft ausgestoßenen Menschen und in der Kirche." Wer hätte sich in einer Welt, die von Macht und Reichtum geprägt ist, vorstellen können, dass Gott eine Option für die Armen trifft, dass Gott entscheidet, sich solidarisch mit ihnen zu verhalten, wenn sie um ihr Leben kämpfen? Aus dieser Perspektive heraus muss das Mysterium Gottes neu bewertet werden.

Gottes Vorliebe für die, die von der Geschichte vergessen wurden, die am untersten Rand existieren, die zurückgelassen wurden, bedeutet nicht, dass sich Gott nur für die Armen entscheidet. Gottes Liebe ist universal, nicht exklusiv. Dies bedeutet indes schon, dass sich Gott im Besonderen für die einsetzt, die Ungerechtigkeit erleiden, dass Gott versucht, ihre Situation zu verbessern. Es bedeutet auch, dass Gott den Unterdrücker liebt, ihn aber durch diese Liebe zur Umkehr auffordert. Diese Einsicht wird in Marias Lied, dem *Magnificat,* in jubilierende Worte gefasst. Maria ist schwanger mit dem Messias und singt, dass Gott, ihr Retter, diejenigen zerstreut, die im Herzen voll Hochmut sind, dass Gott die Mächtigen vom Thron stürzt und die Niedrigen erhöht, die Hungernden mit seinen Gaben beschenkt und die Reichen leer ausgehen lässt – all das in Erfüllung des alten Versprechens, gnädig zu sein (Lk 1,51–53). Das ist befreiende Vorliebe. Das Ziel ist nicht, eine neue Situation der Unterdrückung zu schaffen, indem umgekehrt wird, wer herrscht und wer sich beugen muss. Es geht eher darum, eine neue Gemeinschaft zu begründen, die sich am Modell der Königsherrschaft Gottes orientiert, die Jesus predigte.

Die die Armen bevorzugende Option signalisiert, wer zuerst die göttliche Aufmerksamkeit erhalten sollte, weil sein Leiden so groß ist. Der Beweggrund für diese göttliche Präferenz ist es, der dem Bild von Gott als heiligem Mysterium neue Farbe verleiht. Dieses Motiv ist nichts weniger als die Liebe, der freie, grundlose und unverdiente Charakter der göttlichen Liebe, die großherzig nach denen sucht, die die Gesellschaft marginalisiert, und mit denen in Solidarität lebt, die schwach sind und von der Geschichte missbraucht wurden. Es ist diese Vorliebe für die Unterdrückten, in der Gottes Liebe als universal offenbart wird – keiner wird außen vor gelassen, nicht einmal die, die am meisten ausgegrenzt sind. Das unbegreifliche Mysterium Gottes ist die Liebe, die über die menschliche Vorstellungskraft hinausgeht.

Ganz lebendig

Gott als den lebendigen Gott des Lebens zu verstehen, hat praktische Auswirkungen. Es nimmt die Macht des Höchsten in Anspruch, die sich gegen alles stellt, was das göttliche Bild in Frau und Mann verunziert. Wo Menschen in der Hand ungerechten Leidens gefangen sind, wo das Leben großer Menschenmengen erdrosselt, erstickt, erschlagen wird oder Hungers stirbt, dort lässt sich der Heilige finden. Dort befindet sich Gott in gnadenvoller Solidarität mit den Armen, dort ruft Gott die Unterdrücker zur Umkehr, dort bringt Gott den Mut zum Widerstand zur Welt und kämpft dafür, dass aus Tod Leben entsteht.

Oscar Romero, Bischof und Märtyrer, nimmt diese Vision auf und nutzt einen bekannten Spruch, der im zweiten Jahrhundert von Bischof Irenäus formuliert wurde. Im Lateinischen liest sich diese prägnante und liebliche Maxime so: *Gloria Dei, vivens homo.* Übersetzt bedeutet sie: „Die Herrlichkeit Gottes ist der vollends lebendige Mensch." Die Herrlichkeit Gottes ist *homo,* das menschliche Wesen, die gesamte Menschheit, jede einzelne Person, *vivens,* ganz lebendig. Gottes Herrlichkeit hängt am Aufblühen der Person, jeder einzelnen Person und aller Personen zusammen. Wie könnte es denn anders sein, wenn das unbegreifliche Mysterium, dem sich der menschliche Geist dynamisch annähern möchte, sich der Welt durch Jesus und den Geist selbst mitteilt als absolute, herausfordernde und schützende Liebe? Indem das Heilige Mysterium die

Wahl traf, die Welt zu erschaffen, zu beschützen und in der Welt zu leben, hat es die Welt und ihre Bewohner noch kostbarer gemacht, als es vorstellbar ist. Wird Menschen Leid angetan, erleben sie Gewalt oder wird ihr Wohl missachtet, ist das logischerweise eine Beleidigung des Heiligen. Die beiden wurden von Gott so eng miteinander verbunden, dass die Ehre des Einen in Gefahr ist, wenn das Wohlbefinden der anderen auf dem Spiel steht.

Erzbischof Romero formulierte dieses Axiom etwas anders, um damit zu erklären, dass jeder einzelne Arme in Gottes Augen ein Schatz ist. Er predigte: *„Gloria Dei, vivens pauper"*, die Herrlichkeit Gottes ist der vollends lebendige arme Mensch. *(La gloria de Dios es el pobre que vive.)* Dass Gottes Herrlichkeit und der Mensch, *homo*, zusammengehören, wird nun an den Orten präzisiert, wo Missbrauch geschieht. Die Herrlichkeit des befreienden Gottes des Lebens entscheidet sich an der Versorgung, den Behausungen, der Arbeit, dem Land, der medizinischen Versorgung, der Bildung und den Menschenrechten, die die armen Menschen genießen dürfen. Dagegen wird die göttliche Herrlichkeit mit Füßen getreten, wo die Menschen an Hunger leiden, Not, Gewalt und Unterdrückung erfahren. Die alte Offenbarung kommt nun mit neuem Schwung zum Leben: Gott ist der befreiende Gott der Menschen, der ihre Menschlichkeit liebt und erlöst. Der Glaube wird zur radikalen Überzeugung, dass diese Art der Liebe im Herzen der Welt existiert, und zwar als Realität, die größer ist als jede andere. Diese Erkenntnis muss nun in der Praxis ausgedrückt werden, einer Praxis, die mit dem Herzen Gottes korrespondiert.

Die Praxis der biblischen Gerechtigkeit

Die Befreiungstheologie hat seit langem Wert darauf gelegt, dass die richtige Praxis Priorität vor dem richtigen Denken hat. Statt mit dem korrekten (Verstandes- oder Glaubens-)Prinzip zu beginnen, geht es zuerst darum, als Jünger zu leben, die eigenen Füße in die Fußabdrücke Jesu zu setzen, das Kommen des Reiches Gottes aktiv zu befördern. Nur dann sind deine Gedanken von Wahrheit erfüllt. Erst dann kommt die Theologie zum Tragen, so wie eine Eule in der Abenddämmerung hervorfliegt. Die Theologie ist die zweite Handlung. Sie reflektiert, was beim Handeln im Eifer des Gefechts gelernt wurde. Dieses Wissen sät den Samen und düngt den neuen Tag des praktischen Handelns in einem immer wieder neuen Kreislauf eines immer tiefergehenden Verständnisses.

Erkennt man den befreienden Gott des Lebens in der Kirche der Armen – welche Praxis entwickelt sich daraus? Es ist die Praxis der Gerechtigkeit. Gott kann nicht vom Reich Gottes getrennt werden, vom göttlichen Willen, dass alle wachsen dürfen und sollen. Deshalb ist es eine Grundlage des Glaubens, dass man der Gerechtigkeit dort auf die Beine hilft, wo strukturelle Ungleichheit herrscht und wo Gewalt regiert. Diese Art des Handelns geschieht auf der Grundlage von Gottes gnadenvoller Liebe, sie ist indes etwas anderes als Almosengeben. Dietrich Bonhoeffer gab dafür ein eindrückliches Beispiel: Was sollte getan werden, wenn sich ein Pferd mit Kutsche losreißt und führerlos eine Straße hinunterfährt und Menschen überfährt? Sich hinabzubeugen und die Wunden der Verletzten zu verbinden ist eine noble und nötige Tat. Aber um weiteren Schaden zu vermeiden, muss jemand die Zügel ergreifen oder die Räder der Kutsche blockieren und das Pferd anhalten. Die erste Handlung ist ein Akt der Barmherzigkeit, die zweite eine Praxis der Gerechtigkeit. Das Ziel ist die Transformation sozialer Strukturen, die das Reich Gottes zwar nicht in seiner Gänze herbeibringen wird, jedoch dazu beitragen kann, dass sich das Reich Gottes fragmentarisch auf das Erblühen der Menschheit auswirken wird.

Ich schreibe diese Sätze in den Vereinigten Staaten von Amerika, der reichsten Nation der Erde und der weltweit einzig übriggebliebenen militärischen Großmacht. Ich weiß, welche Herausforderungen diese Praxis der Gerechtigkeit mit sich bringt. Diese Herausforderungen fordern meine Kultur heraus, mich selbst und alle Christen, die in meiner Kultur leben. Ein Grund dafür ist unsere kapitalistische Konsumkultur mit ihren sich wie Unkraut ausbreitenden Werten und Handlungsweisen, die die Landschaft unseres täglichen Lebens einengen, sodass die Solidarität mit anderen nur noch wenig Platz in unserem Leben findet, wo sie Wurzeln schlagen kann. Wir sollten trotzdem das Champagner-Glas bedenken, das ein

Weltweite Einkommensverteilung

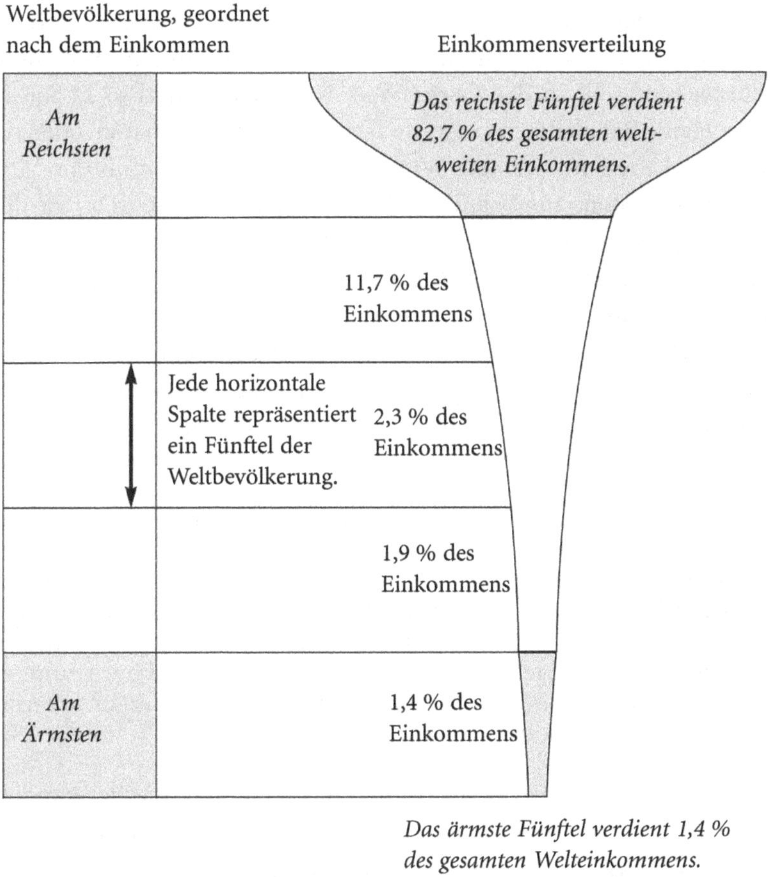

Abbildung 1: Quelle: United Nations Development Programme, Human Development Report 1992 (New York: Oxford University Press, 1992).

graphisches Bild von der gegenwärtigen Verteilung des Einkommens in der Welt gibt.

Die Befreiungstheologie ist ein Geschenk der unterdrückten Christen, die im Stiel dieses Glases leben müssen. Jon Sobrino aus El Salvador drückt das so aus: In der Menge ist das schlimmste Leiden auf dieser Welt die Armut, die vom Tod und von Demütigungen begleitet ist. Diese Armut bleibt die schlimmste Wunde der Welt. Es gibt wohl Enklaven des Reichtums in den armen Ländern und Gruppen von sehr armen Menschen in den reichen Ländern, jedoch scheint es so, dass diese Wunde in der Dritten Welt noch stärker blutet als in der Ersten Welt. Nur weil jemand in El Salvador, Haiti, Bangladesch oder im Tschad geboren ist, hat er oder sie weniger Leben und weniger Würde als ein Mensch, der aus den Vereinigten Staaten, aus Spanien oder aus Japan kommt. „Das ist die grundlegendste Wunde der heutigen Zeit. Und – lasst es uns noch einmal in christliche Sprache fassen – Gottes eigene Schöpfung ist damit verwundet."

Ignacio Ellacuría SJ, ein Universitätspräsident, der für diese Praxis im Jahre 1989 ermordet wurde, sprach die folgenden dramatischen Worte, die an die Christen in der Ersten Welt adressiert waren:

> „Ich möchte, dass ihr diese Menschen, die so schrecklich leiden, mit euren Augen und Herzen seht. Manche leiden an Armut und Hunger, manche unter Unterdrückung und Repression. Als Jesuit sage ich: Wenn ihr vor diesen Menschen steht, die auf diese Art gekreuzigt wurden, müsst ihr die Prüfung des Hl. Ignatius aus der ersten Woche der Geistlichen Übungen wiederholen. Fragt euch: Was habe ich zu ihrer Kreuzigung beigetragen? Was tue ich, um sie vom Kreuz zu befreien? Was muss ich tun, damit diese Menschen auferstehen?"

Diese Menschen von ihrem Kreuz abzunehmen – hierbei handelt es sich nicht nur um Ethik, obwohl auch das wertvoll wäre. Die Praxis basiert auch nicht nur auf menschlichem Mitleid allein, das die Schmerzen anderer fühlt und sie lindert, auch wenn dieses ebenfalls hoch zu schätzen ist. Der letzte Grund des Handelns mit

Blick auf die Armen ist nichts weniger als der lebendige Gott. Es basiert auf Gottes Liebe und entsteht als eine Antwort auf das, was von dieser Liebe gefordert wird. Wie aktualisiert sich diese Präsenz Gottes in dieser Welt, genau dieses Gottes nämlich, der ein versklavtes Volk befreite und sich im gekreuzigten und auferstandenen Jesus Christus zeigte? Die Antwort: zuallererst durch die skandalöse göttliche Liebe für die Armen und den Willen, dass die Armen das Leben empfangen sollen. Wenn dies die Selbstdefinition von Gottes Herzen ist, dann kann Gott kennen und Gott lieben nur bedeuten, dass man sein eigenes Leben der göttlichen Handlungsweise in der Welt anpasst. Inmitten einer Situation, in der Menschen unter extremer Armut und frühem und ungerechtem Tod leiden, bedeutet dies, dass sich das eigene Herz dem göttlichen Mitleid anschließt. Es bedeutet, so zu lieben, wie Gott liebt. Ist solches Denken und Handeln darin begründet, dass man Gott entspricht, dann *vermittelt* die Praxis der Gerechtigkeit und des Friedens eine tiefe Erfahrung des Mysteriums Gottes. Wir „kennen Gott" besser, wenn wir in Solidarität mit den Armen handeln, so wie die Jünger Christus erkannten, als das Brot gebrochen wurde. Im Gegensatz dazu wird unsere Beziehung zu Gott dünner und bricht ab, wenn wir nicht zu Gunsten derer handeln, die in Not sind. Die bevorzugte Option für die Armen ist eine Haltung, die Gott in das innerste Zentrum rückt.

Benennt man Gott als den Befreier, schafft man nicht einfach ein neues Symbol, das zu dem schon bestehenden Schatz der Bilder für Gott hinzugefügt werden kann. Diese Bezeichnung setzt hinter jede andere Gottesidee, die das konkrete Leiden der Menschen aus ökonomischen, sozialen und politisch strukturierten Gründen ignoriert, ein Fragezeichen. Deshalb ist dieser Ruf nach der Praxis der Gerechtigkeit nicht nur für den Glauben der Lateinamerikaner wichtig, sondern auch und vor allem für den Glauben der weltweiten Kirche. Er fordert die Selbstzufriedenheit der Christen in den reichen Ländern der nördlichen und westlichen Hemisphäre heraus, Verantwortung für unsere Teilnahme an der institutionellen und strukturellen Ungerechtigkeit in der weltweiten Ökonomie wahrzunehmen.

Die Art und Weise, wie Christen in den reichen Gesellschaften ihren Glauben leben, zieht Folgen nach sich. Denn entweder bestärkt der Glaube die Systeme, die für die Unterdrückung der Massen verantwortlich sind, oder er fragt sie an. Für die, denen es wirtschaftlich gesehen gut geht, ist es nur zu leicht, diesen Zusammenhängen gegenüber blind zu sein, selbst wenn sie Menschen guten Willens sind. An dieser Stelle ruft der Gott des Lebens die Menschen der Mittelschicht und die Reichen zur Umkehr auf. Entweder ist man mit den Armen solidarisch und schließt sich denen an, die auf irgendeine Weise Bonhoeffers wild gewordenes Pferd stoppen, oder man lebt in friedlichem Beisammensein mit der Politik, die Millionen von Menschen mit Not überzieht, auch dann, wenn man nicht absichtlich ungerecht handelt. Wie genau Gerechtigkeit in den unterschiedlichen Kontexten ausgeübt werden kann, ist eine Frage für ethische Reflexion und weise Entscheidungen. Menschen guten Willens sind nicht immer einer Meinung, wenn es darum geht zu entscheiden, welche sozialen Maßnahmen und welche sozialen Projekte zu einer positiven Veränderung der Umstände führen werden. Doch wird der prophetische Ruf der Befreiungstheologie dafür sorgen, dass wir nicht länger mit gutem Gewissen Gott von den Armen trennen können.

Ganz einfach ausgedrückt ist das nur eine Umformulierung von Jesu Lehre, dass die Liebe zu Gott und die Liebe zum Nächsten unauflöslich zusammenhängen. Betrachtet man jedoch die Praxis der Gerechtigkeit in der neueren Geschichte, bildet sie eine Basis für eine neue Art von Spiritualität. Spiritualität ist die konkrete Art und Weise, mit der man die Gute Nachricht lebt, inspiriert vom Heiligen Geist und in Gemeinschaft mit anderen. Eine moderne Spiritualität der Befreiung ist von einem Gesinnungswandel dem/der Nächsten gegenüber charakterisiert, dem/der Nächsten nämlich, der/die ausgebeutet wird oder wegen seiner/ihrer ethnischen Herkunft verhasst ist. Diese Art von Spiritualität beinhaltet Gebet und spirituelle Übungen, aber auch Sozialanalyse und Strategien zum Handeln. An dieser wichtigen Stelle bringt das Leben des Glaubens die Notwenigkeit mit sich, wie ein Jünger in liebevoller Solidarität mit allen zu leben, besonders jedoch mit denen, die arm sind und in der Welt ihrer Güter beraubt wurden.

Im wahrhaft kirchlichen Sinne gehört diese Praxis zur zentralen Sendung der Kirche. Übt sie diese aus, geht die Kirche eine Allianz mit dem Gott des Lebens ein, der in der mitleidenden Solidarität mit den Leidenden und Verarmten gefunden werden kann. Unter den Katholiken gibt es immer noch einige, die in dieser Hinsicht zögerlich handeln und vermuten, dass die Befreiungstheologie von Rom verurteilt wurde. Um dies richtigzustellen: Im Jahre 1984 hat der Vatikan ein Dokument mit dem Titel „Instruktion über einige Aspekte der ‚Theologie der Befreiung'" herausgegeben. Es bestätigte das kraftvolle Verlangen der Menschen nach Befreiung von traumatischer Not als ein Zeichen der Zeit, das die Kirche ernst nehmen muss, warnte aber auch vor dem übermäßigen Gebrauch marxistischer Gesellschaftsanalyse und vor der Reduktion des Glaubens auf eine politische und strikt weltliche Dimension. Zwei Jahre später und nach einem intensiven Dialog verfasste Papst Johannes Paul II. einen Brief an die Bischöfe von Brasilien, in dem er schrieb, dass die Befreiungstheologie einen „neuen Schritt" in der langen Entwicklung theologischer Reflexion darstellt, der in der gegenwärtigen historischen Situation „nicht nur angebracht, sondern nützlich und nötig ist". Im selben Geist entstand 1986 eine neue Schrift des Vatikans, die „Instruktion über die christliche Freiheit und die Befreiung", die eine umfassend positive Haltung gegenüber dem Wert der Befreiungstheologie einnahm. Man muss auch dazu sagen, dass nur selten ein Kernprojekt der Theologie so schnell und weitreichend in den Mainstream der kirchlichen Lehre aufgenommen wurde. Die Option für die Armen, die Verpflichtung zu gerechtem Handeln und das Zugeständnis, dass die großen Wahrheiten des Glaubens auch eine politische Dimension haben, werden zwar immer noch von wenigen bestritten, sind aber nun Teil der Soziallehre der Kirche geworden.

Anders als das alte dualistische Verständnis, das die Erlösung in die kommende Welt verbannte, sieht die Befreiungstheologie die erlösende Gnade als etwas an, was schon in dieser Welt zum Tragen kommen kann. Ihre Eschatologie verlangt, dass ein sakramentaler „Vorgeschmack“ der gesegneten zukünftigen Königsherrschaft Gottes schon in dieser Welt erfahrbar wird, schon hier, im Brot auf dem Tisch, im sauberen Wasser für die Kinder und im Protest gegen die ungerechten Wirtschaftssysteme. Dieser Weg der Nachfolge könnte die Kirche sogar bis zum Kreuz führen. Die Gruppen, deren Interessen auf dem Spiel stehen, sind mächtig. Ihre Schutztaktik, die vom Eigentlichen ablenken soll, möchte die Aufgaben der Kirche auf einen spiritualisierten Diskurs beschränken, der keinen Einfluss auf die Realität hat, was unweigerlich zum Konflikt führt. In unseren Tagen wächst nämlich ein neuer Schatz an Heiligen und Märtyrern heran, die soziale Verachtung und Ablehnung erfahren haben, vielleicht sogar Gefangennahme, Missbrauch, Verleumdung und Tod. Diese Menschen haben ihr Schicksal als ein Resultat ihres liebenden Eintretens für die Armen gewählt und erfahren. In der Dunkelheit des Leidens und der Trauer gibt der Gott des Lebens dem Widerstand, dem Mut und der Hoffnung, selbst dort wo alle Hoffnung verloren scheint, neue Energie. Die Kirche selbst ist in diesen Kampf verwickelt, sowohl als eine Gruppe von Menschen als auch als eine Institution. Sie öffnet sich, sodass sie transformiert werden kann. „Die Option für die Armen ist weit davon entfernt, zufällig zu sein oder etwas, was man als Christ wählen kann oder nicht. Sie ist zentral für die Sendung der Kirche, und zwar deshalb, weil sie zutiefst mit dem Herzen Gottes und dem Zentrum des offenbarten Mysteriums zusammenhängt“ (Clodovis Boff).

Dieses Verständnis ist ein beeindruckendes Beispiel für das Potential der Armen, die gesamte Kirche zu evangelisieren. Es ruft uns, die wir uns am oberen Rand des Champagner-Glases befinden, auf, Gott dort zu finden, wo wir noch nie gesucht haben: unter den Armen, unter denen, die in der Geschichte vergessen wurden. Wir haben es ihrer Präsenz in der Kirche und ihrer Stimme zu verdanken, dass wir an ein Verständnis der göttlichen Natur erinnert werden, das wir lange vergessen hatten: nämlich, dass sich der Gott des Lebens mit leidenschaftlicher Sorge über die beugt, die Ungerechtigkeit erleben. Wir können nicht länger unser Reden von Gott von einem aktiven Handeln im historischen Prozess der Befreiung trennen.

Für weitere Informationen

Ein ausgezeichnetes Kompendium zur Befreiungstheologie findet sich bei Ignacio Ellacuría und Jon Sobrino (Hg.), *Mysterium Liberationis: Fundamental Concepts of Liberation Theology* (Maryknoll, N.Y.: Orbis Books, 1993; dt. Ausgabe: Mysterium liberationis, Luzern: Ed. Exodus, 1995/96). Es enthält Artikel zu allen wichtigen Themen, so zum Beispiel zu Gott, Christus und Spiritualität; siehe besonders den Artikel von Ellacuría „The Crucified People“ auf den Seiten 580–603. Ernesto Cardenal, *The Gospel of Solentiname* (Orbis, 1976; dt. Ausgabe: Das Evangelium der Bauern von Solentiname, Wuppertal: Hammer, ^{3}1991, ^{1}1980) stellt einen aufrüttelnden Bericht von der Basis dar, der einen Einblick in die biblische Interpretation der *comunidades* gibt. Eine Anthologie der offiziellen kirchlichen Dokumente, darunter auch die „Instruktion“ des Vatikans aus dem Jahre 1984, findet sich bei Alfred Hennelly (Hg.), *Liberation Theology: A Documentary History* (Orbis, 1990).

Gustavo Gutiérrez, der seit langem als der erste wichtige Befreiungstheologe gilt – siehe *A Theology of Liberation* (Orbis 1973/1998; dt. Ausgabe: Theologie der Befreiung, Mainz: Matthias Grünewald, ^{10}1992, ^{1}1973) –, veröffentlichte zwei Meditationen, die die Frage nach Gott beleuchten: *On Job: God-Talk and the Suffering of the Innocent* (Orbis, 1987; dt. Ausgabe: Von Gott sprechen in Unrecht und Leid: Ijob, München: Kaiser, 1988) und *The God of Life* (Orbis, 1991). Interpretationen Christi, die das Verständnis von Jüngerschaft grundlegend beeinflusst haben, gibt es bei Leonardo Boff, *Jesus Christ Liberator: A View from the Victims* (Orbis, 1979; dt. Ausgabe: Jesus Christus, der Befreier, Freiburg i. Br.: Herder, Neuausgabe 1993, ^{1}1986); Juan Luis Segundo, *The Humanist Christology of Paul* (Orbis, 1986) und Jon Sobrino, *Jesus the Liberator* (Orbis, 1993; dt. Ausgabe: Christologie der Befreiung, Ostfildern: Matthias Grünewald ^{2}2008, ^{1}1998) sowie *Christ the Liberator* (Orbis, 2001; dt. Ausgabe: Der Glaube an Jesus Christus. Eine Christologie aus der Perspektive der Opfer, Ostfildern: Matthias Grünewald, 2008). Für eine wunderbare Analyse der tief verwurzelten Spiritualität der Basisgemeinden siehe Sobrinos Artikel „The Experience of God in the Church of the Poor“ in seinem Werk *The True Church and the Poor* (Orbis, 1984) auf den Seiten 125–159. Als einer der wenigen Überlebenden des Massakers an den Jesuiten, das an der Universidad Centroamericana in San Salvador im Jahre 1989 stattfand, spricht er zusammen mit der Haushälterin und ihrer Tochter als einzigartige Zeugen in *The Principle of Mercy: Taking the Crucified People from the Cross* (Orbis, 1994).

María Pilar Aquino, *Our Cry for Life: Feminist Theology from Latin America* (Orbis, 1993), präsentiert die Befreiungstheologie aus der Perspektive der Frauen, die nicht nur durch Armut unterdrückt werden, sondern auch durch ihre untergeordnete Stellung in der Kultur des *machismo*. Siehe dazu auch Elsa Tamez (Hg.), *Through Her Eyes: Women's Theology from Latin America* (Orbis, 1989); Virginia Fabella und Mercy Amba Oduyoye (Hg.), *With Passion and Compassion: Third World Women Doing Theology* (Orbis, 1988), das Stellungnahmen der Konferenzen von Frauen aus Afrika, Asien und Lateinamerika enthält, sowie Ivone Gebara, *Longing for Running Water: Ecofeminism and Liberation* (Minneapolis: Fortress, 1999).

Daniel Maguire, der selbst weiß, gebildet und privilegiert ist, zeigt, wie Solidarität mit den Armen gelebt werden kann, auch von Christen, die nicht arm sind: *A Moral Creed for All Christians* (Fortress, 2005). Seine herausfordernden Kapitel zu den Themen soziale Gerechtigkeit, Frieden und Liebe sind fast lyrisch zu nennen. In ihrer wunderbaren Studie *Great Mystics and Social Justice: Walking on the Two Feet of Love* (New York: Paulist Press, 2006) untersucht Susan Rakoczy das Thema der Spiritualität. Christine Hinze setzt sich in ihrem Artikel „Straining toward Solidarity in a Suffering World“ in William Madges (Hg.), *Vatican II: Forty Years Later* (Orbis, 2006), 165–195, mit den ethischen Konsequenzen auseinander. Hieraus habe ich die Metapher vom Unkraut (engl.: kudzu) übernommen.

5
Gott als starke Frau

Kontext: Erfahrungen von Frauen

Bedenken wir nun die Entdeckung, die die Welt aufgrund der Begegnungen von Frauen mit dem befreienden Gott des Lebens in unseren Tagen machen durfte. Hier geht es nicht nur um neue religiöse Erfahrungen, die sich aus dem Kampf gegen die entmenschlichende Armut ergeben haben – obwohl dieser natürlich eine wichtige Rolle spielen kann –, sondern auch um die Erfahrungen, die sich aus dem historischen Kampf der Frauen gegen die Jahrhunderte andauernde Diskriminierung gegen sie aufgrund ihres Geschlechts entwickelten. Simone de Beauvoir prägte die einprägsame Bezeichnung „das zweite Geschlecht", oder das minderwertige Geschlecht, um den Status der Frauen zu beschreiben. Diese Bezeichnung weist darauf hin, dass Frauen zwar als menschliche Wesen identifiziert werden und dass sie über eine große Anzahl von Gaben verfügen, aber dass ihr Wert doch wieder und wieder dem der Männer untergeordnet wurde, durch Theorien, Symbole, Rituale und Strukturen sowohl der Gesellschaft als auch der Kirche, an deren Gestaltung die Frauen selbst kaum beteiligt waren. Diese Voreingenommenheit wird noch durch die Vorurteile verschlimmert, die sich aus Rasse und Klasse ergeben, sodass arme farbige Frauen auf den untersten Sprossen der sozialen Leiter stehen. Im Kampf um volle und gleiche Menschenwürde haben die Frauen nun einen Eindruck davon bekommen, dass der lebendige Gott, der die Frauen nach dem göttlichen Bilde und ihm ähnlich geschaffen hat, nicht nur will, dass sie gedeihen, sondern sich auch in ihrem Frau-sein widerspiegelt.

Gesellschaft

Während der Feierlichkeiten, die um das Jahr 2000 stattfanden, formulierten die Vereinten Nationen acht Millenniumsziele, die Regierungen und NGOs bis zum Jahr 2015 erfüllen wollten. Fünf dieser Ziele, wie zum Beispiel das Ziel, extreme Armut und Hunger zu halbieren und die Verbreitung von HIV/AIDS zu stoppen, betreffen die ganze menschliche Gemeinschaft, Männer, Frauen und Kinder. Drei dieser Ziele heben jedoch auf Frauen ab: dass Mädchen wie Jungen eine komplette Grundschulbildung erhalten, dass die Müttersterblichkeit um drei Viertel reduziert wird, und dass Frauen wirtschaftlich gestärkt werden, um Männer und Frauen gleichzustellen. Der Umstand, dass diese Ziele überhaupt formuliert werden mussten, zeigt, wie wenig selbstverständlich diese sozialen Werte und Güter im Leben von Millionen von Mädchen und Frauen sind.

Einige Jahrzehnte davor hatten die Vereinten Nationen Statistiken erstellt, die den Hintergrund für die Millenniumsziele bildeten. Während Frauen die Hälfte der Weltbevölkerung ausmachen, gehen drei Viertel der geleisteten Arbeitsstunden weltweit auf sie zurück. Sie erhalten nur ein Zehntel aller Gehälter und Löhne, die weltweit gezahlt werden, sie besitzen nur ein Hundertstel des Privatlandes unseres Planeten, zudem sind zwei Drittel aller erwachsenen Analphabeten Frauen. Zusammen mit ihren minderjährigen Kindern machen Frauen 75 % der Hungernden weltweit aus und 80 % der obdachlosen Migranten. Um ein dunkles Bild noch düsterer zu malen: Gewalt beherrscht das Leben vieler Frauen. Frauen sind Opfer häuslicher Gewalt durch Ehemänner und Freunde, die sie nicht zufriedenstellen. Sie werden von Männern vergewaltigt, prostituiert, verkauft und ermordet – und das in einem unverhältnismäßig hohen Maße. Nimmt man noch die Themen Herkunft und Klasse hinzu, wird noch deutlicher, mit welcher Komplexität an Macht Frauen zu kämpfen haben, um die Fülle des Lebens zu erreichen. Hier geht es nicht darum, aus Frauen Opfer zu machen oder den (sündigen und/oder gnadenvollen) Willen von Frauen zu verneinen, der im Überfluss vorhanden ist. Hier sollen lediglich die Statistiken betont werden, die die Ungleichheit von Frauen in der Gesellschaft aufgrund ihres Geschlechts aufzeigen. In keinem Land der Welt sind Frauen und Männer gegenwärtig gleichberechtigt.

Kirche

In der Kirche findet man eine ähnliche Situation. Ein früher christlicher Hymnus erklärt, dass die Wasser der Taufe die Menschen zu einer Gemeinschaft von Brüdern und Schwestern machen, die einander in gegenseitiger Liebe verbunden sind: *„Es gibt nicht mehr Juden und Griechen, nicht Sklaven und Freie, nicht Mann und Frau; denn ihr alle seid ‚einer' in Christus Jesus."* (Gal 3,28) Doch entgegen dieser Theologie, die im Wirken Jesu und der weiterführenden Gegenwart des Heiligen Geistes verwurzelt ist, und entgegen der unentbehrlichen Teilnahme von Frauen bei der Gründung und Verbreitung der Kirche wurden Frauen marginalisiert, seitdem sich die Kirche etabliert hatte. Von leitenden Tätigkeiten ausgeschlossen, hatten Frauen über Jahrhunderte keine Stimme, wenn es darum ging, die Doktrin der Kirche, ihre moralischen Lehren oder das Gesetz zu artikulieren. Ihre Weisheit durfte das Wort der Evangelien nicht auslegen, denn sie waren von der Kanzel und vom Altar verbannt. Ihre Spiritualität durfte die Kirche, die im Gebet versammelt war, nicht anführen.

Der simple Umstand, dass Frauen aus der öffentlichen Sphäre verbannt waren, führte zu der Annahme, dass Männer einen privilegierten Platz vor Gott einnehmen. In diesem Milieu entwickelte die Theologie extrem frauenfeindliche Sichtweisen auf die den Frauen eigene Natur. Ein Autor des Neuen Testaments begründete mit seiner Lehre eine verachtenswerte Tradition der Kirche:

> *Eine Frau soll sich still und in aller Unterordnung belehren lassen. Dass eine Frau lehrt, erlaube ich nicht, auch nicht, dass sie über ihren Mann herrscht; sie soll sich still verhalten. Denn zuerst wurde Adam erschaffen, danach Eva. Und nicht Adam wurde verführt, sondern die Frau ließ sich verführen und übertrat das Gebot. Sie wird aber dadurch gerettet werden, dass sie Kinder zur Welt bringt …* (1 Tim 2,11–15a)

Wichtige Denker in der kirchlichen Tradition griffen diese Gedanken auf und stimmten ihnen zu. Im dritten Jahrhundert bezeichnete Tertullian die Frau als die zweite Eva. Sie „erweiche den Mann, gegen den sich der Teufel nicht mit Macht durchsetzen könne, mit schmeichelnden Worten“, alle Frauen seien „das Eingangstor des Teufels“. Sie brächten Männer in Versuchung, und wegen ihrer Sünden hätte der Sohn Gottes sterben müssen. Augustinus bekräftigte zwar, dass die Frau dem Mann in ihren spirituellen Kapazitäten gleichzusetzen sei, lehrte aber auch, dass „die Frau“ wegen ihres Körpers und ihrer sozialen Rolle „nicht das Ebenbild Gottes“ sei, aber als solches gesehen werden könne, wenn sie zusammen mit ihrem Mann, der ihr Herrscher sei, betrachtet werde. Thomas von Aquin definierte die Frau im Mittelalter als „defekten Mann“, missgeschaffen, wenn der Mann den Geschlechtsakt nur mit unvollkommener Kraft vollzieht. Im 16. Jahrhundert lehrte Martin Luther, dass eine Frau ihrem Ehemann untertan sein muss: Während er sich um Geschäft und Politik kümmert, solle sie zu Hause bleiben „wie ein Nagel, der an einer Wand befestigt ist“ und das Haus hüten: „Auf diese Art und Weise wird Eva bestraft.“ Diese Litanei setzt sich weiter und weiter fort. Durch die Jahrhunderte hindurch führte die gehäufte Wirkung dieser voreingenommenen Sichtweisen verbunden mit Praktiken der Exklusion zu einer Degradierung von Frauen als „zweites Geschlecht“ in Kirche und Gesellschaft, mit schädlichen Wirkungen für ihre Person und die gesamte Gemeinschaft.

„Frau, du bist von deinem Leiden erlöst." (Lk 13,12)

Die Frauenbewegung in den 1960er und 1970er Jahre veranlasste die Frauen, die Gründe für ihren untergeordneten Status zu analysieren und Strategien für Veränderungen zu entwickeln. Das wirkte sich auch auf das religiöse Leben von Frauen aus und führte zu so etwas wie einer spirituellen Erweckung. Frauen erkannten, dass sie in Kirche und Gesellschaft untergeordnet waren, und kritisierten diese Situation im Licht der Guten Nachricht: in nordamerikanischen Gebetsgruppen, Leseklubs und politischen Vereinigungen, in lateinamerikanischen kirchlichen Basisgemeinden und Müttervereinen, in asiatischen Nachbarschaftsvereinen und Gruppen zur Nachbarschaftshilfe, in afrikanischen Gemeinschaftszentren und Gesellschaften zur Gesundheitsfürsorge, in europäischen spirituellen Zentren und Selbsthilfegruppen innerhalb der Gemeinden sowie in australischen Allianzen für Reformen. Sie, die jahrhundertelang still und unsichtbar agierten, begannen nun sich aufzurichten, wie die Frau im Evangelium des Lukas, die 18 Jahre lang krumm gegangen und nun von Jesus befreit worden war. Wie diese fanden sie nun ihre Stimmen und begannen in der Mitte der versammelten Gemeinde ihre Stimmen zu erheben. Sie äußerten Kritik an der Sünde des Sexismus und deckten Missbrauch auf. Sie erforschten die Bedeutung des christlichen Glaubens und entdeckten seine reichhaltigen emanzipatorischen Möglichkeiten für sich selbst, ihre Töchter und die gesamte christliche Gemeinschaft.

In diesem Prozess erlebten die Frauen, dass sie – im Gegensatz zu dem, was über sie gesagt worden war und was sie verinnerlicht hatten – in den Augen Gottes von unschätzbarem Wert sind. Daraus resultiert berechtigte Liebe zum Selbst und Umkehr, weg von allem, was ihre Identität trivialisiert, hin zu einer grundlegenden Bestätigung ihres menschlichen und weiblichen Selbst in all seiner Diversität. Folgerichtig haben einige Frauen die Kirche verlassen, deren männliche Dominanz ihr religiöses Erleben so verzerrt hatte. Andere sind abtrünnig geworden, verbleiben dabei *im* System, ohne jedoch Teil *des* Systems sein zu wollen. Einige bleiben aber auch in der Kirche und hoffen, sie zum Nutzen des Evangeliums in den kommenden Generationen reformieren zu können. Durch die Entdeckung der Frauen, dass sie Geliebte eines Gottes sind, der die Fülle des Lebens für sie möchte, wird das Unterste zuoberst gekehrt.

Vielfalt

Die Theologie, die mit einem Blick auf das Erleben von Frauen artikuliert wurde, wurde am Anfang mit dem Adjektiv „feministisch", nach dem Lateinischen *femina* („Frau"), betitelt. Entstanden in Nordamerika, hat sich dieses Glaubensmuster, das nach neuem Verstehen sucht, sehr schnell in viele neue Denkarten entfaltet, die dem politischen und philosophischen Engagement ihrer Betreiber/innen entsprachen. Heute gibt es liberale, soziale, kulturelle, radikale, befreiungstheologisch geprägte und postmoderne feministische Theologien, Bezeichnungen, die die Arbeit beschreiben, die weiße amerikanische Frauen anglo-europäischer Herkunft in diesem Feld tun. Alle beziehen sich auf die Lehre im Buch Genesis, die Frauen und Männer als gleichartig und nach dem Bilde Gottes geschaffen darstellt. Alle unterstreichen auf die eine oder andere Weise die göttliche Solidarität mit dem Kampf der Frauen um Menschenwürde. Rosemary Radford Ruether fasste das Kriterium, dass die Reflexion leitet, in folgende Worte: „Was die volle Menschenwürde der Frauen verneint, verkleinert oder verkrümmt, wird nicht als erlösend verstanden … Das, was die volle Menschenwürde der Frauen unterstützt, kommt vom Heiligen, es reflektiert die wahre Beziehung mit dem Göttlichen, die authentische Botschaft der Erlösung und die Sendung der erlösenden Gemeinschaft." Indem sie sich von den männlich dominierten Arten der Gesellschafts- und Kircheninterpretation abwenden, vertreten die feministischen Theologien eine alternative Vision von

Gemeinschaft, die Gleichheit und Gegenseitigkeiten zwischen den Geschlechtern, den Rassen, den Klassen, allen Völkern und zwischen den Menschen und der Erde im Auge hat. Sie versuchen zudem aktiv, diese Vision Realität werden zu lassen.

Anders als die anglo-europäischen Frauen erleben die amerikanischen Frauen afrikanischer Herkunft die Vorurteile gegen sie nicht nur als auf ihrem Geschlecht basierend, sondern auch auf ihrer Herkunft. Oft ist auch die Frage der sozialen Klasse bedeutend. Um zu zeigen, dass es bei dem Raub ihrer Menschenwürde um alle diese Fragen geht, haben die schwarzen Frauen in den USA ihr Projekt „Womanist"-Theologie genannt. Die Schriftstellerin Alice Walker definierte den Begriff „womanist" als Derivat des schwarzen Begriffes „womanish" (im Gegensatz zu „girlish", mädchenhaft), der unverschämt, unverfroren, mutig oder eigensinnig bedeutet. Eine „Womanistin" ist eine Erwachsene, so Walker, die kein Problem damit hat, dass ihre Umgebung das deutlich sehen kann. Ihre Liebe ist universal und beinhaltet Männer und Frauen, Musik, Tanz, Essen, alles Runde und den Geist. Sie liebt sich selbst, ohne Wenn und Aber. Sie tritt für das Überleben ihres Volkes ein, sowohl für Männer als auch für Frauen. In der und durch die Befreiung der schwarzen Gemeinschaft beinhaltet die Vision der Womanist-Theologie das Ziel der Befreiung aller, die aufgrund ihrer Rasse, ihres Geschlechtes oder ihrer Klasse unterdrückt werden.

US-amerikanische Frauen, die einen lateinamerikanischen Hintergrund haben, erleben ebenfalls Zurücksetzung aufgrund ihrer Herkunft und Klasse, sowie natürlich auch aufgrund ihres Geschlechts. Einige Theologinnen in diesem Kontext arbeiten unter dem Banner der *mujerista*-Theologie, was vom spanischen *mujer* („Frau") abgeleitet ist, andere bevorzugen die Bezeichnung „Latina" oder „Latina Feministin". *Mujerista*- oder Latina-Theologie ist eine reflektierende Handlungsweise, die die Frauen und die kulturellen Besonderheiten ihrer Volksfrömmigkeit in das Zentrum der Aufmerksamkeit stellt. Auf ganz ähnliche Weise erproben US-amerikanische Frauen mit asiatischem Hintergrund, welche Bedeutung das Evangelium im Licht ihres besonderen Erbes hat. Hierzu gehören die Mischung von religiösen Kulturen, von formaler Frömmigkeit und Volksfrömmigkeit, die in Asien beheimatet sind. Alle diese Theologien bestätigen den Wert des alltäglichen Lebens der Frauen. Sie versuchen, die Beziehungen der Frauen zu Gott zu verstehen, und unterstützen alles, was diese besondere Beziehung nährt. Sie unterstützen auch den Kampf der Frauen um das Überleben, einen Kampf, der die Gemeinschaften, in denen Frauen leben, mit einbezieht, da sie nicht von diesen getrennt werden können.

Schaut man über den nordamerikanischen Horizont hinaus, findet man Frauen, die Theologie betreiben – oft ist dies für sie mit großen Schwierigkeiten verbunden –, überall dort, wo die theologische Ausbildung für sie geöffnet wurde und wo die wirtschaftliche Situation es erlaubt. Von Indien bis Australien, Belgien bis Brasilien, Nigeria bis Costa Rica, Italien bis Südkorea – überall strebt ihre Arbeit danach, das Verständnis für die Herrlichkeit Gottes, die eng mit allen Frauen, den schwarzen, braunen, gelben, roten, weißen und besonders armen, unterdrückten und an den Rand gedrängten, verbunden ist, zu wecken und zu stärken. Es geht um die Frauen und die Fülle ihres Lebens: *Gloria Dei, vivens femina.* Diese Theologinnen sprechen nicht nur die Geschlechterschieflage an, sondern alle Kräfte, die die Frauen ihrer Menschenwürde berauben. Teresia Hinga aus Kenia erklärt: „Bei den afrikanischen Feministinnen wird die Bezeichnung ‚Netz der Unterdrückung' für alle miteinander verwobenen Arten der Unterdrückung benutzt, mit denen sich die Frauen als den Resultaten von Rassismus, Klassismus, Kolonialismus, Militarismus und Sexismus auseinandersetzen müssen. Alle Frauen, die in der sogenannten ‚Dritten Welt' leben, müssen mit diesen Problemen umgehen." Zu diesen Arten von Unterdrückung fügen manche noch den Heterosexismus hinzu, der mit seiner patriarchalen Betrachtungsweise lesbische Frauen als minderwertige Frauen ansieht, weil sie kein Verlangen nach Männern haben. Die Stimmen der Frauen sind nun auf jedem Kontinent zu hören, weil sich Frauen überall mit diesen sich vermischenden und überschneidenden Kräften auseinandersetzen müssen.

In der Theologie der Frauen werden bestimmte Begriffe benutzt, die die unterdrückenden Muster im sozialen und mentalen Verhalten besser beschreiben. *Patriarchat,* oder „Herrschaft des Vaters“, bezieht sich auf die sozialen Strukturen, wo die Macht immer in den Händen des dominanten Mannes oder der dominanten Männer liegt. Im Patriarchat haben Frauen nie Zugang zu den sozialen Machpositionen. *Androzentrismus,* oder die Zentrierung auf das Männliche, weist auf alle Denkweisen hin, die Männer privilegieren. Durch Androzentrismus wird alles, was Männer erleben, für die gesamte Menschheit, ob männlich oder weiblich, als normativ verstanden. Frauen sind immer sekundär, am Rand, weniger menschlich als Männer. Heute kommt mehr und mehr zum Vorschein, dass es der nach Befreiung strebenden feministischen, womanistischen, *mujerista-* oder Latina-Theologie, und der Theologie von Frauen in der Dritten Welt nicht darum geht, Frauen in die Gesellschaft und die Kirche zu integrieren, wo die patriarchalen Strukturen und androzentrischen Theorien noch die Norm bilden. Es geht nicht darum, „Frauen dazuzugeben und umzurühren“, da dieses Rezept weitere Probleme für die Frauen nach sich ziehen würde, die ihre grundeigenen Gaben aufzugeben hätten, um in die von Männern dominierte Welt zu passen. Stattdessen erkennt man, dass die Strukturen der Kirche und der Gesellschaft einer Transformation bedürfen, um einen Raum für eine neue Art von gegenseitiger Partnerschaft zu eröffnen. Das Ziel ist eine neue Art von Gerechtigkeit.

Zeichen von Gottes Präsenz und Handeln

Auf diesem neuen Gebiet entdeckt die Theologie alte und unanfechtbare Wahrheiten mit neuer Klarheit: Gott liebt die Frauen und wünscht sich mit Leidenschaft, dass sie aufblühen. Wenn

Frauen Gewalt angetan wird – ihren Körpern oder ihrem Geist –, ist das eine Beleidigung der göttlichen Herrlichkeit. Wenn Befreiung voranschreitet, die Vorurteile ausräumt und die Menschenwürde der Frauen befördert, dann ist dies ein Sieg für das Reich Gottes. Wenn Frauen sich ihre Menschenwürde auf jedem möglichen Gebiet erkämpfen, bemerken sie, dass der Gott des Lebens mit ihnen ist und ihre Bemühungen unterstützt, hat doch der Heilige die Sklaven aus Ägypten befreit und Jesus von den Toten auferweckt. Gott zeigt keine Reue, wenn es darum geht, auf der Seite derer zu stehen, denen die Fülle des Lebens verwehrt ist.

Frauen, die sich diesen Herausforderungen gestellt haben, erleben in ihrem Gebets- und Glaubensleben ein starkes Unbehagen, wenn sie die dominanten Bilder von Gott als Vater, Herr und König benutzen sollen. Hier geht es um mehr als um Wörter. Während die Sprache unsere Welt reflektiert, beeinflusst sie auch die Art und Weise, wie wir unsere Erfahrung der Welt konstruieren. Die gänzlich männlichen Gottesbilder, die von der Tradition geheiligt wurden und auch noch heute benutzt werden, sind hierarchische Bilder, die in den ungleichen Beziehungen zwischen Männern und Frauen wurzeln. Ihre Funktion ist es, diese Hierarchien aufrechtzuerhalten. Diese Bilder sind aber nicht mehr adäquat für den Glauben, wenn Frauen nicht länger mit Männern in Beziehung treten, die sich wie patriarchale Väter, Herren oder Könige verhalten. Dann weisen diese Bilder nicht mehr auf Gott hin, sondern versperren den Blick auf Gott.

Die Latina-Theologin María Pilar Aquino beschreibt die gegenwärtigen Veränderungen so: „Als die Frauen realisierten, dass die uralte Unterdrückung aufgehoben werden könnte und dass Gott an ihrer Seite ist, wurde ihre traditionelle Sichtweise, dass Gott im Interesse der Männer handelt, herausgefordert." Der patriarchale Herr, der ihre Unterordnung verlangte, wurde durch einen Gott ersetzt, dessen Innerstes die Liebe ist, „der frei empfängt und schafft und dessen besondere Seins-Weise aus Mitleid und Erbarmen besteht." Ausgehend von ihrer eigenen Lebenssituation suchten Frauen neue

Möglichkeiten, wie das Göttliche zu verstehen ist, Möglichkeiten, die den Aspekt der Gegenseitigkeit in die Beziehung bringen. Sie fanden einen Gott, der ein Liebhaber ist, so wie im biblischen Hohelied, wo Frau und Mann beide die Initiative ergreifen, um einander zu suchen und, wenn sie sich gefunden haben, die Schönheit des anderen zu preisen. Sie entdeckten, dass Gott ein Leben schenkender Geist ist, den sie in sich selbst finden können und in allem, was Leben gibt und unterstützt. Für diese Frauen ist Gott nicht mehr derjenige, der jedes Problem löst, so wie ein Vater oder ein großer Bruder das hilflose kleine Mädchen beschützt und erwartet, dass es still und dienstbereit ist. Frauen betonen nun die allumfassende Liebe, die sie zur eigenen Freiheit befreit. In dieser Art von Beziehung begannen die Frauen, ihren eigenen Kräften zu vertrauen, die sie als Funktion ihres Frau-Seins in seiner ganzen Fülle verstanden. Astrid Lobo, eine Wissenschaftlerin und aktive Laienführerin in der indischen Kirche, bemerkte einmal: „Ich verstehe Gott nicht mehr als Retter. Ich verstehe sie mehr als eine Macht und eine Kraft in mir selbst," die uns dazu aufruft, unsere eigenen Ressourcen zu nutzen. Gott ist die kreative Macht, ein Freund und jemand, der Freunde sucht, ein Partner, der Frauen in Freude und Leid zu schätzen weiß, auch in Dank und Wut und in ihrer Fähigkeit, die Welt zu verändern.

Stellen sich Frauen das unbegreifliche Mysterium Gottes in solchen nicht-autoritären Denkweisen vor, treffen sie auf eine weitere Frage. Das Heilige Mysterium, das die Quelle, die erhaltende Kraft und das Ziel der Welt ist, kann nicht auf eine Art von Bildern oder Vorstellungen reduziert werden, sondern transzendiert sie alle. Sollte das Weiblich-Sein verhindern, dass man Gott benennt? Oder können die weiblichen Lebenswelten ein sakramentales Zeichen von Gottes Präsenz und Gottes Handeln sein? Wenn Gott die Frauen nach dem Abbild des Göttlichen geschaffen hat, erklären die Theologinnen, können wir dann nicht Ähnliches tun und weibliche Metaphern benutzen, um den lebendigen Gott zu benennen? Kann vom lebendigen Gott nicht mit weiblicher Terminologie gesprochen werden?

Die Bedingung, die erfüllt sein muss, damit dies geschehen kann, ist, dass Frauen sich selbst als Geliebte Gottes verstehen. In einem Theaterstück spricht Ntozake Shange das Dilemma an, schwarz, weiblich und am Leben zu sein, und fasst die Dynamik dieses neuen religiösen Erlebens in Worte. Nach aufwühlenden Abenteuern mit Vorurteilen, Verletzungen und dem Überleben ersteht eine große schwarze Frau aus der Hoffnungslosigkeit und schreit: „Ich habe Gott in mir selbst gefunden, und ich liebe sie, liebe sie mit aller Kraft." Es ist dieses Finden und dieses leidenschaftliche Lieben des weiblichen Selbst in Beziehung zu Gott, das die Wiederentdeckung der weiblichen Bilder für Gott fördert. Diese Bilder haben wiederum den Effekt, dass sie das Besondere der Frauen auf jedem Level bestätigen. Von Sünde gezeichnet und mit Gnade gesegnet haben Frauen die Ehre, Gottes Bild und Abbild zu sein. Wenn Frauen das bemerken und anerkennen, klingen die Glocken ihrer Seelen und läuten Veränderungen für das traditionelle männliche Gottesbild ein.

Das eingravierte Bild

Der Hintergrund, vor dem sich diese Einsicht in die Gottesnatur erhebt, ist die jahrhundertealte Praxis, von Gott in einer Sprache zu reden, die den machthabenden Männern entspricht. Da sie die Autorität in der Kirche besaßen, nahmen sich Männer das Recht, von Gott zu sprechen. Ihre eigene privilegierte Position diente folgerichtig als Hauptmodell für die Beschreibung des Göttlichen. Die sprachlichen Beschreibungen Gottes in der Liturgie, der Predigt und der Katechese, sowie die bildlichen Darstellungen Gottes in der Kunst haben im Denken der Menschen eine starke Verbindung zwischen dem Göttlichen und dem Männlichen geschaffen. Betrachtet man zum Beispiel die Decke der Sixtinischen Kapelle in Rom, erkennt man den Einfluss der westlichen Vorstellungskraft deutlich. Vom einen Ende der Kapelle zum anderen wird Gott als alt, weiß, gut genährt und männlich dargestellt – der Inbegriff derer, die in Michelangelos Zeit an der Macht waren. An einer berühmten Stelle streckt er seinen göttlichen Finger aus, um einen jungen, weißen Mann nach seinem Abbild zu erschaffen. Hier sieht man, wie sich Rasse, Klasse und Geschlecht in dieses Bild hineinschleichen. Warum konnte Gott nicht als junger oder als schwarzer Mensch dargestellt werden, oder als Frau, oder alles zusammen? Das traditionelle Gottesbild hält sich hartnäckig. In Alice Walkers Buch *Die Farbe Lila* sagt Celie: „Den weißen Mann kriege ich einfach nicht aus meinen Augen." Als es öffentlich wurde, dass seine Großeltern Michail Gorbatschow, damals der Führer der Sowjetunion, als Baby getauft hatten, fragte ihn ein amerikanischer Reporter, ob er an Gott glaube. Er antwortete: „Oh, ich glaube nicht an ihn." Sogar Atheisten gehen davon aus, dass Gott männlich ist.

Das Symbol, das Gott bezeichnet, hat eine Funktion. Es ist niemals neutral in seinen Auswirkungen, sondern formt und drückt aus, was eine Gemeinschaft im Innersten glaubt und wie sie handelt. Die theologische Arbeit von Frauen zu diesem Thema hat überdeutlich klargemacht, dass die Praxis, Gott ausschließlich nach dem Abbild mächtiger Männer zu bezeichnen, mindestens drei verderbliche Resultate mit sich gebracht hat.

Erstens wird männlich-zentrierte Sprache von Gott, weil es keine Alternative gibt, wörtlich genommen. Dadurch wird der lebendige Gott auf einen Götzen reduziert. Ausschließlich männliche Sprache lässt uns die Unbegreiflichkeit des Heiligen Mysteriums vergessen und verringert den lebendigen Gott zu einer Fantasie der ewig regierenden Männer. Als Rosemary Radford Ruether einmal auf einer Konferenz zu diesem Thema sprach, stand ein Theologe auf, um eine Gegenmeinung anzubieten. Verärgert argumentierte er: „Gott ist nicht männlich. *Er ist Geist.*" Wenn das der Fall wäre, sagte Ruether, warum gibt es dann so viel Ärger, wenn weibliche Bilder oder das Personalpronomen „sie" für Gott benutzt werden? Die Konflikte, die über solche Bezeichnungsweisen ausbrechen, zeigen, dass das Männliche immer dahintersteht – wenn auch nur ein kleines bisschen –, wenn wir über Gott sprechen. Fester als Stein, alle Bilderstürmerei widerstehend, wird das regierende männliche Substratum des Gottesbildes in theologische Sprache gegossen und in öffentliches und privates Gebet eingraviert.

Zweitens hat die exklusive Nutzung patriarchaler Sprache für Gott neben diesem theologischen Fehler mächtige soziale Auswirkungen. „Ein Gott, ein Papst, ein Kaiser“: von Konstantin an haben diese männlich-dominanten Gottesbilder dazu gedient, das Patriarchat in Kirche und Gesellschaft zu rechtfertigen. Im Namen des Königs der Könige und des Herren der Herren, der die Welt regiert, haben Männer die Aufgabe übernommen, zu befehlen und zu kontrollieren und ihre Autorität auf der Erde auszuüben, wie sie im Himmel ausgeübt wird. Mary Dalys knapper unvergleichlicher Satz fängt das Grundprinzip ein: „Wenn Gott männlich ist, dann ist das Männliche Gott.“

Indem exklusiv männliche Bilder für Gott an der unvertretbaren Idee festhalten, dass Männlichkeit göttlicher ist als Weiblichkeit, implizieren sie drittens, dass Frauen weniger mit dem Göttlichen zu tun haben. Eine solche Sprache beraubt Frauen der Würde, die erwächst, wenn man die gnadenvolle Realität Gottes mit ihren eigenen weiblichen Bildern benennt. Carol Christ bemerkte einmal, dass eine Frau schon verstehen könnte, dass sie nach dem Bild Gottes geschaffen ist, aber nur dann, wenn sie sich von ihrer konkreten Körperlichkeit trennt. Jedoch kann sie nie das erleben, was jeder Mann und jeder Junge ihrer Kultur problemlos erlebt, nämlich, dass ihre gesamte geschlechtsbezogene Identität als etwas bestätigt wird, was nach dem Bilde Gottes geschaffen ist. So wird eine unterbewusste Dynamik in Gang gesetzt, die die Frauen ihrer eigenen spirituellen Kraft entfremdet und gleichzeitig ihre Abhängigkeit gegenüber den männlichen Autoritäten bestärkt, die – so glaubt man dann – dafür verantwortlich seien, als Mittler für die Frauen vor Gott zu treten.

Propheten und religiöse Denker haben immer betont, dass man sich von falschen Göttern abwenden und sich ihrem Zugriff entziehen muss und sich stattdessen dem lebendigen Gott zuwenden soll. In diesem Kontext hat die Suche nach dem weiblichen Gesicht Gottes große Bedeutung. Relativiert man das auf Männer zentrierte Bildprogramm, kann das Idol von seinem Sockel gehoben und können der Würgegriff des patriarchalen Diskurses und seine schädlichen Resultate beendet werden. Gott ist nicht im wahrsten Sinne des Wortes ein Vater, ein König oder ein Herr, sondern etwas viel Größeres, was noch darüber hinausgeht. Das ist die zu ehrende Wahrheit. Das alles bedeutet jedoch nicht, dass männliche Metaphern nicht dazu benutzt werden können, auf das Göttliche hinzuweisen. Auch Männer sind geschaffen, erlöst und geheiligt durch die gnadenvolle Liebe Gottes. Bilder und Metaphern, die aus ihrem Lebensbereich genommen werden, können Gott genauso adäquat oder inadäquat beschreiben, wie es Metaphern aus dem Lebensbereich von Frauen tun. Benennt man Gott aber mit weiblichen Metaphern, befreit man das göttliche Mysterium aus dem uralten patriarchalen Käfig, sodass Gott dann wirklich Gott sein kann – unbegreifliche Quelle, erhaltende Macht, das Ziel der Weltgeschichte, heilige Weisheit, uns innewohnender Geist, Grund des Seins, das Jenseits in unserer Mitte, die absolute Zukunft, das Sein selbst, Mutter, Nährboden, Liebhaber, Freund, unendliche Liebe, das Heilige Mysterium, das die Welt umgibt und trägt. Diese Art der Namensgebung, die so entscheidend für die Integrität der Theologie ist, gibt uns auch die Möglichkeit, im heutigen Kontext neue Wege zur Gerechtigkeit zu eröffnen.

Die weiblich inspirierten Darstellungen der Überfülle Gottes in Bezug auf die Erschaffung und Erlösung der Welt und ihren Ruf zu eschatologischem Frieden erfolgen mit prophetischer Kraft und fordern alle zur Umkehr heraus, eine neue Gemeinschaft zu bilden, in der Gerechtigkeit herrscht. Wie die Geschichte der Religionen zeigt, kann die Sprache über Gott allein diese Transformation nicht bewältigen. Weibliche Gottheiten und die Unterordnung der Frau koexistierten und koexistieren noch. Aber im Kontext der sozialen Bewegung für die Gleichberechtigung der Frau und ihre Menschenwürde, die nun den Globus umspannt, hat das Reden über Gott das einzigartige Potential, Veränderungen auf einem tiefen und anhaltenden Niveau anzustoßen. Wenn Gott „sie“ und „er“ ist – und tatsächlich keines von beidem –, kann eine neue Möglichkeit imaginiert werden, von einer Gemeinschaft, die Unterschiede ehrt und es Frauen und Männern erlaubt, am Leben gleichermaßen teilzuhaben.

Gott Mutter

Eine Gruppe der weiblichen Bilder für das Göttliche in Schrift und Tradition ist um das Muttersein der Frauen herum zentriert. Wir müssen die Schwierigkeiten, die mit dieser Metapher zusammenhängen, klar benennen. Nicht jeder hatte eine positive Mutterfigur in seinem Leben, es gibt zornige, unzuverlässige, mürrische, obsessive, süchtige, unzulängliche und Schrecken einflößende Mütter. In der patriarchalen Gesellschaft wurde außerdem ein ganzes System von Verzerrungen hinsichtlich der Institution der Mutterrolle aufgebaut, die dem Erleben des Mutter-Seins entgegenstehen. Diese Gesellschaft wirbt für den Kult der Mutterschaft und benutzt sentimentale Rhetorik hinsichtlich der mysteriösen und zärtlichen Natur der Frauen, die dazu führt, dass in dieser Theorie nur eine Frau mit Kindern eine wahre und erfüllte Frau sein kann. Für die, die Kinder haben, preist diese Gesellschaft eine Ideologie des Dienens und Leidens an, die die Frauen ermutigt, pathologisch ihr Selbst aufzuopfern. Dieser sentimentale Blick auf die Mutterschaft übersieht, dass mütterliches Denken eine moralische Denkweise ist: Das Überleben anderer hängt von ihrer Initiative und ihrem Einsatz ab. Für die, die keine Kinder haben, ob gewollt oder ungewollt, beinhaltet diese Rhetorik eine Abwertung, denn diese Frauen reichen nicht an das hehre Ziel heran. Für alle Frauen gilt: Wird die Mutterschaft emporgehoben bis hin zum Ausschluss aller anderen beruflichen Möglichkeiten, wird die Breite ihrer Lebenserfahrungen ernsthaft beschnitten.

Trotz dieser Schwierigkeiten hat die Vorstellung von Gott als Mutter eine große und positive Kraft in sich, die die kreative Quelle und den Beginn des Lebens hervorhebt. Für das Kind ist Mutter-Sein vor allem mit Bemuttern im positiven Sinne verbunden, mit den basalen menschlichen Erfahrungen des Getröstet-Werdens, der Sicherheit, des Genährt-Werdens, des Mitleids, der Sicherheit und Versicherung, gehalten zu werden, sich in einer Wiege zu befinden, beschirmt und beschützt zu sein – der Erfahrung, geliebt zu werden. Auch für Mütter kann das Mutter-Sein – wenn es als aktive Erfahrung kreativen Eingebunden-Seins verstanden wird – eines der ekstatischsten und am meisten erfüllenden Erfahrungen des Lebens sein. Weil es die Frauen sind, deren Körper einen neuen Menschen in das Leben tragen und entbinden, und weil es traditionell die Frau ist, die meist die Verantwortung des Nährens und Aufziehens bis zur Selbstständigkeit übernimmt, kann die Metapher der Mutter für Gott eine einzigartige Macht haben, die menschliche Beziehung zum Mysterium, das alles erschafft und für alles sorgt, auszudrücken.

In der Bibel, vor allem bei den Propheten, gibt es eine Anzahl von Texten, die den Heiligen Israels als eine schwangere Frau porträtieren, die in den Wehen liegt, die entbindet, die stillt, die ihre Kinder trägt und sie beim Aufwachsen unterstützt. Der dahinterstehende Gedanke ist immer das unverbrüchliche Mitleid Gottes für die mit Gott im Bund verbundenen Menschen:

> *Kann denn eine Frau ihr Kindlein vergessen, eine Mutter ihren leiblichen Sohn? Und selbst wenn sie ihn vergessen würde: ich vergesse dich nicht.* (Jes 49,15)

Die Mutter-Metapher setzt sich in das Neue Testament hinein fort, wo Jesus sich selbst mit der Glucke vergleicht, die ihre Küken unter ihren Schwingen versammelt, um sie vor Unglück zu bewahren (Mt 23,37).

Diese mütterlichen Bilder für Gott sind immer mit dem Gedanken der göttlichen Barmherzigkeit verbunden. Bibelwissenschaftler sagen uns, dass das hebräische Wort für Barmherzigkeit oder barmherzige Liebe von derselben Wurzel kommt wie das Wort für den weiblichen Uterus: *rehem.* Dieses ist auch die Wurzel für das Verb „Barmherzigkeit zeigen, sich erbarmen" und das Adjektiv „barmherzig". Das Leben schenkende Organ des weiblichen Körpers dient also als konkrete Metapher für die bestimmte göttliche Art und Weise zu sein, zu fühlen und zu handeln. Wenn die Schrift Gottes Barmherzigkeit anruft, was ein häufiges Thema ist, bittet sie den Heiligen eigentlich, uns mit derselben Art von Liebe zu behandeln, die eine Mutter für das Kind ihres Leibes empfindet. Phyllis Trible schreibt, dass diese semantische Verbindung „der Vorstellungskraft den Eindruck vermittelt, dass die Bedeutung der Liebe die selbstlose Teilgabe am Leben ist. Der Mutterleib schützt und nährt, aber er besitzt und kontrolliert nicht. Er gibt seinen Schatz her, sodass Ganzheitlichkeit und Wohlbefinden geschehen mögen. Das ist wahrlich der Weg der Barmherzigkeit." Betrachtet man die biblische Reise dieser Metapher vom Uterus der Frauen zur Barmherzigkeit Gottes, fragt man sich, welchen Unterschied es machen könnte, wenn dieses Wissen nicht im Text versteckt bliebe, sondern ein expliziter Teil der Lehre von der göttlichen Liebe werden würde.

Die mystische Tradition in der Theologie und Spiritualität hat lange das Gotteserleben mit weiblichen Metaphern beschrieben. Die Offenbarungen der englischen Mystikerin Juliana von Norwich aus dem 14. Jahrhundert sind in unserer Zeit breit rezipiert worden. Sie schrieb über Gottes gnadenvolles Wohlwollen, das uns trägt und nährt, uns erzieht und wie eine Mutter liebt:

> „So wahr wie Gott unser Vater ist, so wahr ist Gott unsere Mutter … Ich sehe drei Wege, die Mutterschaft in Gott zu betrachten. Der erste ist der Grund der Schöpfung unserer Natur. Der zweite ist, dass er unsere Natur angenommen hat, dort beginnt die Mutterschaft der Gnade. Der dritte ist die Mutterschaft in Aktion. Und davon, durch dieselbe Gnade, ist alles durchdrungen, in der Länge und in der Breite, in der Höhe und in der Tiefe und ohne Ende. Alles ist eine Liebe." (*Showings*, Langer Text, 59. Kapitel)

Eine ähnliche Referenz an die göttliche Mütterlichkeit überraschte die Welt im Jahre 1978, als Papst Johannes Paul I. den Krieg mit einer Fieberkrankheit verglich und in einer Sonntagsansprache Folgendes äußerte:

> „Gott ist unser Vater, noch mehr ist Gott aber unsere Mutter. Gott möchte uns nicht verletzen, sondern uns nur Gutes tun, allen von uns. Wenn Kinder krank sind, haben sie einen noch größeren Anspruch auf die Liebe ihrer Mutter. So ist es auch mit uns. Sollten wir an Schlechtigkeit leiden, sind wir auf dem falschen Weg, haben wir einen noch größeren Anspruch auf die Liebe Gottes." (*Osservatore Romano,* 21. September 1978)

Hier verbindet der Verstärker „noch mehr" die Rede von Gott mit dem typischen Erleben einer Mutter mit ihrem kranken Kind. Er möchte so auf eine bestimmte Art der göttlichen Fürsorge für die hinweisen, die an Sünde kranken, wozu der Papst die Welt zählt, die weiterhin in den Krieg zieht. Mit Mutterliebe wacht Gott durch die Nacht unserer Krankheit hindurch und versucht alles, um das starke Fieber zu senken und den Frieden zu bringen.

In ihrem „Gedankenexperiment" zum Modell von Gott als Mutter stellt Sallie McFagues Analyse eine unerwartete und wunderbare Verbindung zwischen der Mutterschaft und der Gerechtigkeit her. Ausgehend vom Erleben der Frauen erklärt sie, dass das Mutter-Sein drei Elemente beinhaltet. Erstens geben Mütter das Geschenk des Lebens an andere weiter und rufen, wenn es passiert, voller Freude aus: „Es ist gut, dass es dich gibt." Zweitens nährt die Mutterliebe, was sie ins Leben gebracht hat, indem sie den Nachwuchs umsorgt und ihm beibringt, als Person mit anderen sozial umzugehen. Drittens will diese Liebe mit aller Leidenschaft, dass die Jungen wachsen, erblühen, ein volles Leben entwickeln. Die Mutterliebe stellt sich gegen alles, was den Kindern Leid zufügen könnte. Gute väterliche Liebe tut alles dieses auch. Elterliche Liebe ist also die mächtigste und innigste Erfahrung, die wir haben. Sie wird gegeben, aber es wird nicht mit einer Rendite gerechnet. Die durch nichts zu ersetzende Rolle des mütterlichen

Körpers hinsichtlich des Gebärens und seine enge Verbindung mit dem Stillen und dem Aufziehen des Kindes verleiht dem mütterlichen Modell eine besondere Resonanz.

Die mütterliche Liebe des lebendigen Gottes ist von den gleichen drei Elementen gekennzeichnet. Wie eine Mutter gibt Gott der Welt das Leben, nährt dieses besondere und verwundbare Leben und wünscht, dass es in allen wächst und aufblüht. Das Verhalten von Müttern weltweit zeigt, dass das keine passive Beziehung ist. Es bedeutet auch, dass jeder, der im Haushalt ist, im Auge behalten wird. Gibt es nur wenige Lebensmittel, achtet die Mutter darauf, dass sie gerecht verteilt werden. Hat ein Kind ein besonderes Bedürfnis, wird sie versuchen, diesem Kind zu geben, was es nötig hat. „Der Mutter-Gott ist als Schöpfer also auch an der ‚Ökonomie', dem Managen des Haushalts des Universums, beteiligt, sodass alle Ressourcen an *alle* gerecht verteilt werden." Gottes Option für Gerechtigkeit, die den Armen zugutekommt, ist Ausdruck des starken Mutterinstinktes, für jenes Kind am meisten zu sorgen, welches es am meisten nötig hat. Wie Mütter sich erheben, um ihre Kinder zu verteidigen, handelt auch die mütterliche Liebe Gottes aktiv, wenn es darum geht, jemanden zu verteidigen, Gerechtigkeit zu suchen und zu heilen. Diese Eigenschaft Gottes tritt immer dann zutage, wenn Menschen einander Leid antun, die Armen vernachlässigen, sich selbst aufgrund von ungerechten Verteilungssystemen bereichern oder das ökologische Wohlergehen der Erde beschädigen. Wie die Mutterbärin beim Propheten Hosea baut sich Gott, die Mutter, vor ihrem Kind auf, um es zu beschützen und reißt sogar das Herz des Attackierenden aus seiner Brust (Hos 13,8). Der Zorn Gottes hat in dieser mütterlichen Metapher einen Platz.

Wenn Menschen in Beziehung zu Gott treten, brauchen sie mehr als die elterlichen Metaphern, die, werden sie ausschließlich benutzt, uns in die Rolle des Kindes versetzen und nicht in die von Verantwortung tragenden Erwachsenen. Deshalb hat die Suche der Frauen, zusätzlich zu der Vorstellung von Gott als Leben schenkender und nährender Mutter, noch andere Metaphern gefunden. Eine davon bewegt sich um die Figur der Weisheit.

Heilige Weisheit

In dem beliebten Adventslied „O Come, O Come, Emmanuel“ singen die Menschen Wörter, deren Bedeutung nicht sofort deutlich wird:

> O Weisheit aus des Höchsten Mund,
> die du umspannst des Weltalls Rund
> und alles lenkst mit Kraft und Rat,
> komm, lehr uns deiner Klugheit Pfad!
> (dt. Übersetzung: Heinrich Bone)

Auf den ersten Blick nicht erkennbar liegt ein weibliches Bild für Gott in diesem Lied, das sich wie ein goldener Faden durch das Gewebe der gesamten christlichen Tradition hindurchzieht.

Die späteren Schriften des Alten Testaments führen eine weibliche Figur mit gnadenvoller Kraft und Macht ein, die sich der Welt durch ihre Schöpferkraft, ihre Erlösermacht und ihr heiligendes Wirken nähert. Ihr Name ist *Sophia* (im Griechischen), was man als „Weisheit“ übersetzen kann. Jüdische und christliche Denker haben lange über ihre Identität nachgedacht. Wer ist Sophia? Bedeutet ihre Präsenz in der Schrift, dass Israel das Erbe des Monotheismus verraten und sich der Liebe zu einer Göttin verschrieben hat? Manche Wissenschaftler schlugen vor, Sophia als die weibliche Dimension von JHWH zu verstehen, oder als einen Engel oder einen Botschafter, der in die Welt gesandt wurde. Elisabeth Schüssler Fiorenza und andere weibliche Wissenschaftler, die sich mit der Bibel beschäftigen, schlagen eine andere Interpretation vor. Betrachtet man die Handlungsweisen der Sophia, die zweifellos Gott allein gebühren, dann ist diese Figur kein Engel oder einfach nur die weibliche Seite des Göttlichen. Sophia repräsentiert Israels robusten Gott in seiner aktiven erlösenden Auseinandersetzung mit der Welt, und zwar mit weiblichen Bildern, die den männlichen Bildern, die anderswo gebraucht werden, ebenbürtig sind.

Das Sprüchebuch beginnt mit der Weisheit, die auf den Märkten und an den Stadttoren steht und ruft. Sie lässt kein gutes Haar an denen, die ihre Worte nicht hören wollen, verspricht aber denen, die ihre Gesetze hören und ihnen folgen, das Leben: *„Wer mich findet, findet Leben"* (Spr 8,35). Wer, wenn nicht der lebendige Gott kann ein solches Versprechen geben? Sophia ist bei der Schöpfung anwesend, sie spielt voller Freude mit der neugeborenen Welt (Spr 8,31). Sie geht auf den Pfaden der Gerechtigkeit, und gerechte Könige regieren in ihrem Licht (Spr 8,15). In einem Akt der allumfassenden Gastfreundschaft bereitet sie ein Festmahl vor und deckt ihren Tisch. Sie schickt ihre Dienerinnen aus, um alle einzuladen: *„Kommt, esst von meinem Mahl und trinkt vom Wein, den ich mischte. Lasst ab von der Torheit, dann bleibt ihr am Leben, und geht auf dem Weg der Einsicht!"* (Spr 9,5–6) Der stetige Trommelschlag ihrer Worte lässt den Ruf in das spirituelle Erwachsensein ertönen, das vom Versprechen ihrer dauerhaften Fürsorge begleitet wird.

Das Buch der Weisheit zeigt Sophias Handeln in der Welt noch klarer. Sie gebärt die Welt nicht nur als Mutter und Gestalterin aller Dinge, wie es Salomo sagt (Weish 7,12.22), sondern sie bedeckt das gesamte Universum vom einen Ende zum anderen und regiert alles in Güte und mit Macht (Weish 8,1, die Quelle für den Text aus dem Adventslied). Weil sie alles vermag, bringt sie auch Erlösung. Als die Israeliten Sklaven in Ägypten waren, heißt es von ihr:

> *Sie hat ein heiliges Volk, ein untadeliges Geschlecht, aus der Gewalt einer Nation gerettet, die es unterdrückte … Sie … geleitete sie auf wunderbarem Weg. Sie wurde ihnen am Tag zum Schutz und in der Nacht zum Sternenlicht. Sie führte sie durch das Rote Meer und geleitete sie durch gewaltige Wasser. Ihre Feinde aber ließ sie in der Flut ertrinken und spülte sie aus der Tiefe des Abgrunds ans Land.* (Weish 10,15–19)

Ihr heiliger, intelligenter, subtiler, beweglicher, die Menschen liebender Geist durchdringt die Welt, erneuert alle Dinge und macht die

Menschen zu Freunden Gottes und der Propheten. Strahlend und unvergänglich ist sie, schöner als die Sonne, sie überstrahlt mit ihrem Glanz jede Konstellation der Sterne. Während die Nacht den Tag ablöst, „siegt über die Weisheit keine Schlechtigkeit.“ (Weish 7,30b)

Das Neue Testament nutzt diese weisheitliche Tradition für seine Interpretation Jesu. Paulus identifiziert den gekreuzigten Christus mit der Weisheit Gottes (1 Kor 1,24) und etabliert damit die Verbindung zwischen dem verachteten Propheten aus Nazaret und dem, der die kosmische Ordnung geschaffen hat. Das Evangelium des Matthäus legt Sophias Worte in Jesu Mund und zeigt, dass er ihre Taten tut (Mt 11,19). Der Prolog im Johannesevangelium erzählt die Vorgeschichte Jesu als die Geschichte der Weisheit, versteckt unter der Metapher vom Wort (gr.: logos). Und wenn das Wort/die Weisheit Fleisch geworden ist und unter uns wohnt, wird Jesus als das menschliche Wesen identifiziert, das aus Sophia entstand. Sein Wirken ist mit den Themen der weisheitlichen Literatur durchzogen: suchen und finden, Brot und Wein, Licht und Dunkelheit, Leben und Tod. „Ich bin gekommen, damit sie das Leben haben und es in Fülle haben“ (Joh 10,10b), sagt Jesus im Johannesevangelium und nutzt so Sophias Versprechen, das Leben zu geben. Die größte Kirche im Altertum war Christus unter dem Titel *Hagia Sophia* geweiht und zeigt, wie wichtig es war, Christus mit der Weisheit zu identifizieren. Sie steht noch heute als Museum in Istanbul.

Die Rede über Sophia spricht über das unbegreifliche Mysterium des lebendigen Gottes in weiblicher Sprache und Form, will aber nicht sagen, dass das Göttliche nur eine weibliche Dimension hat. Bei der Heiligen Weisheit geht es in einem bestimmten Maße um die mütterliche Liebe, aber auch noch um viel mehr: regieren, spielen, lehren, begleiten, Gerechtigkeit herstellen und das Leben schenken, und das alles in der Öffentlichkeit und durch das gesamte Universum hindurch.

Die Symphonie der Symbole

Eine wahre Symphonie der Bilder, die noch neben dem Bild von der Mutter und dem der Weisheit stehen, hilft Frauen und Mädchen, sich selbst im Reden über Gott zu entdecken. Der Geist Gottes, der im Hebräischen mit dem weiblichen Substantiv *ruah* bezeichnet wird, wird in der christlichen Kunst oft als Taube dargestellt, ein altes Symbol für die Göttin der Liebe. Ihre Leben schenkende Arbeit wird verstreut über die ganze Schrift beschrieben: eine Hebamme wacht über eine Geburt, Verbindungen werden geknüpft, Flecken werden ausgewaschen, Propheten werden inspiriert, die Wahrheit wird vertreten, die Schönheit wird geweckt, Gemeinschaft entsteht und das Gesicht der Erde wird erneuert. Es gibt Bilder, die Gott als Frau zeigen, die Brot knetet (Lk 13,18) oder die strickt (Ps 139,15), oder die ihren Liebhaber sucht (Hohelied), und als Vogelmutter, die ihre Brut im Schatten ihrer Flügel versteckt (Ps 17,8).

Ein kostbares Bild ist das der Frau, die nach einer Münze sucht, die von ihren zehn Silbergroschen verloren gegangen ist (Lk 15,8–10). Dieses Bild findet sich in einem von Jesu Gleichnissen, das von der göttlichen Sorge um die berichtet, die ihren Weg verloren haben. Die Frau entzündet eine Lampe und sucht überall, bis sie ihre Münze findet. Wenn sie ihre Freunde und Nachbarn zusammenruft, um den Fund zu feiern, ist dies ein Bild für die Freude im Himmel ob eines Sünders, der umkehrt. Im Lukasevangelium folgt dieses Gleichnis auf dasjenige vom guten Hirten, der 99 Schafe zurücklässt, um ein einziges verlorenes Schaf zu suchen. Beide Geschichten beschreiben das Wirken des erlösenden Gottes – ein Bild stammt aus der Lebenswelt der damaligen Männer, das andere aus der Lebenswelt der damaligen Frauen. Augustinus begann einmal eine Predigt über diesen Text mit dem Ruf: „Die Heilige Gottheit hat ihre Münze verloren, und das sind wir!“ Über die Jahrhunderte ist diese Suchende, die alles tut, um das, was ihr wichtig ist, zu finden, jedoch nicht zu einem bekannten Bild für das Göttliche geworden. Das war beim guten Hirten anders. Die Suchende wurde sogar verunglimpft. Einmal hörte ich einen Kardinal zu diesem Text predigen, der die Frau beschuldigte, geldgierig zu sein. Wie weit entfernt ist diese Interpretation von der einer Frau aus einer Basisgemeinde in Südmexiko, die mir erzählte, dass sich eine arme Frau, die den einen Peso dringend braucht, um Tortillas für das Frühstück ihrer Kinder zu kaufen, genauso verhalten würde.

Moderne Frauen heute erleben Gott nicht nur in den biblischen Bildern, sondern auch in ihrem eigenen modernen Erleben. In der lateinamerikanischen Gesellschaft ist die *abuela*, die Großmutter, die weisheitliche Schlüsselfigur in der Familie, die die alten Traditionen weitergibt und die Rituale am Leben erhält. Eine junge Frau schrieb, dass sie in ihrer *abuela* Gott sieht, der ihr Mut in *la lucha* (Kampf) gibt, eine Stimme, die in vielen Frauen widerhallt. Eine ordinierte Priesterin der Anglikanischen Kirche arbeitet mit ihrer Gemeinde in Vancouver an der Formulierung geschlechtergerechter Gebete für die Liturgien am Sonntag und an anderen Festtagen. Das Gebet für den ersten Weihnachtsfeiertag lautet:

> Schöpfer dieser Erde, unserer Heimat,
> Du durchfegst die Himmel mit deinem Sternenrock der Nacht
> und polierst den Osthimmel, um dem neuen Tag Licht zu bringen.
> Komme zu uns in der Geburt des Kindes Christus,
> sodass wir die Fülle deiner Erlösung, die das Universum durchzieht, entdecken können.
> Mutter und Kind des Friedens, vereint durch den Geist der Liebe,
> Eins und Drei, in Ewigkeit. Amen.

Auf diese Art und auf vielen anderen Wegen erforschen Frauen die neue Landschaft ihrer eigenen Begegnung mit dem Göttlichen, suchen neue Wege für neue Ausdrucksweisen der religiösen Sprache und des Feierns, für neue Interpretationen der klassischen Quellen der religiösen Traditionen und neue Modelle der Spiritualität, die das Frau-Sein feiern und es nicht länger abwerten. Sie erwecken eine neue Wertschätzung des profunden Mysteriums Gottes. Die Denkweisen, die aus der Suche nach weiblichen Bildern erstehen, transformieren die traditionellen göttlichen Attribute und betonen die Beziehung des lebendigen Gottes mit der Welt: allumfassende

Immanenz, tiefe mütterliche Verbundenheit mit dem Leben in seiner ganzen Verwundbarkeit und seinen Überraschungen, die Fähigkeit, mit anderen mitzuleiden, die Kraft, die kreativen Widerstand gegen alles Leiden weckt, die absolute Barmherzigkeit und Integrativität. Das Ziel der Weisheit ist es, Leben und Befreiung zu fördern, sie steht nicht Seite an Seite mit unterdrückenden Strukturen. Aber es geht nicht nur um Bilder in der menschlichen Vorstellungskraft. Die Dynamik dieser weiblichen Symbole, die im Kontext von Ungerechtigkeit und Gewalt in den Mund genommen werden, geben Kraft für neue Handlungsweisen für eine neue Welt. Dort haben, wie es die koreanische Theologin Chung Hyun Kyung schreibt, Frauen nicht länger die Funktion, wie ein Mond die Sonne zu reflektieren. Stattdessen können sie selbst „die Sonne sein, die ihr eigenes Licht ausstrahlt, und zwar aus ihrem brennenden Inneren, das das Leben ist und das Leben auf der Erde nährt."

Die Gefahr des Dualismus

Eine Gefahr, die bei diesem Unternehmen entsteht, muss ehrlich benannt werden. Einige Theologen nutzen diese Entdeckungen in ihren Arbeiten und sprechen davon, dass Gott weibliche „Charakterzüge" aufweise bzw. weibliche „Dimensionen" oder „Qualitäten" habe, sodass der Eindruck erweckt wird, dass der Vatergott sozusagen eine mütterliche Seite hat. Hinter einer solchen Vorgehensweise versteckt sich die umstrittene Idee aus der griechischen Philosophie, die dem Menschen Materie und Geist zuweist. Diese Vorstellung ist stark dualistisch und trennt strikt zwischen Frauen und Männern. Sie beginnt mit den offensichtlichen biologischen Unterschieden zwischen Männern und Frauen, legt dann vorherbestimmte Charakterzüge für beide Geschlechter fest, die sich an ihren Rollen innerhalb des Fortpflanzungsprozesses festmachen, und schreibt dieses dann in unterschiedlichen sozialen Rollen fort, die sich daraus ergeben. Konkret identifiziert diese Idee alles

Männliche mit dem Aktiven, Kraftvollen, Rationalen, der Fähigkeit, Form zu geben – mit allem, was man für die Führungsrolle in der Öffentlichkeit braucht. Dagegen wird die weibliche Natur der Frauen mit allem gleichgesetzt, was passiv ist, mit allem Verformbaren, Emotionalen, allem, was sich einer Formung unterwirft. Deshalb wird das Weibliche mit den umsorgenden Rollen im privaten Bereich identifiziert.

Der philosophische „Mythos" vom Geschlechterdualismus wurde in der Antike vom Unwissen hinsichtlich der Fortpflanzung des Menschen genährt. Er sah die Frau als die passive Empfängerin des Leben formenden Samens an, niemand wusste damals von der Existenz der weiblichen Eizelle. Ungeachtet der biologischen Entdeckungen wird dieser Dualismus von der patriarchalen Kultur mit ihrer verkümmerten androzentrischen Vorstellungskraft noch weiter vertreten. Wissenschaftler, die diesen Weg einschlagen, unterfüttern ihre Theorien oft noch mit C. G. Jung und assoziieren das Weibliche mit dem Unterbewussten, mit Träumen und Fantasien, mit *eros* (Sehnsucht, Verlangen) und nicht mit *logos* (Vernunft), mit Dunkelheit, Tod, Tiefe und Empfänglichkeit, oder mit Instinkt, Emotion und Körperlichkeit. Übersetzt man das in die Praxis und hält man diese Definitionen für „natürlich", dann regiert Gott (aktiv und maskulin) die Welt (empfänglich und feminin) so, wie der Mann die Frau beherrscht, der Vater die Kinder, der Klerus die Laien, der Kopf den Körper. Von Frauen wird erwartet, dass sie sich der Autorität des Vaters, des Mannes, des Priesters unterordnen. Tun sie dies nicht, stören sie die göttlich gegebene Ordnung der Welt.

Wenn Gott im Rahmen dieses Geschlechterdualismus mit weiblichen Bildern dargestellt wird, erhält der Heilige tatsächlich sanfte weibliche Eigenschaften. Aber diese Attribute genügen nicht, um die Welt zu regieren, und müssen mit den sogenannten männlichen Charakterzügen wie Vernünftigkeit, Macht, Gerechtigkeit walten lassen, und Leitung komplementiert werden. Am Ende wird Gott immer noch als Mann in einer Führungsposition imaginiert, der nun aber eine mildere, lieblichere Seite besitzt, die die Härte des ganz und gar männlichen Modells abmildert. Das Weibliche wird auf diese Weise in das Symbol des Göttlichen eingeordnet, ja untergeordnet, welches an sich hauptsächlich patriarchal bleibt. Was wir nicht mögen, ist ein weibliches Gottesbild in seiner ganzen Fülle und Stärke.

In Gegenüberstellung zum alten Dualismus entsteht eine neue Frage: Was ist eigentlich die Natur der Frau und, noch kritischer gefragt, wer entscheidet das? Fakten überholen im Moment die traditionellen Theorien. Frauen wenden sich vom Geschlechterdualismus ab, der vom Patriarchat erfunden wurde, um den Status quo zu erhalten. Sie nehmen sich das Recht, selbst zu sprechen, welches ihnen über Jahrhunderte entzogen war. Frauen beantworten diese Fragen nun mit ihren eigenen Stimmen. In allen ihren Unterschiedlichkeiten beanspruchen sie das gesamte Spektrum an menschlichen Qualitäten für sich und ermutigen auch die Männer, nach dem zu suchen, was von ihren Charaktereigenschaften unter den geschlechterdualistischen Theorien vergraben wurde.

Wenn Theologinnen von Gott sprechen, betonen sie die Wahrheit, dass das Heilige keine dualistisch aufgestellten männlichen und weiblichen Charakterzüge hat, so wie Gott auch keine Eigenschaften hat, die aus der Tierwelt kommen (Mutterbärin, schwebender Vogel) oder aus der Welt der Mineralien (Fels). Solche Vorstellungen zähmen die den Status quo störende, weitende Weisheit, die an dieser Grenze entdeckt wird. Vielmehr behaupten feministische, Womanist-, und Latina-Theologinnen weltweit, dass Frauen in der Lage sind, das gesamte Mysterium Gottes auf genauso adäquate oder inadäquate Weise zu symbolisieren, wie es männliche Bilder bislang getan haben. Anders gesagt, Frauen reflektieren Gott nicht nur als umsorgend, nährend und barmherzig, sondern auch als mächtig, die Initiative übernehmend, schaffend-erlösend-heiligend, zornig im Angesicht von Ungerechtigkeit, in Solidarität mit den Armen, manchmal mit den Mächten dieser Welt kämpfend, manchmal sie sogar besiegend. Diese weiblichen Bilder orientieren die Perspektive grundlegend neu. Sie geben auch Einblicke in die mütterliche Leidenschaft, ihren heftigen Beschützerinstinkt, ihren Eifer für die Gerechtigkeit, ihre heilende Kraft, ihre alle einschließende Gastfreundschaft, ihren Willen zur Befreiung und die nicht hierarchische und umfassende Beziehungsfähigkeit, die die göttliche Liebe ausmacht. In diesem Denkprozess wird die Gottähnlichkeit zu den Frauen zurückgebracht.

Die Praxis der biblischen Gerechtigkeit für die Frauen

Der historische Kampf der Frauen für gleiche Menschenwürde, der übrigens immer noch anhält, ist der Kontext für den wachsenden Fundus an weiblichen Bildern für den lebendigen Gott, der „womanish“ handelt: skandalös, unverfroren, mutig, von dem Willen erfüllt, dass Frauen aufblühen und gedeihen. Die reflektierende und kritische Handlungsweise, die aus dieser Einsicht erwächst, ist die Praxis der Gerechtigkeit, die sich vor allem denen zuwendet, die aufgrund ihres Geschlechts untergeordnet werden. Sie ist eine soziale Praxis, die vom Prinzip geleitet wird, dass „Frauen gänzlich menschlich sind und auch als Menschen behandelt werden müssen“, wie es Margaret Farley einmal deutlich ausgedrückt hat. Als transformierende Handlung versucht diese Einsicht, alles das zu heilen, was die Menschenwürde der Frauen erniedrigt oder verletzt. Gott kann nicht von der Gottesherrschaft unterschieden werden, von dem göttlichen Willen, dass alle Menschen ganz und gar lebendig sein sollen. Christen, die diesen Weg gehen, stehen auf der Seite der befreienden Barmherzigkeit des Sophia-Gottes, die da ist, wenn Frauen zum Schweigen gebracht oder degradiert werden. Das bedeutet auch, dass sich die Kirche von dem tief in ihr sitzenden Patriarchat hinwegrufen lässt, um Gemeinschaften zu errichten, die von einer Jüngerschaft der Gleichen geprägt sind, wie es Elisabeth Schüssler Fiorenza einmal ausdrückte. Dieses Verständnis fordert die Menschen des Glaubens heraus, gemeinsam den Kampf aufzunehmen, um die Gesellschaft in einen Ort zu verwandeln, wo es keine Diskriminierung, keine Exklusion und keine Gewalt gegen Frauen und Mädchen mehr gibt und wo Frauen aller Rassen und Klassen gleichberechtigte Partnerinnen von Männern sein können und nicht mehr als untergeordnete Helferinnen oder marginalisierte Objekte gesehen werden.

Der theologische Zugang, den Frauen hier unternehmen, ist weder einfältig noch ein Trend ohne Substanz. Er ist von der Überzeugung geleitet, dass *nur* dann, wenn Gott in dieser umfassenderen Weise benannt wird, wenn die volle Realität aller Frauen in unser Symbol des Göttlichen aufgenommen wird, und wenn die götzendienstliche Fixierung auf ein Bild für Gott gebrochen wird, dass *nur* dann Frauen in ihrem Innersten ermächtigt werden und religiöse und zivile Gemeinschaften zu heilender Gerechtigkeit im Konkreten bekehrt werden. Auf diesem Weg schafft jede weibliche Benennung des Heiligen ein weiteres Fragment der Wahrheit des Mysteriums der göttlichen Sophia und ihrer gnadenvollen Gastfreundschaft gegenüber allen Menschen und gegenüber der Erde.

Für weitere Informationen

Die Geschichte des Glaubens der Frauen im Gegensatz zu den patriarchalen Definitionen und Ausschlussversuchen ist dokumentiert in Elizabeth Clark und Herbert Richardson (Hg.), *Women and Religion: The Original Sourcebook of Women in Christian Thought* (San Francisco: HarperSanFrancisco, 1996). Einen guten Überblick über die Grundkonzepte in der Systematischen Theologie gibt Anne Clifford, *Introducing Feminist Theology* (Maryknoll, N.Y.: Orbis, 2001). Carol Newsom und Sharon Ringe (Hg.), *Women's Bible Commentary* (Louisville: Westminster John Knox, 1998), bieten reichhaltiges Material für eine neue Bibelinterpretation.

Früher Klassiker im Feld der anglo-europäischen feministischen Theologie und ihrer Suche nach Gott sind Mary Daly, *Beyond God the Father* (Boston: Beacon, 1973; dt. Ausgabe: Jenseits von Gottvater Sohn & Co. Aufbruch zu einer Philosophie der Frauenbefreiung, München: Frauenoffensive, 1980), die den patriarchalen Gott scharfsinnig analysiert und ablehnt; Rosemary Radford Ruether, *Sexism and God-Talk: Toward a Feminist Theology* (Beacon, 1973; dt. Ausgabe: Sexismus und die Rede von Gott. Schritte zu einer anderen Theologie, Gütersloh: Mohn, 1985), die den befreienden Gott in der prophetischen Tradition sucht; und Elisabeth Schüssler Fiorenza, *In Memory of Her: A Feminist Theological Reconstruction of Christian Origins* (New York: Crossroad, 1983; dt. Ausgabe: Zu ihrem Gedächtnis. Eine feministisch-theologische Rekonstruktion der christlichen Ursprünge, Gütersloh: Kaiser, ²1993, ¹1988), die das biblische Symbol der Sophia entwickelt.

Zusammen mit den Arbeiten von Frauen, die im vorhergehenden Kapitel zur Befreiungstheologie schon genannt wurden, kann die weltweite Bedeutung der Theologie der Frauen auch in folgenden Werken gefunden werden: Ursula King (Hg.), *Feminist Theology from the Third World* (Orbis, 1994); Chung Hyun Kyung, *Struggle To Be the Sun Again: Introducing Asian Women's Theology* (Orbis, 1994); Mercy Amba Oduyoye, *Daughters of Anowa: African Women and Patriarchy* (Orbis, 1995); Mary John Mananzan u. a. (Hg.), *Women Resisting Violence: Spirituality for Life* (Orbis, 1996) (Phillipinen); Meehyun Chung (Hg.), *Breaking Silence: Theology from Asian Women* (Delhi: ISPCK, 2006); und Agnes Brazal und Andrea Lizares Si (Hg.), *Body and Sexuality: Theological-Pastoral Perspectives of Women in Asia* (Manila: Ateneo, 2007). Ein Kompendium von Essays, geschrieben in aller Welt, erschien in Elisabeth Schüssler Fiorenza (Hg.), *The Power of Naming: A Concilium Reader in Feminist Liberation Theology* (Orbis, 1996). Siehe dort besonders Shawn Copeland, „Critical Theologies for the Liberation of Women“ auf den Seiten 70–80 und Sallie McFague, „Mother God“ auf den Seiten 324–329.

Schlüsseltexte, die sich mit dem Thema des Redens über Gott beschäftigen, sind auch die biblischen Studien von Phyllis Trible, *God and the Rhetoric of Sexuality* (Philadelphia: Fortress, 1978; dt. Ausgabe: Gott und Sexualität im Alten Testament, Gütersloh: Mohn, 1993); das Gedankenexperiment von Sallie McFague, *Models of God: Theology for an Ecological, Nuclear Age* (Philadelphia: Fortress, 1987); und die systematische Studie von Elizabeth Johnson, *She Who Is: The Mystery of God in Feminist Theological Discourse* (Crossroad, 1992; dt. Ausgabe:

Ich bin, die ich bin. Wenn Frauen Gott sagen, Düsseldorf: Patmos, 1994). Mary Kathleen Speegle Schmitt, *Seasons of the Feminine Divine: Christian Feminist Prayers for the Liturgical Cycle,* 3 Bände (Crossroad, 1993.1995) beinhaltet das hier zitierte Gebet für den Weihnachtstag im zweiten Band, Cycle B.

Das Kompendium *Womanspirit Rising: A Feminist Reader in Religion* herausgegeben von Carol Christ und Judith Plaskow (San Francisco: Harper & Row, 1979) bietet kreative Vorstellungen des Göttlichen von jüdischen und christlichen Denkern. Katholische Theologinnen kommen zu Wort in Catherine LaCugna, *Freeing Theology: The Essentials of Theology in Feminist Perspective* (HarperSanFrancisco, 1993), siehe besonders LaCugnas Artikel über die Trinität, „God in Communion with Us" auf den Seiten 83–114; und in Ann O'Hara Graff (Hg.), *In the Embrace of God: Feminist Approaches to Theological Anthropology* (Orbis, 1995), siehe hier besonders Mary Catherine Hilkerts Artikel „Cry Beloved Image: Rethinking the Image of God" auf den Seiten 190–205.

Die neuesten Arbeiten in diesem Bereich werden präsentiert in Susan Frank Parsons (Hg.), *The Cambridge Companion to Feminist Theology* (Cambridge/New York: Cambridge University Press, 2002); und in Janet Martin Soskice und Diana Lipton (Hg.), *Oxford Readings in Feminism: Feminism & Theology* (New York: Oxford University Press, 2003).

6
Der Gott, der Ketten zerreißt

Kontext: Die Privilegien und der Rassismus der Weißen

Betrachten wir nun die Sicht auf Gott, die aus dem Erleben der afrikanischen Menschen erwuchs, die in der „Neuen Welt" versklavt wurden. Diese Erkenntnisse wurden ihren Nachkommen übermittelt und nun von den afrikanisch-amerikanischen Theologen neu artikuliert. Beginnend im 16. Jahrhundert und über eine Dauer von etwa vier Jahrhunderten wurden etwa zehn Millionen Afrikaner über den Atlantik nach Nord- und Südamerika verkauft. Das war eine Tragödie eines solchen Ausmaßes, dass man sie sich nur schwer vorstellen und sie schon gar nicht verstehen kann. Diese Menschen wurden aus ihren Dörfern heraus gestohlen und in überfüllten Schiffen unter schrecklichen Bedingungen über den Ozean transportiert. Diejenigen, die diese Passage überlebten, standen dann zur Auktion frei. Sie erlitten unbezahlte Arbeit ohne Unterlass auf Plantagen und in weißen Haushalten, gewaltsame Züchtigungen, sexuelle Gewalt, Hunger und einen frühen Tod. Ihrer Freiheit beraubt verwehrte man den Sklaven auf brutale Weise stabile Familienbeziehungen. Ein Herr (Master) konnte Familiengruppen zerbrechen, indem er nach seinem Willen einzelne Familienmitglieder verkaufte. Die Afrikaner wurden als Besitz definiert, nicht als menschliche Wesen. Nur so konnte dieses ökonomische System existieren.

Während die Sklavenhalter versuchten, die afrikanische Kultur auszurotten, überlebten die religiösen Überzeugungen und Praktiken, die die schwarzen Menschen mit sich gebracht hatten. Diese waren vom Respekt für die spirituelle Macht charakterisiert, wo auch immer sie ihren Ursprung hatte. Über die Jahrzehnte waren die Sklaven der Religion der weißen Gemeinschaft ausgesetzt, dem

Christentum, das einige vielleicht schon in Afrika kennengelernt hatten. Nun geschahen zwei interessante Dinge. Die versklavten Menschen interpretierten das Christentum radikal neu und im Licht ihrer eigenen Erfahrungen von Unterdrückung. Dabei fanden sie die Befreiungstaten Gottes in der Geschichte im Zentrum des Glaubens. Außerdem drückten sie diesen Glauben in den Rhythmen, Gottesdienststilen und fundamentalen Perspektiven ihrer eigenen afrikanischen Traditionen aus. Diese Formen des Glaubens an den Gott Jesu Christi wurden den Nachkommen weitergegeben und nährten die afrikanischen Amerikaner durch die Jahrhunderte der Sklaverei hindurch. Nach dem Bürgerkrieg (1861–1865) stärkten sie sie während eines weiteren Jahrhunderts der Rassentrennung und ließen sie Ereignisse wie die Jim Crow-Gesetze und Lynchmorde überstehen, bis die Bürgerrechtsbewegung der 1950er und 1960er Jahre entstand. Diese Glaubensformen geben auch heute noch afrikanisch-amerikanischen Christen Halt, die sich mit einer Gesellschaft auseinandersetzen müssen, die von einer erstaunlich weiten Verbreitung und Hartnäckigkeit des Rassismus unter den Weißen geprägt ist. Dieser Glaube ist eine einzigartige Antwort auf eine ungeheuerliche geschichtliche Ungerechtigkeit und gibt den Betroffenen die Kraft, unaussprechliches Leid zu ertragen, den Mut, Unmenschlichem Widerstand zu leisten, und die Hoffnung, die bis zur Freiheit kämpft. Im Zentrum dieses Glaubens steht der Gott, der Fesseln zerreißt.

Der Kern

Die weißen Sklavenbesitzer und die Prediger, die sie unterstützten, lehrten die Sklaven das Christentum als eine Religion des Gesetzes und der Ordnung auf Erden, einer Erde, die von einem großen Master im Himmel regiert wird. Unterwürfigkeit und nicht Rebellion war das Verhalten, das man sich wünschte. Eine biblische Vorschrift, die den Umgang der Römer mit den Sklaven beschrieb, wurde zu einem Lieblingstext in Amerika: „Ihr Sklaven, gehorcht euren irdischen Herren mit Furcht und Zittern“ (Eph 6,5a). Gute Sklaven sollten sich in ihr Los fügen, kooperativ auf ein Kommando reagieren, in Feld und Haus produktiv arbeiten und willig auf den Tod warten, der sie befreien würde.

Indes hörten die versklavten Afrikaner in den biblischen Geschichten, die ihnen erzählt wurden, eine andere Nachricht. In ihrem Kampf gegen Entwürdigung hörten sie die potentiell revolutionäre Lehre, dass vor Gott alle gleich sind und dass Gott alle Menschen geschaffen hat und liebt, alle „seine Kinder“. Die Sklaven wehrten sich gegen die unaussprechlichen Leiden der Sklaverei und hörten, dass Jesus für alle Menschen gestorben und auferstanden ist, versklavte und freie, schwarze und weiße, reiche und arme. Sie erkannten diesen Kern der Wahrheit, nämlich dass Jesus kam, um alle Menschen zu befreien, im Evangelium – was für eine unglaubliche kreative spirituelle Einsicht! In der Konsequenz erkannten sie die Scheinheiligkeit im Tun ihrer Master, das nichts mit dem Herzen des christlichen Glaubens zu tun hatte.

Im Amerika vor dem Bürgerkrieg hatte diese Erkenntnis den Effekt, dass die versklavten schwarzen „Nicht-Personen“ den christlichen Glauben in seiner Wahrheit tiefer verstanden und lebten als die respektierten weißen Sklavenbesitzer. Und sie litten für diesen Glauben. In seiner Studie *Slave Religion: The ‚Invisible Institution‘ in the Antebellum South* schreibt Albert Raboteau, dass die meisten von uns an die frühen Jahrhunderte der Kirche dächten, als die Märtyrer durch die Hand der römischen Autoritäten starben, würden sie nach geschichtlichen Beispielen für Verfolgung im Christentum gefragt. Wir würden auch die modernen Verfolgungswellen unter den Kommunisten in den osteuropäischen Staaten und in der Sowjetunion erwähnen. Aber nur wenige von uns würden das Leiden der afrikanischen Amerikaner, der versklavten Christen, als eines der Hauptbeispiele für die Verfolgung von Christen in den Vereinigten Staaten in Betracht ziehen. Und doch kann man sie aufgrund des Ausmaßes, in dem ihre Glaubensausübung behindert und unterdrückt wurde, als Bekenner und Märtyrer für das Evangelium verstehen. Raboteau schreibt: „Was die Sklaven bekräftigten und die Sklavenbesitzer ablehnten, war der Glaube, dass Sklaverei und Christentum nicht zusammenpassen, dass eine sklavenhaltende Christenheit ein Widerspruch in sich ist, mit anderen Worten: eine Häresie."

Die Erkenntnis der versklavten Afrikaner, dass Gott der Befreier für die Unterdrückten ist, gab ihnen einen mächtigen Anstoß, für die Freiheit zu kämpfen, ihre spirituelle wie auch ihre physische. Manchmal unterstützte ihr Glaube sie, die Flucht zu ergreifen und dadurch zu rebellieren: Es gibt Erzählungen, die von Gebeten berichten, die vor der Flucht gesprochen wurden. Manchmal war aber auch die einfache Glaubensausübung ein Akt der Rebellion. Viele Master hielten ihre Sklaven dazu an, zur Kirche zu gehen, damit sie eine Dosis der zähmenden Religion verabreicht bekämen, die ihnen Fügsamkeit einschärfte. Andere hatten Angst vor der Macht der Religion, die Sklaven zu vereinigen und dadurch in die Lage zu versetzen, sich gegen ihre Unterdrücker zu erheben. Sie verboten ihren Sklaven folgerichtig, sich zu Gottesdiensten zu treffen. Das führte zu heimlichen Gebetstreffen in der Nacht, in den Wäldern, in Abwasserkanälen und Schluchten. Dabei waren sich die Sklaven voll bewusst, dass Entdeckung zu ernsthaften Prügelstrafen führen würde. Die frühere Sklavin Sarah Rhodes sprach von diesen heimlichen Treffen, die „hush harbor-meetings" genannt wurden:

> „Wir haben uns in die Wälder geschlichen und Gottesdienst gehalten, es war, als ob uns der Heilige Geist bewegt hat. Wir sangen und beteten so, wie wir es wollten und wie es unserer Seele guttat. Und wir hatten gute Treffen, Süße, wir waren im Fluss getauft, wie Gott es gesagt hat. Wir hatten geisterfüllte Treffen in der Nacht am Flussufer, und Gott hat uns dort getroffen."

Gott hat uns dort getroffen. Das war ein aufsässiger Glaube. Er bewegte die Sklaven, ihren Mastern den Gehorsam zu verweigern und damit Gott zu gehorchen. Er hielt sie in Verbindung mit einer inneren Welt, die der Welt der Sklavenbesitzer und ihrer Umgangsweise mit ihnen als Besitz diametral entgegengesetzt war. Er gab ihnen den Mut, still, aber hartnäckig zu verweigern, an ihrer eigenen Entmenschlichung teilzuhaben. Aus der Sklavenreligion mit ihrem Schmerz und ihrer ausbrechenden Freude erwuchs eine lebendige Tradition, die eine tiefe prophetische Herausforderung für das gewöhnliche amerikanische Christentum darstellte.

Die Gottesvorstellung

Der Glaube an eine höhere Macht als sie selbst und als die, die sie versklavten, gab den afrikanischen Amerikanern ein festes Fundament, von dem aus sie sowohl mit der zermürbenden institutionellen Unterdrückung als auch mit der psychologischen Unterdrückung wie der Hoffnungslosigkeit und dem Gefühl persönlicher Wertlosigkeit umgehen konnten. Zu sagen, dass Gott mein Schöpfer ist, bedeutet, dass der weiße Sklavenmaster nicht der Grund meines Seins ist. Daraus resultiert eine gewisse moralische Autonomie des Selbst als eines menschlichen Wesens. Die Sklavenreligion wurde im Besonderen von zwei biblischen Ereignissen des Leidens und der Befreiung beeinflusst: dem Exodus der Israeliten aus Ägypten und dem Kreuz und der Auferstehung Jesu Christi.

Mose, der den göttlichen Willen im brennenden Dornbusch erfahren hatte, drückte diesen nun aus und konfrontierte den Pharao mit einer unvergesslichen Forderung: „*Lass mein Volk ziehen*" (Ex 5,1b). Nach vielen Strapazen und Trübsal nahm die Gefangenschaft der Israeliten ein Ende, und sie überquerten das ausgetrocknete Meer und zogen in die Wüste hinein. Der göttliche Sieg ist erreicht in der Freiheit des Volkes, das sich nun auf den Weg in das Gelobte Land macht. Die afrikanisch-amerikanische Sklavenreligion machte sich den Exodus kreativ und in einem außergewöhnlichen Maß zu eigen. Die Sklaven identifizierten sich unmittelbar und auf intensive Weise mit den Kindern Israels, die in Ägypten versklavt waren. Die Schreie der hebräischen Sklaven unter den ägyptischen Herren waren *ihre* Schreie, die Sehnsucht nach Erlösung war *ihre* Sehnsucht, und das Ende dieser Erzählung zeigte ihnen, dass Gott auf *ihrer* Seite war. Diese Geschichte zu erzählen und sie zu singen war die Art und Weise, mit der sie das Leben weiterleben konnten, einen Sinn fanden in ihrer chaotischen Erfahrung, und Hoffnung fassen konnten, indem sie eine radikal andere Zukunft imaginierten. Gott würde ihre Ketten zerbrechen.

Die Betonung des Todes und der Auferstehung Jesu hat manchmal dazu geführt, Leiden zu passiv hinzunehmen und auf die kommende Welt zu hoffen, was Prediger zum Schaden der Unterdrückten ausnutzten. Die versklavten Christen fanden eine andere, gefährlichere Interpretation. Weil er selbst gelitten hat, weiß Jesus, wie die Sklaven leiden, besser als irgendjemand anderes dies tut. Diese vertraute Innigkeit im Leiden erhält die Sklaven in der Mitte ihrer Pein. Seine Auferstehung von den Toten vermittelt ihnen die Hoffnung auf Gott: nicht so, dass sich die Gedanken auf den Himmel richten, sondern auf eine Art und Weise, die dem Kampf gegen die Gräueltaten im Jetzt Kraft gibt. Der afrikanisch-amerikanische Theologe James Cone fasst diese Logik so zusammen: „Wer an den Himmel glaubt, kann die Hölle auf Erden nicht akzeptieren.“ Insofern die Sklaven sich die Zukunft als in der Auferstehung Jesu offenbart vorstellten, sahen sie auch den Gegensatz zwischen der weltlichen Ungerechtigkeit, die sie erlitten, und dem Weg Gottes in Christus, der für ihr Leben vorgesehen war. Der Himmel bedeutete für sie, dass sie heimkommen würden. Diese versprochene und sinnerfüllte Zukunft hielt nicht nur die Hoffnungslosigkeit fern, sie verlieh auch ihrem Widerstand in der Gegenwart Wurzeln, waren doch die Erniedrigungen durch die Sklavenbesitzer das Gegenteil der Krone, die sie im Himmel erwartete. Diese Gewissheit strömte aus den Liedern hervor, die die Sklaven schufen:

> Oh Freiheit! Oh Freiheit!
> Oh Freiheit, wie ich dich liebe!
> Und bevor ich Sklave sein werde,
> werde ich begraben,
> und gehe nach Hause zu meinem Herrn und bin frei.
> (Amerikanisches Spiritual)

Spirituals

Keine andere Hinterlassenschaft aus dieser dunklen Zeit trägt die Vorstellung von Gott als dem, der die Ketten zerreißt, besser weiter als die religiöse Musik, die von den Sklaven selbst gemacht wurde. Diese Lieder, die als Spirituals bekannt sind, sprechen von der Wahrheit des Glaubens, die die Sklaven am Leben erhielt. Sie sind nicht vom rationalen Diskurs geprägt, sondern bewegend, umgangssprachlich und oft dramatisch. Sie kombinieren afrikanische Rhythmen, Sprechgesang und Klagegesang mit biblischen Themen aus dem europäischen Christentum und wurden oft als Improvisation vorgetragen: Worte kamen dazu, wenn die Melodien sich entfalteten, sie konnten durch rhythmisches Klatschen begleitet werden, aber auch durch das Stampfen mit den Füßen oder durch Tänze im Kreis. Diese Spirituals waren das Medium des gemeinsamen Gottesdienstes, wurden in Kirchen gesungen, aber auch bei den Gebetstreffen, in den Behausungen der Sklaven und auf dem Feld, wo sie unter der brennenden Sonne leise gesummt wurden.

Spirituals hatten die außergewöhnliche Kraft, das Erleben der Sklaven und ihre Identität zu formen. Sie drückten Stimmungen aus, Leiden, Furcht, Freude, Hoffnung, und hielten die Seelen der Schwarzen aufrecht, wenn diese mit fast unerträglicher Erniedrigung konfrontiert wurden. James Cone erklärt, dass in den Spirituals Gottes eigener Geist in das Leben der Menschen eintrat und „sie aufbaute, wo sie niedergerissen wurden, und sie stützte, wo sie sich niedersinken lassen wollten“. Die Lieder erweckten in der Gemeinschaft das greifbare Gefühl, dass Gott mit ihnen war und ihnen den Mut verleihen würde, alles durchzustehen:

> Oh, mein Gott erlöste Daniel
> Oh, warum erlöst er mich nicht auch?

Durchdrungen von Schmerzen erklingt in den Worten eine Note der Erlösung, die Richtung weisend „über den Fluss Jordan an die hellen Küsten Kanaans“. Am Tag, an dem die Menschen das Gelobte

Land erreichen, würden sie endlich zu Hause sein und sich „niedersetzen an einem einladenden Tisch".

Machtvoll und typisch für die Musik unterdrückter Menschen übermitteln manche Spirituals in versteckter Form Gesellschaftskommentare und -kritik. Häufig erscheinen Themen wie Freiheit oder Nach-Hause-Gehen. Diese ersehnten Ziele waren aber nicht nur für eine Zukunft im Himmel reserviert, sondern konnten auch schon jetzt erreicht werden, nämlich durch Kampf und Flucht. Diana Hayes verbindet das so:

> „Sie sangen von Kanaan und flüchteten nach Kanada. Sie sangen ‚Stehl dich weg zu Jesus' und stahlen sich selbst hinweg in den Norden. Sie sangen ‚Wate im Wasser', während sie den Ohio, den Delaware und den Mississippi überquerten. Vielleicht haben sich die Herren und Aufseher in die Irre führen lassen, aber nicht die Sklaven."

Obwohl Spirituals das Potential hatten, diese doppelte Bedeutung in sich zu tragen, besonders dann, wenn Fluchtversuche anstanden, warnt Raboteau davor, sie hauptsächlich als Lieder für politische Freiheit zu verstehen, so wichtig sie auch sein mögen. Es ist wahr, dass während der langen Jahrhunderte der Unterdrückung die Freiheit von der Sklaverei auf Erden als ein wichtiges Element der Erlösung durch Jesus Christus gesehen wurde. Doch die Relevanz der Spirituals im Licht der Sklaverei, für die es oft keine realistische Lösung im Heute oder im Morgen gab, lag auf einem profund religiösen Niveau. Die Lieder kodierten Widerstand gegen Entmenschlichung und halfen den Sklaven, inmitten ihres Leidens Sinn zu finden. Themen und Ereignisse des Alten und Neuen Testaments, von der Genesis bis zur Offenbarung, wurden genutzt, um die eigenen Erlebnisse zu interpretieren und sie in einen größeren Bedeutungsrahmen zu stellen. Biblische Charaktere, deren Glaube in der Vergangenheit einer Prüfung unterzogen worden war, wurden in den Liedern für die Gegenwart wieder lebendig und gaben Mut, weiterzumachen und sich durchzukämpfen: Jakob im Kampf mit dem Engel, Moses in der Konfrontation mit dem Pharao, Daniel in der Löwengrube, die „weinende Maria" vor dem leeren Grab, der „versinkende Petrus“ auf den Wellen des Sees Gennesaret und der „zweifelnde Thomas“. In diesem Prozess wurden biblische Symbole in stützende Pfeiler der Hilfe inmitten des harten Alltags der Sklaven übersetzt. Der Kontakt mit Gott wurde dann im Gottesdienst und im Lobpreis zu einem gemeinschaftlichen Erlebnis, wo diese Symbole die Seelen erhoben. Für die allermeisten Sklaven, die ja nicht lesen konnten, wurden die Spirituals ihr einziger Kanal zum Wort Gottes. Und „zumindest zeitweise wurden die Sorgen und die Mühsal des persönlichen Lebens besänftigt und es wurde ihnen Sinn verliehen“. Die Spirituals gaben also nicht nur eine Antwort, sie halfen dabei zu überleben und bestätigten, dass das Leben einen Wert hatte, egal, was passierte.

Eines der Geheimnisse der spirituellen Kraft der Spirituals liegt in der Art und Weise, in der sie explizit das Leiden der Sklaven benennen. Das Leben war ein Tal der Tränen, ein Weg des Leidens, des Überdrusses und der Mühsal:

> Manchmal geht's mir gut, manchmal geht's mir schlecht,
> Manchmal liege ich fast am Boden.

Der Glaube aber rief eine Note der Freude hervor. Der oben zitierte Vers erscheint in einem Spiritual, dessen Refrain das Leiden mit Jesus verbindet:

> Keiner kennt die Sorge, die ich erlebt habe,
> keiner kennt sie, außer Jesus.
> Keiner kennt die Sorgen, die ich hatte,
> Glory, halleluja!

Die Sklaven wussten, dass Jesus in seinem Wirken auf Erden seine Macht benutzt hatte, um den Niedrigen zu helfen. Sie kannten auch die Details seines Leidens: „sie prügelten ihn den Hügel hinauf … sie krönten ihn mit einer dornigen Krone … sie nagelten ihn an das Kreuz …“ Bei den Bezugnahmen auf das Leiden Christi handelte es sich nicht um eine Verherrlichung von Schmerzen, sie sprachen vielmehr von Gottes Liebe, die sich barmherzig den Lebensumständen der Menschen zuwendet. Die Sklaven verstanden intuitiv, dass Gott sich in diesem Ereignis in Solidarität mit ihnen begeben hatte, dass er ihnen Würde gab, die die Sklaverei ihnen entzogen hatte. Ihr Wert wurde nicht durch den weißen Sklavenbesitzer definiert, sondern durch das, was Jesus gesagt und für sie getan hatte. Das war eine überwältigende Erkenntnis, die sich in die anhaltende Klage ergoss:

Warst du da, als sie meinen Herrn gekreuzigt haben?
Warst du da, als sie meinen Herrn gekreuzigt haben?
Oh, manchmal bringt es mich zum Zittern, Zittern, Zittern,
Warst du da, als sie meinen Herrn gekreuzigt haben?

Das Kreuz gab den Sklaven die Möglichkeit zu erkennen, dass ihr Leben eine Bedeutung hatte, selbst wenn es dienend verbracht wurde. Weil ihre Zukunft in den Händen dessen lag, der am Kreuz gestorben war, konnte ein „Halleluja“ ihre Leidensgeschichte abrunden:

Manchmal lasse ich meinen Kopf hängen und weine,
aber Jesus wird mir meine weinenden Augen abwischen.

Der Grund für diese Hoffnung liegt im Ende dieser Geschichte, wenn nämlich der große Herr Christus von den Toten aufersteht. Der Sieg Gottes über den Tod erklingt mit dem Ruf, ihre Tränen zu trocknen:

Weine nicht mehr, Marta,
Weine nicht mehr, Maria,
Jesus steht von den Toten auf,
Ein glücklicher Morgen!

Dieser Sieg ist mit den früheren Ereignissen des Pascha verbunden:

Oh Maria, weine nicht, klage nicht,
Oh Maria, weine nicht, klage nicht,
Pharaos Armee ist ertrunken,
Oh Maria, weine nicht.

Das Verständnis der Sklaven vom Kreuz und der Auferstehung Christi machte es ihnen möglich, ihre Würde zu erkennen. Ihr Wert als menschliche Wesen war nicht länger einfach mit ihrer gegenwärtigen Situation verbunden, gefangen im Übel und in der Gefahr der Sklaverei. Göttliche Erlösung bestätigte, dass keine Kette ihre Menschlichkeit auf ewig niederhalten konnte:

> Ich bin ein Kind Gottes mit meiner freien Seele,
> Hat Christus mir doch die Freiheit erkauft.

Das Thema der Freiheit durchfließt die Spirituals und kommt im Symbol des Himmels zu einem Höhepunkt. Das ist keine auf den Tod verschobene unrealistische Hoffnung, sondern eine mächtige Markierung des Endes von allen Schmerzen. Dank sei Gott, der alles überwindet. Die Erlösung kommt in Form eines Schiffes, eines Zuges oder einer süßen Kutsche, die sie heimtragen soll. Jesus kommt, und die Erwartung seiner Ankunft spricht von einer solchen Hoffnung:

> Ich gehe mit Jesus zurück, wenn er kommt,
> Ich gehe mit Jesus zurück, wenn er kommt,
> vielleicht kommt er nicht heute,
> aber er kommt gewiss.
> Ich gehe mit Jesus zurück, wenn er kommt.
>
> Und wir werden nicht mehr sterben, wenn er kommt.
> Und wir werden nicht mehr sterben, wenn er kommt.
> Vielleicht kommt er nicht heute,
> Aber er kommt gewiss.
> Und wir werden nicht mehr sterben, wenn er kommt.

Nicht länger „das Schreien des Masters, das Antreiben des Treibers, das Schimpfen der Missus (Ehefrau)“: alle befinden sich am Tisch, allen geht es gut, die Tränen sind getrocknet, ein langer Sabbat ohne Ende, ein ewiger Tag der Ruhe. Alle diese Vorstellungen vom Glück im Himmel wurden dem Fundus an Lebenssymbolen hinzugefügt, mit dem die Sklaven den Horizont ihres gegenwärtigen Leidens ausweiteten. Normale Geschichtsbeobachtung würde sagen, dass ihr Fall hoffnungslos war. Aber die Visionen eines neuen Himmels und einer neuen Erde hatten eine machtvolle Wirkung auf ihren Geist und brachten sie dazu, an der Unterseite der Geschichte weiterzuleben, ohne von ihr überrollt zu werden.

Eines der einprägsamsten Bilder des Himmels ist das der Wiedervereinigung. Im Himmel treffen sich Eltern und Kinder, Liebhaber, Verwandte und Freunde wieder – eine tiefreligiöse Hoffnung für Menschen, die gesehen hatten, wie ihre Lieben verkauft wurden und die keine Hoffnung hatten, sie in dieser Welt wiederzusehen. Eine Sklavenerzählung beschreibt eine Abschiedsszene, in der die Verkauften die Straße hinunterlaufen und die, die auf der Plantage bleiben, auf der anderen Seite des Zaunes mitrennen: „… einige schrien und rangen ihre Hände, andere sangen kleine Hymnen, die sie kannten, um die zu trösten, die weggehen mussten", so zum Beispiel:

> Wenn wir uns alle im Himmel wiedertreffen,
> gibt es dort keinen Abschied.
> Wenn wir uns alle im Himmel wiedertreffen,
> gibt es keinen Abschied, nie mehr.

Das Spiritual wurde eingebettet in das Leiden dieser erzwungenen Trennung. Die Hoffnung, dass sie sich einmal nach Gottes Plan wiedersehen würden, hielt ihr Menschsein zusammen, in der Mitte dieser ungerechten Gebrochenheit des schwarzen Sklavenlebens.

An jenem Morgen, „wenn die Sterne zu fallen beginnen", würde nicht nur die Herrlichkeit, sondern auch das Gericht ankommen. Rache war kein wichtiger Aspekt in der Religion der Sklaven. Aber sie übersahen nicht, dass Schafe und Böcke getrennt werden würden und die Übeltäter eine Strafe erleiden würden, die die göttliche Gerechtigkeit für sie vorgesehen hatte. Der Glaube an Gott hatte keinen sentimentalen Aspekt. Die göttliche Liebe beinhaltete auch Gerechtigkeit und einen Zorn, der die Rechnungen mit den Sklavenhaltern begleichen würde, aber auf die Art und Weise Gottes.

Die Spirituals sind einzigartige religiöse Werke, die ein unterdrücktes Volk in die Lage versetzten, Gott als den zu erleben, der ihre Seelen an schrecklichen Orten aufrechterhielt. Ihre Frage war nicht, ob Gott existierte, sondern ob Gott in ihrem Kampf bei ihnen war. Sie wussten, dass sie am Ende nicht ihren eigenen Kräften vertrauen konnten, um zu überleben oder sogar die Ketten der Sklaverei zu zerbrechen. Und so eröffneten die Lieder von Gottes befreiendem Handeln in der Vergangenheit eine hoffnungsvolle Vision für die Zukunft. Diese wiederum hielt ihre Menschenwürde in der Gegenwart am Leben. *„Lass mein Volk ziehen":* So klang das Versprechen, dass Gott die Schwachen aus der Ungerechtigkeit der Starken befreien wird. Die göttliche Gegenwart wurde so ein „Fels in einem kampfesmüden Land", eine „Schutzhütte im Sturm", eine Hand, die mich greift, „sollte ich fallen". In einem wirtschaftlichen, rechtlichen und sozialen System, das diese Menschen als Besitz behandelte und sie für die Vermögensvermehrung Einzelner benutzte, nährten die Spirituals ihre Menschlichkeit auf dem langen Weg zur Freiheit.

> Die Sklavenkette ist endlich zerbrochen, endlich zerbrochen,
> endlich zerbrochen,
> Die Sklavenkette ist endlich zerbrochen,
> Ich werde Gott loben, bis ich sterbe.

Die Schwarze Befreiungstheologie

Das von den Sklaven geschaffene religiöse Erbe setzte sich in nachfolgenden Generationen fort. Die Bürgerrechtsbewegung wollte die zivile und rechtliche Gleichstellung der schwarzen Bevölkerung erreichen und damit ein Jahrhundert der Nachkriegs-Rassentrennung beenden. Sie bezog sich stark auf dieses Erbe, das bis heute in den schwarzen Kirchen präsent ist. Einer der Führer der Bewegung, Martin Luther King Jr., predigte im Stil schwarzer Prediger und mit prophetischer Eindringlichkeit. Auch er bezog sich auf diese Tradition im Kampf für Freiheit. Seine Reden und seine geschriebenen Werke sind reich an hoffnungsvollen Bildern: von gerade gemachten Straßen, von abgetragenen Berggipfeln, von wiederhergestellten flackernden Lampen, von der wie ein Bach strömenden Gerechtigkeit, vom für die Herrlichkeit vorherbestimmten Sein. Sie sind reich an prophetischen Visionen einer Welt, in der alle Kinder Gottes in Frieden leben können, die aber noch mit den Klagen über die verwehrte Freiheit voll sind: „Wie lange, o Herr ... Nicht lange!“ Sie sind voller Leidenschaft für die Geschichte des Exodus, einschließlich der Bilder vom Gelobten Land, besonders bewegend in der Nacht vor der Ermordung Kings in Memphis: „Es ist möglich, dass ich nicht mit euch dorthin komme, aber ich möchte, dass ihr heute wisst, dass wir als ein Volk das Gelobte Land erreichen werden ...“ Dieses Erbe brachte King in die direkte Begegnung mit dem Leiden und der Hoffnungslosigkeit, aber auch mit der freudigen Hoffnung, dass die Gerechtigkeit unterwegs und im Ankommen begriffen war. Weil Gott auf der Seite der Gerechtigkeit steht, „we shall overcome (werden wir [es] überwinden)“.

Als Teil dieser Bürgerrechtsbewegung und in der Zeit danach haben Theologen aus der schwarzen Gemeinschaft diese Glaubensvisionen in explizite systematische Sprache verdichtet und eine schwarze Befreiungstheologie im nordamerikanischen Kontext geschaffen. Diese Art der Arbeit lässt sich mit den Worten eines ihrer Hauptvertreter, James Cone, folgendermaßen charakterisieren: Sie ist „eine rationale Studie von Gottes Sein in der Welt, aber im Licht der existentiellen Situation einer unterdrückten Gemeinschaft. Sie bezieht die Kräfte der Befreiung auf den Urgrund des Evangeliums, der Jesus Christus ist.“ Die Bedeutung von Gottes Handeln in der Welt, die Befreiung, wird in der schwarzen Befreiungstheologie systematisch untersucht. In diesem Fall hat die Theologie ihr Fundament in dem biblischen Thema, das von den Sklaven als wichtig erachtet wurde, nämlich, dass sich die Offenbarung Gottes in der Befreiung der unterdrückten Israeliten in Ägypten abspielt sowie im mitleidenschaftlichen Leben, Tod und Auferstehung Jesu Christi, der immer auf der Seite derer war, die am Rand standen. Dieser Gott, der in der Geschichte bis heute aktiv war und ist, nimmt immer noch an der Befreiung der Unterdrückten des Landes teil, so auch im Kampf der Schwarzen für Freiheit. Erfüllt vom Geist ist die schwarze Gemeinschaft nun ermächtigt, am Zerbrechen der niederschmetternden Ketten zu arbeiten, die sie niederhalten, seien sie politischer, ökonomischer, rechtlicher oder kultureller Natur.

Das Problem ist allerdings, dass die Weißen, sowohl die Sklavenbesitzer als auch die Privilegierten der heutigen Gesellschaft, an den selben Gott Jesu Christi glauben. Auch sie rufen diesen Gott mit der Bitte um Segen an, tun das aber in einer Gesellschaft, die rassistisch ist und aus Institutionen besteht, die Weiße bevorzugen und Schwarze aufgrund ihrer Hautfarbe diskriminieren. Dieses Muster ist so heimtückisch, dass weiße Menschen nicht einmal wissen, wie privilegiert sie sind. Weiß zu sein, ist überall normativ, der Marker „schwarz" aber wird den Menschen hinzugefügt, die von dieser Norm abweichen. Das ist nur eine kleine Sache, die aber das Leben extrem beeinflusst. Alle, die dem christlichen Glauben anhängen, sagen, dass sie für Gott eintreten, weiße Kirchen stehen dabei an vorderster Front. Und doch wurden den schwarzen Menschen gottlose Dinge zugefügt, gerade auch im Namen dieses Gottes. Selbst bei Abwesenheit physischer Gewalt, die jedoch nahezu allgegenwärtig ist, richten die Mächte institutioneller Gewalt im Leben der Schwarzen immensen Schaden an. Das Erleben der Schwarzen ist von einem Alltag im System des weißen Rassismus gekennzeichnet. Daher stellt sich für die Schwarze Theologie aus der Perspektive der schwarzen Gemeinschaft folgende Frage: „Wie können wir von Gott sprechen, ohne dass wir mit den Unterdrückern des Landes assoziiert werden?"

Neben der Reflexion über den schaffenden, erlösenden und Geist-gebenden Gott, dessen Handlungsweisen auf die Befreiung hinzielen und der den Unterdrückten eine gute Zukunft verspricht, verfolgt die schwarze Befreiungstheologie einen ganz bestimmten Weg, um die oben genannte Frage zu beantworten. Sie ist davon überzeugt, dass „in einer rassistischen Gesellschaft Gott nie farbenblind ist", was bedeutet, dass Gott der Ungerechtigkeit gegenüber nicht blind ist und den Unterschied zwischen Gut und Böse sehr wohl sieht. Klar und deutlich sehend stellt sich Gott auf die Seite derer, die leiden, nämlich auf die Seite der schwarzen Bevölkerung.

Die Schwarze Theologie gießt den neuen Wein dieser Erkenntnis in die neuen Weinschläuche des folgenden Symbols: *Gott ist schwarz.* Cone erklärt: „Das Schwarz-Sein Gottes, und alles, was es in einer rassistischen Gesellschaft bedeutet, ist das Herz der Lehre von Gott in der Schwarzen Theologie."

Die Bedeutung dieses Bildes erschließt sich im sozialen Kontext der dominanten weißen Gesellschaft und Kirche. Leider haben Predigt und Katechese in diesem Umfeld das Evangelium zugunsten der politischen und kulturellen Interessen der weißen Mehrheit interpretiert. Auch weiße amerikanische Theologen analysieren die Natur Gottes im Interesse der weißen Gesellschaft als Ganzer, weil auch sie ihre Identität innerhalb der (weißen) Machtstruktur finden. Eingeschlossen in ihre eigene kulturelle Geschichte wagen sie es selten, die Grenzen zu überschreiten und das Evangelium aus der Perspektive der schwarzen Menschen, die um ihre Menschenwürde, Gleichberechtigung und Freiheit kämpfen, zu analysieren. Theologen wie Laien würden sicher zustimmen, dass Gott keine rassenbezogenen Charakteristika hat, aber das allgemein geltende Bild in Kirche und Gesellschaft ist doch das von Gott als einem allmächtigen weißen Mann. Dieser weiße Gott ist ein Götze, der vom Rassismus geschaffen wurde, und seine Funktion ist es, den dominanten Status der Weißen in der Gesellschaft zu untermauern. Die Propheten fühlten sich immer zu der bilderstürmerischen Aufgabe berufen, die falschen Götzen zu zerstören. Erklärt man „Gott ist schwarz", ersteht sofort eine neue Vision der Realität.

Zu sagen, dass Gott schwarz ist, bedeutet, dass Gott die Bedingungen der Unterdrückung umkehrt und zu Gottes eigenen Bedingungen macht. Das wird in der Geschichte vom Exodus und in der Lebensgeschichte Jesu äußerst deutlich. Die Bibel offenbart, dass Gott sich mit denen identifiziert, die Erniedrigung und schlimmes Leiden erleben. Es bedeutet weiterhin, dass sich die göttliche Solidarität nicht allein im Mitleid zeigt. Gottes ureigenes Handeln ist die Befreiung. Es gibt keinen Gott, der anders ist als der Gott, der an der Befreiung der Unterdrückten des Landes teilnimmt. In Solidarität mit dem Kampf der Schwarzen für die Freiheit ist Gott daher nicht der selbstgefällige, rassistisch weiße Gott der dominanten Gesellschaftsschicht. Gott ist auch nicht farblos. Farblosigkeit hieße ja, dass Gott die Gesellschaft, in der die Menschen gerade wegen ihrer Hautfarbe leiden, nicht herausfordern und sich ihr nicht entgegenstellen würde. Gott trifft eine Option für die schwarzen Menschen und verbindet ihr Schicksal mit dem Sieg der göttlichen Herrlichkeit, und deshalb ist Gott schwarz.

Daraus folgt: Um treue Glaubende zu sein, „müssen wir mit Gott schwarz werden“. Für Schwarze bedeutet das, das weiße Ideal, das ihnen aufgezwungen wird, abzulehnen und sich so zu lieben, wie sie sind, mit all ihrem physischen Schwarz-Sein. Wie die schwarze katholische Theologin Diana Hayes bemerkte, bedeutet dies, „Gottes Bild in unserem Schwarz-Sein zu feiern“, selbstbewusst zu sein in dem Selbstverständnis, ein Sohn oder eine Tochter Gottes zu sein, und anzuerkennen, dass alle menschlichen Wesen vom Schöpfer des Lebens geliebt werden. Für Weiße bedeutet das, sich vom tiefen Rassismus abzuwenden, der ihre Religion und ihre Gesellschaft durchzieht, und das Geschenk der Errettung zu erhalten, nämlich die Liebe Gottes und die wahre Liebe des Nächsten, wodurch ihr Leben eine neue Orientierung erhält. Den gänzlich anderen Gott, der schwarz ist, zu kennen, bedeutet für alle Christen, auf der Seite derer zu stehen, die leiden, und an ihrem historischen Kampf für die Freiheit teilzunehmen.

Das Symbol des schwarzen Gottes setzt sich in der Christologie fort. Christus ist schwarz und ist nicht der blonde, blauäugige und weiße Jesus, dessen Bild Kirchen, Wohnungen und Grußkarten schmückt. Das hat nicht unbedingt etwas mit Biologie zu tun, obwohl einige argumentieren, dass sich in Jesu Stammbaum vielleicht noch Spuren jüdisch-afrikanischer Heiratsbeziehungen finden lassen. Nach den verrückten Berechnungen der amerikanischen Rassendefinitionen, denen zufolge ein Tropfen Negerblut einen Menschen aus der weißen Rasse ausschließt, würde ihn das schwarz machen. Entscheidend ist jedoch nicht, dass Christus aus genealogischer Perspektive schwarz ist, sondern dass er es aus religiöser Perspektive ist. In seiner Geburt, seinem Wirken, in seinem Tod und in seiner Gegenwart in der Gemeinschaft heute zeigt sich, dass das existentielle Engagement des schwarzen Christus mit der rettenden Macht des fleischgewordenen Gottes übereinstimmt, der sich der Verachteten des Landes annimmt. Dieses Symbol benennt die Wahrheit, dass Christus das Erleben schwarzer Menschen, das Erleben des Rassismus, ihren Protest dagegen und ihren Kampf für das Leben und die Ganzheitlichkeit, auf sich nimmt.

Die schwarze Befreiungstheologie nutzt also die religiöse Erfahrung der schwarzen Bevölkerung als eine wichtige Quelle für die Theologie und zeigt, dass das von Mühsal und Freude erfüllte Leben dieser Menschen Einsichten in die Natur Gottes vermitteln kann. Sie trägt das religiöse Erbe der versklavten Afrikaner in eine neue Zeit, um den Kampf gegen den weißen Rassismus fortzusetzen. Diese Theologie bietet der gesamten Kirche einen herausfordernden Einblick in die Natur des Einen, der in der Geschichte aktiv ist: „der Gott der Unterdrückten ist der Gott der Revolution, der die Ketten der Sklaverei zerreißt".

Die Womanistische Theologie vom Überleben

Nicht alle afrikanisch-amerikanischen Theologen haben sich mit dem oben Beschriebenen zufriedengegeben. Besonders Frauen haben die Auffassung vertreten, dass alles noch eine weitere Seite hat, wobei sie freilich anerkannten, dass die Befreiungstheologie und das Symbol des göttlichen Schwarz-Seins die Gotteserkenntnis der Gemeinschaft angesichts des Rassismus gut artikulieren. Die Womanistische Analyse zeigt, dass schwarze Frauen sowohl am Rassismus leiden, aber auch an Vorurteilen aufgrund ihres Geschlechts. Ist jemand schwarz und eine Frau, muss sie sowohl gegen den weißen Rassismus als auch gegen das Patriarchat ankämpfen, das es in allen Farben gibt.

Voreingenommenheit gegen schwarze Frauen gibt es selbst in den schwarzen Gemeinschaften und in den schwarzen Kirchen, die selbst tief patriarchal geprägt sind. Schwarze Frauen, die heute dafür kämpfen, für sich und ihre Kinder einen Weg durch das Leben zu finden, haben religiöse Erfahrungen, die weder von der Befreiungstheologie noch im Symbol des schwarzen Christus adäquat abgebildet werden.

Allerdings gibt es andere biblische Paradigmen für die Begegnung mit Gott, die dem Erleben schwarzer Frauen entsprechen. Das wohl weitreichendste Paradigma ist die biblische Figur der Hagar, was in Skulpturen, Gedichten und Predigten in den afrikanisch-amerikanischen Gemeinschaften seit Generationen einen Ausdruck fand. Delores Williams hat die Hagar-Geschichte, die weibliche Aktivität betont, auf reichhaltige Weise neu interpretiert. Ihre Interpretation hat weite Kreise gezogen. Das Hauptmotiv ist hier nicht der Exodus aus der Sklaverei in das Gelobte Land hinein, sondern der Aufenthalt in der Wildnis. Das Hauptmotiv für Gottes Handeln ist hier nicht die Befreiung, sondern das Überleben.

Hagars Geschichte entfaltet sich im Buch Genesis, in den Kapiteln 16 und 21. Sie war keine Jüdin, kein Mitglied des von Gott erwählten Volkes, sondern eine weibliche Sklavin afrikanischer Herkunft. Zweimal traf sie Gott, als es um Leben und Tod ging. Einmal ergriff sie die Initiative und benannte Gott als den Allerhöchsten. Als Ägypterin, die eine Sklavin von Abrahams Frau Sara war, fand sie Lösungen für die vielen Probleme, mit denen sie zu kämpfen hatte, und erkämpfte sich ihren Weg hin zu einer Zukunft. Die Ähnlichkeiten zwischen ihr und den schwarzen Frauen, sowohl in der Sklaverei als auch in der Zeit danach, sind erstaunlich.

Die Geschichte beginnt mit Sara, die nicht in der Lage ist, mit einem Erben schwanger zu werden; sie ermutigt ihren Ehemann, mit ihrer Sklavenfrau zu schlafen. Als Hagar infolgedessen schwanger wird, entladen sich die Spannungen zwischen den beiden Frauen. Mit Abrahams Zustimmung behandelt Sara Hagar hart. Die Sklavin leistet der Brutalität mutig Widerstand: Sie läuft davon.

In der Wildnis trifft diese schwangere Frau dann den Heiligen. Was ist die göttliche Antwort auf ihr Dilemma? Anstatt ihre befreiende Flucht zu unterstützen, gibt ihr Gott eine überraschende Weisung: „Geh zurück!“ Dieser Auftrag ist aber mit einem vielschichtigen Versprechen verbunden. Sie wird einen Sohn bekommen und ihn Ismael nennen. Ihre Nachkommen werden so viele werden, dass sie nicht mehr gezählt werden können, ja, sie wird die Mutter eines großen Volkes sein. Hagar nannte den Einen, der mit ihr gesprochen hatte, *El-roi,* der Gott des Sehens, ein Name, der immer noch mit dem lebensspendenden Brunnen in der Wildnis verbunden ist, wo ihr Zusammentreffen stattfand. Williams betont, dass die göttliche Präsenz Frauen unter manchen Umständen rät, das Überleben zu wählen und das aufkeimende Leben in die Zukunft hineinzuretten, anstatt die Freiheit zu suchen und den Tod zu riskieren. Weil die Umstände dafür, dass das Kind geboren werden und gesund aufwachsen würde, in Abrahams und Saras Haus am besten sind, handelt Hagar so, wie Gott es zugunsten des Überlebens empfohlen hatte.

Dieses Motiv wird noch einmal aufgegriffen, als sich Hagar nochmals im Exil in der Wildnis wiederfindet, nunmehr mit ihrem Sohn. Nachdem Abrahams erstes Kind von Hagar auf die Welt gebracht worden war, wird Sara nun mit ihrem eigenen Sohn Isaak schwanger. Als sie den beiden Jungen beim Spielen zusieht, beginnt sie zu fürchten, dass Ismael Anteil an Abrahams Erbe erhalten würde, und vertreibt Mutter und Sohn aus ihrem Haushalt. Ohne die nötigen Ressourcen, die es den beiden ermöglichen würden, in der trockenen und trostlosen Wildnis zu überleben, sind Hagar und ihr Sohn dem Tod durch Hunger und Durst nahe. Sie legt den Jungen unter einen Busch, sodass sie nicht seinem Sterben zusehen muss. Weinend hört sie dann die Engelsstimme, die Gottes Versprechen an Ismael, dass er ein großes Volk werden wird, wiederholt. *„Gott öffnete ihr die Augen und sie erblickte einen Brunnen. Sie ging hin, füllte den Schlauch mit Wasser und gab dem Knaben zu trinken.“* (Gen 21,19) Diese Begegnung mit dem Heiligen erweckte eine lebenschenkende Vision in Hagar. Wieder sah sie das, was für das Überleben notwendig war, und handelte. Jahre später arrangierte sie eine Heirat für Ismael mit einer Frau aus Ägypten und das göttliche Versprechen nahm in der Geschichte seinen Lauf.

Williams beschreibt, wie Gottes Antwort auf Hagars Krise in beiden Fällen das Überleben zur Folge hatte. Sie war dadurch in der Lage, eine Lebensqualität zu erreichen, die ihrer Herkunft und Situation entsprach. Ähnlich wie viele afrikanisch-amerikanische Frauen in der Vergangenheit und sogar teilweise bis heute musste sich Hagar mit Sklaverei, Armut, ethnischen Vorurteilen, sexueller und ökonomischer Ausbeutung, Vergewaltigung, Leihmutterschaft, häuslicher Gewalt, Obdachlosigkeit und der Situation des Alleinerziehens auseinandersetzen. Schwarze Frauen finden sich wie Hagar in der Wildnis wieder, ohne ausreichende Ressourcen zum Überleben, auf der Suche nach Wasser. Inmitten dieses Aufruhrs hören sie die Stimme des Gottesengels. „Wieder und wieder haben schwarze Frauen bezeugt, dass sie ernsthafte persönliche und erlösende Begegnungen mit Gott hatten, Begegnungen, die es ihnen und ihren Familien ermöglicht haben zu überleben." Durch diese Erlebnisse gestärkt, finden Frauen einen Weg, wo es keinen zu geben schien.

Die Hagar-Erzählung weist auf die Geschichte der Überlebenskunst afrikanisch-amerikanischer Frauen mit ihren verschiedenartigen Strategien hin: stillen, subtilen und dramatischen. Inmitten furchtbarer Kräfte am Leben festhaltend, finden sie für ihre Familien einen Weg, um zu überleben und zu wachsen. Die Erkenntnisse der Schwarzen Theologie bestehen also aus zwei Aspekten. Neben der Befreiungstradition, die Gott als den Erretter sieht, der die Unterdrückten in die Freiheit führt, gibt es auch eine Überlebenstradition, die Gott als den versteht, der den Menschen die Wildnis ertragen lässt. Befreiung ist das ultimative Ziel, aber unterwegs unterstützt der Geist Gottes das Alltägliche, das man braucht, um am Leben zu bleiben. Gott hilft den Menschen, neue Ressourcen zu entdecken, und verspricht den Kindern eine Zukunft: *„Ja, ich lege einen Weg an durch die Steppe und Straßen durch die Wüste"* (Jes 43,19b).

Im schärferen Fokus

Nutzt man die Erfahrungen afrikanisch-amerikanischer Frauen als eine Quelle für die Theologie, findet man neue Erkenntnisse zu ewigen Fragen.

~ Betrachtet man die Gottesbilder, stellt sich nicht nur die Frage, wie sich Frauen als nach Gottes Bild geschaffen verstehen können, wenn die Metaphern für Gott – Vater, Herr, König – doch meist maskulin sind. Gefragt werden muss auch, wie schwarze Frauen zu einem solchen Gott in Beziehung treten sollen, beinhalten diese Namen doch, Macht über andere zu haben, und erwecken sie doch eine Autoritätsfurcht in denen, die von solchen Mächten missbraucht worden sind. Es kann natürlich hilfreich sein zu wissen, dass, wenn Gott der Herr ist, der Sklavenmaster nicht das letzte Wort über mich haben kann. Trotzdem überträgt das Bild von Gott als dem Herren ein defektes weltliches Bild auf den Himmel. Patricia Hunter bemerkt: „Die patriarchalen Titel ‚Herr' und ‚Meister' bringen keine liebevollen und freundlichen Bilder hervor, vor allem nicht bei denen, deren Geschichte die Sklaverei ist."

~ Ganz Ähnliches muss über das Symbol des schwarzen Christus gesagt werden. Ja, es widersteht den Vorstellungen der weißen Rassisten. Aber es stellt sich nicht der Unterdrückung der Frauen in der schwarzen Gemeinschaft, weil es immer noch dem als männlich identifizierten Bild Christi anhängt. Kelly Brown Douglas argumentiert, dass nur dann, wenn Frauen als Abbild Christi gesehen werden, die erhaltende, befreiende und prophetische Präsenz des schwarzen Christus dem Wachsen der gesamten Gemeinschaft dienen wird. Wir müssen lernen, das Gesicht Christi in den Gesichtern der ärmsten schwarzen Frauen zu sehen und zu ehren, in den Gesichtern von Sojourner Truth, Harriet Tubman, Fannie Lou Hamer, die alle darum kämpften, die schwarze Gemeinschaft am Leben zu erhalten. Nur dann wird dieses Symbol seinen Segen freigeben.

- Schwarze Frauen mussten oft die Situation der Stellvertreterschaft erleben. Das erfordert eine kritische Sensibilität mit dem Umgang mit dem Kreuz. Während der Sklaverei wurden Frauen gezwungen, die Rolle der Leihmutter in den Haushalten einzunehmen (die Mammy stillte die Kinder der weißen Mutter). Auf den Feldern taten 80 % der weiblichen Sklaven das, was eigentlich Männerarbeit war: pflügen, pflanzen, ernten. In den Betten der Sklavenbesitzer wurden schwarze Sklavinnen vergewaltigt, damit die Männer das bekamen, was ihnen ihre weißen Frauen nicht gaben. Die weiblichen Sklaven hatten nicht die Kraft, diese Rollen abzulehnen, weil sie Besitz waren. Diese Erfahrung hinterließ ein großes Misstrauen, wenn es darum geht, für jemanden anderen einzuspringen, formten Rollen der Stellvertretung doch eine einzigartige Dimension der Beherrschung im Leben schwarzer Frauen.
- Die traditionelle Theologie des Kreuzes macht Jesus indes zu einer Stellvertreterfigur und lehrt, dass er in seinem Tod die Sünde auf sich genommen hat, die die sündhafte Menschheit verdient hätte. Dass er die menschliche Sündhaftigkeit auf sich nahm und die Bürde von uns genommen hat, zeigt seine tiefe Liebe und macht ihn zu unserem Retter. Dieses Konzept ist jedoch nicht ohne Probleme. Erlösung hat nicht unbedingt etwas mit dem blutigen Tod eines Menschen zu tun, der anstelle eines anderen getötet wird. Solch eine Art der Stellvertretung ist abstoßend. Es ist doch durch das Wirken Jesu mit seinen Hoffnung weckenden Heilungen und seiner Predigt über das Reich Gottes, durch seine Auferstehung und das darauffolgende Erblühen des Geistes in der Welt geschehen, dass Gott den Sieg über das Böse errungen hat, das Böse, das Jesu Geschenk an die Welt töten wollte. Williams zeigt, dass die Theologie des Kreuzes heute andere soziopolitische Modelle nutzen muss. Diese müssen schwarzen Frauen zeigen, „dass ihre Erlösung nicht von irgendeiner Form der Stellvertretung abhängt, die durch ein allzu menschliches Verständnis Gottes geheiligt wurde“. Wenn

das nicht gelingt, zeichnet sich in Gott erneut das abscheuliche Gesicht des Sklavenbesitzers auf bedrohliche Weise ab.

~ Die Geschichte der Sklaverei begrenzt auch die Nutzbarkeit der religiösen Metapher von der Dienerin oder dem Diener des Herrn. „Manche sind eher Diener als andere“, bemerkte Jacqueline Grant ironisch und bezog sich damit auf die männlichen, gut ausgebildeten und ökonomisch gut situierten Mitglieder der Kirchenhierarchie, die sich Diener Gottes nennen. In der Realität besteht die Gruppe der Dienerinnen, die in Haushalten oder in der Dienstleistungsbranche arbeiten, jedoch oft aus Frauen dunklerer Hautfarbe, die wenig Bildung genießen konnten und auf der untersten Sprosse der ökonomischen Leiter stehen. Grant argumentiert dafür, dass das religiöse Ideal des Dienens, das bestimmte soziale Situationen begünstigt und ihnen nicht widersteht, ersetzt wird. Sie schlägt vor, dass das Bild der Jüngerschaft ein passenderes Modell für die Beziehung zwischen Mensch und Gott sein könnte. Gott wird nicht durch irgendeine Master-Sklaven-Beziehung geehrt, und göttliches Wirken in der Welt resultiert nicht in Unterordnung. Ein Jünger zu sein ermöglicht es Frauen in ihren persönlichen Lebensumständen und in ihrer Teilnahme am kirchlichen Leben, Besitz zu ergreifen, Initiative zu zeigen, Verantwortung zu übernehmen.

Und so bringt die Schwarze Theologie die Weisheit des gerechten Miteinanders in die theologische Diskussion ein.

Die Praxis ethnischer Gerechtigkeit

Ausblicke auf Gott, der die Unterdrückten befreit und einen Weg in der Wildnis bahnt, wo es eigentlich keinen Weg gibt, haben sich auch kraftvoll in der Schwarzen Theologie Südafrikas in den Zeiten der Apartheid und in der Theologie der Aborigines in Australien gezeigt. In jedem dieser Fälle hat der Moloch des Kolonialismus großen Schaden angerichtet, vor allem im Leben der Menschen, deren Haut eine dunklere Färbung hat. Inmitten von großem Leiden, Not und Tod haben schwarze Menschen einen Gott gesehen, der anders war als der, der mit den Eroberern kam, nämliche einen Gott, der an ihrem Überleben und Befreiungskampf teilhatte. Die afrikanisch-amerikanische Theologie wandelt die Erfahrungen von Amerikas „Ursünde", der Sklaverei, um und bietet ihren ureigenen Beitrag zum kirchlichen Verständnis Gottes, indem sie mit den Stimmen der schwarzen Menschen spricht.

Welche Art der Praxis erwächst aus dieser Erkenntnis? Die Praxis ethnischer Gerechtigkeit in den sozialen und persönlichen Lebensbereichen. In Amerika schwarz zu sein bedeutet immer noch allzu oft, dass man aufgrund seiner Hautfarbe – und was das in den Köpfen der Weißen bedeutet – diskriminiert wird. Diese ständige Präsenz des Rassismus in der Gesellschaft, untergründig und offen, ist eine schlimme Sünde. Sie zerrt auch an der Seele der weißen Gesellschaft, der Täter, während sie der schwarzen Gemeinschaft entmenschlichenden Schaden antut. Ethnische Gerechtigkeit anzuwenden steht dieser Übertretung entgegen. In einer seiner Reden erklärte Martin Luther King mit wunderbaren Worten, „Gerechtigkeit ist Liebe, die korrigiert, was gegen die Liebe revoltiert." Für die Glaubenden bringt gerechtes Handeln in Sachen der Hautfarbe eine Liebe zu einem bestimmen Nächsten zum Ausdruck, die mit dem Glauben an den lebendigen Gott eng verwoben ist. Gerechtigkeit zu tun ist das Eigentliche des Glaubens, weil der Gott, der in der Wüste Wasserquellen zeigt, nicht von dem getrennt werden kann, der gerade dort umherwandert. Der Gott, der Ketten zerreißt, ist auf Ewigkeit in Solidarität mit denen verbunden, die zum Gelobten Land hingehen:

> Kinder, wir werden frei sein,
> wenn Jesus, wenn er kommen wird.

Für weitere Informationen

Ein wunderbar geschriebenes Werk mit eigener Forschung zur Religion der Sklaven ist Albert Raboteau, *Slave Religion: The „Invisible Institution" in the Antebellum South* (New York: Oxford, 1978, 2004). Das Buch untersucht Spirituals in ihrem Kontext. Für eine theologische Bewertung dieser Lieder siehe James Cone, *The Spirituals and the Blues: An Interpretation* (New York: Seabury, 1972; Neudruck von Maryknoll, N.Y.: Orbis, 1991; dt. Ausgabe: Ich bin der Blues und mein Leben ist ein Spiritual. Eine Interpretation schwarzer Lieder, München: Kaiser, 1973).

Die wichtigsten Reden, Predigten und Schriften von Martin Luther King Jr., in denen biblische Bilder widerhallen, wurden gesammelt in: *A Testament of Hope: The Essential Writings and Speeches of Martin Luther King Jr.* (New York: HarperCollins, 1991). Für die Geschichte von King und zu seinen Wurzeln in der schwarzen Kirche siehe David Garrow, *Bearing the Cross: Martin Luther King Jr. and the Southern Christian Leadership Conference* (New York: Wm. Morrow, 1986).

Für einen Überblick zur Entwicklung der schwarzen Stimmen in der Theologie siehe James Cone und Gayraud Wilmore (Hg.), *Black Theology: A Documentary History*, Bd. 1 1966–1979 (Orbis, 1979), Bd. 2 1980–1992 (Orbis, 1993). Einer der führenden Denker der Schwarzen Befreiungstheologie ist James Cone. Seine wichtigsten Werke sind: *A Black Theology of Liberation* (Philadelphia: Lippcott, 1970; Nachdruck von Orbis, 1986) und *God of the Oppressed* (San Francisco: Harper & Row, 1975; Nachdruck bei Orbis, 1997; dt. Ausgabe: Gott der Befreier. Eine Kritik der weißen Theologie, Stuttgart: Kohlhammer, 1982). Die Werke von J. Deotis Roberts betonen eher die Aussöhnung der schwarzen Gemeinschaft mit den Weißen, so in *Liberation and Reconciliation: A Black Theology* (Philadelphia: Westminster, 1971). Die Bücher beider Autoren beinhalten auch ausführliche Reflexionen zum schwarzen Gott und zum schwarzen Christus. Auch das folgende Werk gibt einen ausgezeichneten Überblick über das Forschungsfeld: Diana Hayes, *And Still We Rise: An Introduction to Black Liberation Theology* (New York: Paulist, 1996).

Die Theologie des Überlebens aus der Perspektive der Erfahrungen von schwarzen Frauen wurde zuerst von Delores Williams ausgearbeitet, deren Buch sich kritisch mit der Kurzsichtigkeit der Theologien der schwarzen Männer und der weißen Frauen auseinandersetzt. Sie schrieb *Sisters in the Wilderness: The Challenge of Womanist God-Talk* (Orbis, 1993). Ein kreatives womanistisches Werk zur Gottesfrage ist auch Karen Baker Fletcher, *Dancing with God: The Trinity from a Womanist Perspective* (St. Louis: Chalice Press, 2006). Kelly Brown Douglas' Buch *The Black Christ* (Orbis, 1994) weitet das Christus-Symbol aus und bezieht die Existenz und die Erfahrungen schwarzer Frauen mit ein. Eine womanistische Annäherung an die Christologie im Gegensatz zur feministischen Kritik enthält Jacqueline Grant, *White Women's Christ and Black Women's Jesus: Feminist Christology and Womanist Response* (American Academy of Religion Academy Series 64: Atlanta: Scholars Press, 1989). Eine ausgezeichnete Sammlung von Artikeln, die sich mit dem Sklavenerbe aus der Perspektive der schwarzen Frauen und ihrem Erleben des heutigen Kampfes auseinandersetzt, ist Emilie Townes (Hg.), *A Troubling in My Soul: Womanist Perspectives on Evil and Suffering* (Orbis, 1993), besonders M. Shawn Copelands Artikel „Wading through Many Sorrows" auf den Seiten 109–129.

Die vernehmbarer werdende katholische Stimme in der Schwarzen Theologie ist in folgenden Werken zu hören: Diana Hayes und Cyprian Davis (Hg.), *Taking Down Our Harps: Black Catholics in the United States* (Orbis, 1998); Jamie Phelps, *Black and Catholic: The Challenge and Gift of Black Folk: Contributions of African American Experience and Thought to Catholic Theology* (Milwaukee, Wis.: Marquette University, 1997); und Peter Phan und Diana Hayes (Hg.), *Many Faces, One Church: Cultural Diversity and the American Catholic Experience* (Lanham, Md.: Rowman & Littlefield, 2005).

7
Der begleitende Gott der *Fiesta*

Der Kontext: *La Lucha*

Betrachten wir nun die Einsichten zu Gottes heiligem Mysterium, die von den US-Amerikanern mit Wurzeln in Lateinamerika und in der Karibik stammen. Diese Gemeinschaften sind selbst sehr unterschiedlich, ihre Mitglieder kommen aus verschiedenen Ursprungsländern und tragen verschiedene lokale Traditionen mit sich in die Zukunft hinein. Der Zensus des Jahres 2000 zeigte, dass diese Menschen zusammengenommen 13 % der US-Bevölkerung ausmachen und so die größte Minderheit im Land darstellen. Es seien sechs Untergruppen zu identifizieren, von der größten Gruppe bis zur Kleinsten sind das die Menschen aus Mexiko, aus Puerto Rico, aus Zentralamerika, aus Südamerika, aus Kuba und der Dominikanischen Republik. Der Begriff „Hispanic“, der vom amerikanischen Zensusbüro benutzt wird und umgangssprachlich diese Gemeinschaften beschreibt, tendiert dazu, die Unterschiede zwischen den flexiblen und dynamischen Identitäten der Menschen mit diverser Ethnizität, Rasse und Nationalität einzuebnen. Eine Alternative dazu, die vor allem unter Wissenschaftlern gebräuchlich ist, ist Latino oder Latina (oft geschrieben als Latino/a). Dieser Begriff ist eine Eigenbezeichnung dieser Menschen, aber auch mit vielen derselben Zweideutigkeiten wie „Hispanic“ belegt. Dieses Kapitel wird die beiden Begriffe als Synonyme verwenden.

Wie auch immer man diese Menschen nennt, die Statistiken zeigen, dass sich zwei Drittel von ihnen in ökonomischer Hinsicht und in Sachen Bildung am unteren Ende der Skala befinden. Die Mehrheit der Menschen in diesen Gruppen ist arm und schlecht ausgebildet. Die Gemeinschaft als Ganze ist in den Institutionen, die die Gesellschaft leiten, unterrepräsentiert. Unterklasse bedeutet auch, dass sich die Mitte der US-Kultur nicht für diese Menschen interessiert, sie geringschätzt, ihre Kultur missversteht und sie nicht als durch und durch „amerikanisch“ ansieht. Für die Mehrheit dieser Menschen bedeutet Leben, sich im Kampf, *la lucha,* zu engagieren.

Zwei Eroberungen

Die im Hintergrund stehende Geschichte der Hispanics und ihrer religiösen Weisheit ist blutig und von Gewalt geprägt. Zwei Eroberungen markieren ihren Weg. Die erste Eroberung des Landes und der Völker erfolgte durch die Spanier, die die „Neue Welt“ 1492 entdeckten. Auf der Jagd nach Gold und Reichtum versklavte Spanien die eingeborene Bevölkerung, tötete ihre Anführer, nahm ihr Land und die natürlichen Ressourcen an sich und zerstörte die Grundfesten ihrer Kultur. 23 Millionen Mexikaner starben in den 50 Jahren des frühen Kolonialzeitalters. Es war in diesem Stadium des Besiegt-Seins, dass die Menschen zum ersten Mal vom Christentum hörten, und zwar durch die Missionare, die mit den *conquistadores* eintrafen. Sklaverei, Plünderungen, Vergewaltigung, Unterdrückung – ihr Leiden ließ die „Gute Nachricht“ für sie in einem bestimmten Licht erscheinen.

Die zweite Eroberung geschah im 19. Jahrhundert, als die Vereinigten Staaten ihre Grenzen durch Militäraktionen, aber auch durch Annexion und Kauf ausweiteten. Bedeutsam ist das Jahr 1848, als das im Krieg besiegte Mexiko etwa die Hälfte seines Landes an die USA abgab. Dieses große Gebiet beinhaltete das heutige Kalifornien, Arizona und New Mexiko sowie große Teile Colorados, Nevadas und Utahs. Der Vertrag des Jahres 1848 legalisierte außerdem die frühere Annexion von Texas durch die USA. Dass Latinos und Latinas in großen Teilen des amerikanischen Südwestens wohnen, hat also nichts mit Migration zu tun, sondern damit, dass jahrhundertealte Siedlungen von den Vereinigten Staaten annektiert und in ihr „Manifest Destiny (offensichtliche Bestimmung)" mit hineingenommen wurden. Gary Riebe-Estrella schreibt: „Unsere Präsenz in diesem Land ist nicht darauf zurückzuführen, dass wir in der Vergangenheit die Grenze überquert haben, sondern dass die Grenze uns überrollt hat." Die USA hatten vorher schon Florida von Mexiko käuflich erworben. Der Krieg mit Spanien im Jahre 1898 führte zur amerikanischen Hegemonie über Kuba und Puerto Rico, obwohl diese Inseln nicht als Staaten in den Staat einbezogen wurden. Diese zweite Eroberung führte zur Aufpfropfung der politischen, ökonomischen und sozialen Systeme, die die Hispanics an den gesellschaftlichen Rand stellten. Sie brachte sie und ihre religiösen Traditionen in direkte Konfrontationen mit der protestantischen europäischen christlichen Kultur, deren Avantgarde eine beharrliche Abneigung gegen die „papistischen, degenerierten und gemischtblütigen" Menschen (Elizondo) zum Ausdruck brachte. Die zweite Eroberung brachte Latinos und Latinas in die Position der Minderheit innerhalb einer Nation, die sich wenig um ihre Geschichte und ihr Wohlbefinden scherte.

Mestizaje/Vermischen

Das Resultat dieser gewaltbehafteten Geschichte ist ein Volk, das sich, wie ein neu entstandener Fluss, aus zwei vorher unabhängigen Strömen speist. Das Konzept von *mestizaje* oder der Vermischung wurde zuerst von Virgilio Elizondo ausgearbeitet. Es identifiziert die spezifische und besondere Identität dieser beiden Ströme. Elizondo beschreibt, dass *mestizaje* eine Grenzgänger-Realität repräsentiert: Menschen haben einen Fuß in beiden Welten und vermischen in sich selbst verschiedene Rassen, Kulturen und religiöse Traditionen.

~ Die Vermischung von indigenen und spanischen Menschen, die sich in der ersten Eroberung vollzog, ist selbst ein komplexes

Phänomen. Amerikanisch-indianische Vorfahren emigrierten aus Asien und bildeten verschiedene eingeborene Bevölkerungen wie die Taíno, die Kariben, die Azteken, die Maya und die Inka. Die Spanier selbst hatten iberische, griechische, arabische, gotische und Sinti- und Roma-Gene in sich vereint. Die Vermischung dieser beiden Bevölkerungsgruppen ergab Menschen, die als *mestizo* oder *mestiza* bezeichnet wurden. Die Spanier befassten sich auch mit dem Sklavenhandel. Die Vermischung ihres biologischen Erbes mit den Menschen afrikanischer Herkunft ergab Nachkommen, die als *mulato* oder *mulata* bezeichnet wurden. Aus dieser konfliktreichen Vermischungsgeschichte heraus entstanden die US-amerikanischen Hispanics, die die Nachkommen sowohl der Eroberer als auch der Eroberten sind.

Betrachtet man die Vermischung der spanischen Traditionen, die aus dem Mittelmeerraum stammen, mit den amerikanisch-indianischen und afrikanischen Traditionen, erkennt man ein Volk, dessen positive Charakteristika in seiner Gabe des Feierns, seinen starken Familienbeziehungen und in der leidenschaftlichen Suche nach dem Leben, das sich in der Gemeinschaft abspielt, bestehen. Auf der negativen Seite kann diese Kultur eine Neigung zu Fatalismus oder Passivität angesichts der Schwierigkeiten des Lebens haben und mit der Betonung des *machismo* unterdrückende Familienstrukturen und ein begrenztes Selbstwertgefühl unter den Frauen mit sich bringen. Die zweite Eroberung stellte dieses schon von Vermischung geprägte Volk zwischen zwei unterschiedliche Kulturkreise, den südlichen und den nördlichen. Dieser soziale Kontext ist oft mit Konflikten belastet, da die Werte und Erwartungen der einen Kultur oft von den Handlungsweisen der anderen Kultur enttäuscht werden.

Die Weltsicht der indigenen Menschen Mittelamerikas war von der Präsenz des Heiligen durchtränkt, die mit visuellen, musikalischen und dramatischen Symbolen rituell zum Ausdruck gebracht wurde. Bedeutsame Momente im Jahreskreis wurden von den Menschen mit ausgedehnten religiösen Darstellungen auf den öffentlichen Plätzen wie den städtischen Märkten oder den Pyramidenspitzen begangen. Kleine Klan-Altäre und Familienaltäre ermöglichten täglichen und räumlich nahen Zugang zum Heiligen. Die iberische Form des Christentums, die mit den *conquistadores* einwanderte und in der indigenen Erde gepflanzt wurde, war selbst tief symbolisch. Orlando Espín hat dazu eine Reihe von einfühlsamen und aufschlussreichen Studien verfasst und aufgezeigt, dass diese Art von Christentum in seiner Form mittelalterlich war, der Trennung infolge der protestantischen Reformbewegung vorausging und daher von den neuen Mustern der katholischen Kirche, die im Konzil von Trient festgelegt wurden, nicht beeinflusst war. Mit seinen Wurzeln in der patristischen und mittelalterlichen Kirche war diese Art des Glaubens ein vormodernes Christentum, so wie es existierte, als man im Westen die Begriffe „protestantisch" und „katholisch" noch nicht als kirchentrennende Terminologie kannte. Seine religiöse Vision wusste nichts von der späteren Trennung zwischen dem Säkularen und dem Heiligen, weil die Welt der Geister in allem präsent war. Der Stil dieser Art des Glaubens war tief sakramental und näherte sich dem Heiligen durch Bilder, Geschichten und volkstümliche Rituale. Er basierte auf der Überzeugung, dass solche geschaffenen Dinge zwischen den sichtbaren und den unsichtbaren Welten vermitteln und Gnade übermitteln können.

Sowohl die amerikanisch-indianische als auch die mittelalterliche europäische Religion wandte sich an eine größtenteils analphabetische Bevölkerung und nutzte folgerichtig visuelle und mündliche Arten der Glaubensvermittlung und des gottesdienstlichen Feierns. Die Vermischung der beiden ergab eine neue Form des *mestizo* ibero-amerikanischen Christentums, das nicht an die religiösen Probleme Europas anschloss, die den Protestantismus und den tridentinischen Katholizismus hervorgebracht hatten, und auch nicht dem modernen westlichen Weg des Wissens verbunden war. Stattdessen war es Erbe zweier großer mystischer Traditionen und wurde die

Verkörperung des Glaubens der leidenden Armen in der neuen Welt. Die Hinzugabe der religiösen Traditionen Afrikas stärkte noch einmal die Betonung der visuellen, mündlichen und dramatisch geprägten Vermittlung des Glaubens.

Volksfrömmigkeit

In den darauffolgenden Jahrhunderten entwickelte sich diese Vermischung der Kulturen im Christentum nicht nach den Modellen der Kirchen in Europa oder den Vereinigten Staaten, sondern „in Übereinstimmung mit den inneren Dynamiken des Geistes, der aktiv am Wirken war" in den Menschen selbst, wie Elizondo argumentiert. Der Glaube stellte das Mysterium Gottes in den Fokus seiner Aufmerksamkeit, das mit den Menschen in ihrem Alltag, *lo cotidiano,* unterwegs ist. Diese göttliche Präsenz wird auf anschauliche und handgreifliche Weise vermittelt. Hausaltäre sind immer präsent: einfache Orte in einer Ecke, mit einem Kreuz, Statuen oder Bildern von Jesus, Maria oder den Heiligen, geschmückt mit Blumen oder kleinen Kerzen. Sie zeigen, dass Gott für die Menschen in ihren Wohnungen und Häusern da ist, verfügbar am Morgen, am Mittag und in der Nacht, in einer Beziehung gegenseitiger Verpflichtung und Verantwortlichkeit. Auch die folgenden Ausdrücke der engen Verbundenheit zum Heiligen mit polyvalenten und kreativen Mitteln, die mit einem gefühlsbezogenen Flair erfüllt sind, zeigen das: Rosenkränze an Autospiegeln, tätowierte Bilder Unserer Lieben Frau von Guadalupe auf den Körpern junger Männer, ex-voto-Tafeln (Dankestexte) an den Wänden der *barrios, milagritos* (kleine Anhänger in der Form von Körperteilen) als Dank für eine Heilung an wichtigen Pilgerorten sowie die öffentlichen religiösen *fiestas, posadas* zu Weihnachten und Prozessionen am Karfreitag.

Das ist „Volksreligion", die nicht deshalb so heißt, weil sie von vielen Menschen befürwortet wird, sondern weil es das Volk ist, das sie geschaffen hat und praktiziert. Volksfrömmigkeit ist eine

Arbeit der Gemeinschaft, die Art und Weise der Menschen, sich die traditionellen Glaubenssätze des Christentums anzueignen und sie in ihrer alltäglichen spirituellen Praxis zum Ausdruck zu bringen. Sixto Garcías Definition davon unterstreicht den Kontext: Volksreligion ist „ein Set von Erfahrungen, Glaubenssätzen und Ritualen, geschaffen, angenommen und entwickelt von mehr oder weniger peripheren Gruppen, … um einen Zugang zu Gott und Erlösung zu finden, den sie nach ihrem Empfinden nicht in dem finden können, was Kirche und Gesellschaft als normativ vorlegen". Sie ist gelebter Glaube, der Gott begegnet und benennt „aus der Erfahrung des Lebens und Sterbens heraus, aus Wort und Stille, aus Freude und Leiden, aus Befreiung und Unterdrückung", wie es María Pilar Aquino beschrieben hat. Ihre Praktiken zeugen von einer ausdrucksstarken Spiritualität, die die Präsenz des Göttlichen in der täglichen Routine und den Überraschungen des Alltags bemerkt.

Dieser Stil des Christentums ist eng mit der Inkarnation verbunden und vermittelt das Basiswissen des Glaubens basierend auf den Erfahrungen der Menschen. Er ist nicht der systematischen Logik des modernen Westens gleich und denkt mit einer Rationalität, die auf Beziehungen basiert. Man erhält Wissen, indem man auf affektbezogene Weise an den Symbolen und Ritualen teilnimmt. Daraus ergibt sich nicht vorrangig ein Kopfwissen von Glaubenssätzen – obwohl sein doktrinäres Repertoire breit und tief ist –, sondern das Gefühl des persönlichen Vertrauens und der Liebe zu Gott, der die Quelle des Bestehens der Gemeinschaft ist. Vergleicht man diesen Glaubensstil mit den eher ruhigen und ernsten Mustern des nördlichen Christentums, sind seine Ausdrucksformen eher überschwänglich und imaginativ. Soziologen haben ihn als Beispiel für folkloristische und exotische Traditionen untersucht. Die Praktiken und das dahinterstehende Weltverständnis sind aber keine Sammlung farbenfroher Seltsamkeiten, sondern eine Form gelebter Religion. Diese Religion wurde grundlegend von Leiden und Missbrauch geprägt und umfasst ein Netz von Glaubensarten, ethischen Erwartungen, Riten und Gebetserfahrungen, die zusammen die lebhafte

Präsenz Gottes in der Mitte des Alltags vermitteln. Sie sind weder an die institutionelle Kette eines kirchlichen heiligen Ortes gefesselt (ein konsekriertes Gebäude), noch an heilige Zeiten (formalen Gottesdienst durch den Klerus). Stattdessen migriert die göttliche Präsenz hier in die Gemeinschaft hinein, um mit den Menschen in ihren Wohnungen und Häusern, in ihren Straßen und auf den Märkten ihrer Städte zu sein.

Ein wichtiger Aspekt dieses christlichen Volksglaubens ist es, dass er für alle verfügbar ist. Er wird von Laien angeführt und nicht vom ordinierten oder professionellen Klerus. Im Zeitalter der Kolonialmächte gab es gute Gründe dafür: große geographische Distanzen mussten überwunden werden, europäische Kleriker waren nicht in großer Zahl vorhanden und der kirchliche Rassismus erlaubte es den indigenen oder *mestizo/mulato*-Männern nicht, kirchliche Ausbildungsstätten zu besuchen, von Frauen ganz zu schweigen. Das resultierte in einem kulturell-religiösen Muster, dass die Bedeutung der institutionellen Kirche verminderte und es den Menschen ermöglichte, enge Beziehungen mit Gott eher im Alltag zu suchen und zu finden als in den offiziellen Liturgien. Außerdem gab es die *abuelitas,* die weisen älteren Frauen, die in den Gemeinschaften zugegen waren. Elizondo schreibt, dass zu den Zeiten, als keine Kleriker verfügbar waren, „unsere Großmütter da waren, um uns zu segnen, für uns zu beten und eine *velita* (Kerze) als Opfer für die Armen anzuzünden". Die öffentlichen religiösen Rituale der Gemeinschaft, schreibt Elizondo, der selbst ein katholischer Priester ist, „sind wahrhaftig die Glaubensfeiern des Volkes Gottes, in denen Bischof, Klerus und Ordensleute äußerst willkommen sind, aber nicht vermisst werden, sollten sie nicht zugegen sein."

Weil die Mehrheit der Menschen sich mit Armut und einem untergeordneten Status auseinandersetzen muss, ist diese Art des Glaubenslebens auch mit einem Anklang von Kampf und Hoffnung verbunden. Sowohl in der Geschichte als auch im modernen Leben sind Konflikte und Ungerechtigkeiten Dinge, die das Erleben der Menschen formen. Wie können sie sich ihren Geist, ihre Seele, innerhalb dieser Matrix des Leidens erhalten? Die Volksfrömmigkeit hat darauf eine bedeutsame Antwort: durch das tägliche Leben mit seinen religiösen Praktiken, die die Sünde angehen und bestätigen, dass Gott mit den Menschen durch das Leben geht. Die *mujerista*-Theologin Ada María Isasi-Díaz weist auf die spezielle Bedeutung dieses Glaubensmusters für arme Frauen und Kinder hin, die, obwohl sie weder Englisch als Muttersprache sprechen noch sich in der akademischen Disziplin der Theologie auskennen, die Präsenz Gottes entdecken und durch sie gesegnet sein können, und zwar an den privaten Orten ihres eigenen Heimes, wie sehr auch immer sie an den Rand gedrängt sein mögen und wie weit unterhalb des normalen Standards ihre Wohnungen auch immer sein mögen. Die Volksreligion hat erlösenden Wert, sagt Aquino, „weil Gott dort wohnt, unter den Verachteten der Erde".

Weit davon entfernt, ein Überbleibsel des Christentums zu sein, ist die Volksreligion eine robuste Art und Weise, eine Beziehung mit der Realität einzugehen und das Evangelium zu leben. Sie trägt die mittelalterliche sakramentale Praxis des christlichen Glaubens weiter, der mit amerikanisch-indianischen und afrikanischen Weltsichten des Heiligen vermischt ist. Volksfrömmigkeit ist anders als der moderne westliche Stil der Glaubenspraxis, der in Europa und den Vereinigten Staaten ausgeübt wird, aber sie bringt Gott in den Alltag der Armen hinein, während sie die christliche Offenbarung auf bedeutsame Weise neu interpretiert und übermittelt. US-amerikanische Hispanic-Theologen merken an, dass es hier auch Grenzen gibt, so wie das für alle Religionen gilt. Die Volksfrömmigkeit wird von einer Kultur vermittelt, die verwundet ist und der Heilung und Korrektur bedarf. Man braucht ein gutes Urteilsvermögen, um sicherzugehen, dass das Evangelium mit allen seinen Stärken kommuniziert wird. Das beinhaltet auch den Ruf, passive Zustimmung hinter sich zu lassen und den Weg des hoffnungsvollen Widerstandes in der sozialen Sphäre einzuschlagen. Diese Art des Glaubens ist gelebte Innigkeit mit Gott und basiert auf der Gewissheit, dass das Göttliche in der Mitte des Leidens verfügbar ist. Sie ist gewürzt mit den Symbolen der Barmherzigkeit und der Hoffnung und hat seit Jahrhunderten die Leben von Millionen von Menschen mit Schönheit und Freude aufrechterhalten und gestützt. „Solange Menschen sich danach sehnen, mit der transzendenten Dimension des täglichen Lebens in Kontakt zu treten", schreibt Roberto Goizueta, „solange wir alle den Sinn des Lebens und des Todes suchen und finden, solange wir danach streben, das Unaussprechliche auszudrücken und unseren Glauben mit dem Alltag in Verbindung zu bringen – das heißt eigentlich immer –, solange wird es die Volksreligion geben."

Theologie, *latinamente* betrieben

Die Präsenz der Hispanics und ihrer Volksreligion wurde zwar von den Geschichtsbüchern oft ignoriert, aber sie ist eine der ältesten und am längsten andauernden in den USA. *Latinamente* betriebene Theologie, die sich in organischer Verbindung mit diesen Gemeinschaften befindet, ist jedoch relativ jung. Sie datiert aus den 1970er Jahren, als einige theologisch ausgebildete Mitglieder dieser Gemeinschaft den gelebten Glauben der Menschen in den Fokus ihrer Studien rückten und dafür argumentierten, dass ihr volkstümliches Netzwerk von religiösen Bräuchen die christliche Wahrheit über Gott und die Welt auf legitime Art und Weise empfangen hat, lebt und weitergibt.

Diese Theologie sollte nicht mit der Befreiungstheologie verwechselt werden, die in Mittel- und Südamerika entstand. Beide Theologien haben viele Gemeinsamkeiten, besonders die Würdigung von Gottes spezieller Fürsorge für die Armen, aber sie entstanden in strikt verschiedenen historischen Kontexten. Die Befreiungstheologie konnte sich in ihrem Kampf um die Präsenz Gottes inmitten ökonomischer Ungerechtigkeit wenigstens auf ihren eigenen kulturellen Kontext stützen, inklusive der Muttersprache. Dagegen versuchen die US-amerikanischen Latino- und Latina-Theologen, dem Glauben der Völker mit tiefer Verwurzelung im lateinamerikanischen Erbe eine Stimme zu geben, während sie selbst entweder seit ihrer Geburt oder ihrer Immigration in einer ganz anderen, englischsprachigen Gesellschaft leben. Um ihre Aufgabe zu erfüllen, interpretieren sie die „große Geschichte" der christlichen Tradition als etwas, was durch „kleine Geschichten" des täglichen Lebens vermittelt wird. Trotz Leidens und Gebrochenheit überleben die Menschen und nutzen ihre kulturellen/religiösen Praktiken dafür, ihr Leben mit Liebe, Schönheit und Freude zu füllen. Latino- und Latina-Theologen achten auf diese Besonderheiten. Sie treffen aber nicht nur eine Option für die Armen. Sie treffen eine Option für den *Glauben* der Armen und versuchen, die Bedeutung der volkstümlichen religiösen Praktiken mit einer frischen und neuartigen Stimme zu interpretieren. Sie arbeiten oft zusammen, *en conjunto,* was ihrem Leben in der Gemeinschaft entspricht, und machen die Theologie zu einem miteinander geteilten Unterfangen mit dem Ziel religiöser Relevanz, Seelsorge und der Einführung biblischer Gerechtigkeit in der Gesellschaft.

Orlando Espín möchte diese Herangehensweise unterstützen und erinnert an die klassische Lehre vom *sensus fidelium,* dem Sinn der Glaubenden. Diese Lehre besagt, dass der Leib der Glaubenden als eine Gemeinschaft, getauft, gesalbt und vom Heiligen Geist bewegt, ein intuitives Verständnis der Glaubensfragen in sich trägt, auf das man sich verlassen kann. Die Christen, die an das Wort Gottes glauben, können spüren, ob etwas im Sinne des Evangeliums wahr ist oder nicht. Sie können im Innersten wissen, was das rechte Verhalten, Gebet und Zeugnis ermutigt. In der Konsequenz sind also die Menschen Träger der Tradition, zusammen mit dem Lehramt, der Liturgie, der offiziellen Lehre und den Theologen. Sie können sehr wohl in Sachen der Doktrin befragt werden, wie es Kardinal John Henry Newman einmal gesagt hat.

Im gegenwärtigen Kontext bedeutet das, dass die Volksreligion, die gelebte Religiosität der Menschen, ein konstruktives Element der Kirche ist sowie eine nicht zu vernachlässigende Quelle für die

Erkenntnis Gottes. Diese Art des Glaubens ist kulturspezifisch, das ist wahr. Sie erhält den Glauben nicht nur durch Dogmen und offizielle Liturgien am Leben, sondern auch durch großartige Symbolik und Rituale, die die Vorstellungskraft, die Emotionen und das Herz mit ins Spiel bringen. Doch ist auch wahr, dass jedes Auftreten des Evangeliums von Anfang an kulturspezifisch war. Für einen inkarnatorischen Glauben gibt es keine andere Möglichkeit, am Leben zu bleiben. Die Volksreligion arbeitet in tiefem Kontakt mit Mythen, anschaulichen visuellen Bildern, Geschichten und Festen und hat seit Jahrhunderten als unentbehrliche Trägerin der Tradition gewirkt. Der Gott, den diese Tradition in Ehren hält, ist „ein Gott, der die sozialen Gruppen verteidigt, schützt, korrigiert und nährt, die die Welt geringschätzt," unterstreicht Aquino. Bis heute hat die hispanische Theologie ein besonderes Profil herausgebildet, indem sie die Volksfrömmigkeit als eine fruchtbare Quelle für die theologische Reflexion ernst nahm.

Unsere Liebe Frau

Ein bedeutendes Arbeitsfeld, das überraschend weitreichende Konsequenzen für die Theologie von Gott hat, behandelt die volkstümliche Verehrung von *la Virgen,* ein weit verbreitetes und wichtiges katholisches Phänomen, das viele Protestanten, Evangelikale und Pfingstler konsterniert zurücklässt. Aber auch aus diesen Gruppen speist sich heute die breite Hispanic-Gemeinschaft, denn die europäischen Teilungen und Trennungen sind auch auf die Neue Welt übergeschwappt. Jede Nationalität hat ihre eigene Version des Symbols Maria und dazugehörige Geschichten, die von der Sorge der Mutter Gottes in ihrem spezifischen Kampf erzählen. Die bekannteste ist Unsere Liebe Frau von Guadelupe in Mexiko. Ihr Erscheinen vor einem armen Indianer kurz nach der spanischen Eroberung ist ein eindrückliches Beispiel von *mestizaje,* dem Vermischen von christlichen und indigenen Symbolen. Blumen und Lieder, die in der amerikanisch-indianischen Religion Symbole des Göttlichen sind, begleiten das Erscheinen der Frau. Sie offenbart sich auf dem Tepeyac-Hügel, dem Ort des kürzlich verbotenen Heiligtums der beliebten Göttin Tonantzin. Bemerkenswerterweise ist der Gesichtsabdruck, den sie auf Juan Diegos selbst gesponnenem Mantel hinterlässt, der einer indigenen Frau, sodass sie liebevoll *la Morenita*, die „Kleine Braune", genannt wird. Ihre Gegenwart und ihre tröstenden Worte fördern die Menschenwürde der besiegten Volksgruppe zur Zeit der Eroberung und tun das noch heute. Ein Zeugnis dafür gibt César Chávez, dessen Märsche für Gerechtigkeit für immigrierte Bauern in Kalifornien in den 1970er Jahren unter dem Banner Unserer Lieben Frau von Guadelupe stattfanden. Wie auch immer das Bild der Maria aussieht und der Titel, der Maria verliehen wird, lautet – die Verehrung Marias im volkstümlichen Katholizismus ist warm und liebevoll. Sie baut eine Beziehung zur Mutter Gottes auf. Diese ist eine greifbare Manifestation der Fürsorge. Sie „geht mit den Personen, die in einer Kultur am Rande stehen", erklärt Miguel Díaz, „und schaut diese aussortierten, vergessenen und unterdrückten Menschen an, heißt sie willkommen, ja, nimmt sogar ihr kulturell geprägtes Antlitz an. Sie werden willkommen geheißen, sie werden erinnert und auferweckt."

Die theologische Reflexion der Latinas und Latinos in den Vereinigten Staaten stimmt darin überein, die Figur von *la Virgen* in ihren Gemeinschaften als ein Symbol göttlicher Liebe zu interpretieren und ihre volkstümliche Verehrung als eine vermittelte Begegnung mit der göttlichen Barmherzigkeit zu verstehen. Eine Gruppe von Theologen geht aber noch einen Schritt weiter und bezweifelt die enge Verbindung, die zwischen den Hispanic-Bildern der Jungfrau und der jüdischen Frau Maria von Nazaret, der Mutter Jesu, aus dem ersten Jahrhundert geknüpft wurde. Orlando Espín argumentiert zum Beispiel für eine andere Interpretation: „Bin ich mit der Tiefe des Vertrauens und der Liebe konfrontiert, die Latinos für die *Virgen* ausdrücken, und sehe ich die wunderschöne, ehrerbietige Beziehung, die sie mit ihr pflegen, wie tief sie von ihr berührt werden und auch ermutigt, dann stellen sich für mich als Theologen viele Fragen." Diese Fragen führen ihn dahin vorzuschlagen, dass man in der *Virgen* nicht Maria trifft, sondern dass man es mit einem außergewöhnlichen kulturbezogenen Erleben des Heiligen Geistes zu tun hat.

Espín möchte nicht behaupten, dass Maria der Heilige Geist *ist*, oder dass sie auf die eine oder andere Weise das weibliche Gesicht Gottes vermittelt. Er behauptet aber, dass die historische Maria nicht mehr viel mit diesem Phänomen zu tun hat. Latinos und Latinas verehren nicht die jüdische Frau Miriam von Nazaret, wenn sie *la Virgen de Guadelupe* verehren, sondern den Heiligen Geist Gottes, der nicht in den Kategorien der griechischen Mythologie oder der europäischen Kultur und Philosophie beschrieben wird, sondern in den Kategorien, die von den erobernden Spaniern und den eroberten mittelamerikanischen Völkern zusammengeschmolzen wurden. In den Kolonialzeiten bestanden die kirchlichen Autoritäten auf einer Interpretation dieses Symbols als Maria, da sie die Reinheit der Lehre schützen wollten und das einzige ihnen bekannte weibliche Bild des Göttlichen mit der Religion verbunden war, die sie vernichten wollten. Außerdem dachte man damals, das viele Reden über den Heiligen Geist könne ungewollt die Aufmerksamkeit der Inquisition erregen. Doch ist es so, dass im Erleben der Frau von Guadelupe – damals wie heute – Referenzen zur Maria der Evangelien in bemerkenswerter Weise rar sind. Was stattdessen vermittelt wird, ist das tiefgreifende Erleben von göttlicher Liebe und Barmherzigkeit, das Mut, Weisheit und seelische Kraft an die weitergibt, die an sie glauben. Könnte es deshalb nicht sein, reflektiert Espín, dass „wir es hier nicht mit Mariologie, sondern mit Pneumatologie zu tun haben, und zwar in einer unerwarteten und genialen, durch eine Kultur vermittelten, Weise? Die Marienverehrung des Hispanic-Katholizismus könnte daher auf eine orthodoxe Pneumatologie hinweisen, die auf hervorragende Weise inkulturiert ist.

Der Gott, der begleitet

Während die inadäquate Gottesvorstellung, die der moderne Theismus hervorgebracht hat, in vielen Teilen der US-amerikanischen Gesellschaft vorherrscht, sind die Eindrücke von Gott, die in der Hispanic-Gemeinschaft gewonnen werden, reich an Immanenz und zugewandter Beziehung. Hier geht es um einen Gott, der *mit* den Menschen ist, wo auch immer sie hingehen, der sie erhält und stärkt, besonders inmitten von *la lucha.* Diese Menschen treten nicht mit einer metaphysischen Realität in Beziehung oder mit einer entfernten Gottheit, sondern mit einem persönlichen und gemeinschaftlichen Gott, dessen Charakteristik die große Barmherzigkeit ist. Wenn die Menschen den Schöpfer des Himmels und der Erde als einen liebevollen und gütigen Freund erleben, kann es sein, dass sie Gott mit einem Kosenamen als *Diosito* bezeichnen, als „lieben kleinen Gott". Dieser beschützende und unterstützende Heilige geht jeden Tag seine Schritte mit der Gemeinschaft. Andererseits, und ebenso bedeutsam, ist der lebendige Gott auch durch die Gesellschaft bekannt, mit der sich diese Liebe umgibt.

Die Metapher der Begleitung spielt eine wichtige Rolle, wenn es darum geht, das menschliche Erleben des Heiligen Mysteriums, das im Alltag mit den Menschen geht, zu artikulieren. Ihre Bedeutung gewinnt an Tiefe und Klarheit, wenn sie in den Zusammenhang mit den Erfahrungen der Völker vom „Mit-Sein" auf menschlichem Niveau gestellt wird. Eines der signifikantesten Merkmale der Hispanic-Kultur steht im Zusammenhang mit der Bedeutung des Individuums. In dieser Kultur stellt man sich die kleinste Einheit der Gesellschaft als Gruppe, hauptsächlich als Familie, vor. Die Identität der/des Einzelnen gründet in seiner/ihrer Mitgliedschaft in der Gruppe. In dieser kulturellen Perspektive, erklärt Gary Riebe-Estrella, „werden Menschen erwachsen und reif, wenn sie ihren Platz in der Gruppe erkannt haben und die gegenseitigen Verpflichtungen und Rechte, die dieser Platz nach sich zieht, zu den ihren machen." In dieser „soziozentrischen organischen" Kultur ist die

Identität des Einzelnen untrennbar mit Beziehungen verbunden und immer mit der Gruppe verwoben. Ein gebräuchliche Redeweise drückt das so aus: Sage mir, mit wem du gehst, und ich sage dir, wer du bist. Die moderne liberale Anthropologie des US-Mainstreams dagegen sieht die Grundeinheit der Gesellschaft im Individuum. Menschen reifen und werden erwachsen, indem sie sich von anderen entfernen und ihre eigenen Fähigkeiten entdecken. „Wenn sich diese Identität gestärkt und Form angenommen hat, wendet sich das Individuum wieder anderen zu zum gegenseitigen Nutzen, und zwar in der lebenslangen Entwicklungsaufgabe der intimen Beziehungen." Beziehung ist hier an einen Vertrag gebunden, an gegenseitige Zustimmung. Deshalb kann dieses Modell als „egozentrisch vertraglich" charakterisiert werden, mit einer Priorität auf dem Individuum gegenüber der Gruppe. Das soziozentrische organische Muster der Hispanic-Kultur hat sich in der zweiten und dritten Generation derer, die in den USA leben, als weiterhin vorherrschend erwiesen, selbst inmitten von finanziellem und sozialem Erfolg.

Solche kulturellen Analysen erweisen sich als eine hilfreiche Hintergrundarbeit, um die Idee vom begleitenden Gott zu verstehen. So, wie sich Latinas und Latinos selbst als Gemeinschaftswesen verstehen, weil sie die Fülle ihrer Identität finden, wenn sie zusammen durchs Leben gehen, so stellen sie sich auch vor, dass Gott mit ihnen geht und sie mit Leben und Stärke beschenkt. Die vielen Rituale volkstümlicher Religion, besonders die, die sich um die Geburt und den Tod Jesu ranken, sind Beispiele für dieses Miteinander-Gehen. Sie verleihen der Erkenntnis, dass Gott versteht, Kraft. Die Kämpfe, die Leiden und die Freuden der menschlichen Existenz sind Gott nicht fremd, sondern eher die Orte für göttliche Solidarität und Sorge.

~ *Posada.* Dieses vorweihnachtliche Ritual inszeniert die Betlehem-Geschichte mit einer Betonung auf der Suche nach Unterkunft, weil es in Betlehem keinen Platz gibt. Die Personen, die Maria und Josef spielen, laufen mit den Zuschauern von Haus zu

Haus und suchen nach Gastfreundschaft. Wieder und wieder werden sie abgewiesen, aber sie suchen immer weiter nach einem Aufenthaltsort, bis sie eine (vorher festgelegte) Familie aufnimmt. Nun werden Erfrischungen gereicht und miteinander geteilt. Diese rituelle Prozession zeigt auf lebendige Art und Weise, dass der Gott des Himmels und der Erde mit diesem armen Paar unterwegs war. Das arme Mädchen aus Nazaret ist es ja selbst, in dem der Heilige im Fleische wohnt. Die, die an der Prozession teilnehmen, verstehen ihre starke Resonanz zu der Migration, Obdachlosigkeit und Zurückweisung, die die Gemeinschaft nur allzu gut kennt. Die Feier am Ende bestätigt, dass Emmanuel kommt, um bei denen zu sein, die die Welt ablehnt, was ein Grund zu großer Freude ist.

~ *Die Karfreitagsprozession.* Es ist ein Paradox, dass wir den trotzigsten Glauben an die Macht des Lebens unter den Menschen finden, die die schlimmsten Erfahrungen mit der Macht des Todes gemacht haben. Dieser Glaube wird in den Bräuchen der Heiligen Woche besonders gezeigt. Dort wird die göttliche Präsenz auf der Straße zum Tod verortet, nicht auf der Straße zum Leben. Manch einem mag die Betonung des Kreuzes in der darstellenden Kunst oder im religiösen Ritualschatz der Hispanics morbide erscheinen. Aber für die, die vom Erleben der Vernichtung geprägt sind und deren Alltag ein Kampf ist, kann nur der leidende Gott, der zum Kreuz geht, den vielen schmerzhaften Absurditäten des Lebens eine Bedeutung geben. Roberto Goizuetas unvergessliche Beschreibung der Inszenierung des Karfreitag an der San Fernando Kathedrale in San Antonio, Texas, lässt diese Energie erahnen:

> „Um 10.00 Uhr signalisiert eine laute Trompete den Eintritt des Pilatus auf die Bühnenfläche, wo er Jesus von Nazaret begegnet. Von jetzt an folgen die Worte und Handlungen der Leidensgeschichte in den Evangelien. Die Gemeindemitglieder von San Fernando spielen die unterschiedlichen Charaktere der Leidensgeschichte. Pilatus schickt Jesus zu Herodes, der ihn wiederum für den Richtspruch zu Pilatus zurücksendet. Nachdem die Menge um die Freilassung des Barabbas

> bittet, wird Jesus gegeißelt und mit Dornen gekrönt. Pilatus präsentiert den Menschen den geschlagenen und gebrochenen Nazarener – das heißt, der versammelten Menge in San Fernando/Jerusalem – und diese schreien nach seiner Kreuzigung. Die Szene kann als furchterregend beschrieben werden. Das sind keine Ereignisse, die vor 2000 Jahren geschahen, sondern etwas, was heute stattfindet und an dem wir aktiv teilhaben."

Der Event setzt sich fort, wenn Jesus sein Kreuz aus der Tür hinausträgt und die von Zuschauern gesäumten Straßen auf dem Weg zur Kreuzigungsstätte betritt. Ladenbesitzer schließen ihre Läden und stehen ehrerbietig davor. Frauen flüstern Jesu trauernder Mutter tröstende Worte zu, als sie vorbeigeht. Ein kleiner Junge rennt unerwartet auf den gefallenen Jesus zu und gibt ihm einen Kuss.

In der symbolischen Resonanz der gesamten Leidensgeschichte und im Passionsstück klingen die Erlebnisse eines an den Rand gedrängten Volkes mit. Sein Leiden wird in der gebrochenen Menschlichkeit Jesu sichtbar. „Jesus der Christus ist unser Bruder in Kummer und Unterdrückung", erklärt Sixto García, „und wir können ihn berühren, mit ihm trauern, mit ihm sterben und, ja, auch mit ihm hoffen." Wertvoll an dieser Inszenierung ist nicht nur, dass die Geschichte mit dem Sieg am Ostermorgen endet, sondern auch, dass auf dem Weg zum Kreuz die göttliche Barmherzigkeit Jesus als Opfer stärkt und trägt. Das steht im Zentrum der Gotteserkenntnisse, die in der Volksreligion der Hispanics gewonnen werden.

Drei Prinzipien

Virgilio Elizondos Arbeiten zur Christologie präzisieren das intuitive Verständnis von Gottes Begleitung noch näher. Die Evangelien sagen, dass Jesus ein galiläischer Jude war, was in Elizondos Analyse große theologische Bedeutung hat. Während das Zentrum der jüdischen Kultur und Religion Jerusalem war, mit seiner reichen Elite und dem von den Priestern betriebenen Tempel, war die nördliche Region Galiläa lediglich ein Außenposten der armen und ländlichen Bevölkerung. Ihre Dörfer wurden verächtlich angesehen: „Aus Nazaret? Kann von dort etwas Gutes kommen?" (Joh 1,46) Dieses Galiläa war ein Ort am Rande und hatte keine religiöse, intellektuelle oder politische Bedeutung: „Marginalität, wie sie von Galiläa symbolisiert wird, ist eines der wichtigsten Konzepte der inneren Dynamik der Evangelien." Als Knotenpunkt von Kommerz und Völkerbewegungen war es aber auch ein Ort, wo sich verschiedene Kulturen miteinander vermischten. Weil es von Außenstehenden durchsickert war, war es kaum ein Ort reiner jüdischer Kultur.

Als Jude aus Galiläa war Jesus, das Wort und die Weisheit Gottes, marginalisiert, so wie seine Region marginalisiert war. Sein Mensch-Sein war das Produkt von *mestizaje,* war kulturell vermischt, zweisprachig, aufgrund seiner Geburt und seiner elterlichen Herkunft suspekt, nahmen doch sicher viele an, dass er einen Römer zum Vater hatte (siehe die Kindheitsgeschichten und die späteren jüdischen Legenden). Auf seiner letzten Reise nach Jerusalem erlebte er Scheitern, Ablehnung und eine gewaltsame Behandlung, wie sie von Großmächten gegenüber denen ausgeübt wird, die politisch unbedeutend sind. Und doch war Gott auf seinem gesamten Weg bei ihm.

Ausgehend von dieser Interpretation der historischen, geografischen und kulturellen Koordinaten im Leben Jesu wählt Elizondo drei Prinzipien, die auf die Gemeinschaft der Hispanics anwendbar sind. Zuerst das Prinzip Galiläa: Was Menschen ablehnen, wählt Gott als sein Eigenes. Zweitens das Prinzip Jerusalem: Gott vertraut den von den Menschen Abgelehnten eine Mission an, nämlich, den Mächten dieser Welt zu begegnen, um die Gesellschaft zu transformieren. Drittens das Prinzip Auferstehung: Aus dem Leiden und dem Tod bringt Gott Leben hervor und überwindet das Böse durch die Macht der Liebe. Diese Prinzipien buchstabieren den göttlichen Weg des Handelns in der Welt, der durch Christus bekannt gemacht worden ist. In Wahrheit sind sie ein Skandal für die Wichtigen, die gut Qualifizierten, die gut Aufgestellten, die verehrten Menschen in der Gesellschaft. Aber sie sind eine gute Nachricht für die Armen, die Menschen am Rand mit dem *mestizaje*-Erbe in sich, die hier erkennen, wie Gott mit den Armen unterwegs ist.

Diese Eindrücke vom Gott, der begleitet, sind durch die Linse Jesu hindurch gefiltert worden, der der leidende menschliche Bruder und zugleich das Wort Gottes ist. In Jesus ergreifen die Latinos und Latinas die göttliche Präsenz und verstehen, dass sie nicht wegen der Schmerzen geflohen ist, sondern unterstützend dabei bleibt. Weil Gott mit Jesus unterwegs war, durch den Tod hindurch zum auferstandenen Leben, können die Menschen fühlen, dass auch ihre gegenwärtige Situation nicht das letzte Wort haben wird. Die Hoffnung wächst, ein Vertrauen in die göttliche Vorsehung und ihre Fähigkeit, Alternativen zu schaffen, neues Leben, Veränderung. Die aktive Hoffnung auf eine Zukunft hilft dabei, dass die Seele nicht erschlafft, selbst wenn der Kampf fortgesetzt werden muss. Nun entstehen festliche und poetische Elemente. Die Idee vom Gott-der-mit-uns-geht, die von dieser theologischen Richtung entdeckt wurde, zeigt sich mit Blumen und Liedern aus dem Leiden der Menschen heraus.

Der Gott der *Fiesta*

Die amerikanisch-indianischen Vorfahren sahen die Schönheit als einen Widerschein der Präsenz des Göttlichen. Ihre Intuition überlebt im spanischen *flor y canto*, Blume und Lied, einer Übersetzung der präkolumbianischen Náhuatl-Metapher für die Wahrheit der spirituellen Welt. Die Schönheit wies nicht nur auf die Segnungen durch die göttliche Präsenz hin, sondern indigene Vorfahren nutzten Blumen und Lieder, um mit dem Heiligen in Verbindung zu treten. Diese Vorstellung zeigt ein ästhetisches Konzept des Universums, das sich der Philosophie durch Poesie annähert und die Wahrheit mit der Schönheit verbindet. Anstatt zur Wahrheit zu gelangen, indem universale, abstrakte Konzepte und lineare Logik angewandt werden, ergreift der Verstand die Wahrheit intuitiv, und zwar durch die Vorstellungskraft des Herzens: „Die Wahrheit zu kennen bedeutete, die versteckte Bedeutung der Dinge durch ‚Blume und Lied' zu erkennen, eine Kraft, die vom vergöttlichten Herzen ausgeht" (Léon-Portilla). In diesem Kontext kann man die Wichtigkeit des Guadelupe-Ereignisses besser einschätzen:

> „In der Náhuatl-Welt des Juan Diego *ist* Schönheit Wahrheit und Wahrheit *ist* Schönheit: *flor y canto.* Im Singen der Vögel, im Duft der Rosen und über allem in der Begegnung mit der Frau des Tepeyac versteht Juan Diego die Wahrheit darüber, wer er ist und wer Gott ist." (Goizueta)

Dieser Sinn für Schönheit, der mit der göttlichen Wahrheit und Güte im Zusammenhang steht, erweckt das Gottesbewusstsein in der spirituellen Vorstellungskraft der Hispanics. Die Eindrücke vom Göttlichen, die in volkstümlichen Symbolen, in Riten, Musik, Tanz, in Aufführungen und Geschichten gewonnen werden, sind von einer allumfassenden ästhetischen Sensibilität durchdrungen. Ohne sie erscheint das Reden von Gott kalt und irrelevant. Mit ihr wird die gesamte Person dazu gebracht, das Heilige zu erleben, und zwar auf offene, kreative und suchende Art und Weise.

Diese Schönheit lädt die Gemeinschaft aber nicht nur zu einem rein ästhetischen Erleben ein, in dem das Erlebnis des Leidens und die daraus folgende Sorge um erlösende Gerechtigkeit nicht mehr vorkommt. Ein Beispiel dafür, wie die beiden Aspekte immer miteinander interagieren, findet man in *la pastorela*, dem Hirtenspiel, einem typischen Bestandteil des Weihnachtstheaters mit Wurzeln im Mittelalter, das durch die Missionare auf den amerikanischen Kontinent gebracht wurde. Auf ihrem Weg zur Krippe nach der Ankündigung der Engel werden die Hirten von Satan abgelenkt. Das Weihnachtsspiel zeigt mit beißendem Humor eine Versuchung nach der anderen, die die Hirten vom Ankommen abhält. Das Stück ist quasi ein Kommentar zum Charakter des Bösen und lehrt, dass es zu Weihnachten nicht einfach nur um Freude geht, sondern um

Freude inmitten des Kampfes. Es schaut in die tragische Natur des menschlichen Eigensinns hinein und sieht in seiner Mitte die Hoffnung. Am Ende werden die Hirten durch Gabriel zur Krippe geleitet, der ihnen befiehlt, alle Blumen des Feldes als ihr Geschenk zu pflücken. Die Reue beginnt also mit dem Sammeln von Blumen! Ihre Ankunft in der Präsenz des Retters zeigt, dass Jesu Geburt die bösen Geister erniedrigt, und das ganz ohne Gewalt, so wie „eine wunderschöne Realität ein geringeres Vorstellungsbild Demut lehrt", und zwar durch die Kraft ihrer Anziehung, schreibt Alejandro García-Rivera. Durch diese Geschichte wird Gott als „leidenschaftlicher Liebhaber der Schönheit" offenbart, der die Welt als einzigartiges und schönes Ganzes geschaffen hat und der, in einer Krippe liegend, in Liebe zu dieser Welt kommt, um ihre Ganzheit zu erneuern.

Die ästhetische Qualität der Beziehung zum Heiligen wird auch in der *fiesta* ausgedrückt, einem wichtigen Teil des Lebens der Hispanic-Gemeinschaften. Die *fiesta,* ein Festival voller Fröhlichkeit und Musik, ist nicht nur eine Party. Sie ist ein kollektives mystisches Erlebnis, das das Leben zelebriert und anlässlich eines Gründungsereignisses der bürgerlichen oder kirchlichen Gemeinde oder auch an einem wichtigen Moment im Leben des Einzelnen begangen wird. Die theologische Analyse zeigt, dass die *fiesta* tief in dem Gefühl verankert ist, dass das Leben ein Geschenk ist, dass Gott die Quelle dieses Geschenks ist, dass die erste Handlung eines jeden Menschen die Annahme dieses Geschenkes und der Dank dafür ist. Alles das wird in der Gemeinschaft vollzogen. Jeder weiß, dass die Schmerzen und die Tragödien der Geschichte real sind, aber jeder ist sich ebenfalls bewusst, dass die Freude, die man jetzt empfindet, auf die Fülle hinweist, die man in der Zukunft erwartet. In diesem Sinne „drückt" die *fiesta* „das Leben im Konjunktiv aus", wie es Goizueta einmal elegant formuliert hat, womit er den Modus der Sehnsucht und der möglichen Zukunft beschreiben will im Vergleich zum Indikativ, den Fakten, die das wirtschaftliche Leben in der Gesellschaft bestimmen.

Während die US-Hispanic-Theologie sehr wohl von der lateinamerikanischen Befreiungstheologie beeinflusst sein mag und natürlich von ihr herausgefordert wird, meint sie doch, dass ihr südlicher Kollege diesen Punkt nicht genügend bedenkt. Wenn die Befreiungstheologie mit den Mächten umgeht, die das Leben der Armen zerschmettern, stellt sie sich den Menschen als *homo faber*, als Macher, vor. Ein Mensch sein heißt, sich an der Transformation der Gesellschaft zu beteiligen, ein Handelnder für Veränderung zu werden. Weil die Volksreligion nicht zweifelsfrei sofort zu solchen Handlungen führt, hat die Befreiungstheologie dem Wert des Feierns, des Rituals, dem Familienleben, wenig Bedeutung für den Kampf der Armen zugemessen. Gewiss, die soziopolitischen Implikationen des Glaubens sind tatsächlich wichtig. Doch betont Latino- und Latina-Theologie, dass der Mensch ebenso *homo ludens*, der spielende Mensch, ist. Mensch zu sein heißt zu feiern, aufzuhören, ein Macher von Produkten zu sein und mit der tieferen Bedeutung des Lebens in Verbindung zu treten. Das ist es, was die *fiesta* erreicht. Sie bezieht die affektiven, imaginativen und ästhetischen Ressourcen der Gemeinschaft mit ein und erlaubt ein „Gefühl" dafür, mit Gott eins zu sein, mit den anderen, dem Kosmos, mit sich selbst. Die *fiesta* basiert nicht auf rationalem Diskurs und orientiert sich nicht an fristgerechtem, effizientem Handeln, sondern sie „repräsentiert die Haltung des Vertrauens in die ultimative Gutheit des Lebens, sowohl als eine Realität in der Gegenwart als auch als eine nicht realisierte Zukunft, die den Status quo herausfordert und umwälzt." (Goizueta) Die Gemeinschaft ist nicht nur ein Macher, sondern ein Empfänger und jemand, der das Geschenk des Lebens dankbar annimmt. Hat sich dies eingespielt, dann wird die Verpflichtung zur sozialen Gerechtigkeit mit großer Motivation gespeist. Ada María Isasi-Díaz, die mit Latinas arbeitet, betont, dass der Einsatz für die Gerechtigkeit nicht überleben wird, ohne dass Liebe und Zärtlichkeit im Leben der Menschen sie nähren.

Die *fiesta* als „eine ästhetische Praxis" und die Einblicke in Gott, die sie bietet, haben der dominanten Gesellschaft viel anzubieten. Sie feiert das gute Geschenk des Lebens, selbst inmitten des Leidens. Ihre *flor y canto* drücken fröhlich die Schönheit von Gottes Liebe in einer neuen Schöpfung aus. Roberto Goizueta verbindet den soziopolitischen Ansatz der Befreiungstheologie mit dem ästhetischen Ansatz von Gebet und Feier. Er fasst diese Einsicht zusammen, indem er für die US-Hispanics und ihre Theologie feststellt: „Gott ist ihnen in der Form des Schönen bekannt." Gottes begleitende Präsenz reist mit den Menschen auf den vielen Wanderungen der Geschichte und trägt sie durch die unzähligen Alltagshandlungen der Volksreligion, vor allem aber durch die Schönheit der *fiesta.*

In die Zukunft

Die US-amerikanische Theologie der Latinos und Latinas ist noch ein junges Unternehmen. Es hat die Einblicke in den begleitenden Gott der *fiesta* noch nicht ausführlich systematisch bearbeitet. Abgesehen von einigen bemerkenswerten Ausnahmen richtete sich ihr Hauptaugenmerk bislang auf die theologische Anthropologie, die versucht, die Realität der Hispanics und ihre religiöse Vision, ihre Werte und Erfahrungen von Gnade zu definieren. Im *Handbook of Latina/o Theologies* aus dem Jahre 2006 spricht der Hauptartikel zum Thema Gott vor allem darüber, wie Hispanics nach dem Bild Gottes geschaffen sind, dann geht es schon um die Bedeutung des Sprechens von der Herkunft. Der Artikel zum Heiligen Geist verwandelt sich in eine Diskussion über die Seelsorge in städtischen Gemeinschaften. Der Essay über die Trinität unternimmt es, diese Lehre in existenzieller Absicht zu verstehen, wobei er ihre praktische Eignung, die Gemeinschaft zu ermächtigen, ermittelt. Bisher wurde noch wenig diskutiert, wie diese Erkenntnisse die Lehre oder die systematische Theologie von Gott an sich beeinflussen. Was bisher getan wurde, zeigt jedoch, dass diese Theologie viel zur weltweiten theologischen Weisheit beizutragen hat. Wir freuen uns auf den Reichtum, der noch aus ihr erwachsen wird.

In der Zwischenzeit ist die Situation der Latinos und Latinas in den USA von Veränderungen in ihren Gemeinschaften geprägt. Viele migrieren aus ländlichen Gebieten in die urbanen Zentren, wobei die alten Muster der Kleinstadt- oder Dorfgemeinschaften unterbrochen werden. Eine viel größere Anzahl von Menschen mit lateinamerikanischem Hintergrund migriert über die US-Grenze und setzt sich dabei großer Gefahr und am Ankunftsort instabilen und schlecht bezahlten Jobs aus. Der Kontakt mit der vernetzten Mainstream-Kultur der USA zwingt die Menschen dazu, in kurzer Zeit von der Vormoderne zur Moderne und schnell zur Postmoderne überzugehen. Es sind besonders die Jungen, die mehr oder weniger schnell die dominante Moral annehmen und damit vom traditionellen Lebensmuster abweichen. Innerhalb dieser Veränderungen fließt das Gottesverständnis in der Hispanic-Theologie in eine Praxis hinein, die Schönheit mit Gerechtigkeit verbindet, Ethik mit Genuss. Die Option für die Armen (in ökonomischer und sozialer Hinsicht) wird von der Option für den Glauben der Armen begleitet. Beide können den Durst nach dem Heiligen stillen, wenn man achtsam ist. Miguel Díaz schreibt, dass die traditionelle Art und Weise der Gastfreundschaft beinhaltet, dass man sagt: *mi casa es tu casa,* mein Haus ist dein Haus. Díaz lädt ein: „Komm in unsere Häuser, sitze an unserem Tisch, höre unsere Geschichte, und teile uns deine Geschichte über das Menschsein mit.“ Wenn wir darüber sprechen, wie wir das Erlebnis der Gnade empfunden haben, gehen wir in gegenseitiger Solidarität ans hoffnungsschwangere soziale Handeln.

Für weitere Informationen

Die zwei verehrten Pioniere der US-amerikanischen Theologie der Hispanics sind der katholische Theologe Virgilio Elizondo und der protestantische Kirchengeschichtler Justo Gonzáles. Ihre bahnbrechenden Arbeiten, die uns den Geschmack dieser Art von Theologie vermitteln, sind: Elizondo, *Galilean Journey: The Mexican-American Promise* (Maryknoll, N.Y.: Orbis, 1983) und Gonzáles, *Mañana: Christian Theology from a Hispanic Perspective* (Nashville: Abingdon, 1990), die beide sehr verständlich geschrieben sind.

Die nächste Generation hat fleißig *en conjunto* gearbeitet, um die Hauptthemen der Theologie zu entwickeln. Für die katholische Theologie siehe die unersetzlichen Artikel in Orlando Espín und Miguel Díaz (Hg.), *From the Heart of Our People: Latino/a Explorations in Catholic Systematic Theology* (Orbis, 1999). Dieses Kapitel zitiert aus den Artikeln von María Pilar Aquino, „Theological Method in U.S. Latino/a Theology"; Alejandro García-Rivera, „The Whole and the Love of Difference"; Roberto Goizueta, „Fiesta"; Gary Riebe-Estrella, „*Pueblo* and Church" und Jeannette Rodríguez, „*La Tierra*". Ein wertvolles Gegenstück aus der evangelischen Theologie ist José David Rodríguez und Loida Martell-Otero (Hg.), *Teología en Conjunto: A Collaborative Hispanic Protestant Theology* (Louisville: Westminster John Knox, 1997). Dieses Kapitel zitiert die Artikel von Teresa Chavez Sauceda, „Love in the Crossroads: Stepping Stones to a Doctrine of God in Hispanic/Latino Theology" und Loida Martell-Otero, „The Ongoing Challenge of Hispanic Theology". Auch die Artikel in Allan Figueroa Deck (Hg.), *Frontiers of Hispanic Theology in the United States* (Orbis, 1992) – besonders Sixto García, „U.S. Hispanic and Mainstream Trinitarian Theologies" – und Arturo Bañuelas (Hg.), *Mestizo Christianity: Theology from the Latino Perspective* (Orbis, 1995), sind solide und aufschlussreich. Diese Sammlungen zu lesen ist wie Blumenpflücken auf einem Feld: jede Blume ist anders, aber alle zusammen bilden einen wunderbarem Strauß des Verstehens.

Eigenständige theologische Reflexion, die auf dem Erleben von Frauen basiert, bietet Ada María Isasi-Díaz, *En La Lucha: A Hispanic Women's Liberation Theology* (Minneapolis: Fortress, 1993) und *Mujerista Theology: A Theology for the Twenty-First Century* (Orbis, 1996). María Pilar Aquino, Daisy Machado und Jeannette Rodríguez (Hg.), *A Reader in Latina Feminist Theology: Religion and Justice* (Austin: University of Texas Press, 2002) zeigt die Vielfalt der Fragen und Erkenntnisse eines weiten Spektrums von Wissenschaftlern, die sich mit Religion beschäftigen.

Die Volksfrömmigkeit ist der rote Faden, der alle diese Werke durchzieht, einige Bücher aber tauchen tiefer und grundlegender, aber immer noch gut verständlich, in einen oder mehrere Aspekte des Volksglaubens ein. Besonders hilfreich sind Roberto Goizueta, *Caminemos con Jesús: A Hispanic/Latino Theology of Accompaniment* (Orbis, 1995); Orlando Espín, *The Faith of the People: Theological Reflections on Popular Catholicism* (Orbis, 1997) und Miguel Díaz, *On Being Human: Hispanic and Rahnerian Perspectives* (Orbis, 2001).

Die ausführlichste Geschichte des Hispanic-Katholizismus in den Vereinigten Staaten bis zum Ende des 20. Jahrhunderts bietet Jay Dolan, Allan Figueroa Deck und Jaime Vidal (Hg.), *Hispanic Culture in the U.S.* (3 Bände; Notre Dame, Ind.: University of Notre Dame Press, 1994). Ada María Díaz-Stevens und Anthony Stevens-Arroyo, *Recognizing the Latino Resurgence in U.S. Religion* (Boulder, Colo.: Westview, 1998) stellt eine aufschlussreiche soziologische Analyse bereit. Einen Überblick über den Diskussionsstand vermittelt Edwin David Aponte und Miguel De La Torre (Hg.), *Handbook of Latina/o Theologies* (St. Louis: Chalice Press, 2006).

Das *Journal of Hispanic/Latino Theology*, entstanden 1993 und nun auch im Internet online verfügbar (www.latinotheology.org), und die Zeitschrift *Apuntes*, gegründet 1981, öffnen dem interessierten Leser ein Fenster zur neuesten Forschung.

8
Der freigiebige Gott der Religionen

Der Kontext: Religiöser Pluralismus

Betrachten wir nun die Einblicke in Gott, die immer dann klarer werden, wenn Menschen sich beim Zusammentreffen mit anderen religiösen Traditionen mit ihrem eigenen Glauben auseinandersetzen. In unserer Ära der globalen Kommunikation, des weltweiten Reisens, des weitverbreiteten Phänomens der Migration, der Millionen von Flüchtlingen kommen die religiösen Traditionen in Kontakt wie nie zuvor. Obwohl die Welt immer religiöse Vielfalt kannte, haben die Menschen immer auch eine starke Verbindung zwischen ihrem geografischen Lebenskontext und ihrer speziellen religiösen Sichtweise der Welt empfunden. Diese Verbindung löst sich nun auf, weil jetzt der Pluralismus der Religionen die normale Matrix des Alltags bildet. So treu eine einzelne Person ihrem Glauben auch anhängen mag, sie ist doch regelmäßig mit den religiösen Verpflichtungen anderer konfrontiert, die etwas anderes als glaubenswert herausheben.

Nehmen wir die Vereinigten Staaten von Amerika als ein Beispiel. Die meisten Religionen der Welt werden nun in diesem Land ausgeübt. Zusätzlich zu den eingeborenen Religionen der Native Americans und den in den USA entstandenen Mormonen gibt es auch katholische, orthodoxe und protestantische Christen, dazu Juden, Muslime, Hindus, Buddhisten, Gruppen, die dem Zoroastrismus anhängen, Jain, Sikh, konfuzianische, daoistische, Shinto- und Baha'i-Traditionen und Religionen, die der Karibik entstammen, wie zum Beispiel Santería und Voodoo. Professorin Diana Eck, die das Pluralismus-Projekt an der Harvard University leitete, fand heraus, dass in fast jeder amerikanischen Stadt hinduistische und buddhistische Tempel sowie Moscheen existieren. Viele von ihnen sind kaum sichtbar, weil sie sich in Wohnhäusern, Bürogebäuden, Kinos oder ehemaligen Kirchen befinden. Andere sind als majestätische und imposante Gebäude sichtbar. Neben der Errichtung von Gebetshäusern feiern diese Religionen jährliche Feste und üben karitative, pädagogische und kulturelle Aktivitäten, die die Lebendigkeit ihrer Traditionen fördern. In ihrem Buch *Encountering God* schrieb Eck, dass hinduistische Amerikaner unsere Chirurgen, Ingenieure und Journalisten werden, buddhistische Amerikaner werden unsere Banker und Astronauten, muslimische Amerikaner unsere Lehrer, Rechtsanwälte und Taxifahrer.

Ein Zeichen für diese pluralistisch-religiösen Veränderungen sah man im Jahre 1991, als das US-Repräsentantenhaus zum ersten Mal einen muslimischen religiösen Führer bat, das tägliche Eröffnungsgebet zu sprechen. Etwas anderes war deutlich am 11. September 2001 (und danach) zu sehen, als in vielen der öffentlichen Erinnerungsfeiern katholische, protestantische, jüdische, muslimische, hinduistische und andere Vertreter von Religionsgemeinschaften ihre Gebete sprachen. Auch der jährliche Feiertag zu Thanksgiving ist Anlass zu vielen interreligiösen Feiern, die nicht unbedingt an religiöse Institutionen gebunden sind und deren Zweck es oft ist, denen in der Nachbarschaft Hilfe anzubieten, die nicht genügend Lebensmittel zur Verfügung haben. Im ganzen Land führen Buchhandlungen Bücher über die Weltreligionen, zusammen mit den Ausgaben ihrer heiligen Texte: der Bibel, dem Heiligen Koran, der Bhagavad Gita. Inzwischen sind wir alle Nachbarn geworden.

Diese veränderte religiöse Landschaft bringt viele verschiedene Reaktionen hervor. Es geht dabei nicht nur um Politik, darum, wie man Unterschiede tolerieren kann, sodass wir alle für das Gemeinwohl in der Gesellschaft eintreten können. Ohne Zweifel ist das die wichtigste Angelegenheit, bedenkt man die Gewalt, die von Religionen hervorgerufen, von ihnen unterstützt oder für die eigenen Zwecke genutzt wurde. Sondern damit ist eine brennende theologische Frage verbunden, nämlich, wie man seinem eigenen Glauben treu bleiben und gleichzeitig den unbestrittenen Unterschieden der Anderen Raum geben kann. Die fundamentalistische Antwort zieht sich in die Wagenburg zurück, um die eigene Identität zu verteidigen, und bezeichnet schlicht alle anderen als im Irrtum befindlich. Eine andere, eher relativistische Antwort will die Unterschiede einebnen und denkt, dass es nicht wichtig ist, welche Religion die Menschen wählen, weil alle Variationen derselben Essenz seien. Eine dritte Antwort will sowohl feindschaftliche als auch relativistische Tendenzen vermeiden und agiert dialogisch. In diesem Fall begegnen sich die Menschen in kritischem Respekt und Warmherzigkeit, erlernen die religiöse Weisheit der Anderen und teilen die eigene Weisheit den Anderen mit. Diese Art von Begegnung bringt die Menschen zu ihrem eigenen Glauben zurück, und zwar mit dem Wunsch, das zu verstehen, was man entdeckt hat.

Für Christen wird mit dieser Methode, die man sowohl als Individuum als auch als Institution praktizieren kann, der Gott der Offenbarung in einen neuen Kontext gesetzt. Man erkennt die spirituelle Weisheit, die Praxis der Güte und die unbezweifelbare Treue der Andersglaubenden und versteht, dass Christen in Jesus Christus zwar eine einzigartige Begegnung mit Gott in dieser Welt besitzen – wer sonst steht für Inkarnation, Wirken in der Welt, Kreuzigung und Auferstehung! –, dass wir aber nicht das Monopol auf die Wahrheit oder den Wert der Religion haben. So entsteht die Frage: Was hat Gott außerhalb des Christentums gemacht? Das unbegreifliche Mysterium des lebendigen Gottes scheint sogar noch heller, wenn der Gott Abrahams und Saras, der Gott Jesu Christi, auf Allah, Brahman, Krishna, Kali, Sunyata, Kwan Yin, den Buddha und Tao trifft.

Die Hintergrundgeschichte in der Lehre der Kirche

In der römisch-katholischen Kirche kann man die theologische Evolution dieser Frage in drei großen und sich bewegenden Wellen beschreiben. Können Personen, die keine Christen sind, das heißt, die nicht getauft sind und nicht an Jesus Christus glauben, gerettet werden? Wenn ja, sind sie durch die Ausübung ihrer Religion errettet oder trotz der Ausübung ihrer Religion? Wenn sie durch die Ausübung ihrer Religion errettet sind, haben diese Religionen dann eine positive Bedeutung in Gottes einem Plan der Erlösung für die gesamte Menschheit? Die Anordnung dieser Fragen beinhaltet eine theologische Bewertung des religiösen Pluralismus im Licht der universalen Bedeutung Jesu Christi im Herzen des christlichen Glaubens.

Die erste Frage

Die Frage nach der Möglichkeit der persönlichen Errettung kann positiv beantwortet werden. Über viele Jahrhunderte betonte die Theologie die göttliche Gnade, hatte aber größtenteils einen pessimistischen Blick auf die Dinge. Es war schon für Mitglieder der Kirche schwer genug, Zugang zum Himmel zu erhalten, geschweige denn für die, die ohne den wahren Glauben lebten. Trotzdem hielt die Idee des „impliziten Glaubens" die Tür zum Himmel für die außerhalb der Kirche Befindlichen einen Spalt breit offen. Das Zweite Vatikanische Konzil war dann ein Wendepunkt in dieser Frage. Ohne jede Ambiguität vertrat es einen Optimismus der Gnade. Die dogmatische „Konstitution über die Kirche" lehrt:

> „Wer nämlich das Evangelium Christi und seine Kirche ohne Schuld nicht kennt, Gott aber aus ehrlichem Herzen sucht, seinen im Anruf des Gewissens erkannten Willen unter dem Einfluß der Gnade in der Tat zu erfüllen trachtet, kann das ewige Heil erlangen. Die göttliche Vorsehung verweigert auch denen das zum Heil Notwendige nicht, die

> ohne Schuld noch nicht zur ausdrücklichen Anerkennung Gottes gekommen sind, jedoch, nicht ohne die göttliche Gnade, ein rechtes Leben zu führen sich bemühen." (*Lumen Gentium* 16)

Ähnlich spricht auch die pastorale „Konstitution über die Kirche in der Welt von heute". Nach einer Beschreibung des Mysteriums der Erlösung, die die Christen betrifft, heißt es:

> „Das gilt nicht nur für die Christgläubigen, sondern für alle Menschen guten Willens, in deren Herzen die Gnade unsichtbar wirkt. Da nämlich Christus für alle gestorben ist und da es in Wahrheit nur eine letzte Berufung des Menschen gibt, die göttliche, müssen wir festhalten, daß der Heilige Geist allen die Möglichkeit anbietet, diesem österlichen Geheimnis in einer Gott bekannten Weise verbunden zu sein." (*Gaudium et Spes* 22)

„Der Heilige Geist ... in einer Gott bekannten Weise": Auf diese Art und Weise verwarf die Kirche ihren traditionellen Pessimismus hinsichtlich der Erlösung und wies auf den lebendigen Gott hin, dessen Erbarmen weit über das christliche Wort und Sakrament hinausreicht.

Die zweite Frage

Welche Rolle spielen dann die Religionen bei der Erlösung des Individuums? Sind sie positive Wege, neutrale Institutionen oder geradezu Hindernisse? Die Lehren des Konzils sind hier weniger definitiv, aber sie gehen in eine positive Richtung, zumindest implizit. Sie erkennen an: „Dieser umfassende Plan Gottes für das Heil des Menschengeschlechtes wird nicht allein auf eine gleichsam in der Innerlichkeit des Menschen verborgene Weise verwirklicht" (*Ad Gentes* 3). Vielmehr wird Erlösung erlangt durch Handlungen, die die Praxis der Religion beinhaltet, in der Elemente der „Wahrheit und Gnade" (*Ad Gentes* 9) gefunden werden können. Wenn Christen tatsächlich vom Geist Christi erfüllt sind und gut unterrichtet über die Menschen, mit denen sie leben, können sie „in aufrichtigem und geduldigem Zwiegespräch ... lernen, was für Reichtümer der freigebige Gott unter den Völkern verteilt hat" (*Ad Gentes* 11), auch in den anderen Religionen. Diese positive Einsicht kommt in der berühmten Aussage der „Erklärung über die Haltung der Kirche zu den nichtchristlichen Religionen" zu ihrem Höhepunkt. Sie erkennt den „tiefen religiösen Sinn" der Hindus, Buddhisten, Muslime und Juden an und schätzt die Rolle ihrer Lehren, ihrer Lebensregeln und ihrer heiligen Zeremonien. Das Konzil erklärt:

> „Die katholische Kirche lehnt nichts von alledem ab, was in diesen Religionen wahr und heilig ist. Mit aufrichtigem Ernst betrachtet sie jene Handlungs- und Lebensweisen, jene Vorschriften und Lehren, die zwar in manchem von dem abweichen, was sie selber für wahr hält und lehrt, doch nicht selten einen Strahl jener Wahrheit erkennen lassen, die alle Menschen erleuchtet." (*Nosta Aetate* 2)

In der Konsequenz werden die Kirchenmitglieder zu einer bestimmten Handlungsweise aufgerufen:

> „daß sie mit Klugheit und Liebe, durch Gespräch und Zusammenarbeit mit den Bekennern anderer Religionen sowie durch ihr Zeugnis des christlichen Glaubens und Lebens jene geistlichen und sittlichen Güter und auch die sozial-kulturellen Werte, die sich bei ihnen finden, anerkennen, wahren und fördern." (*Nosta Aetate* 2)

Einerseits bedeuten diese Aussagen eine positive Bewertung der Gegenwart der Gnade in den Glaubenssätzen und Ritualen anderer Religionen. Andererseits erlaubt die göttliche Vorsehung zwar, dass die anderen Religionen die Menschen zu Gott führen, das Konzil sieht die Situation aber so, dass das nur teilweise und eine Zeit lang geschieht. Das Erfüllungsmodell, das das Denken des Konzils prägte, sagt aus, dass alle Religionen ihre wahre Erfüllung in der einen Kirche Jesu Christi finden.

Das katholische Denken hinsichtlich dieser Frage entwickelte sich nach dem Konzil rapide weiter. Eine Vielfalt von Herangehensweisen wurde unterstützt. Die Erklärung, die Karl Rahner entwarf, ist immer noch sehr einflussreich: Geht man davon aus, dass Menschen kein reiner individueller Geist sind, sondern körperlicher

Geist-in-Welt mit einer sozialen Natur, dann sind alle ihre Beziehungen durch die Strukturen vermittelt, die in der Gesellschaft an einem bestimmten historischen Moment präsent sind. Dasselbe gilt auch für die Beziehung mit Gott. Es ist doch fast undenkbar, dass Erlösung als private, innere Realität erreicht werden kann, außerhalb religiöser Körper in der Umwelt, in der die Menschen leben. Weil das Erleben des Göttlichen in den Bekenntnissen verkörpert wird, in den Ritualen und in den Moralnormen der religiösen Traditionen, müssen diese konkreten Religionen die Vermittler der Erlösung in den verschiedenen Kulturen werden.

Spätere Lehren der Kirche unterstützen diese Erkenntnis. In einer Enzyklika zur Mission der Kirche sagt Papst Johannes Paul II. zum Beispiel deutlich, dass die Gegenwart des Geistes auch die religiösen Traditionen selbst betrifft: „Die Gegenwart und das Handeln des Geistes berühren nicht nur einzelne Menschen, sondern auch die Gesellschaft und die Geschichte, die Völker, die Kulturen, die Religionen.“ (*Redemptoris Missio* 28) Diese Enzyklika bestätigt die Präsenz Gottes in den Religionen und sagt, dass Gott sich „auf vielfältige Weise gegenwärtig (macht), nicht nur dem einzelnen, sondern auch den Völkern im Reichtum ihrer Spiritualität, die in den Religionen ihren vorzüglichen und wesentlichen Ausdruck findet“ (*Redemptoris Missio* 55). Die Antwort auf die zweite Frage ist also nicht definitiv, bewegt sich aber in Richtung eines „ja“ – dank der Gegenwart von Gottes eigenem Geist sind die Menschen aufgrund der Ausübung ihrer Religion errettet, nicht trotz Ausübung derselben.

Die dritte Frage

Indem man sich von der Frage wegbewegt, *ob* andere errettet werden und *wie* andere konkret errettet werden, geht die Debatte nun zur lebhaft diskutierten Frage über, wie die Religionen innerhalb von Gottes Willen zur Errettung der Menschheit zu verstehen sind, geht man von der zentralen Rolle aus, die Jesus Christus dem

Glauben der Christen zufolge in diesem Rahmen zukommt. Im Westen wurden zuerst Etikettierung verwendet, um Positionen in Schubladen einzuordnen: „exklusivistisch" für die, die wie Karl Barth Christi halber abstritten, dass anderen Religionen eine fortdauernde Legitimität zukommen könne; „inklusivistisch" für die, die wie Rahner die Gnade Christi überall und in allen Religionen am Werk sehen; und „pluralistisch" für die, die wie John Hick denken und die anderen Religionen als nützliche Wege des Lebens außerhalb von Christus und der Kirche verstehen. Diese Etiketten wurden seither als nicht ausreichend befunden, um mit der Komplexität der Sache umzugehen. Trotzdem sollte man die verschiedenen Positionen nachverfolgen. Einen fruchtbaren Vorschlag macht Paul Knitter, der anregt, die Beziehung des Christentums zu anderen Religionen durch verschiedene Modelle zu beschreiben: das Ersatzmodell, das Erfüllungsmodell, das Gegenseitigkeitsmodell und das Akzeptanzmodell.

So intensiv die theologische Diskussion im Westen war – das Nervenzentrum der bahnbrechenden Reflexionen zu diesem Thema ist Asien. Dort sind nur 3 % der Bevölkerung, die 3,5 Milliarden Menschen umfasst, christlichen Glaubens. Mehr als die Hälfte der christlichen Bevölkerung lebt auf den Philippinen. Nimmt man dieses Land aus der Berechnung heraus, sind nur noch 1,5 % der asiatischen Bevölkerung Christen, verstreut über den großen Kontinent. Eingebettet in alte Kulturen, die vom Hinduismus, vom Buddhismus, vom Konfuzianismus, vom Daoismus, vom Shintoismus, vom Islam und von indigenen Glaubensrichtungen durchtränkt sind, lebt diese klitzekleine christliche Minderheit ihren Glauben zwangsläufig immer Schulter an Schulter mit anderen Religionen. Sie sieht die offensichtliche Güte von vielen ihrer Nachbarn und interagiert mit ihnen in einem lebhaften Dialog des alltäglichen Lebens und Handelns. Freundschaften entstehen, die gegenseitige Wertschätzung wächst.

Die theologische Pionierarbeit, die in diesem Kontext geleistet wurde, fand ihren Weg in die offiziellen Dokumente, die von der

1972 gegründeten Federation of Asian Bishops' Conferences (FABC) herausgegeben wurden. Diese Gruppe besteht aus den katholischen Bischöfen aus 14 Ländern, darunter Indien, Japan, die Philippinen und Vietnam, ergänzt um zehn assoziierte Mitgliedsstaaten, die meisten davon in Zentralasien. Sie sehen die Kirche als eine kleine Gruppe, die inmitten einer großen Menschenmasse lebt, von der viele von entmenschlichender Armut bedrückt sind, jedoch reich an Kultur und Religion, die ihnen die Menschenwürde zurückgeben. Die brennende Frage ist nun, wie man Christus in dieser vernichtenden Armut und inmitten dieser konkurrierenden religiösen Systeme bezeugen kann. Die Bischöfe schlagen vor, dass man in diesem Kontext die institutionelle Kirche nicht in das Zentrum des christlichen Lebens und Handelns stellen sollte, dass die Kirche nicht durch Konversionen „gepflanzt werden" sollte, obwohl diese natürlich willkommen sind. Stattdessen vertreten die Bischöfe die Auffassung, dass die Sendung der Kirche, Christus zu verkündigen, am besten dadurch verwirklicht werden kann, dass man das Reich Gottes – das Regieren von Gottes barmherziger Gerechtigkeit und Frieden – vorantreibt. Das stellt eine tiefe Umwälzung dar und beinhaltet zuallererst einen Dialog mit den Armen, ihren Kulturen und ihren Religionen. Ein indischer Bischof sagte: „Das Dialogmodell ist der neue asiatische Weg, Kirche zu sein. Es ermutigt zu gegenseitigem Verstehen, Harmonie und Zusammenarbeit zwischen den Dialogpartnern." Es verpflichtet die Kirche zur Arbeit der Befreiung zusammen mit den Armen, zur Aufgabe, die westlichen Modelle der Kirche an die östlichen Formen anzupassen, und zu interreligiösem Dialog auf allen Ebenen.

Basierend auf ihren Erfahrungen neigen die asiatisch-katholischen Christen sowie ihre Theologen und Bischöfe zu einer positiven Bewertung der Religionen in Gottes andauerndem Plan der Erlösung. Die Bischofskonferenz in Indien argumentierte, dass wir die *a priori* erlösende Rolle der Religionen in Gottes Plan nicht ablehnen können, da ja hunderte Millionen von unseren Brüdern und Schwestern die Erlösung durch ihre religiösen Traditionen vermittelt finden. Die koreanische Bischofskonferenz rief zu einer Anerkennung der Rolle auf, die die großen traditionellen Religionen in ihrem Land in der Heilsökonomie Gottes spielen. Die Bischöfe der Philippinen stehen für eine offene und bescheidene Untersuchung der offenbarenden Natur der wichtigen alten Religionen in Asien. Diese „neue Art, Kirche zu sein" führt zu neuen Entdeckungen der göttlichen Präsenz, die jenseits der Grenzen der Kirchen liegen.

Bremsen

Inmitten dieser Gärungsprozesse hat die vatikanische Glaubenskongregation Bedenken angemeldet. In der Erklärung *Dominus Iesus* (2000) wird befürchtet, dass die Wertschätzung des religiösen Pluralismus zu Relativismus führen könnte. Folgerichtig wird aufgelistet, woran festzuhalten ist: der zentralen erlösenden Rolle Jesu Christi, „dass Jesus Christus für das Menschengeschlecht und seine Geschichte eine herausragende und einmalige, nur ihm eigene, ausschließliche, universale und absolute Bedeutung und Wichtigkeit hat." (*Dominus Jesus* 15) Der umfassende Charakter der Offenbarung in Christus beinhaltet weiterhin, dass die katholische Kirche allein das universale Sakrament dieses Mysteriums ist und eine unentbehrliche Beziehung zur Erlösung jedes menschlichen Wesens hat.

Basierend auf diesem Standpunkt zieht *Dominus Iesus* Schlüsse hinsichtlich der anderen Religionen. Sie verhalten sich nicht komplementär zum katholischen Glauben, es dürfe nicht gesagt werden, dass ihre heiligen Texte von Gott inspiriert seien, der Heilige Geist wirke nicht erlösend in ihnen getrennt von Christus. Egal was man auf den ersten Blick davon halten mag, diese Aussagen schmälern nicht den ernsthaften Respekt der Kirche vor den Weltreligionen. Die Lehren des Zweiten Vatikanischen Konzils hinsichtlich der Heiligkeit und Wahrheit zitierend, erkennt das Dokument auch an, dass verschiedene religiöse Traditionen „Elemente der Religiosität, die von Gott kommen" (*Dominus Iesus* 21) anbieten und enthalten. Manche ihrer Gebete und Rituale mögen die menschlichen Herzen für die Handlungen Gottes öffnen. Manche ihrer heiligen Texte sind „Elemente ..., durch die eine große Zahl von Personen im Laufe der Jahrhunderte ihre religiöse Lebensbeziehung mit Gott nähren und bewahren konnten und noch heute können." (*Dominus Iesus* 21) Trotzdem trifft das Dokument hinsichtlich der Religionen selbst eine negative Aussage: „dass sie sich *objektiv* in einer schwer defizitären Situation" befinden (*Dominus Iesus* 22, Kursiv im Original).

Diese Erklärung erfuhr eine gemischte Resonanz. Viele unterstützten ihre Betonung der erlösenden Zentralität Christi und ihren Ruf, hinsichtlich des religiösen Pluralismus alles zu vermeiden, was den christlichen Glauben verwässert. Aber es gab auch eine Sturzflut von Kritik vonseiten religiöser Führer und Wissenschaftler aus einem breiten Spektrum, die zeigte, dass etwas Wichtiges vermisst wurde. Ärgernis erregte vor allem die Art und Weise, in der das Dokument den Wert der religiösen Traditionen jenseits der jüdisch-christlichen Achse herabsetzte, obwohl es auch den jüdischen und protestantisch christlichen Traditionen nicht gerecht wurde. Fast alle Kritiker merkten an, dass diese Erklärung scheinbar aus dem Nichts kam und kein aus dem interreligiösen Dialog stammendes konkretes Wissen über andere aufwies. Dieses Wissen hätte vielleicht die richtenden Worte abmildern können. Einige bemerkten eine gewisse Unlogik: Wenn die Gnade in den heiligen Büchern von Christus kommt, wie es *Dominus Iesus* behauptet, dann muss die Gnade in den Sūtras und den Upanishaden, im Koran und im Dao-de-jing auch von Christus sein, und diese Texte können dann nicht rein menschliche Erfindungen darstellen, wie die Erklärung auch feststellt. Wenn die Religionen Elemente enthalten, „die von Gott kommen", wendet sich dann nicht der Richtspruch, dass sie „defizitär" seien, gegen die göttliche Handlungsweise in der Welt? Im Vergleich zu allen positiven Sätzen über die Präsenz des Geistes in anderen Religionen stellt die negative Bewertung ihrer Identität vor Gott für viele, die sich im interreligiösen Dialog engagieren, eine tiefe Verletzung mit einem Potential für Gewalt dar und bedarf dringend einer Korrektur.

Wie der Streit über *Dominus Iesus* zeigt, gibt es keinen Konsens in der Frage, was Gott hinsichtlich der Existenz der verschiedenen religiösen Wege im Sinn hat. *Dominus Iesus* ist eine Art, die Religionen im Licht des Glaubens an Jesus Christus zu interpretieren. Die Menschen aber, die sich selbst im interreligiösen Dialog befinden und Christus als den Weg bekennen, haben ebenso eine Achtung für andere Religionen empfunden, die auf eine breitere, tiefere und größere Art und Weise von Gottes gnadenvollem Handeln hinweist. Und so bleibt die dritte Frage eine komplexe: Will man Jesus Christus treu bleiben, wie kann man Gottes Handeln in den anderen Religionen theologisch Raum geben? Und welche Einblicke kann das auf den lebendigen Gott gewähren?

Ein Blick auf Gott durch den Dialog

Ziel dieses Kapitels ist nicht, diese Kontroverse zu schlichten oder auch nur alle relevanten Positionen zu präsentieren. Stattdessen geht es darum, Einblicke in die Natur Gottes zu suchen, die dann entdeckt werden, wenn sich die Religionen begegnen. Deshalb verfolgt das Kapitel eine bestimmte Denkweise, die des Dialogs, weil das der Ort ist, wo neue Erkenntnisse aufkommen. Zu Beginn erinnern wir uns an die uralte Wahrheit, dass das unbegreifliche Mysterium Gottes jenseits aller menschlichen Kontrolle und alles Verstehens liegt. Das besagt nicht die göttliche Abwesenheit, sondern weist auf die Überfülle des Göttlichen hin, die die Welt in ihrer Tiefe erfüllt und dann überschwemmt. Das Sein und die Fülle Gottes, der Himmel und Erde geschaffen hat und ständig präsent und in der Welt am Wirken ist, durch alle Zeitalter und Kulturen hindurch, hat kein Ende. Dieses barmherzige Mysterium hat sich uns in der Geschichte mit wenigen Theophanien, Zeichen und Offenbarungen genähert, die uns in eine Beziehung rufen. Jeannine Hill Fletcher schlägt vor, dass dies der Ausgangspunkt für die christliche Antwort auf religiöse Vielfalt sein sollte. Gleich am Anfang eröffnet er die Möglichkeit, dass andere Menschen spezifische Begegnungen mit dem Göttlichen haben, die neue Ressourcen für die christliche Suche nach dem Überreichtum Gottes darstellen können. Um es einfach zu sagen: Der lebendige Gott ist kein Christ. Das unkalkulierbare Mysterium, das die christlichen Texte „Liebe" zu nennen wagen (1 Joh 4,8 und 16), ist nicht eingeschränkt im Lieben, sondern gießt seine Zuwendung über alle und jeden aus.

Spezifiziert man diesen Ausgangspunkt innerhalb eines trinitarischen Rahmens, kommen eine Reihe von Theologen, die sich dem interreligiösen Dialog verbunden fühlen, zu dem Schluss, dass sich der theologische Fokus beim Nachdenken über diese Frage auf den Heiligen Geist richten sollte. Er ist die Präsenz Gottes, der nahekommt und die ganze Welt durchweht, er ist der Geber des innersten, göttlich-machenden Geschenks der Gnade an alle Menschen. Jede persönliche Begegnung Gottes mit einem Menschen findet im Heiligen Geist statt, und es geschieht in diesem Geist, dass die Menschen antworten. Diese Präsenz des Geistes ist eine Kraft und eine Freude, ein Ausströmen und ein Geschenk. Es kann durch keine Institution und keine Gemeinschaft kontrolliert werden, sondern wirkt jenseits der Grenzen der Kirche, indem es die Früchte der Heiligkeit in den Menschen hervorbringt, die nicht am christlichen Wort und Sakrament teilhaben. Die katholischen asiatischen Bischöfe schreiben über die Fähigkeit der großen religiösen Traditionen Asiens, die Menschen zu Gott zu bringen, und drücken eine Wertschätzung für die Früchte des Geistes aus, die in diesen Menschen sichtbar sind: ein Sinn für das Heilige, ein Durst nach Ganzheitlichkeit, eine Offenheit für Entsagung, Mitleid angesichts des Leidens, ein Streben nach Güte, eine Verpflichtung für den Dienst an Anderen, eine Fähigkeit zur Selbstaufgabe und ein Anhängen an die Transzendenz in ihren Symbolen und Ritualen. So wie der Wind weht, wo er will, schafft der Heilige Geist authentische Erfahrungen der rettenden Präsenz Gottes in der Welt, wo auch immer die Menschen leben und ganz besonders in den Religionen, denen die Menschen anhängen.

Wenn Denker den Geist in anderen Religionen am Werk erspähen, kehren sie zurück und erhalten innerhalb dieser Perspektive ein erneuertes Verständnis vom christlichen Glauben an Jesus Christus. Leider hat die Theologie die Sendung des Geistes oft Christus untergeordnet und dadurch die Errettung zu eng an die Kirche gebunden, die Christi Sendung in die Welt trägt. Es ist wahr, dass das gekreuzigte und auferstandene Wort Gottes und die Kirche, die Gottes Gnade in ihm verkündigt, normativ und konstitutiv für die Errettung aller sind. In Jesus Christus erreicht Gottes rettendes Handeln seine größte konkrete Intensität in der Geschichte. Aber die Manifestation von Gottes Präsenz und von Gottes Handeln in den Religionen darf nicht auf das beschränkt werden, was in Jesus Christus offenbart und von den Kirchen verkündigt wurde. Obwohl solche Manifestationen nie im Widerspruch zur christlichen Offenbarung stehen würden – Gott ist treu und hat keine zwei Gesichter –, könnten sie doch andersartig sein. Michael Amaladoss aus Indien sagte es so: „Der Geist ist der Geist Jesu. Aber sie wiederholt nicht nur das, was Jesus in der christlichen Gemeinschaft getan hat. Andernfalls wären die anderen Religionen nicht andersartig."

Viele Jahrhunderte lang hat die Theologie andere Religionen entweder als heidnische Erfindungen abgetan oder sie als defizitäre Wege verachtet, auf denen die Menschen zum Göttlichen hin stolpern. Der gegenwärtige Dialog mit anderen Religionen führt indes zu einem anderen Bild. Nimmt man an, dass die reale Präsenz von Gnade und Wahrheit nur einen göttlichen Ursprung haben kann, können die Religionen auch als von Gott gemacht angesehen werden. In ihnen können wir erste Einblicke in die Größe der Freigiebigkeit des lebendigen Gottes erhalten, der kein Volk allein gelassen, sondern göttliche Liebe auf jede Kultur ausgegossen hat. Das ist die Gnade, die unser Zeitalter besitzt: verschiedene religiöse Traditionen zu treffen, erweitert unseren Horizont, sodass wir Gottes liebevolle Fülle entdecken können. So werden wir in die Lage versetzt, uns dem Mysterium auf noch tiefere Art und Weise anzunähern. Oder in den Worten von Jacques Dupuis: „In der gesamten Geschichte von Gottes Handeln an den Menschen findet sich mehr göttliche Wahrheit und Gnade als in der christlichen Tradition allein."

Die Erfahrung des Dialogs ist verantwortlich dafür, dass Verstand und Herzen für diese Art des Denkens geöffnet werden. Der Dialog hat diese mächtigen Auswirkungen nicht nur, weil man intellektuell neuen Ideen ausgesetzt ist, sondern auch weil wir, mit den Worten von Johannes Paul II. gesprochen, spirituell „durch Dialog … Gott in unsere Mitte ein(lassen). Im Dialog öffnen wir uns anderen und öffnen uns damit Gott." Die asiatischen Bischöfe liehen sich eine Idee des vatikanischen Päpstlichen Rates für den interreligiösen Dialog (das frühere Sekretariat für Nichtchristen – die Namensänderung zeigt eine tiefe theologische Veränderung an) und lehren vier Arten des Dialogs, jede von ihnen wichtig für die Sendung der Kirche. Sie hier zu illustrieren wird uns einen weiteren klaren Einblick in die Natur Gottes geben.

Der Dialog des Lebens

Diese Art von Dialog findet dort statt, wo Menschen mit unterschiedlichem Glauben in freundschaftlichen Beziehungen miteinander leben und arbeiten. Er ist ein wirksames Mittel, um Vorurteile zu korrigieren und Verstand und Geist zu öffnen, und findet informell in den Familien und Nachbarschaften statt, aber auch in gemischtgläubigen Ehen und sozialen Versammlungen, am Arbeitsplatz und auf den Märkten. Hin und wieder werden die Menschen dort deutlich über Dinge mit religiöser Bedeutung sprechen, etwa weil sie den Anderen zu verstehen wünschen, oder weil sie gemeinsame Interessen hervorheben wollen, oder weil sie Konflikte bereinigen möchten. Meist jedoch beinhaltet dieser Dialog, dass man sich mit Menschen anderen Glaubens anfreundet, Probleme und Sorgen mit ihnen teilt, ihnen hilft und von ihnen Hilfe empfängt, Freuden und Leiden bespricht, an Ritualen wie Hochzeiten und Beerdigungen teilnimmt und generell in gegenseitigem Respekt miteinander lebt. In der Folge entdecken die Menschen eine Fülle des Göttlichen, die sie vorher nicht erahnen konnten.

Diana Eck fängt die Erfahrungstiefe dieses Dialogs des Lebens ein, wenn sie von ihrer Freundin Ranjini spricht. An jedem Samstagmorgen nimmt Ranjini an den Gottesdiensten im Hindu-Tempel in Ashland, Massachusetts, teil. Sie singt Loblieder zu Vishnu und berührt seine große Granitstatue mit ihrer Stirn. Sie hält diese Statue natürlich nicht für Gott, sondern für eine Wohnung des Göttlichen, weil der Priester eine Zeremonie abhielt, die den „Geist“ in diese Statue übergehen ließ. Das Bild ist eine Linse, die ihren Blick auf Gott lenkt und durch die sie Gott ihren Dienst darbringt. Ranjini hat eine kleinere Version dieser Statue in einem kleinen Schrein in ihrer Küche. Die gnadenvolle Gegenwart von Vishnu, eine lebendigen Realität in ihrem Leben, inspiriert ihre Güte zum Nutzen für andere. Eck, eine Wissenschaftlerin, stellt technische Fragen wie: Wie denkt ein Hindu über Vishnu, vor allem in Beziehung zu den anderen Göttern Indiens? Aber als Christin fragt sie auch persönliche Fragen und überlegt, was ihr eigener Glaube an Gott bedeutet, vor allem wenn sie das reiche religiöse Leben ihrer Freundin beobachtet.

Der Dialog des Handelns

Dieser Dialog findet dort statt, wo Menschen gemeinsam für eine Verbesserung ihres Lebens tätig werden. Die harte Realität der Armut verbunden mit der Ausbeutung der natürlichen Ressourcen der Erde erweckt den Wunsch, die Situation handelnd zu verändern. Wo mehr als eine Religion existiert, wird das oft ein gemeinsames Bestreben aller Glaubensrichtungen. Die asiatisch-katholischen Bischöfe ermutigen zur Zusammenarbeit und schreiben: „Weil die Religionen, wie auch die Kirche, im Dienst für die Welt stehen, kann der interreligiöse Dialog nicht nur auf die religiöse Sphäre beschränkt sein, sondern muss alle Dimensionen des Lebens umfassen: die wirtschaftliche, die soziopolitische, die kulturelle und die religiöse Dimension. In ihrem gemeinsamen Handeln zum Nutzen eines volleren Lebens für die menschliche Gemeinschaft entdecken sie ihre Überschneidungen und die Dringlichkeit und Relevanz des Dialogs auf allen Ebenen." Indem sie zusammen an einem gemeinsamen Projekt arbeiten, treten Menschen aus unterschiedlichen Religionen in einen Prozess der gegenseitigen Entdeckung ein.

Am Anfang analysieren die Menschen die Situation und planen praktische Schritte, um die Ursachen des Leidens zu beseitigen. Das Gefühl, dass man zusammensteht, wächst, je weiter das Handeln voranschreitet. Wenn die Menschen von privilegierten mächtigen Gruppen Steine in den Weg gelegt bekommen, helfen ihnen die prophetischen Stränge ihres religiösen Erbes dabei weiterzumachen. Die gemeinsame Aktion, der Ausgangspunkt, wird dadurch zum Sprungbrett für weiterführenden Dialog und wachsendes Verständnis. Dann sprechen die Menschen miteinander über das, was sie bewegt. Samuel Rayan beschreibt diese Erfahrung in Indien: „Im Prozess der befreienden und ganzmachenden Zusammenarbeit mit Gott und dem Nachbarn entdecken sich die unterschiedlichen Spiritualitätsformen gegenseitig, sie entdecken sich selbst und ihre Schwächen und Stärken. Sie begegnen dem Mysterium, das sie in sich tragen, symbolisieren und vermitteln, auf intimere Weise." Als Christen hörten und sahen, wie die vier Edlen Wahrheiten die buddhistischen Partner in die Lage versetzten, bei der Transformation des Dorflebens in Sri Lanka mitzuwirken, kamen auch sie dahin, diesen Glaubensweg auf neue und fruchtbringende Weise wertzuschätzen. Andererseits verstehen die Buddhisten den christlichen Glauben an den Tod und die Auferstehung Jesu besser, wenn sie erleben, wie ein solcher Glaube die Mühen unterstützt, die Gesellschaft zu verändern, und das sogar dann, wenn es nur Hoffnungslosigkeit zu geben scheint.

An manchen Orten bilden die Menschen „Basisgemeinschaften“ mit interreligiösem Charakter, die sich dem Kampf für die Gerechtigkeit verpflichtet fühlen und die den kirchlichen Basisgemeinden in Lateinamerika ähneln. Hier werden die armen Leute selbst die aktiven Subjekte des Dialogs. Sie teilen miteinander die Not und ein gemeinsames Programm, und das wiederum lässt sie praktische und spirituelle Gemeinschaft erleben. Aloysius Pieris beschreibt solche Gemeinschaften von Buddhisten und Christen in Sri Lanka und erklärt: „Hier legen Weggefährten einander ihre heiligen Schriften dar, erzählen die Geschichten von Jesus und Gautama in einem Dialog von Herz zu Herz, der ihre Herzen zum Brennen bringt.“ Wenn sich Glaubensrichtungen gemeinsam verpflichtet fühlen, die Gerechtigkeit zu unterstützen, resultiert daraus neue Kraft für den Kampf, eine tiefe Herzlichkeit, die gegenseitiges Verstehen schafft, und neue Einsichten in das weite Mysterium Gottes, das alle trägt.

Der Dialog des theologischen Austauschs

Diese Art von Dialog findet statt, wenn Spezialisten wie z. B. Theologen, Mönche und Nonnen oder andere Kleriker direkt miteinander sprechen und die Einsichten und Werte der anderen erforschen wollen, während sie ihre eigenen mitteilen. Es ist möglich, dass religiöse Körperschaften solche Dialoge unterstützen, Teilnehmer auswählen und für ihre Reisekosten aufkommen sowie Berichte oder Gutachten zurückerhalten. Derlei Austausch, so er furchtbar ist, findet in einer Atmosphäre des gegenseitigen Respekts statt, verbunden mit der Hoffnung auf tieferes Verstehen.

Ein aufschlussreiches Beispiel dafür ist der gerade stattfindende Dialog zwischen buddhistischen und christlichen Wissenschaftlern über die Natur der ultimativen Realität. Anders als im christlichen Denken, wo Gott als Schöpfer verstanden und damit mit persönlichem Dasein und Wirklichkeit verbunden wird, glaubt der Buddhismus, dass das ultimative Letzte das absolute Nichts ist *(Sunyata)*. Die Basis des Buddhismus ist nicht der Glaube an Gott, der sich uns zuwendet und als „Du" angesprochen werden kann. Stattdessen geht es darum, für das *Dharma* (Wahrheit), das *Sunyata* ist, Nichts und Leere oder Nichtigkeit, offen zu sein. Vielleicht sind das nicht die besten Begriffe, um *Sunyata* zu übersetzen, insofern sie die Assoziation von Stagnation, Langeweile und Mangel in sich tragen. Der Begriff weist auch darauf hin, dass das Ultimative ganz und gar nicht zum Objekt gemacht werden kann, dass es nicht beschreibbar ist und weder vom Verstand noch vom Willen erfasst werden kann. Innerhalb der nicht-dualistischen Philosophie ist es nicht Substanz, nicht „irgendetwas". Es ist nicht einmal Leere (im Gegensatz zur Fülle). Deshalb kann man es nicht als etwas denken, was außerhalb des Körpers oder jenseits des Selbst existiert, oder auch innerhalb des Selbst. Vielleicht hilft es, es als ein Verb zu verstehen und nicht als ein Substantiv – also als eine unglaublich dynamische Bewegung mit keinem festgelegten Zentrum, das spontan alle Gegensätze in sich vereint. In diesem positiven Sinne kann die Leere von *Sunyata* „Sosein" genannt werden. Lebt man mit dieser Wahrheit, bedarf es eines spirituellen Erwachens hinsichtlich der Unbeständigkeit von allem, was essentiell nicht-substanziell und vorübergehend ist. Auf freigiebige Art und Weise versucht man dann, nicht mehr anzuhängen und so zu leben, dass man sich selbst aller bindenden Dinge entledigt.

Diese Art von Dialog brachte den japanischen Wissenschaftler Masao Abe dazu, gedanklich eine interessante Verbindung herzustellen. Als Buddhist hört er Spuren von *Sunyata* im zentralen christlichen Glaubenssatz, dass die Geschichte von Jesus Christus *kenōsis* beinhaltet, eine göttliche Selbst-Entäußerung:

> *Er war Gott gleich, hielt aber nicht daran fest, wie Gott zu sein, sondern er entäußerte sich und wurde wie ein Sklave und den Menschen gleich. Sein Leben war das eines Menschen; er erniedrigte sich und war gehorsam bis zum Tod, bis zum Tod am Kreuz.* (Phil 2,6–8)

Abe schlägt vor, dass dies nicht nur eine historische Aussage ist, sondern sich auf die ureigene Natur der ultimativen Realität bezieht. Der Messias entäußerte sich, verneinte sich selbst, und das gehört zur wahren Natur Gottes, der die Liebe ist. Wenn *Sunyata*, das Ultimative des Buddhismus, den kenotischen Gott trifft, der in Christus bekannt gemacht wurde, erhält man eine Gottesvorstellung, die so jenseits des westlichen Verständnisses von Gott als Selbst, als Schöpfer von allem ist, dass Abe sogar vorschlagen kann, dass Gott die große Null ist, also frei von „Eins" und von „Drei". Das verlangt nach tiefer Spiritualität, die mit Jesu zentraler Weisheit zusammenhängt, dass das Verlieren des eigenen Lebens der Weg ist, um das Leben zu finden.

Der katholische Theologe David Tracy, der an diesem Dialog teilnimmt, bekennt: „Masao Abe half mir, mein christliches Gottesverständnis auf eine Art und Weise zu verändern, wie es nötig war". Die buddhistische Sicht löst das Festhalten an Bildern auf, die den menschlichen Geist einengen und das Göttliche gefangen halten wollen. Sie führte Tracy auf die Spur der oft vergessenen christlichen apophatischen Theologie, die sich in den Worten des mittelalterlichen Meister Eckhart widerspiegelt: „Ich bete zu Gott, dass er mich von Gott befreien möge", das heißt, von allzu einengender Sprache und Lehren. Die westliche Theologie tendiert zu vielen wortreichen Bekräftigungen. Der Dialog über *Sunyata* erinnert uns daran, dass das Reden über Gott nur angemessen ist, solange es vom Festhalten und Loslassen weiß, vom Bekräftigen und Negieren, vom Sprechen und Schweigen, die uns zusammen ehrfürchtig in das Herz dieses heiligen Mysteriums führen.

Trotzdem argumentiert Tracy energisch für die christliche Idee von Gott als Fülle statt als Leere. Radikale Negation sei wichtig, ist aber nur ein Moment in der größeren Bewegung der bekräftigenden

Sprache. Das rührt daher, dass das zentrale religiöse Erlebnis für Christen durch das Ereignis von Gottes Selbstmanifestation in Jesus Christus geformt ist. Dies eröffnet eine Sensibilität für Gottes aktive Präsenz in der Geschichte in Wort und Geist. Für Christen liegen hier die wichtigsten Anhaltspunkte, die ihr stückhaftes Wissen über das Göttliche leiten. Jede gute christliche Theologie von Gott ist trinitarisch und bewegt sich unbedingt dynamisch, relational und dialektisch auf die Affirmation-in-der-Negation der unbegreiflichen göttlichen Liebe zu. Das Nichts-Sein ist also im unaussprechlichen Sein, das Liebe ist, enthalten.

Dieses Beispiel aus dem interreligiösen Dialog unter Wissenschaftlern kann in Veröffentlichungen leicht nachverfolgt werden und ist ein Beispiel, das stellvertretend für viele andere Diskussionen steht. Das Ziel ist dabei nicht die Konversion des Anderen oder das Erreichen eines kleinsten gemeinsamen Nenners. Stattdessen geht es darum, Verständnis zu erlangen, und zwar durch den Filter der Tradition des Anderen. Für christliche Theologen, die in diesem Dialog aktiv sind, ergibt sich hier eine interessante Dynamik. Sie versuchen die Wahrheit von Gott, der sich in Jesus Christus offenbart hat, zu bezeugen und geben auf eine Art und Weise Erklärungen des christlichen Glaubens, die der Gesprächspartner versteht. Gleichzeitig resultiert das aufmerksame Zuhören darin, dass sie zur Sichtweise ihrer Dialogpartner „übergehen" und versuchen, die Welt aus einer anderen Perspektive zu sehen, zu schmecken und zu ergreifen. Ehrliche Würdigung entsteht oft, wenn sie dic höchst intelligenten, hochmoralischen, tieftheologischen und grundsätzlich spirituellen Dimensionen der Traditionen entdecken, die sie antreffen. Wenn sie dann aus der Weisheit der Anderen gelernt haben, kehren sie „heim" und entdecken, dass das Erlebnis ihre christliche Art und Weise des Verstehens doppelt beeinflusst hat: Es bereichert, transformiert und vertieft die Bedeutung dessen, was der Glaube als Schatz in sich trägt, während es zudem das reinigt, was abträglich ist, arrogant, engstirnig und ignorant.

Eine Variation dieser Art des Dialogs findet statt, wenn Wissenschaftler nicht nur in lebhafte Diskussionen verfallen, sondern die heiligen Texte der anderen Tradition intensiv studieren. Indem sie den Text und seine Kommentare in den Originalsprachen behandelt, versucht diese Arbeit, die konkrete Botschaft dieses einen kleinen Stückchens einer größeren Tradition zu erfassen und in den Dialog mit seinem christlichen Gegenstück zu bringen. In diesem Prozess erarbeiteten die Wissenschaftler die sogenannte Komparative Theologie, die Francis Clooney als „interreligiös, komparativ, dialogisch, aber immer noch konfessionell" charakterisierte und die neue Interpretationen des christlichen Glaubens im Licht dieser sich weitenden Grenzen wagte.

Clooneys Arbeit zu den Texten über Antal, eine berühmte Heilige aus Südindien, ist ein gutes Beispiel. Die junge Poetin, die im 9. Jahrhundert lebte, war berühmt für ihre intensive Liebe zu Gott, dem Herrn Narayana. Einmal wählte Narayana sie als seine Braut aus. Auf dem Weg zur Hochzeit am großen Tempel Srirangam äußerten sich ihre Begleiterinnen skeptisch darüber, dass der Herr sich einem menschlichen Wesen auf diese Art und Weise nähern oder sich jemanden wie Antal als seine Braut aussuchen würde. Als Antwort singt Antal:

> Welche Form auch immer seine Menschen mögen, das ist seine Form;
> Welchen Name auch immer seine Menschen mögen, das ist sein Name;
> Welcher Weg auch immer die Menschen anspricht, die ohne Unterlass meditieren, das ist sein Weg.
> Der Weg dessen, der den Diskus hält.

Clooney übersetzte diese Texte und die Kommentare zu ihm in der Hindu-Theologie, lehrte über sie, dachte über sie nach und verband sie in der Folge mit der Weisheit der Geistlichen Übungen des Ignatius von Loyola. Nach Ignatius sollen Menschen, die meditieren wollen, sich eine Szene in den Evangelien vorstellen, sich selbst in sie hineinbegeben und mit Jesus über dringende Anliegen in ihrem Leben in einen Austausch treten. Sind ihre kreative Vorstellungskraft und ihre Gefühle so eingebunden, werden sie offen für die größere Liebe und den Dienst Gottes. Das geschieht, vermutet Ignatius, weil Gott sich zu den verschiedenen Vorstellungen hinzugesellt und sie als Vehikel seiner göttlichen Gnade benutzt. Das Spiel mit den Vorstellungen in der Meditation schafft also nicht nur eine Verbindung mit den alten Geschehnissen in den Evangelien, sondern wird auch ein Weg, um eine tiefe persönliche Begegnung mit Gott zu machen, die sich für jede meditierende Person anders gestaltet. Clooney verbindet nun die Weisheit von Hindu-Antal und dem katholischen Ignatius und konstruiert eine wunderbare These. In der imaginativen Kontemplation gehen wir auf einem Pfad hin zu Gott, der unseren eigenen spirituellen Bedürfnissen in jedem Moment entspricht. Erstaunlicherweise kommt Gott, um uns dort zu treffen. „Gott passt sich an die Weise an, auf die wir ihn lieben, und kommt auf ebendiese Weise zu uns; wenn jemand Gott wie eine Braut liebt, dann kommt Gott als Bräutigam."

James Fredericks gibt in seiner Arbeit zur Geschichte von Krishna und den *gopis* ein anderes gelungenes Beispiel für die Komparative Theologie. In dieser bekannten Hindu-Geschichte kommt Krishna, der die Süße und Leidenschaft der Liebe repräsentiert, zu später Stunde in ein Dorf. Auf seiner Flöte spielt er betörende Musik. Alle Melkerinnen *(gopis)* erwachen und tanzen zusammen mit ihm. Doch dann erwacht die Eifersucht, denn jede möchte ihn für sich selbst. Krishna verschwindet. Aber weil ihre Trauer ihn bewegt, erscheint er wieder in seiner Musik und multipliziert seine Präsenz, sodass jede *gopi* einen Krishna hat, der der Geliebten in die Augen schaut. Krishnas Liebe ist so groß, dass es genug für alle gibt, egal wie viele Melkerinnen am Tanz teilnehmen.

In Fredericks Analyse heißt es, dass den Christen die Fehler der Melkerinnen nicht fremd sind, denn auch sie denken, dass sie Gottes Liebe alleine besitzen, nicht die Juden, nicht die Heiden, nicht die „Anderen". Der Punkt jedoch ist, dass diejenigen, die die göttliche Liebe nur für sich in Anspruch nehmen, diese Liebe nur aus ihrem eigenen Leben verschwinden lassen. Wir können sie nicht anhäufen, wir können nur tanzen. Diese Weisheit vertieft sich weiter, wenn die Geschichte der *gopis* zusammen mit Jesu Gleichnis vom verlorenen Sohn gelesen wird. Dort ist der Vater ausgesprochen großzügig, aber der ältere Sohn grollt, den Melkerinnen ähnlich, darüber, dass die Liebe freigiebig einem anderen angetragen wird, und vertritt die Meinung, dass nur er ein Recht darauf habe. Das Gleichnis legt nahe, dass es genug von Gottes vergebender Liebe gibt, sodass alle davon bekommen können. Jesu Gott tanzt mit den Zöllnern und spielt für die Sünder Flöte. Am Ende stehen wir bei dem älteren Sohn und haben eine Entscheidung zu fällen: Gehen wir mit hinein in den Festsaal, teilen wir die Liebe mit Guten und Bösen, oder bleiben wir draußen in der Kälte und pflegen weiter unseren Groll?

Hin und wieder kollidieren Ansprüche miteinander, und der Dialog des theologischen Austauschs verlangt, dass die Wahrheit der eigenen Tradition nicht verschachert wird. Doch selbst störrische Punkte religiöser Verschiedenartigkeit sind Orte, wo das Herz hören und der Verstand denken kann. Diese Mühe flößt dem christlichen Glauben neue Vitalität und Erkenntnis ein und führt in diesem Prozess zu einem tieferen, wertschätzenden Wissen von der Weite des liebenden Gottes.

Der Dialog der religiösen Erfahrung

Religiöse Traditionen sind von Gebet, Fasten, Gemeinschaftsritualen, Pilgern und individuellen Andachtsformen aller Art charakterisiert. Der Dialog der religiösen Erfahrung findet statt, wenn die Menschen diese spirituellen Praktiken miteinander teilen und so zum Beispiel das Gebet der Anderen und ihre Art und Weise, mit Gott oder dem Absoluten zu kommunizieren, ausprobieren.

Am 27. Oktober 1986 ergab sich ein farbenprächtiges Bild, als Papst Johannes Paul II. die Leiter verschiedener religiöser Gemeinschaften einlud, sich in Assisi zu versammeln und mit ihm an einem Welttag des Gebetes für den Frieden teilzunehmen. Amerikanische Ureinwohner mit Federschmuck und Friedenspfeifen, orthodoxe Patriarchen, buddhistische Mönche, muslimische Imame, jüdische Rabbiner, hinduistische Priester und eine Vielzahl von anderen Teilnehmern in verschiedenartiger Kleidung bewegten sich in einer Prozession und beteten. Sie sprachen allerdings nicht dasselbe Gebet. Ihrer eigenen religiösen Tradition entsprechend wandten sie sich an den oder an das, was sie für das Ultimative halten, und beteten, dass die Welt alle Gewalt, Verwüstungen, Disharmonie und Krieg beenden und das Geschenk des Friedens genießen möge. Interpretiert man dieses Festival der Stimmen, das so dramatisch die Vielfalt der menschlichen religiösen Praktiken aufzeigte, könnte man schlussfolgern, dass es viele Götter gibt, jeder und jede mit seinen oder ihren Anhängern, und dass die Religion eine unendliche Quelle der Spaltungen und der Konflikte unter den Menschen darstellt. Das ist tatsächlich eine bedauernswerte Wahrheit in der Geschichte der Religionen. Aber es ist auch eine andere Interpretation möglich, die von vielen Teilnehmern und Beobachtern geäußert wurde, nämlich, dass das Mysterium des lebendigen Gottes die verschiedenen religiösen Wege transzendiert und alle auf der Suche nach dem Gemeinwohl auf einem grundlegenden Niveau vereint. Diese Position nahm auch Johannes Paul II. ein, als er, auf Kritik an diesem Ereignis reagierend, in einer Adresse an die Mitglieder der Römischen Kurie seine Gründe darlegte. Ein „Mysterium der Einheit“ vereinigt alle Menschen, die aus Sicht der christlichen Lehre in der Schöpfung eins sind, ebenso in der Erlösung und in ihrem ewigen Schicksal. Diese Einheit existiert, auch wenn es Unterschiede in den Lebensumständen gibt. Diese Einheit ist tatsächlich „radikal, fundamental und maßgeblich“. Der Papst bemerkte, dass alle Teilnehmer an der Versammlung in Assisi für den Frieden gebetet hätten, und das im Einvernehmen mit ihren eigenen religiösen Identitäten, und dass das Treffen trotzdem ein „wunderbares Zeichen der Einheit war, die uns jenseits der Unterschiede und Spaltungen, die wir alle kennen, vereint“. Der Grund dafür ist radikal theologisch: die Gegenwart

Gottes. „Wir können tatsächlich daran festhalten, dass jedes authentische Gebet vom Heiligen Geist hervorgerufen wird, der auf geheimnisvolle Weise im Herzen jedes Menschen wohnt." Mit der Zeit führte die Interpretation des Papstes dazu, dass Assisi-Treffen als eine inszenierte Manifestation dessen betrachtet wurden, was der lebendige Gott in den Religionen der Welt intendiert, nämlich, dass sich alle zusammentun, um gegen den Tod aufzustehen und die Schönheit des Friedens zu unterstützen. Als solches wurde Assisi ein kraftvolles Symbol für religiöse Kooperation.

Der Dialog der religiösen Erfahrung beinhaltet aber oft nicht nur gemeinsames Gebet wie in Assisi, sondern auch, dass die Menschen in die spirituellen Praktiken der anderen religiösen Tradition eintauchen. Einige Christen, die ein Leben unter hoher Anspannung führen, entdeckten zum Beispiel die Ruhe des Geistes, die man durch die buddhistische Disziplin des Zen-Sitzens erreicht. Diana Ecks Bericht einer Teilnahme an einem Hindu-Ritual vermittelt die spirituelle Tiefe, die ein solches Erlebnis hervorrufen kann. Eck wurde in Montana geboren und ist methodistisch aufgewachsen. Sie fühlt sich auch als Erwachsene der methodistischen Kirche und ihrem Dienst an der Welt verpflichtet. Nach zwei Monaten Forschung in Südindien war es ihr einmal erlaubt, einen Tempel Vishnus zu betreten, und zwar zu einer Zeit, als das abendliche Opfer der Öllampen vorbereitet wurde. Mit hunderten anderen Frauen bewegte sie sich in konzentrischen Kreisen durch verschiedene Flure hin zum inneren Heiligtum, die Wände schienen sich durch das flackernde Licht und die Schatten der Lampen zu bewegen. Als sie endlich das Zentrum erreichten, als Trommeln schlugen, Glocken erklangen und Melodien, wurde das zentrale Tür-Paar hin zu Vishnus Kammer aufgetan und zeigte den mittleren Teil einer riesigen liegenden etwa sechs Meter langen Gestalt. Dann wurde eine weitere Tür zur Linken geöffnet und man konnte das Gesicht sehen, dann eine weitere zur Rechten, die die Füße preisgab. Inmitten der drängenden Körper und des flackernden Lampenlichtes, als die Musik das Crescendo erreichte, fühlte Eck eine enorme Präsenz, die sie nur teilweise und andeutungsweise erspüren konnte. Als der Priester die letzte Vishnu dargebotene Lampe herausbrachte und sie den Wartenden anbot, „streckten sich vierhundert Händepaare danach aus, die Flamme zu berühren und ihren Segen auf die eigene Stirn zu übertragen. Mein Händepaar war unter ihnen."

War das Götzendienst? Eck argumentiert, dass die Hindus, die an diesem andächtigen Ritual teilhatten, das Bild von Vishnu genauso wenig als Götzenbild verstehen wie die Christen das Kreuz. Das Hindu-Bild muss erst gesegnet werden, bevor es im Ritual eine Funktion haben kann, erst dann wird es ein Fenster zum Heiligen. Die Menschen verehren also nicht das Bild, sondern die Gottheit, auf die es hinweist. Nachdem sie darüber nachgedacht hatte, berichtet Eck, konnte sie ihre Teilnahme an diesem Ritual nur als Gottesdienst verstehen. Natürlich war ihr Bezugssystem als Christin ein anderes als das der Hindus um sie herum, aber sie teilte mit ihnen ein Gefühl von Freude, als die Türen geöffnet wurden und drei Ansichten eines Gottes gezeigt wurden, der größer ist als das, was man gänzlich begreifen kann. Zudem empfand sie ein Gefühl des Staunens vor der Majestät und dem Mysterium des Göttlichen. „In diesem Moment habe ich an nichts gedacht. Es war ein Moment totaler Gegenwart, kein Moment der Reflexion." Weiteres Nachsinnen aber führte sie zum Nachdenken über die Trinität, das dreifache christliche Bekenntnis zu Gott als Schöpfer, Erlöser und Geist, zu dem einen Gott, dessen Selbstoffenbarung uns dennoch mit dem überwältigenden Gefühl zurücklässt, dass man aus keinem Blickwinkel wirklich das Ganze sehen kann. Sie verstand, dass sie Gottes Gegenwart in einem Hindu-Tempel nur erkennen konnte, weil sie durch diese trinitarische Formel von Gott, Christus und Geist schon eine Ahnung davon hatte, was göttliche Gegenwart ist. „Erkennen (engl.: recognition) heißt ja, dass wir es vorher schon einmal gesehen haben." Nicht jedes Ritual, jeder Ort und jede Gemeinschaft gibt dem Menschen dieses Erlebnis des Wiedererkennens, stattdessen müssen kritische religiöse und ethische Kriterien angewandt werden. Und es sind auch nicht alle diese Gottesvorstellungen das Gleiche. Trotzdem hat die Offenheit für diese Art der Begegnung, diese Suche nach dem Geist in der Welt eine tiefgreifende Auswirkung: „Das Bild von Vishnu in Padmanabhaswamy forderte mein eigenes Gotteskonzept heraus und vergrößerte es gleichzeitig."

Eine persönliche Vignette mag eine weitere Form dieses Dialogs illustrieren. Sie betrifft die Inkulturation, die Praxis, den christlichen Glauben in die kulturellen und religiösen Symbole nicht-europäischer Traditionen zu übersetzen. In der Mitte der 1990er Jahre reiste ich nach Indien zu einer vom Vatikan geförderten Konferenz über Jesus Christus unter den Erlöserfiguren der Weltreligionen. Während der Konferenz feierten die katholischen Teilnehmer die Eucharistie nach dem neuen Ritus, der gerade von Rom approbiert worden war. Die Liturgie hatte einen östlichen Geschmack und nutzte Symbole, die aus dem Hinduismus kamen. Die Priester trugen safrangelbe Schals, sie und die Gemeinde saßen in der Lotusposition auf Kissen (jedenfalls die, die in der Lotusposition sitzen konnten!). Der Sühneritus am Anfang wurde mit der Vergebung abgeschlossen, wobei wir alle das *bindi* empfingen, ein roter Punkt zwischen den Augen, der das dritte Auge symbolisieren soll, das die innere Weisheit sucht. Bevor das Evangelium gelesen wurde, schluckten wir alle einen Löffel voll Rosenwasser, das ein inneres Kissen werden sollte, wo das Wort Gottes eintreten und leben konnte. Nach der Konsekration von Brot und Wein skandierten wir wieder und wieder den Ruf „*Om, Shri Yeshu Khristaya namaha … Om*" in Sanskrit und verfielen dann in eine tiefe, friedliche, meditative Stille. Beim Friedensgruß verbeugten wir uns voreinander mit gefalteten Händen, wie es Tradition in Indien ist. Während der gesamten Messe wurden indische Musikinstrumente und Lieder verwendet, Räucherwerk und Ringelblumen, wie man sie auch in den Hindu-Tempeln finden würde.

Ich bin nie zuvor bei einer solchen Feier der Liturgie gewesen. Ihre Wirkung war tief beruhigend und gleichzeitig erweckend. Es war offensichtlich eine katholische Messe, aber die Kraft der Hindu-Symbole hatte eine transformierende Wirkung. Ich erkannte, dass diese Symbole, die in den Dienst einer Feier des Todes und der Auferstehung Jesu Christi gestellt wurden, schon gefüllt waren mit Jahrtausenden von religiösen Gefühlen und Bedeutungszuweisungen. Sie transportierten einen großen Sinn für das Göttliche in dieses christliche Sakrament hinein, für den Gott, der auf profunde Weise innerhalb und doch jenseits aller Vorstellungskraft existiert. Das Erlebnis löste den harten Griff meiner hauptsächlich westlich geprägten Vorstellungskraft auf, die, auch wenn ich von Gott als dem Mysterium rede, doch auf fundamentale Art anthropomorph geprägt ist. Es kam mir so vor, als ob der Gott der traditionellen westlichen Theologie, selbst der barmherzige Gott der Befreiungstheologien und der beziehungsreiche Gott der Feministischen Theologien durch dieses Wachrufen der nicht-persönlichen Natur des absoluten Wesens in der Art und Weise der Hindus befreit wurde, um so zum Mysterium des Gottes zu werden, das jenseits alles Erzählens ist und doch auf eine immer tiefere Weise nah.

Die Dialoge des Lebens, des Handelns, des theologischen Austauschs und der religiösen Erfahrung geben den Christen die Gelegenheit, den Gott, den wir kennen, durch die Fenster der anderen Glaubenstraditionen zu sehen und unser eigenes wertvolles Erbe im Austausch dafür zu teilen. Die öffentlichen Wirkungen, die dadurch erzielt werden, sind immens. Gegenseitiges Verstehen und wachsende Freundschaften erlauben es, neue Beziehungen zwischen den Religionen selbst zu knüpfen. Auch die persönlichen Auswirkungen sind signifikant. Sehen die Christen das Heilige durch die religiösen Erfahrungen der Anderen, wachsen sie in Wissen und in Liebe zu dem großen Mysterium des lebendigen Gottes. Jacques Dupuis, der seine eigenen Erfahrungen des Dialogs in Indien über eine Zeitspanne von fast 40 Jahren reflektierte, sagte einmal: „Persönliche Glaubenstreue und die Offenheit für den Glauben der Anderen müssen sich nicht gegenseitig ausschließen. Stattdessen sollen sie eigentlich direkt proportional zueinander wachsen."

Wenn man seine Ohren für die Gegenwart des Geistes öffnet, hört man die Musik, auch wenn sie mit anderen Noten gespielt wird. Und das eigene Repertoire vervielfältigt sich infolgedessen.

Ein großzügiger Gott

Ein altes Kirchenlied singt: „Es gibt eine Weite in Gottes Gnade …" Die Praxis des interreligiösen Dialogs eröffnet weite und tiefe Einblicke in Gottes unbeschreibliche Großzügigkeit zum Nutzen der Menschen, die niedergedrückt sind oder überfließen. Dupuis hat das in seinem Buch *Toward a Christian Theology of Religious Pluralism* (dt.: *Unterwegs zu einer christlichen Theologie des religiösen Pluralismus*) näher untersucht und vorgeschlagen, dass wir ein Gedankenexperiment durchführen: Versuche, Gottes Blickwinkel auf die Geschichte einzunehmen. Sicher ist das unmöglich oder sogar anmaßend. Wenn wir aber den Verlauf der Geschichte aus Gottes Blickwinkel sehen könnten, was würde die Vielfalt der lebendigen Glaubensrichtungen bedeuten, mit denen viele Christen konfrontiert sind? Gäbe es nur einen Gott, dann gäbe es wahrscheinlich auch nur einen Plan, mit dem die Vorsehung alle Menschen in erlösende Gemeinsamkeit bringen würde. Dieser Plan hätte wahrscheinlich innere Konsistenz, weil Gott ja auch nicht als zerstreut beschrieben werden kann. Wenn wir so dächten, könnten wir erkennen, dass der göttliche Plan für die Erlösung der Welt *facettenreich* sein könnte. Dieser Plan erreicht seine höchste geschichtliche Dichte in Jesus Christus, der für alle wichtig war. Doch ist das Wort Gottes auch nicht begrenzt, nicht erschöpft, nicht abgenutzt in dieser einen bestimmten Geschichte. Auch ist der Geist Gottes dadurch nicht begrenzt, wenn sie sich in die Welt ausgießt. Dank Gottes gnadenreicher Initiative wurden stattdessen verschiedene Pfade gelegt, in verschiedenen Kulturen, zu verschiedenen Zeiten und an verschiedenen Orten, die die Menschen dazu einladen, am göttlichen Leben teilzunehmen. Die Religionen mit ihren Erlöserfiguren und heiligen Texten, ihren Bekenntnissen, Moralvorstellungen und Ritualen können daher als Kanäle für Gottes Wort und Gnade gesehen werden, die durch die göttliche Vorsehung geschaffen wurden. Oder einfach ausgedrückt: Die Religionen können nichts weniger sein als das Werk Gottes, das in der Welt durch Wort und Geist präsent ist: „Andere religiöse Traditionen repräsentieren wahre Interventionen und authentische Manifestationen Gottes in der Geschichte der Menschen." Schon ihre Existenz offenbart die Großzügigkeit Gottes, der vor, während und nach dem Kommen Christi den Menschen mit seiner Einladung zu einem göttlichen Leben nahegekommen ist. Ihre Vielfalt manifestiert gerade die großzügige Tiefe des lebendigen Gottes, die nie verbraucht ist. Diese überraschende Entdeckung der Vielfalt der göttlichen Handlungsmuster durch die Geschichte hindurch bietet einen Einblick in das unbegreifliche Mysterium, das größer ist, als wir es uns vorstellen können.

Jesus Christus

Stellt man den christlichen Glauben in diesen breiteren theozentrischen Kontext, erweitert sich unsere Gottesvorstellung. Gleichzeitig verlangt diese Vorgehensweise aber auch neue Vorstellungen hinsichtlich der Bedeutung Jesu Christi. Dispute, in denen es darum geht, die zentrale christliche Bekräftigung der erlösenden Rolle Jesu Christi mit der Wertschätzung der anderen Religionen zu verbinden, gibt es viele. Noch gibt es keinen theologischen Konsens. Aber einen vielversprechenden Weg nach vorne kann man bahnen, indem man die drei Elemente der Standard-Christologie in eine neue Konfiguration bringt, die Jesus als das Fleisch gewordene Wort, gekreuzigt und auferstanden, versteht, das, statt über die anderen Manifestationen Gottes in der Welt zu herrschen, Füße wäscht.

~ *Kenōsis.* Dieser Begriff bedeutet im Griechischen Selbstentäußerung und wird in der Schrift dazu benutzt, Christi Weg des

Kommens in die Welt zu beschreiben. Die Inkarnation war ein Akt der Erniedrigung. Christus wollte nicht der göttlichen Herrlichkeit anhängen, sondern er entäußerte sich und wurde ein niedriger Sklave (Phil 2,5–11). Paulus betont, dass Jesu Rolle als Erlöser eng mit diesem Akt der Selbstentäußerung verbunden ist. Dadurch wird das sich schenkende Handeln im Wirken Jesu in den Evangelien unterstrichen. Gleichzeitig gibt er der göttlichen Liebe eine neue Form.

~ *Gottesherrschaft.* Dieses reichhaltige Symbol erscheint im Zentrum von Jesu Predigt und weist auf die Situation hin, die eintreten wird, wenn Gottes Wille auf Erden und im Himmel geschieht: der Löwe wird beim Lamm liegen, Männer werden ihre Schwerter zu Pflugscharen umschmieden, eine Frau wird ihre Münzen finden und ein Hirt seine Schafe, der Blinde wird sehen, der Lahme gehen, tägliches Brot wird verfügbar sein, die Unterdrückten werden befreit, es wird keine Tränen und keine Trauer mehr geben. In einem Wort: Der Segen des Lebens wird auf der Erde herrschen und unter allen ihren Bewohnern. Die Evangelien von Jesu Worten und Taten zeigen, wie dieses Versprechen sich im Konkreten erfüllt. Sie verbinden seine erlösende Rolle mit den Praktiken des Dienens: Nahrung geben, heilen, lehren, die Ahnungslosen und Höhnischen herausfordern. Die Jünger sind aufgerufen, es ihm gleichzutun. Auf diese Art und Weise hat das Reich Gottes schon bei denen Wurzeln geschlagen, die Jesus Christus hörten und ihn liebten.

~ *Sakrament.* Ausgehend von Gottes liebevollem Wunsch, mit den Menschen in einer heilenden, rettenden Weise zu kommunizieren, werden bestimmte Personen, Ereignisse, Texte und Rituale Träger dieser Kraft in der Geschichte. Durch sie kommt Gott nahe, durch sie erfahren die Menschen die göttliche Präsenz und reagieren darauf. Im christlichen Glauben ist Jesus Christus *das* Sakrament dieser gegenseitigen Begegnung. Das Wort wurde Fleisch und lebte unter uns, weil es den Wunsch hatte, sich mit den Menschen in ihren Freuden, ihren Sünden und in ihren Leiden zu vereinen und sie zu retten. Durch sein Leben, seinen Tod und seine Auferstehung hat Gott eine erlösende Verbindung mit den Menschen erschaffen, die nicht zerrissen werden kann. Das Kreuz bringt Gottes Liebe in die Tiefe unseres Todes: Christi auferstandenes Menschsein ist das Versprechen von Leben für alle in eine ewige Zukunft hinein. Dabei stellt Gott das Fleisch gewordene Wort in die Geschichte hinein, um eine größere Ökonomie anzuzeigen, nämlich, dass die Präsenz von Gottes rettendem Willen koextensiv ist mit der Geschichte der Menschheit.

~ *Die Konfiguration aller drei.* Eigentlich ist es seltsam, dass der Glaube an Christus über Jahrhunderte dazu benutzt wurde, das Werk Gottes in anderen Religionen zu verdunkeln und es nicht mehr wertzuschätzen. Ein imperialistischer Rahmen für die Christologie vermittelte den Anschein, dass Gott nicht anderswo sein kann, weil das Wort in Jesus Fleisch geworden ist. Zumindest könne er nicht genauso wahr und liebevoll anderswo anwesend sein wie hier. Ein hierarchisches Denkmuster führte zu dem Schluss, dass, weil Christus die Nummer 1 ist, keine andere Religion unsere Aufmerksamkeit verdient. Christus, der Weg, die Wahrheit und das Leben, wurde quasi wie eine Standarte vorangetragen, um andere als minderwertig darzustellen und die göttliche Präsenz anderswo zu verneinen. Der Gott Jesu Christi wurde eine Figur des Verschlossenseins anstelle der Offenheit.

Versteht man Jesus Christus als das Sakrament von Gottes erlösendem Willen, Fleisch geworden in der Geschichte unter dem Zeichen der *kenōsis,* und versteht man seine universale Rolle im Licht seiner Predigten, dann eröffnet das Reich Gottes indes einen weiteren Blick. Christen müssen und dürfen nicht den Glauben verlieren, dass Jesus in seiner Person die Fleisch gewordene Weisheit ist, deren Ankunft erlösende Bedeutung für die gesamte Menschheit hat. Sie dürfen auch nicht aufhören, anderen von der Schönheit des Evangeliums und seiner Rolle in ihrem Leben zu berichten. Das ist der Schatz, der unseren Händen in der lebendigen Tradition des christlichen Glaubens anvertraut ist. Aber inmitten der Geschichte dieser Erde, die jede göttliche Manifestation und jedes menschliche Wissen begrenzt, sollte diese Verkündigung im Geist der gleichen bescheidenen Selbstentäußerung erfolgen, über die wir hier sprechen. Joseph Hough sagte: „Es ist von äußerster Wichtigkeit im christlichen Glauben, dass wir wissen, wir haben das Antlitz Gottes im Antlitz Jesu gesehen. Es ist aber nicht wichtig zu glauben, dass niemand sonst Gott gesehen hat und in einer anderen Zeit oder an einem anderen Ort Erlösung erlebt hat.“ Die Lehre von der erlösenden Rolle Jesu Christi, der eine „herausragende und einmalige, nur ihm eigene, ausschließliche, universale und absolute Bedeutung“ hat *(Dominus Iesus)*, ist in den Kontext der umfassenden Wertschätzung dessen, was der Heilige Geist getan hat, zu platzieren. Sie braucht nicht und darf nicht bedeuten, dass anderen Traditionen Gottes gnadenvolle Gegenwart und sein Handeln vorenthalten wurden. Wenn wir unsere Wahrheit für absolut wahr halten, bedeutet das doch nicht, dass wir alle Wahrheit haben, die es gibt. Gott ist doch „größer als unser Herz“ (1 Joh 3,20) und nimmt sich die Freiheit, tätige Liebe in allen Lebensgeschichten und Traditionen zu sein. Wenn wir so denken, verstehen wir, dass die Leben schenkende Präsenz Gottes in Jesus und in der Gemeinschaft, die seine Gegenwart in der Geschichte trägt, nicht ausschließen muss und darf, dass andere Menschen Gottes Handeln erleben und dass diese Menschen sich dem Mysterium durch andere Mittel zuwenden, die aber vom gleichen Geist geschaffen sind. So weist das Kommen des Wortes Gottes im Fleisch in Jesus Christus auf das göttliche Mysterium hin, das überall präsent ist, besonders in den Religionen, und negiert es nicht.

Ein facettenreicher Plan

Im Licht dieses Denkens wendet sich die Theologie im Dialog wieder der dritten großen Frage zur Bedeutung der Religionen zu. Dupuis spitzt diesen Punkt noch zu, indem er die Frage mit Fachausdrücken eingrenzt. Existiert der religiöse Pluralismus *de facto,* ist er einfach ein Faktum in der modernen Welt? Ist er vielleicht sogar ein bedauernswerter Zustand, den man durch die Konversion aller zu Christus in der Kirche überwinden muss? Oder existiert der religiöse Pluralismus *de iure,* ist er ein von Gott prinzipiell intendiertes Gut? Mit anderen Worten – ist die Pluralität der Religionen nach Gottes Willen nur zugelassen oder positiv gewollt? Die Pietät, die viele im interreligiösen Dialog erfahren haben, führte viele Theologen dazu, *de iure* als die adäquatere Interpretation zu verstehen. Fast jedes Wort der Kirche seit dem Zweiten Vatikanum, *Dominus Iesus* eingeschlossen, hat die Gegenwart und das Handeln des Geistes in den Religionen selbst anerkannt. Weist das auf das planlose Verhalten des Heiligen Geistes hin, auf einen saloppen Umgang mit der spirituellen Suche der Menschen, nolens-volens? Eine solche Oberflächlichkeit ist nicht denkbar. Wenn der Geist Gottes aktiv ist, handelt Gott tatsächlich. Die Religionen sind also Teil von „Gottes eigenem Plan für die Menschheit“. Der religiöse Pluralismus kann also als Teil von Gottes einem, reichem und vielgestaltigem Design für die Erlösung der Menschheit verstanden werden, einer göttlichen Liebe, die durch einen facettenreichen Plan hindurch wirkt.

Diese positive Bewertung des Pluralismus ist tief theologisch. Sie ruht nicht auf dem Wert der Vielfalt an sich, wie in der Biologie oder der Kultur, sondern auf dem Einblick in Gottes überfließende Fülle. Dupuis' Worte fangen die Erfahrungen derer ein, die mit dem Dialog Erfahrungen gemacht haben: „Die Weite von Gottes innerem Leben, die sich außerhalb der Gottheit ergießt, ist der Urgrund für die historische Existenz der verschiedenen Pfade, die zu einem gemeinsamen Ziel führen, dem absoluten Mysterium Gottes.“ Die

Religionen sind verschiedene Pfade der Erlösung und gehören zu der überfließenden Kommunikation des dreieinigen Gottes, der zu den Menschen und den Nationen „viele Male und auf vielerlei Weise“ spricht, wie der Brief an die Hebräer es attestiert (Hebr 1,1). Wie alles in unserer zerrissenen Welt, auch wie das Christentum, existieren die Religionen unter dem Zeichen der Ambiguität: Gut und Böse, Gnade und Sünde sind vermischt. Aber ihre von Gottes Geist gegebene positive Weisheit und Gnade gestattet das Urteil, dass der religiöse Pluralismus ein göttliches Geschenk ist. Prinzipiell ruht er auf der großartigen und überschäumenden Großzügigkeit Gottes, der die Liebe ist.

Die Würde der Unterschiedlichkeit

Interreligiöse Begegnung führt zu einer Praxis ernsthaften Respekts, zu sorgfältigem Dialog, gegenseitigem Lernen, Wertschätzung und Kooperation auf lokalem und globalem Niveau, die das Kommen des Reiches Gottes voranbringt. Der Rabbiner Jonathan Sacks zeigt fesselnde Analogien auf, die den Reichtum, den diese Praxis mit sich bringt, verdeutlichen. Wie würde der Glaube aussehen, wenn wir anerkennen, dass wir das Bild Gottes im Anderen sehen, dessen Wahrheit nicht unsere Wahrheit ist? Er ließe sich mit der Sicherheit vergleichen, die man in seinen eigenen vier Wänden empfindet, verbunden mit der Ergriffenheit, wenn man die Schönheit anderer Orte sieht, die ja auch die Heimat von Menschen sind, zwar nicht meine, aber doch Teil der Herrlichkeit der Welt, die unsere ist. Er ließe sich mit dem Gefühl eines englischen Muttersprachlers vergleichen, der vom Rhythmus eines italienischen Sonetts hingerissen ist. Er ließe sich vergleichen mit dem Gefühl, dass dein Leben ein Satz ist, der in der Geschichte deines Glaubens geschrieben wurde, und gleichzeitig zu wissen, dass es andere solche Glaubensgeschichten gibt, die alle Teil der großen Erzählung von Gottes Ruf und unserer Antwort sind. Die, die sich ihres Glaubens sicher sind, fühlen sich durch die Andersartigkeit der Anderen nicht bedroht, sondern bereichert. Wenn wir Wahrheiten entdecken, die tiefer sind als das, was wir als Monopol zu besitzen meinten, wird die Würde der Vielfalt eine Quelle des Segens.

Für weitere Informationen

Einen ausgezeichneten Überblick über dieses Feld und die verschiedenen Denkmodelle gibt Paul Knitter, *Theologies of Religions* (Maryknoll, N.Y.: Orbis, 2002). Hilfreich ist auch Diana Eck, *Encountering God: A Spiritual Journey from Bozeman to Banares* (Boston: Beacon, 1993/2003). Hier wird Wissenschaft mit persönlichem Erleben verwoben. Terrence Tilley, *Religious Diversity and the American Experience: A Theological Approach* (New York: Continuum, 2007) analysiert theologische Positionen zur Frage der Religionen aus der Perspektive der pluralistischen Gesellschaft in den Vereinigten Staaten und bringt viel Licht in die Debatte. Die Erfahrungen von Frauen in vielen Traditionen werden in Leona Anderson und Pamela Dickey Young, *Women and Religious Traditions* (New York: Oxford University Press, 2004) aufgegriffen.

Das asiatische Zentrum der Praxis des Dialogs wird untersucht in Peter Phan, *Being Religious Interreligiously: Asian Perspectives on Interfaith Dialogue* (Orbis, 2004). Die gegenwärtige Praxis des interreligiösen Dialogs wird beschrieben in John Hick und Edmund S. Meltzer (Hg.), *Three Faiths, One God: A Jewish, Christian, Muslim Encounter* (Albany: State University of New York Press, 1989) und in John B. Cobb und Christopher Ives (Hg.), *The Emptying God: A Buddhist – Jewish – Christian Conversation* (Orbis, 1990). Hier ist der zitierte Dialog zwischen Abe und Tracy enthalten. Erzbischof Michael Fitzgerald bietet in seinem Buch *Interfaith Dialogue: A Catholic View* (mit John Borelli; Orbis, 2006) weise Einsichten, die seinen Erfahrungen als Leiter des vatikanischen Päpstlichen Rates für den interreligiösen Dialog entstammen.

Ein Blick auf Gott, der durch den Dialog entstand, wird im Hauptwerk von Jacques Dupuis, *Toward a Christian Theology of Religious Pluralism* (Orbis, 1997; dt. Ausgabe: Unterwegs zu einer christlichen Theologie des religiösen Pluralismus, Innsbruck, Wien: Tyrolia, 2010) geboten. Die Gottesfrage erscheint auch in Mary Boys, *Has God Only One Blessing: Judaism as a Source of Christian Self-Understanding* (New York: Paulist, 2000); in Jeannine Hill Fletcher, *Monopoly on Salvation? A Feminist Approach to Religious Pluralism* (Continuum, 2005) und in Werner Jeanrond und Aasulv Lande (Hg.), *The Concept of God in Global Dialogue* (Orbis, 2005).

Die Praxis der Komparativen Theologie wird gezeigt in Francis X. Clooney, *Hindu God, Christian God: How Reason Helps Break Down the Boundaries between Religions* (New York: Oxford, 2001); James Fredericks, *Faith among Faiths: Christian Theology and Non-Christian Religions* (Paulist, 1999) und Leo Lefebure, *The Buddha and the Christ: Explorations in Buddhist and Christian Dialogue* (Orbis, 1993). Persönliche Berichte fügen Licht, Wärme und besondere Einblicke in die folgenden Sammlungen ein: Gavin D'Costa (Hg.), *Christian Uniqueness Reconsidered* (Orbis, 1990) und Catherine Cornille (Hg.), *Many Mansions? Multiple Religious Belonging and Christian Identity* (Orbis, 2002). In Letzterem ist auch Clooneys Artikel über Antal enthalten.

Der Text von *Dominus Iesus* ist in *Origins* 30 (14.9.2000), 209–219 abgedruckt (dt. Text verfügbar unter: http://www.vatican.va/roman_curia/congregations/cfaith/documents/rc_con_cfaith_doc_20000806_dominus-iesus_ge.html). Er erscheint außerdem in einem Buch, das die Fragen von allen Seiten beleuchtet: Stephen Pope und Charles Hefling (Hg.), *Sic et Non: Encountering Dominus Iesus* (Orbis, 2002). Jonathan Sacks' Analogien werden dargeboten in seinem Buch *The Dignity of Difference: How to Avoid the Clash of Civilizations* (Continuum, 2002).

9
Der Schöpfergeist in der sich entwickelnden Welt

Der Belebende

Betrachten wir nun die Gottesidee, die aus dem heutigen menschlichen Engagement in Bezug auf die natürliche Welt entspringt. Auf Fotografien, die aus dem All gemacht wurden, sieht unser Planet wie eine leuchtend blaue Murmel aus, die mit weißen Wolken umwirbelt ist. Er schwebt vor dem Hintergrund eines endlosen schwarzen Raums und ist ein kostbarer kleiner Ort, der mit einer Membran des Lebens bedeckt ist. Das ist sein Alleinstellungsmerkmal, denn alle anderen Planeten, Monde und Asteroiden, die wir bis heute erforscht haben, tragen kein Leben auf sich. Astronauten, die diesen Anblick mit ihren eigenen Augen gesehen haben, sprechen davon, wie er die Macht hatte, ihre innersten Gefühle zu verändern. Der saudi-arabische Astronaut Sultan bin Salman al-Saud, der Teil einer internationalen Crew war, erinnert sich: „Am ersten Tag zeigten wir alle auf unsere eigenen Länder. Am dritten Tag zeigten wir auf unsere Kontinente. Ab dem fünften Tag sahen wir nur noch eine einzige Erde.“ Der Astronaut Rusty Schweigert, der auf dem Mond spazieren ging, bemerkte, dass man die kleine Erde aus dieser Perspektive mit dem ausgestreckten Daumen verdecken kann. „Dann merkt man“, sinnierte er, „dass auf diesem schönen warmen blauen und weißen Kreis alles ist, was dir jemals irgendetwas bedeutet hat“, die gesamte Natur und die Geschichte, Geburt und Liebe. Und dann ist man für immer verändert.

Dieses Bild ist seit den 1960er Jahren das gemeinsame Bild aller Bewohner der Erde geworden. Es symbolisiert eine neue Sensibilität gegenüber dem Planeten Erde, die unter den Menschen weltweit wächst, ein Verständnis, das von einer einzigartigen Dialektik geformt wird. Einerseits stehen wir staunend vor der komplexen Machart dieser Welt, die von der modernen Wissenschaft aufgedeckt und der Öffentlichkeit zugänglich gemacht wird. Andererseits beklagen wir verzweifelt, wie der menschliche Raubbau diese natürliche Welt rasant zerstört. In diesem zweifachen ökologischen Kontext des Staunens und des Verschwendens entdecken die Glaubenden ein altes Thema wieder, nämlich die Gegenwart und das Handeln des schöpferischen Geistes Gottes überall in der natürlichen Welt.

Suchen wir hier Verständnis zu gewinnen, können wir kaum auf die Theologie der letzten Jahrhunderte zurückgreifen. Erstens hat die moderne westliche Theologie die Pneumatologie, die Lehre vom Geist, heruntergespielt, ganz anders als die orthodoxe Theologie der griechischen und russischen Kirchen. Sie hat den Heiligen Geist, um mit Walter Kaspers Worten zu sprechen, wie das Aschenputtel der Theologie behandelt: die eine bleibt zu Hause und rackert sich ab, während die anderen beiden einen Ball besuchen. Die moderne Theologie hat außerdem die natürliche Welt als Gegenstand des religiösen Interesses stiefmütterlich behandelt. Das begann schon zu Zeiten der Reformation. Vorher bildeten Gott, die Menschen und die natürliche Welt die drei Pfeiler der Theologie, einen drei-beinigen Stuhl, der zusammen die christliche, jüdische und islamische philosophische und theologische Reflexion umfasste. Aber der heftige Konflikt darüber, wie wir von der Sünde errettet werden – die Protestanten bestanden darauf, dass das Erlösungswerk Christi nur im Glauben allein wirksam ist, die Katholiken bestanden auf dem Zusammenspiel von Glaube und guten Werken –, führte zu einer Fokussierung auf das Dilemma des Menschen und ließ den Rest der Schöpfung außen vor. Und so, wie es in jeder Auseinandersetzung geschieht, haben die Menschen die Sicht auf die weitere Realität um sie herum verloren. In den folgenden Jahrhunderten hat die katholische Theologie den Geist sehr nahe an die kirchlichen Institutionen und das Lehramt gebunden, während sich die protestantische Theologie eher mit dem rechtfertigenden und heiligenden Wirken des Geistes im Individuum befasste. Dieser auf die Menschheit gerichtete Fokus führte auf beiden Seiten zu einem Vergessen der biblischen, patristischen und mittelalterlichen Theologie, die die kosmische Präsenz und Handlungsweise des Geistes von Anbeginn an, durch die Geschichte hindurch und bis zum Ende hin bezeugt.

Betrachten wir dieses uralte Thema in unseren Tagen erneut, sehen wir, dass die Ökologische Theologie gleichzeitig an zwei Fronten tätig werden muss: sowohl zum Thema Geist als auch zum Thema natürliche Welt. Das Glaubensbekenntnis von Nizäa bietet einen feinsinnigen Hinweis darauf, wie das geschehen kann, indem es den Geist als den „Herrn" bezeichnet und als den, „der lebendig macht", auf Latein *Dominum et vivificantem,* übersetzt als „der, der belebt", oder „der Belebende". Dieser Hinweis auf die Handlungsweise des Geistes in der Welt wird präzisiert durch ein Metaphern-Trio, das von einem nordafrikanischen Theologen des dritten Jahrhunderts, Tertullian, ausgearbeitet wurde. Wenn Gott der Vater mit der Sonne verglichen werden kann, dann ist Christus der Sonnenstrahl, der zur Erde kommt, das heißt, substantiell dasselbe wie die Sonne. Und der Geist? Der Geist ist die Sonnenbräune, der Ort der Wärme und des Lichtes, wo die Sonne ankommt und eine Wirkung hinterlässt. Dieses Muster wird am Beispiel des Wassers wiederholt: In den Hügeln befindet sich eine muntere Quelle, dasselbe Wasser fließt im Fluss durch ein Tal und in den Bewässerungskanälen (der Geist), wo das Wasser die Pflanzen erreicht und sie zum Wachsen bringt. Auf ganz ähnliche Weise verglich dieser Denker den trinitarischen Gott mit einer Wurzel, einem Pflanzenspross und der Frucht eines Baumes, das heißt: mit der unerreichbaren tiefen Basis des Baumes, dem für die Welt sichtbaren Spross und den Blüten, dem Duft, den Früchte und den Samen (der Geist) des Baumes, die die Welt verschönern und nähren. All dies sind Metaphern für den einen Gott, der als unbegreifliches Mysterium jenseits der Welt existiert und doch in der Geschichte Fleisch wird, und der – und das ist der Punkt – die materielle Welt mit seiner gnadenvollen Kraft durchdringt.

Am Anfang ist es wichtig, daran zu denken, dass der Geist nie *weniger* als Gott ist. Der Schöpfergeist ist immer *Gott,* der tatsächlich in jedem Moment kommt, sich nähert und vorübergeht mit lebensspendender Kraft. Die atemberaubende Welt, die uns von der Big Bang-Kosmologie und der evolutionären Biologie eröffnet wird, einerseits und die Verletzbarkeit des Lebens auf der Erde, das Schutz braucht, andererseits – beide bringen die Ökologische Theologie dazu, die Gegenwart und Handlungsweise des Geistes in neuen Umrissen zu sehen. Der lebendige Gott ist die Quelle, der Erhalter und das Ziel des ganzen Drum und Dran.

Die natürliche Welt

Staunen

Wir wollen das Bild der Erde aus dem Weltall im Hinterkopf behalten und nun vier Aspekte dieses Planeten und seines Platzes im Universum bedenken.

~ Erstens: Alles ist sehr alt. Sprechen wir von Milliarden von Jahren, sind die wichtigen Zahlen 14, 5 und 4. Das Universum entstand vor etwa 14 Milliarden Jahren (nach gegenwärtigen wissenschaftlichen Schätzungen wohl präziser vor 13,7 Milliarden Jahren) in einem uranfänglichen Auflodern, das auf eher unelegante Weise „Big Bang" genannt wurde. Von diesem explosiven Moment an hat sich das Universum stetig weiter ausgedehnt, Galaxien und ihre Sterne entstehen und sterben. Unsere eigene Sonne und ihre Planeten entstanden vor etwa fünf Milliarden Jahren, indem sie aus dem Staub und dem Gas Form annahmen, die vorhergehende Generationen von Sternen hinterlassen hatten, als sie in ihrem eigenen Todeskampf explodierten. Auf dem Planeten Erde gab es vor etwa vier Milliarden Jahren eine weitere Eruption, *das Leben,* das in Gemeinschaften von Einzellern tief in den Urmeeren entstand und sich in die mehr als eine Millionen Arten der heutigen Zeit entwickelte.

~ In seinem Buch *The Dragons of Eden* (dt.: *Die Drachen von Eden*) nutzt Carl Sagan den Kalender eines Jahres, um diese Abfolge dramatisch darzustellen. Wenn der Big Bang am 1. Januar stattfand, entstanden unsere Sonne und ihre Planeten am 9. September. Das Leben auf der Erde entstand am 25. September, das erste menschliche Wesen betrat am 31. Dezember um 22.30 Uhr die Welt. Das American Museum of Natural History in New York legte diese Zeittafel auf eine anschauliche körperliche Struktur und baute einen spiralförmigen kosmischen Weg, der die Geschichte des Universums nachverfolgt. Auf dem Dach befindet sich der Big Bang, jeder normale Schritt auf dem Weg hinunter deckt Millionen von Jahren ab. Am Boden angelangt, kann man die gesamte menschliche Geschichte in einer Linie überschreiten, die gerade einmal so dünn ist wie ein Haar. Wir Menschen sind Neugeborene im Universum und sind gerade erst angekommen.

~ Zweitens: Das Universum ist unbegreiflich groß. Es gibt über hundert Milliarden Galaxien, die alle Milliarden von Sternen enthalten. Keiner weiß, wie viele Monde und Planeten es gibt, und alle diese sichtbare und hörbare Materie ist nur ein Bruchteil aller Materie im Universum, die, weil sie noch nicht verstanden wird, „dunkel" genannt wird. Die Erde ist ein kleiner Planet, der im Orbit eines mittelgroßen Sterns kreist, der sich wiederum am Rand einer spiralförmigen Galaxie befindet. Wir sind nicht mehr als ein Staubkörnchen.

~ Drittens: Das Universum ist ausgesprochen komplex und verwoben. Alles bezieht sich in gewisser Weise auf etwas anderes. Zum Beispiel sprach der britische Wissenschaftler/Theologe Arthur Peacocke auf folgende Weise vom Rot-Ton des menschlichen Blutes: „Jedes Eisenatom im Hämoglobin unseres Blutes wäre nicht da, wäre es nicht von einer galaktischen Explosion vor vielen Milliarden Jahren produziert worden und wäre es nicht in Eisenform auf der Erdkruste kondensiert, von der wir kommen." Im wahrsten Sinne des Wortes sind alle Menschen und alle anderen Lebewesen auf diesem Planeten aus Sternenstaub gemacht.

Mehr noch: Die Geschichte der biologischen Evolution zeigt, dass wir Menschen mit allen anderen Lebewesen ein gemeinsames genetisches Erbe teilen, das sich auf die ursprünglichen Einzeller in den alten Ozeanen zurückführen lässt. Bakterien, Kiefern, Heidelbeeren, Pferde, die großen Grauwale – wir alle sind Verwandte in der großen Gemeinschaft des Lebens. In Abraham Heschels wunderbarer Metapher macht uns das zu den Kantoren des Universums, denn wir sind in der Lage, unser Lob und unseren Dank im Namen der gesamten kosmischen Gemeinschaft zu singen, zu der wir gehören.

Viertens: Das Universum ist grundlegend dynamisch. Gerade jetzt, wenn du diese Zeilen liest, entsteht neuer Raum, weil sich das Universum weiterhin ausdehnt. Galaxien drehen sich um ihr zentrales schwarzes Loch. Unser Planet umkreist Jahr für Jahr unseren Stern und rotiert jeden Tag um seine Achse. Ganze Arten treten neu auf, leben, werden ausgerottet, so wie es auch Individuen tun, deren Zeitspanne von der Geburt bis zum Tod reicht. Die Theologie kann daher nicht mehr die statische Regularität der Natur mit der menschlichen Geschichte kontrastieren oder die feststehenden paganen Götter der Natur mit dem beweglichen Gott Israels, der sich in der Geschichte bewegt. Die Natur selbst ist historisch.

Diese Dynamik ist für das Erstehen der menschlichen Spezies verantwortlich. Aus dem evolutionären Leben und Sterben von Einzellern floss eine immer größer werdende Welle des Lebens: Lebewesen in Muscheln, Fische, Amphibien, Reptilien, Insekten, Blumen, Vögel und Säugetiere, unter denen sich die Menschen entwickelten, wir Primaten, deren Gehirne so reich strukturiert sind, dass wir Selbstreflexion und Freiheit erleben können, oder in klassischen Begriffen: Verstand und Willen. Materie, versehen mit Energie, entwickelt sich zum Leben, dann zum Bewusstsein, dann zum Geist (vom Kiesel zum Pfirsich zum Pudel zur Person). Menschliches Denken und menschliche Liebe sind nicht von außen in das Universum hineingegeben, sondern sind die inneren

> Blumen der tiefen kosmischen Energie in uns, die aus der physikalischen Dynamik des Kosmos entstehen, die bereits selbst-organisierend und kreativ ist. In dieser Art des Verständnisses sind die Menschen keine Aliens, die in einer seltsamen physischen Welt ankommen, sondern ein integraler Teil der Evolutionsgeschichte. Nach Sallie McFagues inspirierten Worten sind wir „Erdlinge", Kreaturen, die hierher gehören. Unsere persönlichen Wünsche und unsere kulturelle Kreativität beinhalten die energiereiche Vitalität des Kosmos selbst. Unser kleines Nugget von der Zeit der Geschichte konzentriert das wilde und aufregende Unternehmen, das in der Natur geschieht. Das macht uns unverwechselbar, aber nicht abgesondert, ein besonderer Strang im Kosmos, aber immer noch ein Strang *innerhalb* des Kosmos.

Einerseits: Erstaunen. Aber andererseits Gefahr, denn diese Geschichte ist in ein neues und bedrohliches Kapitel auf unserem Heimatplaneten eingetreten.

Verschwendung

Wir Menschen fügen unserem Planeten tödlichen Schaden zu, und das immer schneller und immer häufiger, sodass wir seine Identität als Wohnort für das Leben kompromittieren. Übermäßiger Konsum, ungezügelte Vermehrung, die Ausbeutung von Ressourcen und sich immer weiter ausbreitende Verschmutzung dezimieren rapide die das Leben tragenden Systeme zu Land, zu Wasser und in der Luft. In jedem Jahr nutzen 20 % der Erdenbewohner in den reichen Nationen 75 % der Ressourcen der Welt und produzieren 80 % des Mülls. Ein Beispiel: Die Dreimillionenstadt Chicago konsumiert jährlich so viele Naturprodukte wie Bangladesch mit seinen 97 Millionen Einwohnern. Ein solcher Überkonsum wird von einer Wirtschaft unterstützt, die immer weiter wachsen muss, um am Leben zu bleiben. Ihr größtes Ziel ist der Reingewinn, der nicht an den ökologischen Kosten interessiert ist. Ein weiteres Beispiel: Im

Jahre 1950 gab es auf der Welt zwei Milliarden Menschen. Zur Jahrtausendwende waren wir sechs Milliarden. Wenn die Vorhersagen stimmen, wird es im Jahre 2030 zehn Milliarden Erdenbewohner geben. Ist jemand im Jahre 1950 geboren und lebt 80 Jahre, dann wird sich die Bevölkerung der Erde in seiner oder ihrer Lebenszeit verfünffacht haben. Um diese Statistiken in ein lebendiges Bild zu übersetzen: Alle 60 Tage wird der Weltbevölkerung eine weitere Stadt von der Größe Mexiko Citys hinzugefügt, in jedem Jahr kommt ein Land so groß wie Brasilien hinzu.

Die tragende Kraft der Erde wird von den Menschen aufgezehrt. Unsere Art verbraucht die Ressourcen schneller, als die Erde sie wieder erneuern kann. Dieser Angriff auf den Planeten, intendiert oder nicht, bringt ökologischen Schaden größten Ausmaßes. Die unheilige Litanei ist wohl bekannt: Erderwärmung, Ozonlöcher, abgeholzte Wälder, ausgetrocknete Sümpfe, abgetragene Böden, verschmutzte Luft, vergiftete Flüsse, leergefischte Ozeane und, über allem, die Gefahr der nuklearen Feuersbrunst. Die weit verbreitete Zerstörung der Ökosysteme bringt die Ausrottung von Pflanzen und Tiere mit sich, die in den zerstörten Habitaten ihre Heimat hatten. Unsere Zeit ist eine Zeit des Aussterbens. Konservative Schätzungen besagen, dass im letzten Viertel des 20. Jahrhunderts 10 % aller lebenden Arten ausgerottet wurden. Wenn diese Lebewesen, diese wunderbaren Tiere oder kleinen Pflanzen ausgerottet werden, kommen sie nicht wieder. Wir töten die Geburt selbst und zerstören die Zukunft unserer Mit-Kreaturen, die Millionen von Jahren gebraucht haben, sich zu entwickeln. Ihr Verschwinden schickt uns ein frühes Warnsignal hinsichtlich des Todes des Planeten, der die Heimat des Lebens sein sollte. In der deutlichen Sprache des Ökumenischen Rates der Kirchen heißt es dazu: „Das Zeichen unserer Zeit ist ein Planet in Gefahr, der in unseren Händen liegt."

Das Bild verdunkelt sich weiter, wenn wir die tiefe Verbindung zwischen sozialer Ungerechtigkeit und ökologischer Zerstörung in Betracht ziehen. Arme Menschen leiden überdurchschnittlich stark unter der Zerstörung der Umwelt: Die Verwüstung der Menschen und die Verwüstung des Landes, von dem sie abhängen, gehen Hand in Hand. Im Amazonasdelta zum Beispiel vertreibt das Ausbleiben einer Landreform die besitzlosen Landbewohner an die Ränder des Regenwaldes, wo sie, um ihr Überleben kämpfend, Brandrodungen vornehmen und Landwirtschaft betreiben. In diesem Prozess zerstören sie unangetastete Lebensbereiche, töten seltene Tiere und vertreiben die indigenen Menschen. In den reichen Ländern können die gut Situierten inmitten von grünen Inseln leben, während die Armen in der Nähe von Fabriken, Raffinerien oder Müllfabriken wohnen, die die Umwelt stark verschmutzen. Daraus resultieren Geburtsschäden, schlechte Gesundheit und Krankheiten. Die Situation wird noch schlimmer aufgrund der Vorurteile gegen Menschen mit dunkler Hautfarbe, denn der Umweltrassismus zwingt diese Menschen, genau an diesen ökologisch belasteten Orten zu leben.

Die feministische Analyse zeigt, wie die Not der Armen sich in armen Frauen manifestiert, deren biologische Fähigkeiten zu gebären durch die giftige Umwelt beeinträchtigt und deren Fähigkeit, Kinder zu stillen, durch das Fehlen von sauberem Wasser, Nahrung und Brennstoff erschwert wird. Von Frauen initiierte Projekte zeigen auf, wie der Schutz und das Heilen der Erde intrinsisch mit dem Aufblühen armer Frauen und ihrer Gemeinschaften verflochten sind. Ein Beispiel ist die Chipko-Bewegung in Indien, wo die Dorffrauen im wahrsten Sinne des Wortes Bäume umarmen, um zu verhindern, dass sie durch die Bauholzfirmen geschlagen werden. Auf diese Art und Weise sichern sie sich sauberes Wasser, Brennstoff und Früchte. Ein weiteres Beispiel ist die Green Belt-Bewegung in Kenia, die von der Nobelpreisträgerin Wangari Maathai initiiert wurde. Dort pflanzen Frauen Millionen von Bäumen und erhalten ein kleines Einkommen dafür, dass sie sie pflegen. Armut und ihre Heilmittel haben ein ökologisches Gesicht.

Wenn die Menschen beginnen, über Gott in Beziehung zu *dieser* Welt nachzudenken, führt die atemberaubende natürliche Welt, die für unser Staunen offen ist, aber durch unsere Verschwendung zerstört wird, zu einer ganz neuen Herangehensweise. Früher dachte man, dass die Welt am Anfang geschaffen wurde und eine statische Gegebenheit ist. Gottes Handeln bestand hauptsächlich darin zu erhalten, was schon geschaffen war. Jetzt realisieren wir, dass sich die Welt entwickelt, dass die Evolution und andere Prozesse ganz neue Dinge schaffen. Deshalb werden nun frische Einsichten in die göttliche Präsenz und das göttliche Handeln benötigt. Bis zum heutigen Zeitpunkt kreisen diese um den Geist Gottes, der in dem großartigen mittelalterlichen Hymnus *Veni, Creator Spiritus* Schöpfer-Geist genannt wird. Die Ökologische Theologie, in ihrem vollsten Maß erfüllt mit sozialer Gerechtigkeit und öko-feministischen Erkenntnissen, integriert die Offenbarungserlebnisse eines persönlichen Gottes in ein weites kosmologisches Setting und zeigt damit ein ganz neues Feld auf.

Göttliche Präsenz

Betrachtet man die Idee vom Schöpfer-Geist, entsteht der Glaube, dass die Gegenwart und die Aktivität Gottes die Welt durchdringen und dass die natürliche Welt deshalb der Lebensbereich Gottes ist. Diese göttliche Präsenz kann unter drei Rubriken untersucht werden: sie ist andauernd, sie ist kreuzförmig und sie besteht im Modus des Versprechens.

Andauernde Gegenwart

Am Ende seines populären Buches *A Brief History of Time* (dt.: *Eine kurze Geschichte der Zeit*) stellte der berühmte Physiker Stephen Hawking eine berühmte Frage: „Was hat das Feuer in diese Gleichungen eingehaucht und machte ein Universum, das sie beschreiben können?“ Übereinstimmend mit seiner atheistischen Überzeugung lässt Hawking diese Frage unbeantwortet. Der biblische

Glaube bietet eine andere Option an und wagt zu glauben, dass es Gottes eigener Geist ist, der Leben in die Gleichung hineinatmet und damit dieses nicht zu bändigende Universum hervorbringt. Das Mysterium des lebendigen Gottes, gänzlich transzendent, ist auch die kreative Kraft, die im Herzen der Welt lebt und jeden Moment ihrer Evolution trägt.

Das Denkmodell, welches die verständlichste Interpretation dieser Präsenz möglich macht, ist das des Panentheismus (alles in Gott). In den letzten Jahrhunderten hat die Theologie vor allem mit dem Modell des Theismus gearbeitet. Diese Konstruktion geht davon aus, dass Gott in der Hierarchie des Seins der Höchste ist. Es betont die Verschiedenheit Gottes von der Welt und seine Distanz zur Welt und achtet wenig auf die göttliche Nähe. Das gegenteilige Modell ist der Pantheismus (alles ist Gott), der den Unterschied zwischen dem Geschaffenen und dem Ungeschaffenen verwischt und damit Gott und die Welt in einen Topf wirft. Anders als diese beiden Modelle stellt sich der Panentheismus eine Beziehung vor, wobei alles *in* Gott ist, der umgekehrt alles umfasst und „der über allem und durch alles und in allem ist." (Eph 4,6) Daraus resultiert ein gegenseitiges Fortbestehen, wofür der schwangere weibliche Körper eine gute Metapher ist.

Martin Luther, der ein reiches und hochentwickeltes Verständnis von der göttlichen Präsenz hatte, nutzte das schlichte Beispiel eines Weizenkorns, um diesen Punkt zu erhellen:

> „Denn wie kann doch die Vernunft leiden, dass die göttliche Majestät so klein sei, dass sie in einem Körnlein, an einem Körnlein, über einem Körnlein, durch ein Körnlein, inwendig und auswendig, gegenwärtig und wesentlich sei? Und obwohl es eine einige Majestät ist, dennoch ganz und gar in einem jeglichen besonders, der so unzählig viele sind, sein kann … Wiederum, dass auch dieselbe Majestät so groß ist, dass sie weder diese Welt noch eitel tausend Welten umfassen mögen, und sagen: Siehe, da ist er … (S)ein eigenes göttliches Wesen … wiederum mag und kann nirgends und in keiner umfangen sein, … (gleich)wohl (er) alle Dinge umfasst und drinnen ist …" (WA 23,136,8–36; angepasst an heutiges Deutsch)

Sieht man die natürliche Welt im Licht dieser dauerhaften göttlichen Präsenz, nimmt sie sakramentalen Charakter an, anstatt von allem Heiligen abgeschnitten zu sein. Die sakramentale Theologie hat immer gelehrt, dass einfache materielle Dinge wie Wasser, Öl, Brot und Wein Träger der göttlichen Gnade sein können. Nun wird auch klar, warum das so ist. Die Matrix von Gottes gnadenvollem Ein-Wohnen beginnt mit der gesamten physischen Welt selbst. Die Materie trägt das Zeichen des Heiligen und hat selbst spirituelle Ausstrahlungskraft. Andererseits ist die göttliche Präsenz sakramental vermittelt, in und durch die Verkörperung der Welt, nicht auf notwendige und absolute Weise, aber auf gnadenhafte und reale.

Der einwohnende Geist Gottes bewegt sich über die Leere, atmet in das Chaos hinein, macht lebendig, wärmt, befreit, segnet und schafft die Welt, ohne je damit aufzuhören, indem er den evolutionären Fortschritt ermächtigt. Bringt man den Geist zurück ins Bild, kann die Ökologische Theologie Gott nicht an oder jenseits der Pyramidenspitze des Seins sehen, wie es der moderne Theismus tut, sondern innerhalb des und rund um den hervortretenden, kämpfenden, lebenden, sterbenden und sich erneuernden Kreis des Lebens und des ganzen Universums.

Das kreuzförmige Muster

Noch mehr muss gesagt werden. Die natürliche Welt ist nicht nur in ihrer Harmonie schön, sie konfrontiert uns auch mit einem unerbittlich harten und blutigen Bild, erfüllt mit Leiden und Tod. Die Körperlichkeit einer jeden lebenden Kreatur verlangt es, dass wir andere Kreaturen, Tiere oder Pflanzen essen. Die Raubtier-Beute-Beziehung und der Tod sind ein unentrinnbarer Teil des Musters des biologischen Lebens. Im Großen ist die Geschichte des Lebens selbst vom Tod abhängig. Ohne ihn gäbe es keine evolutionäre Entwicklung von einer Generation zur nächsten. Wo ist Gott inmitten dieses Leidens und Todes über Millionen Jahrtausende? Die Versuchung, die Gewalt zu ignorieren und sich in eine romantische Sicht der natürlichen Welt zu flüchten, liegt nahe. Aber es gibt eine andere Option, nämlich, sich dem Leiden zu stellen und es im Licht des Evangeliums zu interpretieren.

Diejenigen, die glauben, dass Jesus die Weisheit Gottes im Fleisch ist, sehen sein Leben und sein Schicksal als das wichtigste Fenster, durch das man den Charakter des lebendigen Gottes erkennen kann, zwar nicht allumfassend, weil das Mysterium bleibt, aber doch in Wahrheit. Was sehen wir durch dieses Fenster? Was die göttliche Beziehung zu den Menschen betrifft, sehen wir eine barmherzige Liebe, die keine Grenzen kennt. Jesu Wirken verbunden mit Szenen des Heilens, der Dämonenaustreibung, der Speisung, des Vergebens und des Predigens vom Reich Gottes machte die Liebe Gottes auf erfahrbare Weise verfügbar für alle, vor allen die an den Rand Gedrängten. Seine ungerechtfertigte Hinrichtung am Kreuz verband das göttliche Mitleid tief mit dem sündigen Grundzustand der Welt, mit ihrem schmerzhaften Leiden und dem erschreckenden Tod. Seine Auferstehung zeigt, dass der Geist Gottes diese Tiefen betreten hat und so das Versprechen neuen Lebens durch und jenseits des Todes eröffnet. Das Kreuz und die Auferstehung dieses jüdischen Propheten, der in gnadenvoller Weise allen zugewandt war, formen zusammen das eine österliche Mysterium und wurden die Offenbarung der göttlichen Solidarität mit den Menschen in unserer Sünde und unserem Schmerz. Sie erwecken Widerstand und erdende Hoffnung.

Indem sie den lebendigen Gott als Schöpfer nicht nur der Menschen, sondern der gesamten Welt, in der wir Menschen zu Hause sind, ansieht, findet die Ökologische Theologie die Berechtigung, über unsere Spezies hinauszugehen und diese göttliche Solidarität auf alle Geschöpfe auszuweiten. Die Ökologische Theologie schlägt vor, dass der Schöpfer-Geist mit mitleidender Solidarität bei allen lebenden Wesen ist, die leiden, vom durch einen Asteroiden ausgerotteten Dinosaurier bis zum Babyimpala, das von einer Löwin gefressen wird. Nicht ein Spatz fällt auf den Boden, ohne dass es im Herzen Gottes ein wissendes Mitleiden gibt. Eine solche Idee soll das Leiden nicht glorifizieren; das ist eine Falle, die man vermeiden sollte. Aber sie veranlasst zu der Schlussfolgerung, dass der Schöpfer-Geist eine Beziehung zur evolutionären, leidenden Welt pflegt und dabei das göttliche Mitleid nicht vergisst. Der Schrei der Natur wird vom Geist beantwortet, der wie in Geburtswehen mit der gesamten Schöpfung stöhnt, um das Neue zu gebären (Röm 8,22). Das ist das Muster des Kreuzes und der Auferstehung, neu entdeckt in einem kosmischen Maßstab.

Im Modus des Versprechens leben

Der wissenschaftliche Befund vom sich ausdehnenden Kosmos und der Evolution des Lebens auf diesem Planeten zeigt, dass das Universum heute als nicht endendes Abenteuer beschrieben werden kann und kein festgelegtes und unveränderliches Phänomen ist. Am Anfang war ein gleichförmiges Meer von Strahlung. Das Universum blieb nicht auf dem körnchenförmigen Niveau der Existenz, sondern entfaltete sich außerordentlich und trat in immer raffinierteren Formen auf, wurde zunehmend komplexer und schöner. Biologen wie Stephen Jay Gould warnen davor, diese Geschichte als einen notwendigen linearen Ablauf vom Big Bang zur Menschheit zu interpretieren. Die Geschichte des Lebens ist eher wie ein verzweigter Busch, und die Menschheit selbst ist ein neuer Zweig an einem Ast dieses Busches. Peacocke und andere stimmen dem zu, argumentieren aber, dass sich das Universum als Ganzes von seiner Entstehung an sehr wohl in eine bestimmte Richtung entwickelt hat. Dabei hatte es offensichtlich die Neigung zu größerer Komplexität, Schönheit und geordneter Neuheit. Betrachtet man das Ganze, sehen wir, dass das Universum von Anfang an Samen der Verheißung in sich trug, dass es mit Überraschungen schwanger war. „Mehr" Regelmäßigkeit kommt von „weniger". Die Geschichte des Kosmos ist ein rastloses Voranschreiten, reich an Fruchtbarkeit und immer wieder Neues hervorbringend.

Diese unfertige Offenheit der natürlichen Phänomene platziert die Welt genau in die Parameter des biblischen Glaubens. Dieser Glaube trifft wieder und wieder auf einen Gott der Verheißung, der aus der Zukunft naht und dazu aufruft, „entgegenzukommen", „weiter vorwärtszugehen". Von der Berufung Abrahams, in ein neues Land zu ziehen, über das überraschende Geschenk eines Kindes für ihn und Sara in ihrem hohen Alter und ihrer Unfruchtbarkeit, über den Aufruf an die versklavten Hebräer, aus Ägypten in die Freiheit zu fliehen, bis zur Befähigung der weiblichen Jünger am leeren Grab Jesu, in die Welt zu ziehen und die Nachricht von seiner Auferstehung zu verbreiten: die göttliche Präsenz in der menschlichen Geschichte ist voll von Überraschungen.

Die Theologie reflektiert die evolutionäre Geschichte der Welt zusammen mit diesen Glaubensgeschichten und schlägt vor, dass wir den Schöpfer-Geist als freigiebigen Quell der Neuheit verstehen, nicht nur für die Menschen, sondern auch für die gesamte natürliche Welt. Der Geist wohnt der Welt mit schöpferischer Kraft inne und bringt sie auf die Spur eines großen Abenteuers, indem er während des Big Bang sinngemäß sagte: „Geh, werde, erforsche, bringe das Neue hervor, weil immer noch mehr möglich ist. Und ich werde mit dir sein." Wie es scheint, ist der Natur eine Offenheit für die Zukunft eigen. Sie ist mehr als ein Sakrament der dauerhaften göttlichen Präsenz, mehr als ein Ort des göttlichen Mitleids, sie ist Trägerin des göttlichen Versprechens. Der lebendige, immer neu erscheinende Gott wohnt in der Welt zutiefst im Modus der Verheißung inne: *„Seht, ich mache alles neu."* (Offb 21,5b)

Zusammenfassend ist zu sagen: Die Ökologische Theologie schlägt vor, dass der Schöpfer-Geist im Herzen der natürlichen Welt wohnt, dass er ihrer Evolution gnädig und aus dem Inneren heraus Energie verleiht, dass er voller Barmherzigkeit alle Kreaturen in ihrer Endlichkeit und ihrem Tod umfasst, und dass er die Welt vorwärtsdrängt, hin zu einer unvorstellbaren Zukunft. Durch den gewaltigen Schwung der kosmischen und biologischen Evolution hindurch umarmt der Geist die materiellen Wurzeln des Lebens und ihr endlos neues Potential, um den Kosmos von innen heraus zu ermächtigen. Das Universum ist selbst-organisierend und selbst-transzendierend. Es ist durch den Tanz der belebenden göttlichen Kraft mit Energie gefüllt, von den spiralförmigen Galaxien bis zur Doppelhelix der DNA-Moleküle.

Die göttliche Wirkmacht

Die schöpferische, leidende, verheißende Präsenz des Geistes in der natürlichen Welt führt direkt zur Frage nach dem göttlichen Wirken. Wie handelt Gott in einem von der Evolution getriebenen emergierenden Universum? Moderne Formen des Theismus gehen davon aus, dass Gott in der Welt nach seinem Willen interveniert, um den göttlichen Willen durchzusetzen, und das jenseits natürlicher Prozesse. Aber das wissenschaftliche Bild des Universums deutet darauf hin, dass das nicht nötig ist. Die Natur selbst organisiert sich in neuen Formen und auf allen Ebenen. Selbst das Aufkommen des Lebens und dann des Verstandes können erklärt werden, ohne dass man von einer besonderen übernatürlichen Intervention ausgehen müsste. Die gegenwärtigen erbitterten Debatten zwischen einigen Wissenschaftlern und den religiösen Anhängern des „Intelligent Design" rühren von diesen entgegengesetzten Annahmen her. Erstere finden keine Spur von göttlicher Aktivität in der physischen Welt, letztere postulieren ein Art direkten göttlichen Handelns und einen umgreifenden Plan. Der fundamentale Sicht göttlichen Wirkens, die beide Parteien vertreten, ist jedoch nicht länger adäquat.

Die Dispute über das göttliche Wirken innerhalb der Theologie können so heftig geführt werden wie die zwischen Wissenschaft und Religion. Mindestens sechs Positionen wollen gehört werden. Die Theorie vom einmaligen Handeln versteht Gott als jemanden, der nur einmal gehandelt hat, nämlich am Anfang. Seit damals erhält

Gott die Welt, während die Details der kosmischen Geschichte einfach so passieren (Gordon Kaufman, Maurice Wiles). Das Prozessdenken geht von einer größeren göttlichen Einflussnahme aus und vertritt die Auffassung, dass Gott jedem Ereignis des Wachsens einen initialen Anstoß verleiht und mit der Kraft der Überzeugung die Welt in die gewünschte Richtung lockt (Alfred North Whitehead und Freunde, wie zum Beispiel John B. Cobb, David Griffin). Eine dritte Position geht von einer Analogie mit dem Handeln verkörperter menschlicher Person aus und stellt sich die Welt als Gottes Leib vor. In dieser Sicht handelt Gott in der Welt wie die Seele im Leib (Sallie McFague). Die Position der „top-down"-Kausalität nutzt die Informationstheorie und geht davon aus, dass Gott so in der Welt handelt, wie das Ganze die einzelnen Teile beeinflusst (Arthur Peacocke). Die Theorie der „gemeinsamen Kausalität" nutzt die physikalischen Prozessen innewohnende Offenheit, um auszusagen, dass Gott die anfänglichen Bedingungen eines Ereignisses schafft und damit das Muster anlegt, das das letztendliche Resultat bedingt (John Polkinghorne, Nancey Murphy, Robert Russell).

Eine klassische Position hält an der Unterscheidung zwischen erster und zweiter Kausalität fest und betrachtet Gott als die Erste Ursache der Welt, als die unfassbare Quelle der Existenz der Welt, während die natürlichen Kräfte und die einzelnen Kreaturen Sekundärursachen sind. Sie erhalten ihre Kraft von Gott, um dann unabhängig zu handeln. Diese zwei Ursachen sind nicht zwei Arten derselben Gattung, nicht zwei unterschiedliche Typen von Ursachen, die auf einem gemeinsamen Grund erzeugender Wirkungen verbunden wären. Sie sind tatsächlich auf zwei komplett verschiedenen Ebenen tätig (auch diese Analogie ist nicht adäquat). Eine ist die Ursache aller Ursachen, die andere hat an dieser Kraft teil und handelt so, wie brennende Dinge an der Kraft des Feuers teilhaben. Versteht man die göttliche Wirkmacht so, kann man sich Gott nicht als jemanden vorstellen, der in der Welt ohne Zweitursachen wirkt, oder neben ihnen, oder zusätzlich zu ihnen, oder sie ergänzend, oder auch im Wettstreit mit ihnen.

Gottes Handeln gibt nicht etwas hinzu, was im Handeln der Kreaturen nicht existiert. Es beraubt das Handeln der Kreaturen nicht seiner Macht, sodass diese Wirkmacht nur Augenwischerei wäre. Stattdessen handelt das Mysterium des lebendigen Gottes in und durch die schöpferischen Akte von endlichen Handelnden, die selbst wahre kausale Wirkmächtigkeit besitzen.

Thomas von Aquin, der diese Sicht vertrat, sagte, dass Gottes Regieren in der Welt weniger als vollkommen gut wäre, hätten die Kreaturen nicht die Macht ihres eigenen unabhängigen wirkmächtigen Handelns. Deshalb finden sowohl Alltagsereignisse wie auch außergewöhnliche Ereignisse nach den Rhythmen und der Dynamik der Natur und ihres Vermögens statt. Die göttliche Wirkmacht ist nie physikalisch messbar. Sie ist keine quantifizierbare Eigenschaft wie Masse oder Energie, kein zusätzlicher Faktor und auch kein Element, dass unter den Kräften des Universums gefunden werden könnte. Aber in und durch die Schöpferkraft der Natur gebiert die endlose Liebe des Schöpfer-Geistes die Welt. Der australische Theologe Denis Edwards, der wie viele andere moderne Thomisten diese Position vertritt, bemerkt: „Der Aquinate kannte Darwins Theorie der Evolution nicht, aber er hätte keine Schwierigkeit damit gehabt, sie als eine Art und Weise von Gottes Schöpferhandeln zu verstehen."

Ich erinnere mich an eine Konferenz in Berkeley, auf der die Spannungen zwischen den verschiedenen Lagern so aufflammten, dass sich die Wissenschaftler schließlich gegenseitig der Häresie bezichtigten. Diese Positionen haben indes alle viel gemeinsam. Sie lehnen das Modell der göttlichen Wirkmacht als reine Intervention ab. Sie versuchen, die Vorstellung vom Schöpfer-Geist verständlich zu machen, nämlich als Grund, als erhaltende Macht und als Ziel der sich entwickelnden Welt. Der Schöpfer-Geist handelt, indem er dem Prozess von innen *Kraft verleiht.* Sie verstehen die göttliche Schöpferkraft als *innerhalb, mit und unter* den kosmischen Prozessen am Werk. Anders gesagt: Gott macht die Welt, indem er der Welt die Kraft gibt, sich selbst zu machen.

Zufall

Selbst wenn man hier zustimmt, ist das Element des Zufalls ein Grund dafür, dass das Reden über dieses Thema für die Theologie, die ja an einen vorausschauenden Gott glaubt, so heikel ist. Die Wissenschaft der Aufklärung stellte sich das Universum als etwas vor, was determiniert und mechanisch abläuft. Die moderne Wissenschaft aber hat die Existenz weiter Zonen der Offenheit in der Natur aufgezeigt. Was dort als nächstes geschieht, ist *wirklich* nicht voraussagbar. Der Grund dafür ist nicht, dass wir noch keine Instrumente entwickelt hätten, die solche Systeme messen und das Resultat voraussagen könnten. Stattdessen liegt etwas in der Natur des Ganzen, das sich dem Gemessen-Werden widersetzt.

- Der mikroskopische Bereich, der von der Quantenphysik untersucht wird, ist eine solche Zone. Unsere Unfähigkeit, sowohl die Position als auch die Geschwindigkeit eines einzelnen Partikels vorherzusehen, hat diesem Prinzip sogar seinen Namen gegeben: „Unschärferelation (engl.: uncertainty principle)“. Die Wissenschaftsphilosophen ziehen nun den Schluss, dass das an der Natur des Phänomens selbst liegt, und nicht einfach an den Grenzen der Messbarkeit und daher an unserem eigenen Wissen. Mit anderen Worten ist die Unschärferelation nicht nur ein epistemologisches, sondern auch ein ontologisches Prinzip.
- Große, nicht-lineare, dynamische Systeme, die von der Chaosphysik studiert werden, sind eine andere dergestaltige Zone. Das Besondere hieran ist, dass die neuen, sich selbst organisierenden Muster für die Anfangsbedingungen extrem empfänglich sind. Eine beliebte Illustration dafür ist der Schmetterlingseffekt auf das Wetter. An einem Tag flattert ein Schmetterling in Peking mit den Flügeln. Eine kleine Luftströmung geht stufenförmig nach oben und wird durch die Begegnung mit anderen Luftströmungen stärker und stärker. Eine Woche später resultiert daraus ein Sturm in New York. Es gibt keine einfache Ursache und Wirkung, sondern ein offenes dynamisches System, das sich in diese

oder jene Richtung bewegen kann, wenn sich die Bedingungen auch nur im Kleinsten ändern. Wenn das System weiter und weiter funktioniert, wird sich mit der Zeit ein gewisses Muster herausbilden, aber nie ist eine klare Vorhersage möglich.

~ Die biologische Entwicklung der Arten durch die natürliche Auslese ist eine dritte solche Zone. Ein Gen mutiert, weil es den Sonnenstrahlen ausgesetzt ist, oder ein Sturm verweht einige Vögel von ihrem Kurs auf eine neue Insel, oder die Erde wird von einem Asteroiden getroffen. Ändert sich die Umwelt, werden die, die sich am besten in ihrer Fortpflanzung, ihrer Aufzucht der Jungen, ihrer Nahrungssuche und ihrem Kampf gegen Feinde anpassen, in der nächsten Generation überleben. Aber es ist unmöglich, dies vorherzusagen.

Hier und anderswo hat die moderne Wissenschaft die Existenz von emergenten, anpassungsfähigen und sich selbst organisierenden Systemen in der Natur aufgezeigt. Diese Systeme funktionieren über lange Zeit und führen zu wahrhaft neuen Dingen im Universum. Das normale, den Naturgesetzen folgende Muster läuft ab, aber es wird durch den Zufall unterbrochen. Trotzdem fällt nicht alles auseinander. Neue, reichere, komplexere und schönere Formen der Ordnung entstehen aus der Unordnung. Die Zukunft öffnet sich wieder und wieder. Die Form der heutigen Welt wurde also durch Zufälle geprägt, die sich innerhalb der Naturgesetze über Erdzeitalter hinweg ereigneten. Gäbe es nur Naturgesetze im Universum, würde die Situation stagnieren, die Dinge würden sich einfach wiederholen und nichtschöpferisch ablaufen. Gäbe es nur Zufälle, wären die Dinge so chaotisch, dass sich keine Ordnungsstruktur entwickeln könnte. Weil aber Zufälle innerhalb der Naturgesetze geschehen, sind die normalen Muster unterbrochen, während der Zufall eingedämmt wird. Über Millionen Jahrtausende hinweg bringt das Zusammenspiel der beiden die Welt in einen reicheren Zustand, als dies andernfalls möglich wäre. Peacocke vertritt die Meinung, dass dieses Zufall-innerhalb-der-Naturgesetze-Muster über lange Zeit genau das ist, was man erwarten würde, wenn das sich entwickelnde Universum nicht prädeterminiert ist, sondern die Freiheit hat, sein Potential durch das Experimentieren mit der ganzen Spannbreite der Möglichkeiten, die es in der Materie gibt, auszuloten.

Das bedeutet, dass, soweit die Wissenschaft sich das vorstellen kann, die Entfaltung des Universums sich nicht nach einem prädeterminierten Plan vollzogen hat. Wahre Zufälligkeit kann nicht vorhergesagt werden. Der Prozess hat den Anschein von einem offenen Ende, denn das Universum schafft neue Formen des Seins, die nur im Nachhinein erkannt werden können. Auf dem jährlichen Treffen der Catholic Theological Society of America fragte William Stoeger, Jesuit und Astrophysiker der Vatican Observatory Research Group an der University of Arizona: Drehen wir die Weltuhr zurück auf den ersten Moment und lassen wir sie neu ticken – würden die Dinge genauso ablaufen wie beim ersten Mal? Die Wissenschaft antwortet mit einer Stimme: Nein. Es gab eine bestürzte Stille und danach eine Eruption der Diskussion, als ein gesamter Raum voller Theologen versuchte, sich dies vorzustellen und auf unsere Grundannahmen zu beziehen.

Indem sie diese Erkenntnis auf den innewohnenden Geist Gottes bezieht, schlägt die Ökologische Theologie vor, dass die göttliche Schöpferkraft die endlose Liebe ist, die in der Evolution des Universums am Werk ist. Diese Liebe ist die Quelle sowohl der kosmischen Ordnung als auch des Zufalls, der alles Neue erscheinen lässt. Der Geist ermächtigt die Welt von innen heraus, er erdet die naturgesetzlichen Regelmäßigkeiten und umfängt die Zufälligkeit von Mutationen und die chaotischen Bedingungen der offenen Systeme, die der Unordnung näherstehen, als es sich unsere ältere natürliche Theologie je vorstellen konnte. Unvorhergesehene Veränderungen können destruktiv sein, aber sie haben auch das Potential, zu reicheren Formen der Ordnung zu führen. In einem emergenten, von der Evolution geprägten Universum sollten wir nicht überrascht sein, die göttliche Schöpferkraft dort schweben zu finden, wo sich die Turbulenzen befinden.

Die Theologie hat weitere Erklärungen des göttlichen Wirkens in einer Welt des Zufalls durch Analogien zum göttlichen Handeln zu gewinnen versucht, wie man es in der christlichen Lehre von der Gnade und vom Kreuz erblicken kann.

Gnade

Wenn der Geist den Menschen das wahre Leben Gottes anbietet, sind sie nicht dazu gezwungen, es anzunehmen. Ihre eigene Freiheit wird akzeptiert, bis dahin, dass sie sich sogar für die Hölle entscheiden können. Es ist nicht so, dass der Geist danebensteht und sich neutral verhält. Die Theologie lehrt, dass allerlei Eingebungen das menschliche Herz locken, sich dem Antlitz Gottes zuzuwenden. Aber Nötigung gibt es nicht, denn der Bund der Gnade verlangt eine freie menschliche Antwort. Wie mit den Menschen, so geschieht es auch mit dem Universum: Der ewig treue Gott verhält sich gnadenvoll höflich gegenüber der Freiheit der natürlichen Ordnung. Der Schöpfer-Geist interveniert nicht von außen, sondern ermöglicht weiterführende Schöpfung aus dem Inneren heraus (diese räumlichen Metaphern sind nicht ganz adäquat). Er verleiht dem Universum die Möglichkeit, sich selbst zu transzendieren, hin zu immer neuen Formen. Sich selbst organisierende, komplexe Systeme bringen neue Überraschungen, wenn sich die Welt des Zufalls und der naturgesetzmäßigen Strukturen über Erdzeitalter hinweg entwickelt. In, mit und unter diesen Prozessen verleiht der Geist Gottes der sich weiterentwickelnden Schöpfung der Welt neue Energie.

Kreuz

Jesus handelte nicht wie ein Über-Cäsar und hielt nicht an der göttliche Würde fest. Er „entäußerte sich“ törichterweise und eröffnete dadurch anderen ein neues Leben (Phil 2,5–11). Dies führt eine *kenotische* Form der göttlichen Macht vor Augen, die nicht die Macht der Gewalt ist, jemandem seinen Willen aufzuzwingen. Sie ist auch nicht, wie manche befürchten, ein Zeichen der Machtlosigkeit. Stattdessen ist sie – wie sich das im historischen Jesus Christus zeigte – die Macht, sich selbst freiwillig in Liebe hinzugeben, mit der Wirkung, dass andere ermächtigt werden. Sie werden dann in einer so wundervollen Art geliebt, dass sie selbst in die Lage versetzt werden zu handeln. Wie es am Kreuz geschah, so geschieht es auch im Universum: Die Ökologische Theologie schlägt vor, dass die göttliche *kenōsis* nicht nur einmal, bei Jesu Tod, vonstatten ging, sondern dass sie typisch ist für Gottes gnadenvolles Handeln in der Welt. Und das von Anfang an. Erlaubt man nun, dass dieses Christus-ähnliche Muster des Sich-selbst-Gebens die schöpferischen Taten des Geistes im sich entwickelnden Universum interpretiert, bedeutet das, dass die göttliche Wirkmächtigkeit nicht alle Ereignisse determiniert oder diktiert. Stattdessen eröffnet die göttliche *kenōsis* Raum für die wahre Integrität endlicher Systeme und erlaubt dem Zufall, wirklich unvorhersehbar aufzutreten.

In Bezug auf die Offenheit der natürlichen Welt schlug John Haught vor, und ich stimme hierin mit ihm überein, dass wir uns nicht länger vorstellen sollten, dass Gott für das sich entwickelnde Universum einen *Plan* hat, sondern eher eine *Vision.* Diese Vision hat das Ziel, die Gemeinschaft der Liebe ins Leben zu rufen. Der Schöpfer-Geist bewegt sich im Herzen dieses Prozesses und führt die Welt in diese Richtung, während er gleichzeitig die Welt dazu einlädt, an ihrer eigenen Schöpfung durch die freie Arbeit ihrer Systeme teilzunehmen. Das Neue kommt hervor: auf Quanten-Niveau, in nicht-linearen dynamischen Systemen, durch die natürliche Auslese und die menschliche Wirkmacht. Das Universum ist durch diese befreiende Macht geerdet und gleichzeitig belebt. Es entwickelt sich in der Integrität seines eigenen Abenteuers.

Die Erde zu lieben

Die Theologie des Schöpfer-Geistes, der schafft, einwohnt, leidenschaftlich liebt und die Welt auf ihrem großen Abenteuer bestärkt, hat natürlich Auswirkungen auf die gesamte Theologie. Sie untermauert besonders die Ethik einer verantwortlichen und nachdrücklichen Sorge für die Erde. Ein moralisches Universum, das sich auf Menschen beschränkt, ist nicht mehr adäquat. Wenn die Erde tatsächlich ein Sakrament der göttlichen Präsenz ist, ein Ort der göttlichen Barmherzigkeit, Trägerin der göttlichen Verheißung, dann ist ihre Zerstörung durch Ökozid, Biozid und Geozid eine zutiefst sündige Entweihung. In der Tradition der biblischen Propheten und im Geist Jesu muss die Antwort der Glaubenden darauf prophetisch und herausfordernd werden. Sie muss die Sorge für den Planeten unterstützen, den Schutz, das Heilen der natürlichen Welt, selbst wenn dies mächtigen wirtschaftlichen und politischen Interessen zuwiderläuft, und das wird sicher der Fall sein. Wir müssen alle Techniken des aktiven gewaltlosen Widerstandes nutzen, um die Aggression gegen das Verletzbare aufzuhalten, sei es auch nur die unbedeutendste Spezies oder ein so großes System wie die Ozonschicht. Die Moralität unserer Handlungen muss sich von nun an an einem stringenten Kriterium messen lassen: ob sie zu einer nachhaltigen Lebensgemeinschaft auf der Erde beitragen oder nicht.

Diese Praxis hat ihre Grundlage in einem bewundernswerten Prinzip, das erstmals von Papst Johannes Paul II. im Jahre 1990 formuliert wurde: „Der Respekt für das Leben und für die Würde aller Menschen weitet sich auch auf den Rest der Schöpfung aus." Pragmatisch gesehen werden die Menschen nur zusammen mit den anderen Lebewesen auf diesem Planeten überleben, oder eben nicht. Die Angelegenheit ist jedoch auf mehr als das Pragmatische ausgerichtet, denn der Respekt für das Leben kann nicht geteilt werden. Nicht nur das menschliche Leben, sondern die ganze lebendige Erde ist Gottes geliebte Schöpfung und bedarf der Fürsorge.

Das verlangt von uns, dass wir unsere ausschließliche ethische Aufmerksamkeit von den Menschen wegbewegen und unser kraftvolles moralisches Denken auf die gesamte Gemeinschaft des Lebens ausweiten. In einer ökologischen Ethik weitet sich Jesu Auftrag, alle Nächsten wie sich selbst zu lieben, auf alle Mitglieder der Lebensgemeinschaft aus. „Wer ist mein Nächster?“, fragt Brian Patrick. „Der Samaritaner? Der Ausgestoßene? Der Feind? Ja, ja, natürlich. Aber es ist auch der Wal, der Delphin und der Regenwald. Unser Nächster ist die gesamte Gemeinschaft des Lebens, das gesamte Universum. Wir müssen alles so lieben, wie wir uns selbst lieben.“ Wenn die Natur der neue Arme ist, wie Sallie McFague argumentiert, dann muss sich unsere Leidenschaft, den Armen und Unterdrückten Gerechtigkeit zu bringen, auf die natürliche Welt ausdehnen, auf die Lebenssysteme und die anderen Arten, die in Gefahr sind. „Rette den Regenwald!“ wird also eine konkrete moralische Auswirkung des Gebotes „Du sollst nicht töten.“ Das moralische Ziel liegt dann darin, das pulsierende Leben in der Gemeinschaft mit allen und für alle zu sichern.

In unseren Tagen entdecken wir, dass das große, unbegreifliche Mysterium Gottes, das absolut transzendent und jenseits der Welt ist, ebenso die dynamische Macht im Herzen der Natur und ihrer Evolution ist. Der Schöpfer-Geist stöhnt mit der Welt, freut sich an ihrem Fortkommen, bleibt ihr in ihren Misserfolgen treu, gibt ihr von innen her Energie und ist mit allen Kreaturen, ob sie nun endlich sind und sterben, hält sie in erlösender Liebe und zieht sie in eine nicht vorhersehbare Zukunft im göttlichen Leben der Gemeinschaft hinein. Die reichen Formen der geschaffenen Ordnung sind nicht nur Stufen auf dem Weg zum *homo sapiens*, sondern haben ihren eigenen intrinsischen Wert, weil sie der Ort sind, an dem Gott schöpferisch wohnt. Augustinus stellte sich das lebhaft vor:

> „Vor den Blick meines Geistes stellte ich mir die ganze Schöpfung: alles, was wir in ihr nur wahrnehmen können, wie Erde, Meer, Luft, Sterne, Bäume und die sterblichen Lebewesen, und dazu das, was wir nicht sehen

können … Du aber, o Herr, so dachte ich, umgibst und durchdringst sie, bist überall, aber nach allen Richtungen unbegrenzt. So wie wenn das Meer überall und nach allen Seiten ins Unermessliche hin nur ein einziges Meer wäre, in sich aber einen zwar beliebig großen doch endlich begrenzten Schwamm enthielte, und wenn nun dieser Schwamm vollständig und in jedem seiner Teile von dem unermesslichen Meere angefüllt wäre, so dachte ich mir deine endliche Schöpfung erfüllt von deiner Unendlichkeit und sprach: ‚Siehe da Gott und siehe da, was Gott geschaffen.'" (*Confessiones* VII 5)

Und siehe, wie wir umfasst sind! Wie Paulus in Athen predigte: „in ihm leben wir, bewegen wir uns und sind wir" (Apg 17,28), in dem Schöpfer-Geist, wie er gerade vorgestellt wurde.

Für weitere Informationen

Eine klare und überzeugend argumentierende Einführung, die sich an eine große Öffentlichkeit wendet, ist Denis Edwards, *Ecology at the Heart of Faith* (Maryknoll, N.Y.: Orbis, 2007). Sallie McFague, *Super, Natural Christians: How We Should Love Nature* (Minneapolis: Fortress, 1997) bietet eine geistgefüllte Diskussion, warum Christen Liebhaber der Erde sein sollten. Brian Swimme und Thomas Berry, *The Universe Story: From the Primordial Flaring Forth to the Ecozoic Era – A Celebration of the Unfolding of the Cosmos* (San Francisco: HarperSanFrancisco, 1992) bietet den wissenschaftlichen Hintergrund in lesbarer und religiös bewegender Prosa.

Eine ausgezeichnete Quelle und das Resultat einer internationalen Konferenz zu diesem Thema ist Dieter Hessel und Rosemary Radford Ruether (Hg.), *Christianity and Ecology: Seeking the Well-being of Earth and Humans* (Cambridge, Mass.: Harvard University Press, 2000). Neun Bände in dieser Harvard-Reihe behandeln die Ökologie in den großen Weltreligionen wie Hinduismus, Islam und Buddhismus. Für eine kürzere Abhandlung über die Religionen und die Ökologie siehe Mary Evelyn Tucker und John Grim (Hg.), *Worldviews and Ecology: Religion, Philosophy, and the Environment* (Orbis, 1994).

Einige Werke behandeln die Gottesfrage in der Ökologischen Theologie in umfassender Weise. Arthur Peacocke, *Theology for a Scientific Age* (Fortress, 1993; dt. Ausgabe: Gottes Wirken in der Welt. Theologie im Zeitalter der Naturwissenschaften, Mainz: Matthias Grünewald, 1998) ist eine *tour de force*, die eine gesamte systematische Theologie aus der Perspektive der sich entwickelnden Welt vorlegt. Arthur Peacocke, *Paths from Science Towards God* (Oxford: Oneworld, 2002) versucht, diese neuen Ideen einer allgemeinen Leserschaft zu erklären. Gloria Schaab, *The Creative Suffering of the Triune God: An Evolutionary Theology* (New York: Oxford University Press, 2007) erläutert und erweitert Peacockes Ideen. John Haught, *God after Darwin: A Theology of Evolution* (Boulder, Colo.: Westview, 2000) handelt direkt von der Präsenz und vom Wirken Gottes im Licht der wissenschaftlichen Herausforderungen. Sallie McFague, *The Body of God: An Ecological Theology* (Fortress, 1993) erarbeitet die Anfänge einer ganzheitlichen Sicht der Dinge. Rosemary Radford Ruether, *Gaia and God: An Ecofeminist Theology of Earth Healing* (HarperSanFrancisco, 1992; dt. Ausgabe: Gaia & Gott. Eine ökofeministische Theologie der Heilung der Erde, Luzern: Ed. Exodus, 1994) untersucht die prophetischen und sakramentalen Quellen der christlichen Tradition. Denis Edwards, *The God of Evolution* (New York: Paulist, 1999) und ders., *Breath of Life: A Theology of the Creator Spirit* (Orbis, 2004) verbinden Theologie mit einer an der Erde orientierten Spiritualität in leicht verständlicher und aufschlussreicher Weise. Biblische Quellen kommen in Carol Dempsey und Mary Margaret Pazdan (Hg.), *Earth, Wind, and Fire: Biblical and Theological Perspectives on Creation* (Collegeville, Minn.: Liturgical Press, 2004) zur Sprache.

Andere Werke behandeln nur einen besonderen Aspekt. Der kenotische Blickwinkel auf die göttliche Macht und das göttliche Leiden im Universum wird untersucht in John Polkinghorne (Hg.), *The Work of Love: Creation as Kenosis* (Grand Rapids: Eerdmans, 2001), darin besonders Arthur Peacocke, „The Cost of New Life" auf den Seiten 21–42. Philip Clayton und Arthur Peacocke (Hg.), *In Whom We Live and Move and Have Our Being: Panentheistic Reflections in God's Presence in a Scientific World* (Eerdmans, 2004) untersucht den Panentheismus als ein Modell von Gottes Beziehung mit der Welt. John Haught, *The Cosmic Adventure: Science, Religion, and the Quest for Purpose* (Paulist, 1984) präsentiert die Metapher von der Offenheit für die Zukunft in verständlicher Prosa. Haughts Artikel „Chaos,

Complexity, and Theology" (S. 181–194) in Arthur Fabel und Donald St. John (Hg.), *Teilhard in the 21st Century: The Emerging Spirit of Earth* (Orbis, 2003) spricht über die religiösen Auswirkungen der Fähigkeit der Natur, sich selbst zu organisieren und das Neue hervorzubringen.

Die Verflechtung von Ökologie und sozialer Gerechtigkeit wird in David Hallman (Hg.), *Ecotheology: Voices from South and North* (Orbis, 1994) in den Vordergrund gestellt. Siehe dazu auch Leonardo Boff und Virgilio Elizondo (Hg.), *Ecology and Poverty: Cry of the Earth, Cry of the Poor* (Orbis, 1995; dt. Ausgabe: Ökologie und Armut. Schrei der Erde; Schrei der Armen = Concilium 31 [1995] H. 5). Ivone Gebara, *Longing for Running Water: Ecofeminism and Liberation* (Fortress, 1999) gibt den armen Frauen in den Entwicklungsländern eine Stimme. Siehe dazu auch Mary Judith Ress, *Ecofeminism in Latin America* (Orbis, 2006) und Rosemary Radford Ruether (Hg.), *Women Healing Earth: Third World Women on Ecology, Feminism, and Religion* (Orbis, 1996). Die vielfältigen Verbindungen zwischen der Erde, Frauen und dem Heiligen werden diskutiert in Carol Adams (Hg.), *Ecofeminism and the Sacred* (Continuum, 1993) sowie in Elizabeth Johnson, *Women, Earth, and Creator Spirit* (Paulist, 1993).

Zur Ökologischen Ethik hat James Nash, *Loving Nature: Ecological Integrity and Christian Responsibility* (Nashville: Abingdon, 1991) ausgezeichnete Beiträge geliefert. Das Werk wurde mit Blick auf die Politik geschrieben. Siehe auch Larry Rasmussen, *Earth Community, Earth Ethics* (Orbis, 1997), das kirchliche Traditionen anzapft, um Verantwortung zu fördern. Harold Coward und Daniel Maguire (Hg.), *Visions of a New Earth: Religious Perspectives in Population, Consumption, and Ecology* (Albany: State University of New York Press, 2000), beziehen religiöse Perspektiven auf beunruhigende Probleme des Konsums und Bevölkerungswachstums. John B. Cobb, *Sustainability: Economics, Ecology, and Justice* (Orbis, 1992) zeigt die Verbindung zwischen Ökologie und Ökonomie klar auf.

Die Internetseite der National Religious Partnership for the Environment (www.nrpe.org) beinhaltet offizielle katholische, protestantische, freikirchliche und jüdische Aussagen zum Thema sowie praktische Programme.

10
Trinität: Der lebendige Gott der Liebe

Worum es geht

„Die Gnade Jesu Christi, des Herrn, die Liebe Gottes und die Gemeinschaft des Heiligen Geistes sei mit euch allen!“ (2 Kor 13,13) Mit diesem Segen, der zum ersten Mal im ersten Jahrhundert gesprochen wurde und der bis heute in liturgischen Feiern wiederholt wird, signalisieren die Christen ein besonderes Verständnis vom lebendigen Gott. Nähme man diesen Segen wörtlich, würde seine dreigestaltige Struktur vielleicht zu der Vorstellung führen, dass sich der christliche Glaube vom Monotheismus abwendet. Das wäre allerdings ein falscher Eindruck, denn Christen glauben nicht an drei Götter, sondern an einen. Was an diesem Glauben besonders ist, ist die Überzeugung, dass sich dieser eine Gott der Welt gnaden- und liebevoll zugewandt hat, nämlich in der Person Jesu Christi, um zu heilen, zu erlösen und zu befreien, kurz, um zu erretten. Die Erfahrung der Erlösung, die von Gott durch Jesus Christus in der Kraft des Geistes erscheint, ist eine solche machtvolle Begegnung mit dem Heiligen, dass sie einer neuen Art von Sprache bedarf. Diese Sprache ist trinitarisch. Trinitarische Sprache ist weit davon entfernt, eine Definition oder eine Beschreibung zu sein. Stattdessen ist sie eine Interpretation dessen, was Gott ist, und zwar im Licht der wunderbaren Zeiten der Erlösung. Diese Sprache betont die barmherzigen Wege Gottes, die in der Welt durch Jesus Christus und den Geist wirken, und findet dort die fundamentale Offenbarung über Gottes Sein als die sich selbst schenkende Gemeinschaft der Liebe.

Am Anfang und durch dieses gesamte Kapitel hindurch muss man an eines denken: Der Zweck der trinitarischen Sprache ist es, den lebendigen Gott als das Mysterium der Erlösung zu preisen. Ob man diese Sprache nun in der Schrift, den Bekenntnissen, der Liturgie, der Doktrin oder der Theologie findet – sie ist die christliche Chiffre, die die Überzeugung beschreibt, dass der lebendige Gott, der durch Jesus und den Geist erkennbar wird, die dynamische Liebe ist, die erlösend handelt und das gesamte Universum umfasst. Ganz einfach gesagt vermittelt diese Sprache das, was hinter 1 Joh 4,16b steht: „Gott ist die Liebe".

Natürlich hat das Symbol der Dreieinigkeit, realistisch betrachtet, im Westen über Jahrhunderte nicht auf diese Art und Weise funktioniert. Es wurde vernachlässigt, wie ein Kuriosum behandelt oder mit begrifflicher Akrobatik analysiert, die von seiner eigentlichen Bedeutung weit abwich. Deshalb wurde diese Lehre unverständlich und weithin religiös irrelevant. Diese Tendenz kann man schon im 18. Jahrhundert erkennen, als Friedrich Schleiermacher die Trinität auf die letzten Seiten seines bedeutenden Werkes *Der christliche Glaube* verbannte und überzeugt war, dass diese Lehre wenig praktischen Wert und kaum Verbindung zur Essenz des Glaubens hat. Karl Rahner schrieb in seinem eigenen großen Aufsatz zur Trinität, dass diese Überzeugung eine derart schwache Funktion in der Spiritualität, der Theologie und im eigentlichen Glaubensleben der Kirche hat, dass, würden die Kirchenoberen verlauten lassen, es gäbe eine vierte Person innerhalb der Trinität, dies nur wenig Staub aufwirbeln würde. Heutzutage schalten die Menschen ab, wenn sie nur von der Trinität hören. Im besten Falle erwarten sie seufzend eine Diskussion über einen esoterischen Stoff. Das ist sehr traurig, denn, um es noch einmal zu wiederholen, hier geht es um das innerste Zentrum der christlichen Gottesvorstellung, die der Erfahrung entstammt. Wie Walter Kasper es einmal deutlich sagte: „Die Trinität ist die christliche Form des Monotheismus."

So wie ich es verstehe, haben die verschiedenen Arten von Theologie, die in den Kapiteln dieses Buches beschrieben werden, den dreieinigen Gott wiederentdeckt, und zwar auf eine praktische Art und Weise und geboren aus ihrem spezifischen Kampf für das Leben und für Heilung und aus ihrem Ringen um Verstehen in ihren unterschiedlichen Kontexten. Auch das Feld der trinitarischen Theologie selbst wurde wiedergeboren, nämlich in der modernen Systematischen Theologie, die von biblischen und historischen Studien befruchtet wird. Dieses Kapitel zeigt eine Renaissance der Einsicht in die kritische, hoffnungsvolle und praktische Bedeutung der Trinität in unserer gegenwärtigen Welt, indem es die Geschichte der Trennung zwischen der Trinität und dem christlichen Leben nachverfolgt und drei Aufgaben untersucht, die gelöst werden müssen, um die beiden wieder zusammenzubringen.

Die Geschichte eines Bruchs

Trinitarisches Denken begann im ersten Jahrhundert, als die Menschen Gottes erlösende Gnade durch Jesus Christus in der Macht des Heiligen Geistes erlebten. Leonardo Boff schrieb, und die meisten würden hier zustimmen: „Eine Begegnung mit dem heiligen Mysterium ist die Wurzel aller religiösen Lehre." Dieser Satz trifft auf die Trinität nicht weniger zu als auf jedwede andere Lehre. Welche spezifische Begegnung hat diese Entwicklung hervorgebracht? Es war das Erleben Jesu Christi, dessen Leben, Tod und auferstandene Gegenwart im Geist Gottes gnadenvolle Barmherzigkeit greifbar machte, ausgegossen inmitten von Sünde und Leiden. Das dreiförmige Reden über Gott entstand, um dieses Erlebnis zu beschreiben, es festzuschreiben und weiterzugeben. Es hängt also an der Erlösung: Ohne sie würden wir nicht über die Trinität sprechen.

Die ersten, die an Jesus glaubten, waren Monotheisten, Mitglieder der jüdischen Gemeinschaft, die den einen Gott anbeteten, der den heiligen und unaussprechlichen Namen JHWH trägt. Er war der Gott ihrer Vorfahren, der sie aus der Sklaverei in Ägypten herausgeführt und einen Bund mit ihnen geschlossen hatte, der durch die Propheten gesprochen hatte, der sie aus der Gefangenschaft in Babylon zurückgeführt und ihnen eine gesegnete Zukunft versprochen hatte. Die Jünger Jesu, wie auch Jesus selbst, waren mit diesem Wissen vom Gott des Himmels und der Erde, der eine erlösende Geschichte des Involviertseins in der Welt hat, aufgewachsen. Die jüdischen Frauen und Männer, die Jesus nachfolgten und den Nukleus der frühen Kirche bildeten, trafen diesen lebendigen Gott ihrer Traditionen durch Jesu Wirken und in seiner Person mit neuer Intensität an. Als ihre Gemeinschaft durch die Aufnahme von Heiden aus der großen hellenistischen Kultur wuchs, erkannten diese frühen Christen, dass alles, was in ihrer Gemeinschaft und in ihrem Leben miteinander geschah, eine Folge dieses neuen Geschenks war. Der ganz und gar transzendente Gott Israels, der Schöpfer und Erlöser, war in Jesus ganz und gar nahegekommen, ja, er war (auf wunderbare Weise) Fleisch geworden und war immer noch bei ihnen im Geist, der die Gaben in ihrer Gemeinschaft inspirierte: Wohltätigkeit, Freude, Frieden, Geduld, mutiges Sprechen, Heilung, Prophetie, Leitungsfähigkeit und alle anderen Gnadengaben, die im Neuen Testament genannt werden.

Kurz: Die frühen Christen erlebten den rettenden Gott auf dreifache Weise: jenseits von ihnen, mit ihnen und in ihnen, oder anders gesagt: vollkommen transzendent, historisch präsent in der Person Jesu und präsent im Geist innerhalb ihrer Gemeinschaft. Diese Erfahrungen waren immer Begegnungen mit nur einem Gott. Folgerichtig begannen sie von Gott auf dreifache Weise zu sprechen: „Die Gnade Jesu Christi, des Herrn, die Liebe Gottes und die Gemeinschaft des Heiligen Geistes sei mit euch allen!“ Frühchristliche Briefe und Evangelien sind von dieser dreifachen Kadenz erfüllt. Sie erscheint in Hymnen, prägnanten Grüßen, Glaubensbekenntnissen, liturgischen Formeln, Doxologien und kurzen Glaubensregeln. Diese Kadenz trug die frohe Kunde der Erlösung in sich. Gleichzeitig weitete sich der monotheistische Blick auf Gott aus, um Jesus und den Geist einzubeziehen.

Das Neue Testament, das literarische Kondensat des Glaubenslebens der frühen christlichen Generationen, enthält noch keine vollständige Lehre von der Trinität. Die Dreifaltigkeit Gottes ist nicht Thema direkter systematischer Reflexion, ebenso wenig erscheint das Wort „Trinität“. Die Autoren des Neuen Testaments und die Kirche, für die sie schrieben, verstanden sich selbst als monotheistisch, im Einvernehmen mit dem großen *Schema* Israels: „Höre, Israel! Jahwe, unser Gott, Jahwe ist einzig“ (Dtn 6,4; Mk 12,29). Trotzdem kannten und erlebten sie diesen Gott im weiterführenden Wirken des Geistes, dessen Aktivität eng mit dem Wirken, dem Tod und der Auferstehung Jesu zusammenhing. Ihre Sprache erweiterte sich auf kreative Weise, um dieses dreifache religiöse Erleben auszudrücken, was stets im Kontext von Gebet, Lob und Predigt geschah.

Eine Bewegung hin zu einem eher formellen Denken fand im vierten Jahrhundert statt, als Resultat einer Kontroverse über die Göttlichkeit Jesu Christi. Der ägyptische Priester Arius hatte, scheinbar logisch, behauptet, dass der eine erhabene Gott nicht geteilt werden kann; das göttliche Sein könne nicht mit einem anderen geteilt werden. Daher sei der göttliche *Logos,* oder das Wort, eigentlich eine Kreatur. Es sei wahr, dass der *Logos* die oberste Kreatur ist, geschaffen vor der Zeit und diejenige, durch die alles andere gemacht worden ist – aber immer noch eine Kreatur. Wenn das Wort also Fleisch wurde und in uns wohnte, war es nicht Gottes wahres Selbst, das wir in Jesus Christus antrafen, sondern das geschaffene Wesen des *Logos.* Das mag logisch klingen, stand aber dem Glauben der Kirche entgegen, dass Jesus die Selbstoffenbarung Gottes ist, die wahre Weisheit Gottes, die uns geschickt wurde, um uns zu retten und zu befreien. Die Kirche hatte die Menschen in die Gemeinschaft der Erlösung initiiert, indem sie sie „im Namen des Vaters und des Sohnes und des Heiligen Geistes“ getauft hatte. Weil nur Gott erretten kann, beinhaltete die Taufformel, dass Jesus Christus, ein Mensch wie wir in jeder Hinsicht außer der Sünde, auch göttlich ist. Arius’ Behauptung, dass das nicht stimme, ließ die Taufe als eine leere, törichte Geste erscheinen.

Um den impliziten Glauben der Kirche, dass Christus wahrer Gott ist (Gott-der-rettet), zu schützen, trafen sich die Bischöfe im Jahre 325 in Nizäa und entwickelten die Grundlagen für das Nizänische Glaubensbekenntnis, das bis heute verwendet wird. Dieses Bekenntnis erklärt deutlich, dass Christus „nicht geschaffen“, sondern „eines Wesens mit dem Vater“ ist. Deshalb ist er keine Kreatur, sondern „Gott von Gott, Licht vom Licht, wahrer Gott vom wahren Gott“. Etwa fünfzig Jahre später erweiterte ein zweites Konzil in Konstantinopel im Jahre 381 dieses Bekenntnis, um ein ähnliches Bekenntnis hinsichtlich der Göttlichkeit des Heiligen Geistes einzuschließen.

Das Nizänische Glaubensbekenntnis und andere Bekenntnisse, die in den frühen christlichen Jahrhunderten entwickelt wurden, tauschten die kurzen dreifachen Formeln des Neuen Testaments gegen formellere Bekenntnisse des Glaubens aus. Untergliedert in drei Teile geben diese Bekenntnisse einen Rückblick auf das, was über den einen Gott bekannt ist, der erschafft, zum Zwecke der Erlösung Fleisch wird, die Welt heiligt und ihr eine gesegnete Zukunft verspricht. Sie erklären nicht, *wie* der eine Gott zur selben Zeit dreieinig sein kann. Auf der Basis der Glaubenserfahrung der Kirche bekennen sie lediglich, dass das eben so ist. Sie sind eigentlich Interpretationen des neutestamentlichen Glaubens an Gott, die die Sprache einer späteren Zeit nutzen. Manche von ihnen wurden in Notlagen formuliert, als man auf Irrtümer antworten musste. Aber wie es auch noch bei den heute formulierten Bekenntnissen der Fall ist, hatten die alten Bekenntnisse den vorrangigen Zweck, eine Beschäftigung mit Gott in liturgischen und katechetischen Kontexten zu ermöglichen.

Ausdrückliche Reflexionen, die zu einer genaueren Lehre von der Trinität führten, wurden in den darauffolgenden Jahren angestrengt. Selbst heute noch kann man sehr davon profitieren, die Abhandlungen der drei führenden östlichen Theologen, Basilius des Großen, Gregor von Nazianz und Gregor von Nyssa, der sog. Kappadokier, und westlicher Denker wie zum Beispiel Augustinus zu diesem Thema zu lesen. Die östliche oder griechische Trinitätstheologie beginnt mit der Monarchie des Vaters, von dem der Sohn und der Geist ausgehen, gleichsam als ob sie – poetisch ausgedrückt – die zwei Hände des Vaters wären, die in die Welt hineinreichen. Die westliche oder lateinische Theologie beginnt mit der einen göttlichen Natur, an der alle drei göttlichen Personen gleichberechtigt Anteil haben, so wie Gedächtnis, Einsicht und Wille gleichzeitig in demselben menschlichen Wesen existieren. Die Monarchie des östlichen Musters unterscheidet sich stark von der Natur-Person-Struktur des westlichen Denkens, aber beide theologischen Ideen versuchen, den Glauben zu erhellen, den die Bekenntnisse ausdrücken.

Bald schon wurde aber deutlich, dass es hier ein Problem gab, welches die Theologie der späteren Jahrhunderte noch verschärfte. Die Theologen begannen, zwischen Gott, wie er in der Heilsgeschichte bzw. in der Heilsökonomie offenbart ist, und Gott, wie er außerhalb der Welt im ewigen göttlichen Bereich existiert, eine reale Unterscheidung vorzunehmen. Dieser Bruch zwischen der Trinität *pro nobis,* Gott für uns, und der Trinität *in se,* Gott in seiner Göttlichkeit, wurde in der mittelalterlichen Spekulation noch größer. Thomas von Aquin trennte dann die Erörterung über den einen Gott *(De Deo Uno)* von derjenigen über den dreieinigen Gott *(De Deo Trino)* und zergliederte die Beziehungen zwischen Vater, Sohn und Heiligem Geist in der inneren Trinität, bevor er die Mission/Sendung des Sohnes und des Geistes in der Welt behandelte. Die Lehre wurde mehr und mehr vom Gebet und vom sakramentalen Leben abgespalten, verlor ihre Wurzeln in der religiösen Erfahrung der Erlösung und wurde zu etwas sehr Kompliziertem und Elitärem.

Der Todesstoß erfolgte von der Theologie, die im Geist der Aufklärung betrieben wurde. Wie im ersten Kapitel beschrieben, ging es damals darum, klare und distinkte Ideen als Teil eines rational zu verteidigenden philosophischen Systems zu finden. Als die Theologie diese Methode annahm und sie auf Gott übertrug, resultierte daraus eine Vorstellung von einer einsamen Gottheit, die nur in „sich selbst“ betrachtet wurde; sie besaß im Gegensatz zur geschaffenen Welt unendliche Charakterzüge, war aber trotzdem eine

Wesenheit in einem übergreifenden Modell der Dinge. Es war nicht offensichtlich, dass dieser eine Gott dreieinig ist. Die Trinität wurde eher nachträglich diskutiert, fast als ein Anhang zur grundlegenden Lehre über Gott. Außerdem war die Analyse dergestalt, dass sie die Trinität im Voraus zu und unabhängig von den Offenbarungsereignissen beschrieb, wie sie in der Schrift erzählt werden. Die Abhandlungen klangen philosophisch abstrakt und sagten, wenn überhaupt, wenig über die Erlösung aus.

Die katholische neuscholastische Theologie, die nach dieser Methode verfuhr, legte zwar ein Lippenbekenntnis von der göttlichen Unbegreiflichkeit ab, erging sich aber in ausschweifenden technischen Beschreibungen von Gottes innerer Selbstdifferenzierung durch Ursprungsrelationen und benutzte dazu Fachbegriffe: Die zwei Hervorgänge der Zeugung und der Hauchung brächten vier Relationen hervor, nämlich die Vaterschaft, die Sohnschaft, die Hauchung und den Hervorgang, die wiederum die drei Personen Vater, Sohn und Heiliger Geist konstituieren. Diese seien Personen im Sinne subsistierender Relationen und bildeten die eine göttliche Natur. Diese Form der Theologie zeigt mit einiger Detailgenauigkeit, wie die drei sich als Personen in Beziehung zueinander verhalten durch die Hervorgänge und durch die Liebe, die sie füreinander empfinden, auf sehr ähnliche Weise, wie Menschen durch Zeugung-Geburt und Liebe miteinander in Beziehung stehen. Diese Vorstellung wird als eine geradlinige Analyse der drei Akteure präsentiert, die an verschiedenen persönlichen Hervorgängen und Einflüssen innerhalb des Wesens Gottes beteiligt sind. Künstler wandelten diese Theologie in die populären Vorstellungen von der Darstellung der Trinität um: ein weißhaariger Mann europäischen Aussehens, ein jüngerer braunhaariger Mann, der oft mit einem Kreuz dargestellt wird, und eine Taube.

Heute rufen diese Denkweise und ihre aufwendigen Erklärungen verschiedener Details im trinitarischen Konstrukt viele Kritiker auf den Plan. Das fundamentale Problem liegt darin, dass die Reflexion nichts mehr mit der historischen Heilsgeschichte zu tun hat, wo alles Trinitarische doch seine Wurzeln findet, und bei einer Beschreibung Gottes ankommt, die wenig oder keinen Kontakt mit dem christlichen Leben mehr aufweist. Die trinitarische Theologie präsentierte ihr Denken in stumpfsinniger Prosa, sodass zeitgenössische Denker die „abstruse Analyse", die „irrelevanten Abstraktionen", die „philosophischen Labyrinthe", das „elaborierte theologische Manövrieren", die „komplexe himmlische Mathematik", die „obskure Sprachwahl" und die „bloße Langatmigkeit" problematisch finden. Trotz aller Abstraktionen präsentierte diese Theologie ihre Ergebnisse so, als ob sie eine buchstäbliche Beschreibung einer in sich abgeschlossenen Trinität dreier göttlichen Personen wären, die sich gegenseitig kennen und lieben. Das ist natürlich nicht der Fall, ist doch keine solche wörtliche Beschreibung möglich. So wie sich diese Art der Theologie in die populäre Vorstellungskraft hinein übersetzte, verdient das daraus resultierende fehlende Verständnis wahrlich Sandra Schneiders präzise, halb mit einem lachenden, halb mit einem weinenden Auge vorgebrachte Kritik: „Gott ist nicht zwei Männer und ein Vogel."

Ein weiterer Kritikpunkt wird heutzutage von feministischen Denkern und Denkerinnen vorgebracht, die bemerken, wie das Symbol von Gott, dem Vater, hoffnungslos mit einem patriarchalen Verständnis der Vaterschaft verbunden ist. Die Lehre von der Trinität entstand in einer patriarchalen und imperialistischen Kultur. Man nahm an, dass Männer das aktive Prinzip bei der biologischen Zeugung neuen Lebens sind. Sie konnten Besitz ihr eigen nennen, der auch Frauen, Sklaven und Kinder umfasste. Die männliche Natur wurde als die überlegene betrachtet und als das Zentrum der Realität. Diese politische Realität vermischte sich mit dem Namen „Gott, der Vater", sodass der Eindruck entstand, dass die göttliche Autorität die Welt auf dieselbe Art und Weise beherrscht, wie Männer ihr Haus und den Staat beherrschen. Die subversive trinitarische Idee, dass Gott keine absolute Monade ist, sondern Einer, dessen wahre Natur in der Gemeinschaft besteht (in der Beziehung zu einem anderen, der gleichwertig ist), wurde daraufhin unter den

Wellen der Theorie begraben, die die Herrschaft einiger über andere rechtfertigte. Das hatte verheerende Konsequenzen für das Gottessymbol, das die Konturen eines sich selbst genügenden männlichen Vatergottes annahm. Auch das christliche Selbstverständnis nahm Schaden, sowohl politisch als auch in der Familie, und besonders gegenüber Frauen. Bezieht man sich aber auf das Königreich Gottes, das von Jesus gepredigt wurde, ist das Patriarchat nicht die *archē* bzw. Herrschaft Gottes. Catherine LaCugna beschreibt das so:

> „In Gottes neuem Haushalt regiert nicht das Männliche. Gott regiert zusammen mit uns, in Solidarität mit den Armen, den Sklaven und den Sündern. Mann und Frau sind gleichwertige Partner in Gottes Haushalt. Gleichzeitig gehören auch Juden und Griechen, Sklaven und Freie, Beschnittene und Unbeschnittene in Gottes Reich hinein. *Ersetzt man das Regieren Gottes durch das Regieren eines dieser Menschen, ist das Götzendienst.*“

Die erlösende Herrschaft Gottes schließt jede Art von Unterordnung zwischen Personen aus. Entweder gelingt es der trinitarischen Theologie, Liebe und Gemeinschaft unter den Menschen zu schaffen, oder ihre Interpretation ist auf den Holzweg geraten.

Betrachtet man die Vitalität des trinitarischen Bewusstseins im Neuen Testament und in den frühen Jahrhunderten der Kirche, spricht Catherine LaCugna zu Recht von einer „Niederlage“ dieses Denkens im Hinblick auf seinen Niedergang. Über die Jahrhunderte hinweg wurde die biblische Geschichte von der Gottesbegegnung – die Geschichte vom persönlichen Gott Israels, dem man im konkreten Leben und Schicksal des Jesus von Nazaret begegnet und der auch durch den Geist im Leben der Kirche und der Welt erfahrbar ist – in eine abstrakte, komplexe, wörtlich genommene und unterdrückende trinitarische Theologie umgewandelt. Kein Wunder, dass diese das Leben der Christen und ihren Glauben nicht mit großartiger Dynamik inspiriert hat. Heute erinnert uns die Theologie daran, wie wenig wir eigentlich über Gottes inneres Wesen wissen, über seine Natur und die (innergöttlichen) Hervorgänge: Wir müssen bescheiden sein in unserem Denken. Zusätzlich dazu verlangt die

Bedeutung der Erlösung durch Jesus Christus nach einer Sichtweise Gottes, die niemanden unterordnet, zum Schweigen bringt oder als sekundär betrachtet: Wir müssen über die Trinität mit befreiender Kraft nachdenken. Der Bruch zwischen der grundlegenden Erfahrung der Erlösung und ihrem Ausdruck in späteren Trinitätstheologien muss geheilt werden.

Noch einmal: Worum es geht

Christen glauben nicht an irgendeinen, sozusagen einen allgemeinen Gott, sondern an den Gott, der sich in Jesus Christus offenbarte. Ignoriert man die Trinität, schrieb Johannes Calvin, „schwirrt nur der einfache und leere Name Gottes in unseren Gehirnen herum". Spricht man jedoch von dem einen Gott als dreieinigem, zeigt man auf die unvorstellbare göttliche Fülle, die mit der Welt eine Geschichte hat, eine Geschichte, die das Wissen um Leiden und Tod beinhaltet. Der Zweck des trinitarischen Symbols ist nicht, wörtliche Informationen zu geben, sondern den Gott, der rettet, zu bekennen und uns in dieses Mysterium hineinzuführen. Tut man dies, lässt dies ein göttliches Leben erkennen, das in Liebe geordnet ist. Und dieses Leben ist „ekstatisch" und nach außen hin zur Welt gerichtet, um zu erlösen, zu heilen und Zukunft zu bringen. Genährt am Tisch dieser Liebe, werden gläubige Menschen zur Praxis der Gerechtigkeit und des Friedens gerufen, sodass alle Menschen und die gesamte Schöpfung an dieser Gemeinschaft teilhaben mögen.

Heutzutage ist innerhalb der trinitarischen Theologie viel in Bewegung. Versuche, ihre vitale Bedeutung wiederzuentdecken, finden an vielen Orten statt. Mindestens drei verschiedene, doch miteinander verbundene Aufgaben stellen sich.

Verwurzelt in der Erfahrung der Erlösung

Bei der ersten Aufgabe geht es darum, die Lücke zwischen der Erfahrung und dem Denken zu schließen, um die Wurzel für das dreieinige Symbol in der religiösen Erfahrung der Erlösung wiederzufinden. Eine der einflussreichsten Brücken von einer Seite zur anderen ist der folgende Satz, den Karl Rahner geäußert hat: „Die ökonomische Trinität ist die immanente Trinität und umgekehrt." „Ökonomisch" bezieht sich hier auf das Werk der Erlösung, „immanent" bezieht sich auf Gottes eigenes Sein, unabhängig von jeder Verbindung zur Welt vorgestellt. Dieser Satz Rahners ist eine abgekürzte Darstellung der Erkenntnis, dass wir Gott so kennen, wie er in der Geschichte gehandelt hat, durch das Fleisch gewordene Wort und den erneuernden Geist. Er bestätigt, dass Gott wirklich so existiert, wie diese Offenbarungsereignisse ihn erschlossen haben. Wir werden nicht betrogen. Es gibt keine andere grausame oder desinteressierte Gottheit, die sich hinter der verbirgt, von der die Schrift erzählt. Der Gott, den Israel als Schöpfer und Befreier kennt, den Christen kennen und erfahren durch den Messias, Jesus, der mit Vollmacht sprach, die Kranken heilte, an einem römischen Kreuz als König der Juden starb und durch den Geist am dritten Tage auferweckt wurde (denselben Geist, der auch jetzt noch in der Welt wirkt): so ist Gott wirklich, auch wenn gerade keiner hinschaut. Catherine LaCugna erklärt das kurz und bündig so: „In Jesus Christus und dem Geist sehen wir nicht nur ein Schattenbild Gottes, sondern den realen lebendigen Gott. Der reale lebendige Gott, der errettet – das ist Gott!"

Um das noch einmal auszuweiten, hilft das Beispiel Rahners: In der Offenbarung erleben wir, dass Gott der Schöpfer ist, der *ungeschaffene Ursprung,* der die Quelle von allem ist, und in diesem Licht nennt die christliche Tradition Gott Vater. Aber das ist noch nicht alles. Gott ist Gott auch auf eine zweite Art und Weise, nämlich als *Selbstmitteilung* in Zeit und Raum hinein, als einer, der Fleisch wird in Jesus Christus, um zu retten. Und nun nennen wir Gott das Wort, die Weisheit, den Sohn. Aber auch das ist noch nicht alles. Gott ist Gott auf eine dritte

Art und Weise, indem Gott immer wieder die Welt mit gnadenvoller göttlicher Präsenz *beschenkt,* mit sprudelnder Liebe. Gott zieht alle Dinge zur Zukunft hin, und nun nennen wir Gott Heiliger Geist. Es ist alles der eine Gott, aber wir nutzen eine dreifache Art und Weise der Benennung, um die dreifache Art und Weise auszudrücken, in der sich Gott in der Geschichte selbst mitgeteilt hat. Das entscheidende Verständnis, das aller trinitarischen Theologie zugrunde liegt, besagt, dass der lebendige Gott von Ewigkeit her in einer dreifachen Unterscheidung existiert, die dieser Geschichte entspricht.

Die heutige Theologie heilt den Bruch, indem sie von Gott nur im Licht der Heilsgeschichte spricht. Obwohl diese erste Aufgabe in theologischen Kreisen gut gemeistert wird, ist sie in den Predigten der Kirche, in der religiösen Ausbildung und im Glaubensleben noch nicht vollständig angekommen. Wenn die Trinität nicht in der Erfahrung der Erlösung wurzelt, wird das dreieinige Symbol abgeschlagen im Staub verweilen.

Andeutungsweise sprechen

Die zweite Aufgabe ist es, immer daran zu denken, dass das unbegreifliche Mysterium Gottes stets größer als unsere Gedanken ist und dass die Trinität ein lehrmäßiges Symbol darstellt, dessen Interpretation durch alle die Regeln bestimmt wird, die auch für das Reden über Gott gelten. Es zeigt seine Bedeutung nur indirekt, auf analoge Weise, durch „ist" und „ist nicht" statt durch buchstäbliche Beschreibung. Der Umstand, dass das vergessen wurde, führte zu einer so überaus technischen trinitarischen Sprache, als ob wir eine Art Teleskop besäßen, das in das Unaussprechliche hineinschaut und uns zeigt, was diese drei so treiben. Wir müssen unsere naiven Vorstellungen in diesem Punkt aufgeben und die Macht der Lehre wiederentdecken, die zu verstehen gibt, dass Gott das Mysterium der rettenden Liebe ist. Der Schlüsselbegriff „Person" und die Zahlen „eins" und „drei" zeigen, wie dies geschehen kann.

Person

Der Personbegriff, wie er im Rahmen der Trinitätslehre benutzt wird, ist nicht eindeutig und offensichtlich. Frühe trinitarische Diskussionen gebrauchten das griechische Wort *hypostasis,* um diese göttlichen drei zu beschreiben. Das wurde dann in das lateinische *persona* übersetzt und dann weiter in das deutsche „Person". Das Problem ist, dass *hypostasis* nicht Person im heutigen Sinn bedeutet. Ursprünglich meinte es etwas wie „der feste Boden, aus dem ein Ding wächst und existiert" oder auch „eine distinkte Weise des Daseins". Über die Jahrhunderte hat das Wort „Person" dann eine große semantische Veränderung von einem philosophischen zu einem psychologischen Sinn durchgemacht. Wenn wir heute von einer „Person" sprechen, denken wir eher an ein Individuum mit einem distinkten Bewusstseins- und Freiheitszentrum in Beziehung zu anderen. Bezieht man das Wort in seinem modernen Gebrauch auf den dreieinigen Gott, führt das fast zwangsläufig in die Gefahr des Tritheismus, dazu, dass man sich drei unterschiedliche Jemande vorstellt und dann viel Energie darauf verwenden muss, um zu erklären, wie diese drei eins sein können. Daher das mühsame Ringen des Predigers am Trinitätssonntag.

Betrachten wir aber Augustinus in seinem einflussreichen Werk *De Trinitate.* Auf der Suche nach passender Sprache erkennt er, dass wir wirklich keine solche besitzen:

> „Wenn man also fragt, was es für drei Dinge oder Subjekte sind, begeben wir uns auf die Suche nach einem Art- oder Gattungsnamen, mit dem wir die drei zusammenfassen können. Wir treffen jedoch auf keinen, weil die alles überragende Erhabenheit der Gottnatur jenseits aller Möglichkeiten unseres gewohnten Sprachgebrauchs liegt. Wahrer als unser Sprechen von Gott ist nämlich unser Denken über ihn; aber wahrer als unser Denken ist sein Sein." (VII 4)

Die Existenz Gottes, unser Denken über Gott und unsere Sprache über Gott existieren in absteigender Ordnung des Vermögens, sodass kein Wort wirklich Sinn ergibt. Nichtsdestoweniger sucht die Theologie nach einem Wort, das alle drei charakterisiert. Dieses Wort kann nicht ein Name wie „Vater“, „Sohn“ oder „Heiliger Geist“ sein, denkt Augustinus, weisen diese doch auf das, was verschieden ist. Auch „Wesen“ trifft es nicht, denn nähme man dieses mal drei, käme man auf mehr als einen Gott. „Person“ scheint schon eher zu passen, weil es der Schrift nicht widerspricht, obgleich die Schrift „Person“ nicht gebraucht. Zudem wird dieser Begriff in der Tradition angewandt. Aber hauptsächlich verwenden wir „Person“, weil wir, wenn gefragt, *irgendetwas* sagen müssen:

> „Wenn man jedoch fragt, was diese drei sind, dann wird die große Armut offenbar, an welcher die menschliche Sprache leidet. Immerhin hat man die Formel geprägt: Drei Personen, nicht um damit den wahren Sachverhalt auszudrücken, sondern um nicht schweigen zu müssen.“ (V 9)

Anders gesagt: „Person“ ist der beste unter vielen inadäquaten Begriffen.

Edmund Hill, ein südafrikanischer Theologe, der *De Trinitate* übersetzte, schlug vor, dass wir Augustinus richtig verstehen würden, wenn wir die Personen als die drei *X* in Gott verstünden, oder auch als A, B und C, denn so unbekannt ist der Inhalt des Wortes „Person“. Der frühe mittelalterliche Theologe Anselm von Canterbury spricht in seinem *Monologion* auf ganz ähnliche Weise von den „drei irgendetwas-oder-etwas anderes“ oder auch von „drei ich-weiß-nicht-was“, *tres nescio quid.* Diese und andere großen Denker der klassischen Theologie wussten um die poetische, indirekte und letztlich inadäquate Natur des Begriffes „Person“, wenn es darum geht, über die Trinität zu sprechen. Sie dachten nie daran, dass das alles wörtlich genommen werden sollte, weder in einem alten noch in einem modernen Sinne. Stattdessen nutzten sie den Begriff, um auf das Mysterium dreifacher Unterschiedenheit hinzuweisen, das in Gemeinschaft im Herzen Gottes wohnt.

Eine jüngere Debatte illustriert diese Schwierigkeit einmal mehr. Karl Rahner schlug vor, die Theologie solle das Wort „Person“ für eine Weile in den Ruhestand schicken und stattdessen „distinkte Subsistenzweise“ verwenden, ein Begriff, der der ursprünglichen

Bedeutung von *hypostasis* näherkommt. Der eine Gott subsistiert in drei unterschiedlichen Weisen des Daseins. Einer von Rahners Kritikern merkte an, dass nichts von dem verstanden würde, käme es in einer sonntäglichen Predigt zur Sprache. Rahner antwortet, dass das natürlich wahr sei, aber wenigstens würden die Menschen sich dann keine falsche Vorstellung machen, wie dies zwangsläufig geschieht, wenn ohne Nuancierung von „drei Personen" geredet wird.

Die Zahlen Eins und Drei

Diese Begriffe stehen zwangsläufig für mathematische Mengen, aber das ist nicht die Intention, wenn sie in der Sprache der Theologie benutzt werden. Wieder bietet Augustinus mit seinem Beispiel der drei goldenen Statuen eine wunderbare Illustration der Schwierigkeiten mit diesen Begriffen:

> „Und bei den drei Statuen haben drei mehr Gold als eine einzelne und eine weniger als zwei. In Gott hingegen ist es nicht so. Denn nicht sind ein größeres Wesen der Vater, Sohn und Heilige Geist zusammen als der Vater allein oder der Sohn allein; vielmehr sind jene Substanzen oder Personen, wenn man so sagen darf, zusammen jeder einzelnen gleich – das versteht freilich der irdisch gesinnte Mensch nicht; denn er kann nur in Körpern und Räumen, sei es großen, sei es kleinen, denken, indem die Vorstellungen wie Bilder von Körpern in seiner Seele herumflattern." (*De Trinitate* VII 6)

Im Symbol der Dreieinigkeit beziehen sich „eins" und „drei" nicht auf Zahlen im gewöhnlichen Sinne. Sobald sie eine Quantität bezeichnen, sodass drei größer als eins ist, erhalten wir die Vorstellung, dass Gott wie Gallien in drei Teile aufgeteilt ist. Die Intention ist jedoch viel subtiler. Sagt man, dass Gott *eins* sei, negiert man Teilung. Man bestätigt dadurch die Einheit des göttlichen Wesens: Es gibt nur einen Gott. Sagt man, dass die „Personen" *drei* seien, negiert man Einsamkeit. Dadurch bestätigt man, dass das göttliche Wesen in lebendiger Gemeinschaft lebt. Das heilige Mysterium Gottes ist nicht ein einsamer Monolith mit einer starren Natur, ein undifferenziertes Ganzes, sondern eine lebendige Fruchtbarkeit beziehungsvollen Lebens, das in die Welt überfließt. Einfach gesagt weisen die Zahlen also auf die Lebendigkeit Gottes hin. Oder, in den unvergleichlichen Worten Augustins:

> „Indes in jener höchsten Dreieinigkeit ist eine Person soviel wie drei zusammen, und zwei sind nicht mehr wie eine. Sie sind alle in ihrem Sein unendlich. So ist jede in jeder, sind alle in jeder, ist jede in allen, sind alle in allen, und alle sind eins." (VI 10)

Ein frischer Einblick in den lebendigen Charakter dieser göttlichen Beziehungshaftigkeit kommt aus der Wiederentdeckung der *perichoresis* innerhalb der westlichen Theologie, um das innere Leben Gottes zu beschreiben. In der östlichen Theologie entwickelt, bezeichnet der griechische Begriff ein Sich-Umkreisen oder eine kreisförmige Bewegung wie die eines Rades. Bezieht man das auf das Leben der Trinität, zeigt diese Metapher, dass sich jede der „Personen" dynamisch um die anderen herum bewegt, mit den anderen interagiert, sich mit den anderen in einer Kreisbewegung des göttlichen Lebens verwebt. Die drei wohnen einander inne in einer Gemeinschaft der Liebe und bleiben doch unterschieden.

Einige Theologen sehen eine Analogie zwischen *perichoresis* und dem verwandten Begriff Choreographie und stellen sich vor, dass Gottes inneres Leben aus einem göttlichen Rundtanz besteht. Für Edmund Hill entsteht das Bild von einem Country-Volkstanz, bei dem die Partner einander umkreisen, jedes Paar ein anderes umkreist und der gesamte Tanzboden umherwirbelt. Die Metapher kann auch noch ausgeweitet werden. Wenn Gott tanzt, warum kann man sich dann nicht den ansteckenden Rhythmus von Salsa, Merengue, Calypso, Swing oder Reggae vorstellen, oder die komplizierten a-rhythmischen Muster des modernen Tanzes? Ich will sagen, dass Gott nicht statisch ist, sondern eine Fülle von sich selbst schenkender Liebe, drei, die einander in gegenseitiger dynamischer Liebe umkreisen, ein rettendes Mysterium, das in die Welt der Sünde und des Todes überfließt, um zu heilen, zu erlösen und zu befreien. Es ist der Zweck dieser Geschichte Gottes mit der Welt, dass die Welt in das Leben von Gottes Gemeinschaft zurückgebracht wird, zurück in den göttlichen Tanz des Lebens.

Heute arbeiten Theologen daran, dass trinitarische Sprache die Aufmerksamkeit für ihre indirekte und andeutende Art bewahrt. Ob sie als Analogie, Metapher oder Symbol interpretiert wird: sie ist eine Art des Redens, die auf Gottes Wesen als Gemeinschaft der Liebe hinweist. Dabei ist die Ungleichheit zu allem, was wir kennen, immer größer, kann doch der unbegreifliche lebendige Gott nicht in Sprache eingefangen werden.

Ausgedrückt mit unseren heutigen Begriffen

Wenn man die Trinität wieder in der Erfahrung der Erlösung verwurzelt und wiederentdeckt, wie sie sich in nicht-wörtlicher Art und Weise auf den lebendigen Gott bezieht, kann man auch die dritte Aufgabe für die Theologie angehen, nämlich, das Mysterium neu und in moderner Sprache auszudrücken. Die moderne Theologie bezieht sich auf die reichen Quellen der Tradition oder auf unserem Zeitalter typische Ideen und schafft neue, lebendige Annäherungen an dieses Thema. Diese Arbeit wird von zwei Charakteristika bestimmt. Erstens nimmt sie vorrangig den trinitarischen Gott in den Fokus, der sich in der Welt engagiert, den Einen, der „Gott für uns" ist. Wenn sie zweitens doch über die Trinität getrennt von der Welt reflektiert, behält sie immer die Erlösung im Auge und geht mit Zurückhaltung vor, indem sie alle metaphysischen Behauptungen über das innere Leben Gottes auf die Heilsökonomie bezieht.

Der irische Denker James Mackey schlug vor, dass die trinitarische Theologie mit einer kurzen Formel zufrieden sein sollte. Es sei wichtig zu betonen, dass der eine Gott in drei Subsistenzweisen lebe, die unterschiedlich, aber miteinander verbunden seien. Wenn diese Wahrheit gesichert sei, sollten wir jede weitere Untersuchung der Beziehungen zwischen „den dreien" aufgeben und mit der Predigt über das christliche Leben im Licht des gegenwärtigen und in der Welt von Anfang bis Ende durch das fleischgewordene Wort und den sich schenkenden Geist wirkenden Gottes weitermachen.

In ihrem bahnbrechenden Werk *God for Us* stimmt Catherine LaCugna dem zu. Sie zeichnet eine Parabel, die oben auf der Seite mit dem verborgenen Gott im Himmel beginnt, sich dann nach unten in die Zeit hinein fortsetzt, um sich wieder nach oben zu kehren und alle Dinge in die Gemeinschaft mit dem Göttlichen hineinzubringen. Diese Linie zeichnet ein wahres Diagramm der Trinität, denn die Offenbarung des „Gott für uns" gibt uns Grund zu der Annahme, dass Gott nicht einfach so existiert, ohne gleichzeitig in Beziehung zu treten. Für Gott bedeutet „sein"„in Beziehung sein". Daher ist jede weitere Analyse des inneren Lebens der Trinität unabhängig von Gottes Rettungswillen für die Welt eine Ablenkung vom Thema. Sollten trotzdem metaphysische Behauptungen über Gottes inneres Leben vorgenommen werden, müssen diese in direkter Beziehung zu Gottes erlösendem Werk stehen. Andernfalls wird die frohe Wahrheit des trinitarischen Monotheismus verraten.

Vergleichen wir den Zustand heute mit dem vor dem 20. Jahrhundert, erleben wir gegenwärtig eine Renaissance der trinitarischen Theologie. Es sind vermehrt Bücher erschienen, die entweder mit diesem zurückhaltenden Vorgehen übereinstimmen oder expliziter über das innere Leben Gottes sprechen. Wie in jedem anderen aufkeimenden Feld nehmen die Auseinandersetzungen zu. Wie damit umgehen?

R. Kendall Soulen hat einen hilfreichen Vorschlag gemacht und eine Idee vorgestellt, die es uns erlaubt, das Feld abzustecken, und die zur selben Zeit einen aufnahmefähigen Rahmen bietet, der viele verschiedene theologische Herangehensweisen zu tragen vermag. Sein Vorschlag ist, dass die Sprache über die Trinität selbst trinitarisch sein sollte, das heißt, dass sie in einer dreifachen Weise gebraucht werden sollte. Seine These lautet wie folgt: Der Name der heiligen Trinität ist ein Name in Flexionen (engl.: inflection).

Konsultiert man ein Wörterbuch, entdeckt man, dass „inflection" eine Modulation der Stimme während des Sprechens oder Singens bezeichnet, eine Veränderung im Tonfall oder im Ton der Stimme. Der Begriff kann aber auch eine Modifikation eines Wortes bedeuten, wenn es um eine Veränderung der grammatischen Funktion geht, so zum Beispiel vom englischen Adjektiv „slow" zum Adverb „slowly". Sagt man, dass die Trinität ein Name in drei „inflections" ist, bedeutet das, dass man drei verschiedene Töne identifiziert, die diese eine Wahrheit singen, drei verschiedene Grammatiken, mit denen sie ausgedrückt wird. Ein Ton korrespondiert der ersten „Person", einer der zweiten und einer der dritten. Jede „inflection" bezieht sich auf den dreieinigen Gott als Ganzen, tut das aber auf eine besondere Art und Weise, in einer Modulation der Stimmencharakteristika der einen trinitarischen Person und der Beziehungen, in denen sich diese Person bewegt. Erforscht man diese These, erlaubt dies, dass der Reichtum der gegenwärtigen Arbeit zum Vorschein kommt.

1. Die theologische Flexion

Besonders wichtig ist hier der heilige Name, der dem Mose am brennenden Dornbusch in der Exodusgeschichte offenbart wurde: „Da antwortete Gott dem Mose: Ich bin der ‚Ich-bin-da'." (Ex 3,14a) Bekannt als das Tetragramm ist dieser aus vier Buchstaben bestehende Name JHWH die persönliche Bezeichnung für den Gott Israels, Gottes eigener Name, den Gott sich selbst gegeben hat, wie LaCugna es beschreibt. Dieser Name ist kein oberflächliches Label, er steht vielmehr für die unvergleichliche Einzigartigkeit des Einen, der in der Geschichte des Bundesvolkes durch Werke treuer Liebe bekannt wurde. Es ist der heiligste Name für Gott im Judentum und der am meisten gebrauchte Name für Gott in den Schriften Israels. Aus Ehrfurcht vermieden es die Juden mehr und mehr, diesen Namen auszusprechen, und verwendeten stattdessen

Umschreibungen wie *adonai* im Hebräischen oder *kyrios* im Griechischen, die im Deutschen beide als „Herr“ übersetzt werden. Und doch scheint der Name JHWH durch die Umschreibungen hindurch. Die jüdische Gemeinschaft erhebt und heiligt den Namen bis heute und freut sich auf den Tag, an dem ihm auf der ganzen Erde Ehre zuteilwird.

Das Tetragramm ging in das Neue Testament als ein Name ein, der schon mit Gottes Bundesgeschichte mit Israel gesättigt und getränkt war. In diesem neuen Setting leitete er die Logik der christlichen Identifikation Gottes in der Art und Weise, wie der magnetische Norden die Nadel eines Kompasses lenkt. Wenn das Neue Testament von Gott spricht, bezieht es sich auf den Heiligen Einen Israels, der mit seinem Namen bekannt ist.

Als gläubiger Jude betete Jesus zu diesem Gott und lehrte seine Jünger, es ihm gleichzutun. In der ersten Vaterunserbitte heißt es zum Beispiel: „geheiligt werde dein Name“. Das Passiv „geheiligt werde“ ist typisch für die jüdische Ehrerbietung gegenüber dem Namen Gottes. Soulen schreibt, dass es nicht darum gehe, den Beter im Unklaren zu lassen, *wer* da angerufen wird: „Im Kontext von Israels Ehrfurcht vor dem Namen ist Jesu ehrfurchtsvoller Gebrauch des Passiv ein Hinweis darauf – indirekt, aber unmissverständlich –, um wen es hier geht: den Gott, dessen Name das Tetragramm ist.“ Die erste Bitte umfasst den Appell, dass JHWH jetzt handeln möge, um die göttliche Herrlichkeit in Taten der Treue gegenüber Israel und der Barmherzigkeit gegenüber den Völkern zu offenbaren. „Geheiligt werde dein Name“ bedeutet „mache deinen Namen groß in aller Welt“.

Wenn wir erkennen, dass sich Jesu passive Ausdrucksform hier auf Gott bezieht, sehen wir auch, dass sich diese Art des Redens wie ein roter Faden durch seine Worte zieht: „Selig die Trauernden; denn sie *werden getröstet werden.*“ (Mt 5,4); „Sei ohne Furcht; glaube nur, dann *wird sie gerettet.*“ (Lk 8,50); „Hab Vertrauen, mein Sohn, deine Sünden *sind dir vergeben!*“ (Mt 9,2b); „klopft an, dann *wird euch geöffnet*“ (Mt 7,7b). Dieses Sprachmuster verbindet jeden Aspekt seines Lehrens und seines Wirkens mit dem Gott, dessen Name JHWH ist, der zwar nie direkt genannt wird, auf den aber in der grammatischen Form des „göttlichen Passivs" Bezug genommen wird.

Das Neue Testament nimmt diese indirekte Form der Rede, die so charakteristisch für Jesu Predigt und Gebet ist, auf und nutzt eine große Bandbreite an Begriffen, um Jesus und den Geist in die Identität des einen Gottes mit hineinzunehmen. Der große Hymnus im Philipperbrief 2,5–11 ist ein Beispiel dafür. Er macht die überraschende Aussage, dass der *„Name über allen Namen"* nun auf den gekreuzigten und erhöhten Jesus übertragen wird. Auch der Geist wird als „Geist des Herrn" identifiziert, das heißt, als Geist JHWHs (Apg 5,9).

Das ist die *theologische* Flexion des trinitarischen Namens. Indem sie den Fokus auf die erste „Person" richtet, wird das Sprechen von der Trinität so moduliert, dass sie der Schlüssel für den Bund mit Israel ist. Weit entfernt von einer Substitutions-Position, die den Gott des Alten Testaments für nichtig erklärt oder vom Gott des Neuen Testaments ersetzt sieht (als ob ein Fortschritt gemacht würde), geht es hier darum, dass die gesamte Geschichte Gottes mit Israel in das christliche Verständnis des dreieinigen Gottes mit einfließt.

2. Die christologische Flexion

Die zweite Flexion wird in der bekannten Formel „der Vater und der Sohn und der Heilige Geist" zum Ausdruck gebracht. Hier entspringt der Name Gottes der unterscheidenden Erfahrung des Lebens, des Todes und der Auferstehung Jesu Christi, wie sie von der frühen Kirche empfangen und bezeugt wurde. Dieser Name stellt das Wort, was Fleisch geworden ist, ins Zentrum: Christus ist der Filter, durch den Gott bekannt gemacht wird. Anders als der Name JHWH, der geheimnisvoll ist und weitreichende Umschreibungen hervorgebracht hat, um ihn zu auszudrücken, identifiziert die zweite Flexion Gott in einer einfachen, festgelegten und „aussprechbaren" Art und Weise, die für die christliche Mission zentral wurde. Im Neuen Testament werden die Jünger dazu aufgerufen, in diesem Namen zu taufen, und das wird bis heute fortgesetzt. So wie es sich für eine liturgische Formel gehört, benennt sie den, an den das Gebet gerichtet ist, in einer einzigen und parataktischen Wendung.

Diese Ausdrucksweise ist in ihrer christologischen Grammatik einzigartig. Gleichzeitig ist sie untrennbar mit der theologischen Flexion verwoben, die die drei Personen auf andere Weise, zentriert um das Tetragramm, identifiziert. Im Gebet, das Jesus seine Jünger lehrte, ist der Anfangssatz „Vater unser im Himmel, geheiligt werde dein Name" kein überflüssiger Ausdruck, als ob Vater nun der einzige Name für Gott wäre. Stattdessen weisen die Wörter „Vater" und „Name" auf zwei Dimensionen der Identifikation Jesu mit Gott hin, die beide unentbehrlich sind und sich gegenseitig interpretieren. Als Jude glaubte Jesus an den Gott Israels, der mit dem unaussprechlichen Namen JHWH identifiziert wird. Als einzigartiger Jude nannte er Gott *Abba*. Der, der dieses Gebet lehrte, heiligte selbst den Namen Gottes, indem er Gott als Vater ansprach und nicht den heiligen unausgesprochenen Namen verwendete.

Sowohl die theologische als auch die christologische Flexion identifizieren die göttliche Realität, tun das aber aus verschiedenen Perspektiven. Die theologische bezieht sich stark auf das Tetragramm und dient dazu, Jesus und den Geist im Hinblick auf den Gott Israels zu identifizieren. Die christologische stellt das fleischgewordene Wort in den Mittelpunkt und dient dazu, den Gott Israels und den Geist im Hinblick auf Jesus Christus zu identifizieren. In ihren Unterschiedlichkeiten und gegenseitigen Beziehungen weisen die beiden Grammatiken oder musikalischen Tonhöhen jedoch auf denselben dreieinigen Gott, der die sich selbst mitteilende Liebe ist.

3. Die pneumatologische Flexion

Diese Flexion funktioniert ganz anders als die beiden vorhergehenden und benennt immer alle drei Personen explizit, „wenn diese denn benannt werden müssen“. Der Geist ist die Präsenz und das Handeln Gottes, das in der Welt ankommt und diese beeinflusst (denken wir an die Sonnenbräune, den Bewässerungskanal, die Frucht des Baumes); er weist ständig auf die unerreichbare Quelle hin (die Sonne, die Quelle in den Hügeln, die Wurzel des Baumes) und auf das, was aus der Quelle hervorkommt (der Sonnenstrahl, der Fluss, der Baumstamm). Während es wahrscheinlich möglich wäre, sich einen erhabenen Gott vorzustellen, der nie spricht, oder das von Gott gesprochene Wort, das nicht gehört wird, bezeugt die Gegenwart des Geistes, dass die Quelle von allem sich in Wahrheit selbst mitteilt und dass dieses Wort tatsächlich wirksam ist. Der Geist selbst ist nicht vorstellbar außerhalb des dynamischen Musters von Gott, der in Liebe hervortritt. Der Ton dieser Flexion schließt daher alle drei Personen ein.

Diese Flexion spricht vom konstanten Strom des Geschenks des Lebens, das vom lebendigen Gott ausgeht, hat aber kein festgelegtes Vokabular, sondern nutzt durch die Jahrhunderte hindurch Formen der Sprechens, die typisch für Menschen, Stämme, Nationen sind. Diese Sprachformen werden mit einem neuen Gepräge versehen und dienen dann dem Evangelium. Sie improvisieren, so wie man es im Jazz tut. Das Vokabular der frühen Kirche von „Person“, „Natur“, „Substanz“, „Subsistenz“ und die Vereinigung dieser Begriffe in der trinitarischen Theologie ist ein gutes Beispiel dieser Flexion, denn es handelt sich um einen Ausdruck des Glaubens in einer nicht-biblischen Philosophie, die für die hellenistische Kultur charakteristisch ist.

In unseren Tagen werde viele reichhaltige Bilder der Trinität sprachgewandt im Ton dieser pneumatologischen Flexion formuliert. In Dreifachnoten singen sie auf verschiedenste Weise von dem einen Gott. Einige nutzen apersonale Bilder, andere personale, wieder andere eine Kombination von beidem. Die Beispiele, die hier angeboten werden, versuchen alle, ein kleines Stück Verständnis des unaussprechlichen Mysteriums der Liebe auszudrücken, das im Erlebnis der Erlösung zum Vorschein kommt. Die erste Gruppe nutzt apersonale Metaphern, um innerhalb der pneumatologsichen Flexion von der Trinität zu sprechen.

~ John Macquarrie gebraucht eine existentialistisch-ontologische Sprache und schlägt vor, dass das göttliche Wesen die Energie ist, die sein lässt und sich selbst gibt („sein lassen“ bedeutet hier, andere sein zu lassen, anderen das Leben zu geben). Die trinitarische Rede von den drei „Personen“ weist auf „Bewegungen“ dieser Energie des göttlichen Wesens hin, nämlich des uranfänglichen Wesens („Primordial Being“), der tiefen überfließenden Quelle von allem; des expressiven Wesens („Expressive Being“), welches das Sein-Lassen und das Sich-selbst-Geben nach außen in die Welt vermittelt; und des vereinigenden Wesens („Unitive Being“), welches den Kreis schließt, um eine reiche Einheit in Liebe zu vollenden.
~ Karl Barth interpretiert die Trinität in der Sprache der Modalität und schreibt von Gottes dreifachem Modus des Seins. Das wird durch Gottes dreiförmige Wiederholung im Offenbarungsereignis bekannt gemacht, was es uns erlaubt, Gott als den Offenbarer, die Offenbarung und die Offenbartheit zu erkennen.
~ Gordon Kaufman stellt sich die göttliche Absolutheit, die göttliche Menschlichkeit und die göttliche Anwesenheit als drei Dimensionen des einen lebendigen Gottes vor, ein Konzept, das alle Götzen relativiert und über alle menschliche Unmenschlichkeit richtet.
~ Paul Tillich bringt den Segen Gottes in eine Korrelation zum Dilemma der menschlichen Welt und bestimmt Gott als schöpferische Kraft angesichts unserer Begrenztheit, als rettende Liebe angesichts unserer Entfremdung und als ekstatische Transformation angesichts der Ambiguität des menschlichen Daseins, oder noch philosophischer: als das Element des Abgrunds, das Element der Form und die Einheit der beiden.

- Langdon Gilkey spricht von Gott als göttlichem Wesen, göttlichem Logos und göttlicher Liebe, oder auch als Quelle, Möglichkeits- und Ordnungsprinzip und neuschöpferische Macht.
- Nicholas Lash betont, dass unsere Bilder zeigen, dass Gott bildlos ist, und entwickelt die Idee vom Heiligen Einen als Finsternis, Wort und Gegenwart.
- Im Bewusstsein der dreifachen Ausdrucksweise im Herzen des hinduistischen und des christlichen Glaubens interpretiert Raimundo Panikkar das heilige Mysterium als Quelle, Sein und Rückkehr zum Sein, was dem biblischen Bekenntnis, dass Gott „über allem und durch alles und in allem" (Eph 4,6) ist, entspricht.
- Im Kontext der Schöpfung sieht Keith Ward die Trinität als die uranfängliche Tiefe und das Muster und die Macht der Liebe, die das Universum durchzieht.
- Ich selbst habe mich auf die fruchtbarste Leben-schenkende Form in der natürlichen Welt bezogen, als ich vorschlug, dass wir uns eine Dreifachhelix vorstellen könnten, die sich kombiniert und neu kombiniert, um hervorzubringen, zu heilen und zu reparieren, und immer neue Formen im Herzen des Universums zu schaffen.

Das sind alles Versuche, über den trinitarischen Gott als Mysterium der Erlösung zu sprechen, und zwar auf eine Art und Weise, die personale Bilder und die damit verbundenen Missverständnisse vermeidet. Andere Erklärungsversuche benutzen sehr wohl personale Bilder, tun das aber mit kreativen Wendungen.

- Walter Kasper stellt sich drei Modi vor, in denen die göttliche Liebe existiert: als ein Gebender, als ein Empfangender und Gebender, sowie als ein Empfangender, oder als eine Quelle, eine Vermittlung und ein Ziel der Liebe.
- Aufbauend auf Bernard Lonergans transzendentaler Analyse des Verliebtseins (im Falle eines Erwachsenen), schlägt Anthony Kelly als Analogie des dreieinigen Gottes das Verliebtsein vor. Dieses beinhaltet einen Geber, ein Geschenk und ein Geben.

Alle bezeichnen jedoch eine Liebe, die mit solcher Intensität brennt, dass sie sich in das unbegreifliche Mysterium hineinwendet.

~ Peter Hodgson schildert die Dreieinigkeit als den Einen (Vater), der in Freiheit (Geist) liebt (Sohn), und zwar inmitten der Weltgeschichte mit ihren Brüchen.

~ Heribert Mühlen nutzt die Kommunikationstheorie, um die göttliche Realität als das Ich, das Du und das Wir der Liebe zu beschreiben.

~ Sowohl Jürgen Moltmann als auch Leonardo Boff nutzen Gesellschaftsmodelle und sprechen über einen mütterlichen Vater und eine väterliche Mutter, einen Jesus, der sich in Solidarität mit den Armen und an den Rand Gestellten befindet, und einen Geist, der den weiblichen Symbolen der Weisheit und Schekinah ähnelt. Diese formen eine Gemeinschaft von gegenseitigen und ebenbürtigen Beziehungen, die das Ziel menschlicher und kosmischer Gemeinschaft modellhaft darstellt.

~ In ihrem bilderreichen „Gedankenexperiment" interpretiert Sallie McFague den einen Gott als Mutter, Liebhaber und Freund der Welt, die Gottes Körper ist. Diese trinitarischen „Personen" sind mit den drei Formen der Liebe verbunden, die im klassischen griechischen Denken beschrieben werden. Die erste Person drückt *agapē* aus, die sich selbst schenkende Form der Liebe, die nichts zurückerwartet, sondern andere dazu ermutigt, lebendig zu werden und aufzublühen. Die zweite agiert nach dem Modell des *eros,* der leidenschaftlichen Liebe für den anderen, durchsetzt mit Begehren, welches zu Leiden führen kann. Die dritte handelt mit *philia,* der freundschaftlichen Liebe, die sogar die Grenzen der Natur überschreitet, um nährende Verbindungen der Einheit zu schaffen.

~ Letty Russell versteht die Trinität auf funktionale Weise als Schöpfer, Befreier und Fürsprecher, der die Menschen in eine partnerschaftliche Beziehung mit der göttlichen Fürsorge für die Welt hineinruft.

- Einige biblische Texte sprechen vom Wirken Gottes in weiblichen Bildern. Die Weisheit Sophia erschafft, erlöst und heiligt die Welt. Von diesen Texten ausgehend habe ich vorgeschlagen, vom Geist Sophia, von Jesus Sophia und von Mutter Sophia zu sprechen, vom einen Gott, die die Heilige Weisheit selbst ist: ursprungslose Quelle von allem, Fleisch gewordene Weisheit inmitten des Leidens der Geschichte, und bewegliche und gütige Präsenz in der Welt.

Immer weiter umkreisen die drei einander. Welche Kategorien auch immer herangezogen werden: Die Begriffe versuchen immer, eine Lebendigkeit in Gott auszudrücken, der jenseits, mit und inmitten der Welt und ihrer Geschichte ist; ein Gespür für den Heiligen Einen, von dem, durch den und in dem alle Dinge existieren, wachsen, nach Freiheit streben und versammelt werden. Um noch ein weiteres Modell zu verwenden, dieses Mal von der Theologin Hildegard von Bingen aus dem 12. Jahrhundert: Es gibt einen Glanz, ein Hervorblitzen und ein Feuer, und diese drei sind eins. Sie durchziehen die ganze Schöpfung mit Barmherzigkeit. Am Ende kann die pneumatologische Flexion nicht in eine einzige Sprechweise gegossen werden, auch nicht in einen einzigen Namen. Es ist ihre Aufgabe, die unerschöpfliche Fülle des Mysteriums des lebendigen Gottes auszudrücken, eine Fülle, für die kein einzelner Ausdruck jemals adäquat sein kann.

Der Name der Heiligen Trinität ist ein Name in drei Flexionen. Nimmt man sie zusammen, entfalten die theologische Flexion (im Ton des Heiligen Tetragramms JHWH), die christologische Flexion (mit ihrer Grammatik von Vater, Sohn und Heiligem Geist) und die pneumatologische Flexion (in den Sprachen verschiedener Völker und Zeiten) auf wertvolle Art und Weise den trinitarischen Glauben der Kirche. Auf diesem großzügig bemessenen Fundament kann das zeitgenössische kreative Denken, das nach Verstehen hinsichtlich des dreieinen Gottes sucht, in seiner Höhe und Breite aufbauen und seine Beiträge leisten.

Ein letztes Mal: Worum es geht

Sollten wir es nach dieser Reise in die Werke so vieler Theologen vergessen haben, tun wir gut daran, uns zu erinnern, warum dieses Verständnis so wichtig ist. Auf einzigartige Weise bündelt der religiöse Glaube an den dreieinigen Gott die Erfahrung, dass das unbegreifliche Mysterium Gottes keine isolierte Monade ist, sondern eine Gemeinschaft der überfließenden Liebe, die die Welt mit gnadenvollem Mitleid umfasst. „*Gott ist die Liebe*" schrieb ein früher christlicher Autor (1 Joh 4,8) und fasste so in diesem kurzen Satz die Erfahrung der Erlösung von Gott durch Jesus Christus im Heiligen Geist zusammen. Jeder, der von der Trinität spricht, redet von Gott als Liebe, und zwar auf eine Art und Weise, die der Geschichte der Christen eigen ist. Umgekehrt schützt das Symbol der Trinität diese christliche Gotteserfahrung.

Eine durch und durch praktische Lehre

Eine rationalistische trinitarische Theologie, die ohne eine Funktion und abgeschieden vom christlichen Leben und der christlichen Ethik existiert, hat wenig praktische Auswirkungen. Eine revitalisierte trinitarische Theologie aber hat starke Verzweigungen hinab zur Erde. Der erste Satz von Catherine LaCugnas einflussreicher Studie *God for Us* artikuliert diese überraschende Einsicht mit Nachdruck: „Die Lehre von der Trinität ist am Ende eine praktische Lehre mit radikalen Konsequenzen für das christliche Leben." Die Logik dieser Behauptung ist klar. Gott lebt als ein Mysterium der Liebe. Menschen sind nach dem Bild Gottes geschaffen. Also ist ein Leben in Integrität unmöglich, es sei denn, auch wir treten ein in die Dynamik der Liebe und die Gemeinschaft mit anderen.

Welche praktischen Lebensmuster erlauben uns, genau das zu tun? LaCugna schlägt vor, dass der Schlüssel dafür in der Königsherrschaft Gottes liegt, die Jesus predigte und ins Werk setzte. Wie man in seinen Gleichnissen und seinen Handlungen sehen kann, ist die Königsherrschaft Gottes eine gnadenvolle Herrschaft der rettenden Liebe und Gemeinschaft. Als ein Ort, wo Gottes Wille getan wird, wie im Himmel so auf Erden, errichtet sie eine neue Gemeinschaft, in der „die letzten dieser" Brüder und Schwestern einbezogen sind, eine Gemeinschaft, in der die Samaritanerin, der Zöllner und der Leprakranke gleichermaßen zu Hause sind. In dieser Gemeinschaft ist die Tyrannei in Gottes sich selbst schenkender Liebe widerrufen: Männer und Frauen sind gleichwertige Partner, auch Juden und Griechen. Gerechtigkeit, Frieden und das Wohlergehen aller Kreaturen sind das Ziel. Wenn wir nicht die Arten von Beziehungen ausleben, die diesem Muster der Wahrheit der Königsherrschaft Gottes dienen, dann haben wir keine Ahnung davon, wer Gott ist. Gott zu kennen ist unmöglich, es sei denn, wir treten ein in ein Leben der Liebe und der Gemeinschaft mit anderen.

Sagt man, dass die Trinität von Natur aus praktisch ist, bedeutet das nicht, dass dieser Glaube unmittelbare Lösungen für Krieg und Gewalt anbietet oder eine Lösung für Hungerprobleme oder konkrete Heilmittel für Ungleichheiten in sich trägt. Vielmehr funktioniert die Lehre als eine Quelle für Visionen, die unsere Handlungen in der Welt bestimmen, als ein Kriterium, an dem man die Lebendigkeit unseres Lebens messen kann, und als eine Basis für den Widerstand gegen jede Form von Unterdrückung, die Gemeinschaft schmälert.

In Kirche und Gesellschaft sind zutiefst schädliche Haltungen und Praktiken entstanden, weil sich eine Gruppe für besser hält als eine andere. Die daraus resultierende Stratifikation der Macht, wobei einige dominant und einige untergeordnet sind, formte Institutionen des Rassismus, des Sexismus, des kirchlichen Klerikalismus und der Zerstörung der Erde, und das sind nur einige der verderblichen Sünden. Die Revitalisierung der Idee der Trinität zeigt, dass der lebendige Gott weit davon entfernt ist, als ein Monarch in isoliertem Glanz zu regieren und andere zu beherrschen, sondern dass Gott die überfließende Gemeinschaft der sich selbst schenkenden Liebe ist. Die praktische Bedeutung dieses Gedankens liegt in der Art und Weise, in der er die Perversionen des Patriarchats, des Rassismus und anderer sündenbeladener Muster aufdeckt.

Weil solche Brüche in der Gemeinschaft Gottes eigener Art und Weise des Beziehung-Suchens völlig entgegenstehen, haben gläubige Menschen guten Grund, sich anders zu verhalten.

Die Identität der Kirche und ihre Sendung sind hier der Dreh- und Angelpunkt. Die Kirche ist dazu berufen, ein Sakrament der Erlösung der Welt zu sein. Sie ist auch ein lebendiges Symbol der göttlichen Gemeinschaft, die sich der Welt in inklusiver und mitleidender Liebe zuwendet. Nur eine Gemeinschaft gleichwertiger Personen, die in tiefer Gegenseitigkeit miteinander umgehen, das Lob Gottes singen und sich um die Welt sorgen, nur eine solche Kirche entspricht dem dreieinigen Gott, dem sie vorgibt zu dienen.

Die revitalisierte trinitarische Theologie zeigt klar, dass es einen Gott, den man sich als individualisierten Monarchen oder als abgeschlossene, nur auf sich selbst bezogene Triade von Personen vorstellt, oder einen Gott, der aus der Ferne als ein nicht involvierter, unparteiischer Beobachter zusieht, oder einen Gott, der dazu überredet werden muss, für die Kreaturen zu sorgen – dass es diesen Gott nicht gibt. Dieser ist ein falscher Gott, eine Fantasie, die nichts mit der christlichen Erfahrung der Erlösung zu tun hat. Vielmehr gilt, „Gott ist die Liebe“, die in einer dreiförmigen Weise der Gemeinschaft mit der Welt in Beziehung steht. Nehmen wir diese Wahrheit in uns auf, erhalten wir neue Energie, uns die Welt auf liebevolle Weise vorzustellen und zu handeln, um die Selbstzerstörung der Gewalt aufzuhalten.

JHWHs Bund mit Israel, das Wirken und Leben Jesu Christi und die nährenden gemeinschaftlichen Bande auf der Erde, die durch den Geist geschaffen wurden, all das sind Bilder, die die unbegreifliche, dreieinige, relationale Natur des einen Gottes offenbaren, der sich in Barmherzigkeit der Welt zuwendet. Im Licht des trinitarischen Gottes können wir Irenäus' Wort noch ein wenig ändern und erklären: Die Herrlichkeit Gottes ist die Gemeinschaft von allen Dingen, die gänzlich lebendig sind. Wo das menschliche Herz geheilt wird, wo die Gerechtigkeit einen Fuß in die Tür bekommt, wo sich der Frieden durchsetzt, wo ein ökologisches Habitat geschützt wird, wo Befreiung, Hoffnung und Heilung durchbrechen, wo auch immer eine einfache freundliche Tat vollbracht wird, eine Tasse kühles Wasser gereicht wird, wo ein wissenshungriges Kind ein Buch bekommt, dort spiegelt die menschliche und die Erdengemeinschaft schon fragmentarisch das Antlitz des trinitarischen Gottes wider. Getragen von der „Gnade unseres Herrn Jesus Christus, der Liebe Gottes und der Gemeinschaft des Heiligen Geistes" verpflichten wir uns zu einer fruchtbringenden Zukunft, die alle Völker, Stämme, Nationen, ja alle Kreaturen der Erde einschließt. Die Königsherrschaft Gottes bekommt einen weiteren Fuß in die Tür der Weltgeschichte.

Für weitere Informationen

Catherine Mowry LaCugnas Werk, das in diesem Kapitel zitiert wird, heißt *God for Us: The Trinity and Christian Life* (San Francisco: HarperSanFrancisco, 1991). Es ist zu einem modernen Klassiker geworden. Das letzte Kapitel über die Trinität als praktische Lehre ist besonders wichtig. Anne Hunt, *Trinity: Nexus of the Mysteries of Christian Faith* (Maryknoll, N.Y.: Orbis, 2005) ist eine sehr gut lesbare Darstellung moderner Theologie, die einen Bogen zwischen der Trinität und anderen Schlüsselbereichen des Glaubens schlägt. Eher populärwissenschaftlich geschrieben ist Anne Hunt, *What Are They Saying about the Trinity?* (New York: Paulist, 1998).

Karl Rahner, *The Trinity* (New York: Seabury, 1974; dt. Originalausgabe: Der dreifaltige Gott als transzendenter Urgrund der Heilsgeschichte, in: Johannes Feiner/Magnus Löhrer [Hg.], Mysterium salutis, Bd. 2, Einsiedeln: Benziger, 1967, 317–347) gab den Anstoß für ein neues Denken. Sowohl Walter Kasper, *The God of Jesus Christ* (New York: Crossroad, 1989; dt. Originalausgabe: Der Gott Jesu Christi [Walter Kasper Gesammelte Schriften 4], Freiburg i. Br.: Herder, 2008, ^{1}1982) als auch Gerald O'Collins, *The Tripersonal God: Understanding and Interpreting the Trinity* (Paulist, 1999) bieten starke systematische Darstellungen der Lehre. Für den historischen Hintergrund siehe Thomas Marsh, *The Triune God: A Biblical, Historical, and Theological Study* (Mystic, Conn.: Twenty-Third, 1994). Sallie McFague, *Models of God: Theology for an Ecological, Nuclear Age* (Philadelphia: Fortress, 1987) nimmt ein Gedankenexperiment vor, das den trinitarischen Gott für ein ökologisches Nuklearzeitalter neu interpretiert. Für eine gute Interpretation im Licht der postmodernen Ideenwelt siehe William Placher, *The Triune God: An Essay in Postliberal Theology* (Louisville: Westminster John Knox, 2007).

R. Kendall Soulens Vorschlag zur dreifachen Flexion (engl.: inflection) des Namens der Trinität stammt aus „The Name of the Holy Trinity: A Triune Name“ in *Theology Today* 59 no. 2 (Juli 2002), 244–261, und aus „Hallowed be Thy Name! The Tetragrammaton and the Name of the Trinity“ in Robert W. Jenson und Carl Braaten (Hg.), *Jews and Christians: People of God* (Grand Rapids: Eerdmans, 2003), 12–41.

Die praktische Natur des Glaubens an den dreieinigen Gott wird in der Befreiungstheologie bedacht, siehe u. a. Leonardo Boff, *Trinity and Society* (Orbis, 1988), sowie auch in der europäischen Theologie, siehe Jürgen Moltmann, *The Trinity and the Kingdom: The Doctrine of God* (New York: Harper & Row, 1981; dt. Originalausgabe: Trinität und Reich Gottes. Zur Gotteslehre, München: Kaiser, ^{2}1986, ^{1}1980). Die gesammelten Artikel in Miroslav Volf und Michael Welker (Hg.), *God's Life in Trinity* (Minneapolis: Fortress, 2006) zeigen, dass diese Lehre für weitere Interpretationen reif ist, besonders M. Douglas Meeks, „The Social Trinity and Property“ und Daniel L. Migliore, „The Trinity and the Theology of Religions“.

Die moderne Einsicht, dass die Trinität nicht vom spirituellen Leben abgetrennt werden kann, führt zu den wunderbaren Einsichten in Yves Congar, *I Believe in the Holy Spirit* (Crossroad, 1997; dt. Ausgabe: Der Heilige Geist, Freiburg i. Br.: Herder, ^{2}1986, ^{1}1982) und in Michael Downey, *Altogether Gift: A Trinitarian Spirituality* (Orbis, 2000).

Epilog

Jedes Zeitalter hat seine Erkenntnisse. Dieses Buch hat die Orte aufgezeigt, wo in unseren Tagen neue Erkenntnisse über den lebendigen Gott gewonnen werden. Diese Erkenntnisse entstammen den Begegnungen des Glaubens mit sich verändernden Umständen, in denen es mitunter um Leben oder Tod geht. Das Wachsen des Atheismus, das Erleben unaussprechlichen Leidens, die Kämpfe um Gerechtigkeit für die Armen, die Frauen und die ethnischen Minoritäten, das globale Aufeinandertreffen der Religionen und das neue ökologische Bewusstsein für unser physisches Universum – jeder dieser Kontexte ruft nach einem neuen Verständnis und trägt Hinweise dazu bei, wie das Denken voranschreiten kann. Als Antwort darauf haben verschiedene Arten von Theologie Gott wiederentdeckt, aber nicht so, dass sie alles, was zu wissen ist, abgeleitet oder die Gottheit in aller Klarheit aufgedeckt hätten – das Heilige ist uns so nicht verfügbar. Stattdessen haben sie die unerwartete Gegenwart des barmherzigen göttlichen Mysteriums inmitten von Ambiguität, Leiden, Streben nach Gerechtigkeit und der großen Entdeckungen unserer Zeit neu erhellt und erschlossen.

In jedem dieser Fälle wurden uns Bilder oder Schlüsselwörter angeboten, unter denen die Totalität der Erfahrung Gottes zusammengefasst wird und uns neu entgegenkommt. Diese werden von der biblischen Exegese, der historischen Tradition oder der Lehre der Kirche untermauert und mit stichhaltigen Gründen unterfüttert. Jeder Annäherungsversuch diskutiert nicht nur einen Aspekt des Göttlichen, sondern zielt auf und betont die Bedeutung des Ganzen, so wie verschiedene Türen in einen einzigen Garten hineinführen. Zusammen bieten uns diese Türen Einsichten in den lebendigen Gott, der gleichzeitig unaussprechlich, verletzlich, befreiend, beziehungsreich, gerechtigkeitsliebend, wunderschön, freigiebig, wertschätzend, dynamisch und abenteuerlustig ist; schöpferisch, erlösend und allumfassend zugleich, der in einem Wort „Liebe“ ist.

Das Symbol Gottes zeitigt Wirkungen. Für die Identität der Gemeinschaft und für das Leben derer, die glauben, hat es mächtige Konsequenzen. Deshalb ging es in diesem Buch auch darum, die Konsequenzen für die Ethik und die Spiritualität aufzuzeigen, die aus diesen neuen Einsichten erwachsen. Keine der hier vorgestellten Theologien ist politisch uninteressiert, das heißt, nicht an Fragen von Macht und Machtlosigkeit interessiert, und wie sich diese in der Welt auswirken. Alle verstehen, dass eine Lehre vom lebendigen Gott, die sich nicht dem Bösen im Konkreten entgegenstellt, nicht rechtgläubig ist, eine Fantasie, die mit der göttlichen Herrlichkeit unvereinbar ist. Denn betrachtet man die zerstörende Kraft der Sünde, sieht man, dass sowohl Gottes Herrlichkeit als auch das Blühen der gesamten Schöpfung, der Menschen und des Kosmos in der Geschichte einem schrecklichen Risiko ausgesetzt sind. Wegen dieses Risikos ist die aktive Gegenwart des lebendigen Gottes in der Welt *entgegen aller Sünde* eines der ältesten und dauerhaftesten biblischen Versprechen. Diese Theologien hören zusammen mit den Menschen darauf, wo sich der Geist in ihrem Leben heute rührt. Sie ziehen Schlussfolgerungen daraus und handeln. Sie interpretieren dies auf kreative Weise und behalten die Schätze des biblischen Glaubens dabei im Blick. Sie rufen auf zur Praxis der universalen Solidarität in Leiden und Hoffnung und zeigen auf, wo dieses alte Versprechen heute wahr wird. Getragen von der Hoffnung können wir damit beginnen, uns die Welt neu vorzustellen und unsere Energie in verantwortliches, heilendes und befreiendes Handeln einzubringen.

Auf indirekte Art und Weise haben diese Kapitel noch ein anderes Phänomen erleuchtet. Weil Stimmen von überall in der Welt, auch Stimmen aus der Peripherie der etablierten Machtzentren, nun zum Bild Gottes beitragen, scheint das Ende der Konstantinischen Ära gekommen zu sein. Eine wahrhaft globale Christenheit wächst heran. Die Theologie ist nun nicht mehr nur in Europa vertreten, das über Jahrhunderte der Mutterkontinent der Christenheit war. Sie kommt nun aus vielfältigen geographischen Lebens- und Denkkontexten. Der Universalität der Kirche wird gerade durch die Treue dieser Zentren zur Suche nach dem lebendigen Gott in ihren eigenen besonderen Umständen ein Dienst erwiesen. Sie lesen die Zeichen der Zeit und rufen die gesamte Kirche zur Jüngerschaft auf. Sie entdecken etwas von der Breite und Länge und Höhe und Tiefe der Liebe Gottes, die alles Verstehen übersteigt, auch das der theologischen Systeme.

Die Suche geht weiter. Sie wird so lange fortgesetzt werden, wie das unbegreifliche Mysterium des lebendigen Gottes die Menschen in die Zukunft ruft, die versprochen ist und unbekannt bleibt, das heißt, solange Menschen existieren. Am Ende des Stückes *A Sleep of Prisoners* (dt.: *Ein Schlaf Gefangener*) trägt ein Soldat einen wunderbaren Monolog vor, von dem jedes Wort für mich wahrer und wahrer wurde, als dieses Buch Gestalt annahm. Mit einem Dank an den Künstler biete ich den Monolog als eine aufrüttelnde Zusammenfassung an, die das Thema weit offenhält:

„Das Menschenherz kann über alle Weiten
bis zu Gott hinauf reichen.
Finster und kalt mag es sein,
aber dies ist kein Winter jetzt. Das eingefrorene Elend
von Jahrhunderten birst, kracht, beginnt sich zu regen.
Der Donner ist der Donner des treibenden Eises,
der Schneeschmelze, der Flut, des Emporkömmlings Frühling.
Gott sei Dank leben wir in dieser Zeit, wo das Unrecht
überall sich erhebt, um uns zu begegnen
und nicht mehr zu verlassen, bis wir endlich den größten Schritt
der Seele tun, den Menschen je gewagt haben.
Die Dinge haben jetzt Seelenmaß,
das Unternehmen
ist eine Forschungsfahrt in das Innere Gottes.“*

---

* Christopher Fry, Ein Schlaf Gefangener. Deutsch von Hans Feist, Frankfurt: S. Fischer Verlag, 1952, 57–58.

Personenregister